■ 2023年度浙江省哲学社会科学规划后期资助课题

（课题编号：23HQZZ38YB）

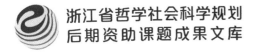

浙江省哲学社会科学规划
后期资助课题成果文库

知识生产者

教师专业化发展的知识治理

徐田子　著

ZHEJIANG UNIVERSITY PRESS
浙江大学出版社
·杭州·

图书在版编目（CIP）数据

知识生产者：教师专业化发展的知识治理 / 徐田子
著. -- 杭州：浙江大学出版社，2024.5
ISBN 978-7-308-24961-4

Ⅰ.①知… Ⅱ.①徐… Ⅲ.①师资培养－研究 Ⅳ.
①G451.2

中国国家版本馆 CIP 数据核字（2024）第 096205 号

知识生产者：教师专业化发展的知识治理

ZHISHI SHENGCHANZHE：JIAOSHI ZHUANYEHUA FAZHAN DE ZHISHI ZHILI

徐田子　著

策划编辑	徐　瑾
责任编辑	杨利军（ylj_zjup@qq.com）
责任校对	汪　潇
封面设计	周　灵
出版发行	浙江大学出版社
	（杭州市天目山路 148 号　邮政编码 310007）
	（网址：http://www.zjupress.com）
排　　版	杭州好友排版工作室
印　　刷	广东虎彩云印刷有限公司绍兴分公司
开　　本	710mm×1000mm　1/16
印　　张	21.25
字　　数	341 千
版 印 次	2024 年 5 月第 1 版　2024 年 5 月第 1 次印刷
书　　号	ISBN 978-7-308-24961-4
定　　价	88.00 元

前　言

　　教师这一职业到底算不算一门专业呢？1966 年联合国教科文组织在《关于教师地位的建议》的第六条中提出："教师工作应当被视为一门专业。教师工作是一种社会服务，要求教师通过严格的、持续性的学习获得并保持持有熟练的专业知识与技能。教师工作同样要求教师对他们管理下的学生的教育与福祉有个人与群体责任感。"这一国际性文件为全球教师的专业地位的确立做出了引领性定义。然而，教师专业化是一个动态发展的过程，还不是一个既定的结果。其在发展的道路上不断受到来自内部与外部的否定与肯定，在不断的解构与重构中曲折前进。当前，在新的历史条件下，教师专业化发展亟须寻找新方向，突破技术理性的藩篱，打破固有角色印象，消除质疑之声，冲破环境桎梏，超越式迈进新时代。为此，本书正式提出"教师是知识的生产者"这一命题，创新性地丰富教师的社会身份与专业角色，为教师专业化发展提供全新的逻辑与路径。

　　本书含绪论、第一章"教师专业化发展：迷失与契机"、第二章"知识的生产者：教师专业化发展的理性超越"、第三章"学科教学知识（PCK）的独特魅力：教师专业化发展的实践超越"、第四章"默会知识：教师学科教学知识（PCK）生产的激情内居"、第五章"教师知识生产案例研究"、第六章"教师专业的内涵式发展：知识生产者的知识治理"，共七个部分。在深入理解与融通知识生产模式理论、默会知识理论、教师 PCK 理论、知识治理理论等的基础上，本书详细分析了教师成为知识生产者角色的何以可能与何以可行、教师知识生产的本质特点、教师知识生产的主要内容与方式、教师知识生产的动态模型以及推动教师知识共享与创造的治理机制等，为教师的专业知识特点溯本清源，为教师的专业实践打通壁垒,为教师的专业智慧正名定分。教师成为知识的生产者,是教师专业生涯的理性生命活动,饱含了专业化发展的理智超越与实践使命,同时也是对"国之大计,教育为本;教育大计,教师为本"的深切回应,更是对数智时代教师教育的守正创新。

本书为浙江省哲学社会科学规划后期资助课题成果,并获温州大学教育学院出版资助。

目　录

绪　论

教师专业化发展:迷失与超越

教师这一职业到底算不算一门专业呢？

1966 年，联合国教科文组织在《关于教师地位的建议》的第六条中提出："教师工作应当被视为一门专业。教师工作是一种社会服务，要求教师通过严格的、持续性的学习获得并保持持有熟练的专业知识与技能。教师工作同样要求教师对他们管理下的学生的教育与福祉有个人与群体责任感。"同时将教师的范围定位在"所有公立和私立的托儿所、幼儿园、小学、中学，包括那些提供技术、职业或艺术教育的学校"①。这一国际性文件为全球教师的专业地位的确立做出了引领性定义。此后，教师专业化在发展的道路上不断受到来自内部与外部的否定与肯定，在不断地解构与重构中曲折前进。

正如一些学者所论，教师专业化是一个动态发展的过程，还不是一个既定的结果。对于把教师工作作为一门专业还有很多争议悬而未决，这主要表现在对教师专业知识与能力的质疑、对教师职业范围的疑惑，以及对教师专业自主权的否定。这些来自外部的质疑使教师专业化发展的迷雾越发浓厚，使广大教师群体在长期的否定中得过且过，在外部的怀疑中低水平徘徊，在自身的舒适圈里逐渐迷失了专业发展方向。此外，教育理论与教育实践之间的鸿沟使得大中小学的沟通存在话语体系的偏差，中小学教师的专业化发展似孤岛般漂浮在茫茫的大海上，无所适从。而长期以考试分数为指挥棒的教育评价体系也使得教师的专业性缺少人文关怀、全人价值以及终身热情。

美国批判教育学派的学者吉鲁曾将教师形容为"日益贬值的去技能化工作者""听命于教育专家的技术人员""无发言权的被研究对象"等。② 教师的这种技术属性被吉鲁称为管理教学法（management pedagogies），其背后蕴含着教

---

① UNESCO. Recommendation concerning the status of teachers[EB/OL]. (1966-10-05)[2019-10-24]. http://portal. unesco. org/en/ev. php-URL _ ID = 13084&URL _ DO = DO _ TOPIC&URL _ SECTION=201. html.

② GIROUX. Teachers as intellectuals: Toward a critical pedagogy of learning[M]. Connecticut: Greenwood Publishing Group, 1988.

师工作的失语、失能、失范，使得教师行为受到控制并在不同学生与学校的实践中表现一致，使得教师缺少沉思与反思的驱动力，也使得教师发展的范式日益机械化、被动化与简单化。

我国宋代哲学家程颐在《易传序》中讲："至微者理也，至著者象也。体用一源，显微无间。"①当下在我国分数导向的教学实践中，教育的体用呈现显著分离，师生同为被分数左右的"奴隶"、被考试异化的工具。所谓"考什么，教什么；考什么，学什么"的粗暴逻辑淡化了教育的"体"，异化了教育的"用"，造成体用的二元分离，更加重了教师队伍内外部对教师专业化的质疑。诚然，千千万万的教师中不乏一些优秀教育工作者始终铭记初心，把握"教书育人，育人为先"的真理。但广大的教师队伍被外部环境裹挟，受制于现实需要，迷失在工具人的角色中。他们习惯于听从教育研究专家的理论指导，执行上级教育政策的要求，忽略了自身所应当具有的批判性公民职责、反思性教学智能、实践性教育话语权以及能动性研究参与权，因而对自身专业发展道路感到迷茫，对自我角色的认知产生偏差，甚至职业认同感低，对教育应有之价值理解片面。来自外部的质疑之声与内部群体的认知局限，兼之教育环境的隐性影响，使得教师群体的专业化发展道路荆棘丛布。

在新的历史条件下，教师专业化发展亟须寻找新方向，突破技术理性的藩篱，打破固有角色印象，消除质疑之声，冲破环境桎梏，超越式迈进新时代。

其一，自上而下的政策引领为教师专业化发展创造了良好的外部环境。2018年，中共中央、国务院发布《关于全面深化新时代教师队伍建设改革的意见》（以下简称《意见》），其中指明了教师传播知识、传播思想、传播真理的历史使命，强调了教师塑造灵魂、塑造生命、塑造人的时代重任，肯定教师是教育发展的第一资源，是国家富强、民族振兴、人民幸福的重要基石。《意见》同时提出"到2035年，教师综合素质、专业化水平和创新能力大幅提升，培养造就数以百万计的骨干教师、数以十万计的卓越教师、数以万计的教育家型教师"的发展目标，并从编制人事、考核评价、社会地位、薪资待遇、组织管理、经费投入等方面

---

① 郭齐.二程集[M].南京:凤凰出版社,2020:159.

为教师队伍建设准备了充足的条件,创造了良好外部环境。① 2019 年,中共中央、国务院印发的《中国教育现代化 2035》中则强调了要"夯实教师专业发展体系,推动教师终身学习和专业自主发展"②。当前我国教育事业处在新时期,时代给予教师更加复杂和艰巨的育人重任,同时也赋予了教师专业化发展的绝佳契机。教师应当充分把握国家政策创造的优良环境,抓住机遇,迎接挑战,锻造自身,勇担重任,从自身专业能力与素养、专业精神与格局、专业效能与治理着手,成为高质量与创新型的专业工作者。

其二,由内而外的角色转变为教师专业化发展提供内涵式动力。教育是一种复杂的实践活动,需要面对多变的课堂,掌握繁杂的教育知识,同多元个性的学生群体交往。这使得教育具有不确定性、多变性、复杂性、不可预测性等特点。美国反思性实践研究的代表人物舍恩曾指出,相对于教育理论研究者处在"干爽的高地",教育实践者行走在"低洼的湿地"。③ 这片湿地往往"一片混乱",在相当长的时间里对实践工作者的话语权产生极为消极的影响。而随着科技理性的消解,这片"低洼的湿地"反过来成为教育实践工作者专业化发展的绝对优势。大众开始认识到专业不仅由规范化、程序性的理论知识构成,还需要能够在多元复杂的情境中整合与运用知识的实践能力。

然而,教师自身却没有清醒地认识到其所拥有的实践知识的独特价值,要么被动听从"上级的指示"或"理论的指导",要么持"唯实践论",忽视了自身知识生产的必要性与能动性,固守"知识搬运工"的传统角色,消减了教师专业化的主体性与自信心,远离了教育实践活动独有的乐趣与旨趣,使得教师自身与教师工作的专业性受到质疑。因此,教师应当成为知识的生产者,通过由内而外的角色转变重新理解教育教学,获得专业发展的内生动力,为教育实践工作赋权增能,消除外界质疑,赢得专业化发展的变革力量。

其三,从点到体的系统治理为教师专业化发展优化了智慧流动的新空间。

---

① 中共中央 国务院关于全面深化新时代教师队伍建设改革的意见[EB/OL]. (2018-01-31) [2022-10-24]. https://www.gov.cn/zhengce/2018-01/31/content_5262659.htm.

② 中共中央、国务院印发《中国教育现代化 2035》[EB/OL]. (2019-02-23)[2022-10-24]. https:// www.gov.cn/zhengce/2019-02/23/content_5367987.htm.

③ 舍恩.反映的实践者:专业工作者如何在行动中思考[M].夏林清,译.北京:北京师范大学出版社,2018:65-87.

教师专业化发展必须"成群结队"。我国教师教研活动是教师群体知识流动的一种重要方式,是教师共同体发展过程中一类重要的依托形式。教师知识生产的起点与归宿虽在于个体,但过程涵盖了群体交流、环境与文化、问题与批判、评价与反思等显性与隐性因素,这些是教师个体知识生产必不可少的过程因素,且对教师专业化发展起到至关重要的作用。当前,教师的教研共同体存在着形式化、行政化、低效性、低耦合性等问题,亟须以科学的系统观与知识治理理论,从点到线、从线到面、从面到体地构建教师知识生产的群体模型。该模型以推动教师专业化发展为旨趣,在教师知识生产的基础上融合知识治理,打通教师智慧在个体与群体间的流动路径与方向,明晰教师智慧内化与外显的基础与条件,畅通新手教师与专家型教师之间的沟通渠道,构建具有一致性、开放性、螺旋性的教师知识生产与传播的话语体系与知识蓝图。

今天,在新的历史时期下,我国教师专业化发展亟须更为细致的梳理,超越式迈进新时代。本研究综合运用知识生产模式理论、默会知识理论、知识治理理论等,为教师的专业知识特点溯本清源,为教师的专业实践打通壁垒,为教师的专业智慧正名定分。本研究的终极旨趣即论证教师知识生产者的时代担当,通过唤醒教师知识生产者的角色意识,肯定教师日常教育教学工作的不可替代性与创造性,论证教师知识生产的对象、过程、方式、结果等,为教师专业化发展提供新方向、新逻辑与新路径。

本研究主要涉及默会知识、教师、知识生产者以及学科教学知识等核心概念,以下分别简要界定,以便阅读。

- 默会知识

默会知识(tacit knowledge)由波兰尼于 1958 年在其哲学著作《个人知识:朝向后批判哲学》(*Personal Knowledge*:*Towards a Post-critical Philosophy*)中首次提出,开启了认识论发展的新方向。波兰尼对默会知识给出了较为明确的定义:"人类知识有两种类型。我们通常所说的知识,例如文字、地图、数学公式等,只是人类具有的其中一种知识;而没有被表述的知识,例如我们在行动中所拥有的知识,是人类知识的另一种类型。如果我们把第一种类型的知识称为明述知识,那么另外一种就是默会知识。"[①]维特根斯坦学派对默会知识的内涵

---

① POLANYI. The study of man[M]. Chicago:The University of Chicago Press,1959:12.

进行了研究,将波兰尼的默会知识划分为强与弱两类,其分水岭在于是否能运用语言充分地表达。[①] 赖尔通过区分"knowing that"所代表的理智主义与"knowing how"所代表的反理智主义来应和波兰尼对于"完全的明述知识理想"与"默会能力及其运用"的划分,指出"knowing that"指代广义的命题性知识,包括陈述性命题、概括性命题、范导性命题等,"knowing how"代表一种体现在"做"的活动或行动中的知识。[②] 凯农则认为波兰尼默会知识内涵中还应包括"亲知",是认知对象同客体直接接触得来的第一手知识。[③] 对波兰尼默会知识的定义争议很少,虽然表述不同,但都指向除语言表达之外的行动知识。不同的学派或研究者集中在其内涵上进行充分的研究。因此,本研究对默会知识的界定遵照波兰尼的定义,并在文献综述部分对默会知识内涵的发展进行更为详细的阐述。

值得一提的是,我国学者对"tacit knowledge"的翻译存在着多样化现象。除了默会知识这一表述外,还包括缄默知识、隐性知识、意会知识等。笔者认为"缄默"带有一种知道但是主动保持沉默的意思,不完全契合默会知识客观上无法用语言充分表达的基本内涵;"隐性"来源于心理学的内隐学习,主要强调无意识学习的存在与重要性,不足以概括整个理论;意会知识主要来源于我国古语"只可意会,不可言传",但根据波兰尼对该理论的内涵解读,意会知识并非不可言传,且意会知识这一用法也相对较少;最后,"默会"既体现缄默与非言述的特点,又带有习得与学习的含义,更加全面,因此本书使用默会知识这一译法。

波兰尼常用"explicit knowledge"与"articulate knowledge"表达同默会知识(tacit knowledge)相对应的那类知识。对这类知识的翻译也同样有很多说法,例如言述知识、明述知识、命题性知识、客观知识、显性知识等。根据英汉词典中对explicit与articulate的双语解释,其共同特点是"清楚明确地表达"。例如对explicit的英语解释为"saying something clearly, exactly and openly; a

---

① 郁振华.人类知识的默会维度[M].北京:北京大学出版社,2012:17-23.

② RYLE. Knowing how and knowing that: The presidential address[J]. Proceedings of the Aristotelian Society, 1945, 46(9):1-16.

③ CANNON. Construing polanyi's tacit knowing as knowing by acquaintance rather than knowing by representation: Some implications[J]. Tradition & Discovery: The Polanyi Society Periodical, 2002, 29(2): 26-43.

statement or piece of writing clear and easy to understand; said, done or shown in an open or direct way", 对该词的翻译则是"清楚明白的""易于理解的""清晰明确的""直截了当的"。[①] 而对 articulate 的英语解释为"to express or explain your thoughts or feelings clearly in words", 对该词的中文翻译则强调"明确表达"与"清楚说明"。[②] 由此得出, 清晰明确地进行语言表达是两者的共同点, 因此, 本研究采用明述知识这一译法代表同默会知识相对应的那类知识。

• 教师

《社会科学大词典》中将教师定义为："受过专门系统培养的、向受教育者传授人类积累的文化科学知识和进行思想品德教育, 把他们培养成为一定社会需要人才的专职工作者。教师的基本职能是教书、育人。"[③]《中国学前教育百科全书·教育理论卷》中将教师定义为："受社会的委托向受教育者传递人类长期积累的知识文化, 并对他们进行思想品德教育, 促使他们全面发展的专业人员。"[④]《现代汉语常用词词典》将其定义为："担任教学工作的人。"[⑤] 而我国《中华人民共和国教师法》则将教师定义为："教师是履行教育教学职责的专业人员, 承担教书育人, 培养社会主义事业建设者和接班人、提高民族素质的使命。"[⑥] 同时划定了教师职业的从业人员范围, 即各级各类学校和其他教育机构中专门从事教育教学工作的教师。根据上述定义, 教师是传播知识、培育品德且承担重要社会责任的专业工作者。其从业人员工作范围包括幼儿教育至高等教育、学校教育至社会机构教育。本研究中的教师特指在正规学校（包括民办与公办）中担任基础教育阶段学科教学工作的教师群体。

• 知识生产者

知识生产者, 顾名思义, 是进行知识生产的人。进一步解释可以将该名词划分为三个要点：一是知识, 二是生产, 三是人。知识生产概念是知识经济时代

① 陆谷孙.牛津高阶英汉双解词典[M].第七版.伦敦:牛津大学出版社,北京:商务印书馆,2009:702.
② 陆谷孙.牛津高阶英汉双解词典[M].第七版.伦敦:牛津大学出版社,北京:商务印书馆,2009:94.
③ 彭克宏.社会科学大词典[M].北京:中国国际广播出版社,1989:1180.
④ 卢乐山,林崇德王德胜.中国学前教育百科全书:教育理论卷[M].沈阳:沈阳出版社,1995:157.
⑤ 张清源.现代汉语常用词词典[M].成都:四川人民出版社,1992:543.
⑥ 中华人民共和国教师法[EB/OL].(2005-05-25)[2019-03-22].http://www.gov.cn/banshi/2005-05/25/content_937.htm.

的产物,知识在社会发展中起到愈发核心的作用,对知识的创新与创造也愈发受到关注,但这里的知识往往指的是科学与技术知识。知识生产中的生产主要指发明、发现、创造的活动。知识生产者则一般指代掌握高深知识,具有发明、发现、创造新知识、新技术能力的人或由此类人组成的机构或企业。但随着知识生产模式的改变,对知识生产者的定义也应发生相应的改变,这一点是本研究的基本论点之一,在第一章会进行详细叙述。

• 学科教学知识

学科教学知识(pedagogical content knowledge,简称 PCK)是由美国教育学家舒尔曼于 1986 年提出的一个有关教师知识的概念。由于众多学者不断地在舒尔曼所提出的概念基础上对学科教学知识的内涵进行拓展与讨论,因此该名词至今没有确切统一的定义。但由于后续的拓展并未远离舒尔曼提出的核心元素,因此本研究采用舒尔曼对于学科教学知识的定义,即:学科教学知识是教师所特有的关于学科内容和教学法的结合物,是教师自己有关专业理解的特定形式。其把教学的内容和教学法整合起来,帮助教师理解特定的主题、问题或问题在教学中是如何被组织、表征和呈现的,以适应不同学习者多样的需求和不同的能力。①

---

① SHULMAN. Knowledge and teaching:Foundations of the new reform [J]. Harvard Educational Review,1987,57(1):1-23.

第一章

教师专业化发展：迷失与契机

教师,作为人类社会最古老的职业之一,早在我国西周时期便已有所记载。在西方国家,以苏格拉底、柏拉图、亚里士多德为代表的"智者派"让教师成为一种社会职业,标志着西方职业教师的起点。随着教育的不断发展,在近代工业革命时期,生产力的高速发展推动脑力劳动与体力劳动的再一次分工,又因社会生产对于工人阶级文化素质的要求,使得教师不断由职业发展成为一门专业。然而,教师专业化发展道路却备经曲折。多方势力的裹挟使教师群体异常被动,异化的社会角色也使教师自身逐渐迷失了专业发展的初心。然而,随着21世纪的到来,世界政治、经济、文化、科技等又迎来了前所未有的大变局,在这一变革的洪流中,教师专业化发展也迎来了前所未有的时代契机。

第一节 教师专业发展的当代迷失

一、教师群体内部无意识

泰戈尔说,鸟翼上系上了黄金,就再也飞不起来了。当代教师专业发展的自我意识被三类事务所"坠"。

一是教育背负了太多教育以外的东西,教书育人的教育本质被异化为如升学、就业、高薪、名利等附加物。在这种情况下,教师专业化发展被太多外物遮蔽和纷扰,最显著的即分数与升学率。"标准化""数字化""量化"的考试指挥棒以及附着其上的教师评价体系往往掩盖、遏制甚至扭曲了教师的专业成长,使得教师的专业成长走向狭隘、片面甚至野蛮,丧失教育本该具备的关怀、全纳、差异。

二是教师"受制于人"。教师往往被"百家争鸣"的理论、"日新月异"的政策裹挟前进,"乱花渐欲迷人眼",难以沉下心来思考自己的专业发展方向与问题。同时,教育理论与教育实践之间的鸿沟,也使得教师讲座听得有启发,实践做着遇阻碍,问题却难以解决,以至于渐渐形成了热闹却虚无的讨论与冷冷清清的实践的反差。

三是教师"拖累于事"。教师在繁重的教学工作之外还常常被冗杂的行政事务和大大小小的会议束缚。这些事务占据了教师的闲暇时间,阻碍了教师的课后反思。

在这"三重大山"的压迫下,教师逐渐迷失在纷繁复杂的社会期待、先进理论、日常事务中,难以对自身的专业发展有清醒的认知与追寻。

二、来自专业外部的质疑

中小学教师这一职业是不是一门专业,一直广受争议。直到 1966 年联合国教科文组织在《关于教师地位的建议》的第六条中提出"教师工作应当被视为一门专业",并将教师的范围定位在"所有公立和私立的托儿所、幼儿园、小学、中学,包括那些提供技术、职业或艺术教育的学校"[①],教师的专业地位才得到认可,并逐渐受到大众的广泛关注。

但如一些学者所论述的,教师专业化是一个动态发展的过程,还不是一个既定的结果。[②] 因为对于把教师工作作为一门专业还有很多争议悬而未决。首先是对构筑教师专业根本的专业知识和技能存在质疑。一些学者认为如果以一门专业去看待教师,那么其并不具备同律师或医生专业一样的"专业知识与专门技术",因为教师在复杂多变的教学环境中如要胜任教学任务,除了要掌握所教学科知识外,还要掌握哲学、心理学、管理学、社会学、信息技术、伦理学等相关知识,看似包罗万象,实际上却没有独属于教育领域的知识。其次提出教师的职业范围不明确,学校教育同家庭教育、社会教育有重复之处。最后是对教师的自治力、自主权、自由度提出质疑,教师工作受到来自政府与社会的制约,尤其在教育目标与教学内容上缺乏专业自主性。[③]

---

① UNESCO. Recommendation concerning the status of teachers[EB/OL]. (1966-10-05)[2019-10-24]. http://portal. unesco. org/en/ev. php-URL_ID = 13084&URL_DO = DO_TOPIC&URL_SECTION=201. html.

② 张贵新. 对教师专业化的理念、现实与未来的探讨[J]. 外国教育研究,2002(2):50-55.

③ 钟启泉. 教师"专业化":理念、制度、课题[J]. 教育研究,2001(12):12-16;高慎英. 教师成为研究者"教师专业化"问题探讨[J]. 教育理论与实践,1998(3):32-35.

三、来自专业内部的萎缩

教育是一门专业,教师是专业人员,教师拥有的专业知识是该专业立足的重要保障,同时也是教师进行知识生产的主要阵地。因而,对教师专业化的质疑主要落在教师是否具有专业知识的维度。

20世纪80年代,舒尔曼提出了学科教学知识(PCK)的概念,并将该类知识作为教师专业知识的核心。学科教学知识不是单纯地强调哪一方面,也不是机械地将教学方法与教学内容合并,而是指教师的知识应以学生学习的需求为导向,整合教师自身具有的教学知识、学科知识、学生知识、教学环境知识等。舒尔曼作为现代教师专业化知识的开创者,在学界占据稳固的核心地位。

然而,现实中教师对学科教学知识的认识情况不容乐观。我国教师学科教学知识存在的主要问题有:其一,学科知识与教学知识的机械性分离,尤其是在师范生与新手教师身上。这与我国师范教育课程体系有很大关系。长期以来,我国教师教育课程主要有教育学、心理学、学科教学法,也就是俗称的"老三门"。"老三门"看似囊括了教师所需要的基础理论知识、学生心理发展知识、教学法知识、学科内容知识,但这些知识"各自为政",并没有以一定的方法或目的进行整合,尤其是教学法知识同学科内容知识之间界限分明,既没有形成适合学科内容的教学法,也没有提取面向教学的学科知识。[①] 这样的"楚河汉界"使得初任教师不会上课的现象较为普遍,究其根本原因,在于其教学技能与教学内容是分离的。其二,我国教师关于学生和学习情境的知识还有待完善。该两项知识的缺乏反映了我国教师教育师范性的缺失,反映了我国教师教育在培养职前教师的时候偏重理论,忽视实践对象与实践情境。[②] 当面对真实的学生或真实的教学问题出现时,初任教师很容易无从下手,不知道从哪些角度、运用哪类知识去分析问题与解决问题。所谓新教师不会上课,不完全是他们所学不

---

① 参见:袁维新.学科教学知识:一个教师专业发展的新视角[J].外国教育研究,2005(3):10-14;刘小强.教师专业知识基础与教师教育改革:来自PCK的启示[J].外国中小学教育,2005(11):7-10;任一明,田腾飞.PCK:教师教育改革之必需[J].西南大学学报(社会科学版),2009,35(2):134-138;赵冬臣,马云鹏.教学推理的意蕴与价值[J].课程·教材·教法,2017,37(1):113-118.

② 参见:唐泽静,陈旭远."学科教学知识"研究的发展及其对职前教师教育的启示[J].外国教育研究,2010,37(10):68-73;汤杰英,周巍,韩春红.学科教学知识构成的厘清及对教师教育的启示[J].教育科学,2012,28(5):37-42.

精，而是他们在接受师范教育的过程中缺乏以真实教学情境为载体的机会，缺少综合运用知识解决真实问题的能力。

第二节 教师专业化发展的时代契机

一、自上而下的政策引领

教师职业作为一种社会角色，历经了从社会化、职业化到专业化的曲折而漫长的发展过程。专业化是教师职业的基础，是教师队伍建设的重要目标与根本旨归。这一观点在国家针对教师教育的政策中有明确体现，并获得社会各界的广泛认同。教师专业化发展是当前国际教师教育改革发展的趋势，也是我国新时代教师教育改革发展的重要议题。

在世界教师专业化发展的洪流下，我国教师职业的专业化发展起步较晚。1994 年开始实施的《中华人民共和国教师法》中规定"教师是履行教育教学职责的专业人员"，首次从法律角度确认了教师的专业地位。1995 年，国务院颁布《教师资格条例》，确立了教师专业的行业标准。2000 年，教育部颁布《〈教师资格条例〉实施办法》，教师资格制度开始在全国全面实施，从法律制度上开启了教师专业化的征程。2000 年，我国出版的第一部对职业进行科学分类的权威性著作《中华人民共和国职业分类大典》，首次将我国职业归并为八大类，教师属于"专业技术人员"一类，分为高等、中职、中小学教师等小类。2001 年 4 月 1 日起，国家首次开展全面实施教师资格认定工作，进入实际操作阶段。

2012 年，国务院颁布《关于加强教师队伍建设的意见》（国发〔2012〕41 号）。该政策提出到 2020 年，形成一支师德高尚、业务精湛、结构合理、充满活力的高素质专业化教师队伍的总体目标，并针对幼儿园教师、中小学教师、职业学校教师、高等学校教师、民族地区教师、特殊教育教师六大教师队伍建设提出具体要求。

自党的十八大以来，习近平总书记就加强教师队伍建设作出系列重要指示，强调教师是教育工作的中坚力量，广大教师要做"四有"好老师、"四个引路人",实现"四个相统一"。① 2018 年,中共中央、国务院颁布了《关于全面深化新时代教师队伍建设改革的意见》,结合国际社会大发展大变革大调整的新格局,与我国全面建设社会主义现代化国家的新征程,以师德师风、教师教育、管理治理、地位待遇等为抓手,提出以下目标:"到 2035 年,教师综合素质、专业化水平和创新能力大幅提升,培养造就数以百万计的骨干教师、数以十万计的卓越教师、数以万计的教育家型教师。教师管理体制机制科学高效,实现教师队伍治理体系和治理能力现代化。教师主动适应信息化、人工智能等新技术变革,积极有效开展教育教学。尊师重教蔚然成风,广大教师在岗位上有幸福感、事业上有成就感、社会上有荣誉感,教师成为让人羡慕的职业。"②

这是我国教师专业化发展的时代契机,教师需"搭乘"这一自上而下的政策引领的"顺风车",努力提升自身专业素养,在最好的时代做最好的教师。

二、育人格局的时代呼唤

随着时代的发展,教育理念也在不断变化。自 20 世纪以来,关注"人"的发展、育人为本成为教育的主流,知识退居其次,作为教育的内容、工具与媒介。

在过去很长一段时间内,教育中的"人"被异化为储存知识的"工具"。学校像是工厂,教师像是机械的操作工,在固定的程序中将固定的知识"塞进"学生的头脑中;学生就像是一堆拥有相同知识、相同技能、相同思想的"产品"。教育中没有"人",只有知识,教育目标不是为了学生的发展,而是为了"分数"的提升。被"物化"的学生价值主要体现在是否能够提升升学率上,评价标准仿佛只有一个——考高分就是人才。作为"人"的学生的发展变得极其片面化,其思想、情感、道德、意愿、能力、思维、天赋、性格等都被压抑与淡化。

---

① "四有"好老师的"四有"指有理想信念,有道德情操,有扎实学识,有仁爱之心。"四个引路人"指"广大教师要做学生锤炼品格的引路人,做学生学习知识的引路人,做学生创新思维的引路人,做学生奉献祖国的引路人"。"四个相统一"指"坚持教书和育人相统一,坚持言传和身教相统一,坚持潜心问道和关注社会相统一,坚持学术自由和学术规范相统一"。以上参见:习近平. 做党和人民满意的好老师:同北京师范大学师生代表座谈时的讲话(2014 年 9 月 9 日)[N]. 人民日报,2014-09-10(2);习近平在北京市八一学校考察时强调 全面贯彻落实党的教育方针 努力把我国基础教育越办越好[N]. 人民日报,2016-09-10(1);习近平在全国高校思想政治工作会议上强调 把思想政治工作贯穿教育教学全过程 开创我国高等教育事业发展新局面[N]. 人民日报,2016-12-09(1).

② 中共中央 国务院关于全面深化新时代教师队伍建设改革的意见[EB/OL]. (2018-01-20)[2023-07-24]. http://www. moe. gov. cn/jyb_xwfb/moe_1946/fj_2018/201801/t20180131_326148. html.

20世纪以来,在杜威、苏霍姆林斯基、弗莱雷等教育家的带领下,教育理念有了巨大的变化,由关注学生学习的"知识"转变为关注学习知识的"学生"。教与学不再仅仅关注学生记住了多少知识、考了多少分,而是关注学生作为一个"人"的全面发展,不仅包括知识的增强,还包括能力的发展、思维的提升、精神的富足、情感的丰富等。研究"人"成为教育领域中一个重要的维度,不仅倡导人的全面发展,而且强调人的最大化发展。因此,尊重个性、因材施教、开发天赋、培养多元人才成为教育的主流理念,成为衡量教育教学效果的重要指标。而学生也成为教育的核心与主体之一,满足每一个学生的需要也就成为教育的基本目标。教育,不再仅仅是传递知识这一件事了!

（一）关注学生思维与能力发展

教育关注"人"的发展首先体现在教育对学生思维与能力发展的强调上。教育的焦点不再是学生掌握了多少书本知识,而是学生的思维水平是否得到提升,运用知识解决问题的能力是否得到发展,技能技艺是否得到增强。这一教育理念的改变与知识在人类社会中的高速发展有着直接且关键的联系。

21世纪是人类知识爆炸的时代,科学知识以超过过去人类社会总量的速度在不断增加,传统学科不断扩大自己的外延,新兴学科层出不穷,且随着互联网的成熟,人们可以通过多种多样的渠道获取大量的知识,自媒体时代的到来更是方便了人们传播与分享个人日常生活经验与个人知识。知识通过互联网以从未有过的方式渗透进每个人生活的方方面面。在这样的时代,获取知识已不再是难题,如何筛选知识、分辨知识、运用知识才是重点。对于学生来说,知识已经不是学习的核心了,学会学习的方法才是关键。创新思维、批判思维、解决问题的能力、运用知识的能力、合作能力、交流能力等成为教育的核心目标,被各国列为学生需要掌握的关键能力。近年来,核心素养也成为热议的话题。这些教育目标的改变鲜明地突显出对学生思维与能力的培养逐渐取代学生掌握知识的多少,成为教与学的核心。

学生思维与能力的发展不仅需要教师从关注教材转变为关注学生,更需要教师关注学生学习的前、中、后三个阶段。所谓"前"阶段指教师需要了解学生已有的思维水平与知识掌握情况,以便有的放矢地安排教学内容与教学活动,为学生建立合适的"最近发展区",不至于太难,也不至于太容易。所谓"中"阶段指教师需要针对学生在学习过程中所表现出来的疑难、困惑、好奇、兴趣、需要、观点等做出恰当的反馈,并能够及时地根据学生的需要改变教学方法,调整教学进度。所谓"后"阶段指教师应及时考查、评价学生所得,既包括知识与技能这一类显性收获,也包括思维、情感、态度、价值观这一类隐性所得,了解学生思维与能力发展的过程与结果,同时也为下一次教学实践积累必要的信息。

(二)关怀学生情感体验与价值观塑造

教育关注"人"的发展还体现在教育对学生情感的关怀与价值观的塑造上。教育不再仅仅关注冷冰冰的分数,而是具有人文情怀,能够给予学生情感上和精神上的关怀,能够引导学生道德品质的发展与价值观的塑造,使学生不仅成长为一个具有广博知识的人,更成长为一个情感丰富、精神强大、道德高尚,有价值、有理想、有追求,富有同情心、责任感、正义感的"大写"的人!教育中"育"的功能便表现于此,它关注人的精神世界,引导学生正确地看待世界、看待问题、应用知识,是人类社会健康发展的根本保障之一。教育如果丧失了人文关怀,只把人当作工具,会导致社会的发展扭曲停滞。20世纪中叶西方社会科学主义当道,忽视人文艺术知识,给人类社会的发展带来了负面影响,我们应吸取这个深刻的教训。

人类社会的三次工业革命,极大地促进了生产力的发展,尤其是第三次工业革命将人类带入信息时代,同时也将自然科学领域从数学、物理、化学拓展到原子能、计算机、空间技术以及生物工程领域。科学知识在几个世纪当中带动人类迈向了一个又一个新时代,不断刷新人类的发展史,因而相较于其他知识获得了极高的认可与地位,被认为能够解决人类出现的一切问题。而文学、艺术、哲学等人文类知识则日渐衰落,被膨胀的科学知识挤到了角落,备受冷落。这些反映在教育上则表现为重视掌握科学知识,轻视人文关怀。这一取向使得西方资本主义社会在20世纪60年代出现了价值崩坏、迷茫、混乱等社会现象,影响了社会在精神层面的建设与发展,并对科学知识的使用同样具有消极作用。战争、经济危机、环境污染、资源过度开发、物种危机、核武器威胁等频发。科技不仅没有造福人类,反而在伤害人类。科学技术的进步不代表人的文化层次与精神层次的上升,失去人文关怀与价值指引的科技"造福"的只会是人类自私、阴暗、物欲的一面,成为刺伤人类自身的"达摩克利斯之剑"。因而,随着认识论的"拨乱反正"，获取科学知识不再是教育的唯一目标，人文关怀成为教育的又一核心任务。

（三）关注学生个性发展

教育关注"人"的发展更体现在对学生个体需求的满足上。学生不再是千人一面，不再是"工厂"生产的流水线"成品"，而是具有个体思想、背景、意愿、兴趣与追求的活生生的人。教育关注学生共性的发展，也关注学生个性的需求。教育从倡导学生的全面发展，到强调每个学生最大化的发展，便是对个性的认同，对以人为本的强调，对多样化人才的需求。教育目标从满足"工业生产"的需要转变为以满足人的个性化需求为主，从整齐划一的人才培养转变为尊重学生的多样性。加德纳的多元智能理论为个性发展提供了依据。不同的人学同样的东西，迈着同样的步伐，赶着同样的进度，成为同样的人才，这样的教育理念已经被淘汰。反之，充分发展每个学生不同的专长和天赋，满足每个学生的需要，培养多元人才，成为现代教育最重要的目标之一。

因而，教学比过去复杂了千百倍。过去，教师只需要将固定的知识以固定的模式传递给学生，要求学生记住即可，至于学生是否感兴趣、是否理解、是否有所启发、是否能够运用等问题则不在教师的关心范围内。而现在这些都是教师的职责所在，教师要在教学内容和学生之间搭建"桥梁"，这一"桥梁"不再只是传递知识给学生，而是要在充分了解学生的能力、前知识、个性特点、兴趣爱好等的基础上设计学生能够理解的且具有启发性的、延展性的、应用性的教学方法和过程。同时，教师也要解决不同学生不同的疑难问题，随时随地接受来自学生个体的奇思妙想的挑战，并能够恰当地给予反馈。此外，还要将学生放置于社会的大环境中，着眼于学生未来的发展，使学生能够适应社会的需要，迎接未来的挑战。在这一变化下，教师的角色也不可避免地发生了改变，知识传递者的角色已经无法满足学生的需要，教师要成为知识的生产者才能够适应教育理念的变化，满足学生发展的需要，符合教育对教师职能的要求。

第二章

知识的生产者：教师专业化发展的理性超越

亚里士多德指出人与动物的区别在于"实践的生命的活动",而我们的实践生命活动又分为理性的活动、实践的活动以及制作的活动,其中理性的活动最为根本,是人类最高级别的活动。人的生命价值在于不断地、积极地实现着构成我们生命可能性的各种活动。对于教师来说,成为知识的生产者,是教师专业生涯与价值的理性生命活动,是教师专业化发展的理性超越。

第一节　教师角色变迁

古往今来,教师的角色既有固定性,又在不断地变化中。这些变化有微量的调整,也有本质的巨变。而教师角色无论如何改变都受到来自意识形态、社会生产力的发展以及教育本身的发展这三者的影响。其中,意识形态决定了教师教学活动的根本目标与教师的社会责任,而教师教学活动中所存在的隐性课程也同样由意识形态决定;社会生产力的发展决定了教师的教学任务与课堂角色,是教育内容与教学方法的来源;教育本身的发展受到教育理论以及影响教育的心理学、哲学等学科理论的作用,这些理论研究具有"承上启下"的作用,其既受到一定的社会、经济与文化的影响,又往往带有先导性、超越性、前瞻性,形成一定的思潮,影响着教育一线工作者的教学实践。

根据我国学者石中英对于知识型的划分——原始知识型、古代知识型、现代知识型以及后现代知识型①,本研究将教师角色的变迁划分为原始社会的"巫"、奴隶社会的"智者"、封建社会的"师者"、现代社会的知识传播者以及当代社会的研究者。同时,我们提出在当前以及未来,教师应当超越过去,超越社会传统对教师角色的定义,成为知识的生产者,最大化教师角色的能动性与教师知识的价值。

---

① 石中英.知识转型与教育改革[M].北京:教育科学出版社,2001:40-86.

一、原始部落的巫师

在原始社会中，"巫"是掌握知识的人，是部落的文化与精神领袖，也是道德的制定者，但"巫"实际上不是真正意义上的教师。"巫"是当时能够"同神沟通的人"，能够"解释天启"。"巫"所掌握的知识实质上是利用"神"的名义将日常经验启示化、合法化、规则化，使整个部落的人都要遵守。而没有得到"天启"的其他日常生活经验，则主要通过人群之中的口耳相传。因此，在原始社会中，"巫"所代表的"师"的含义更倾向于知识的掌握者、道德的维护者、权力的所有者等，而距离我们现在对教师的定义还有很大的距离。[①]

二、奴隶社会的智者与代际教育

教师这一职业最早出现在奴隶社会中，并由非正式职业发展为一种正式职业，其职业场所由最初的"庠""序"官学发展为以孔子学堂为代表的、大量涌现的私学，并促成了我国文化史中一次百家争鸣的盛况。尽管如此，在奴隶社会中，知识仍旧由少数人掌握，他们通常是那个时代的"智者"。智者致力于对万事万物的本源进行抽象的逻辑思考，力图解释世界是什么、如何产生、如何运行。例如西方古希腊时期的哲学家苏格拉底、柏拉图、亚里士多德等，以及我国春秋战国时期的智者孔子、孟子、老子等。智者主要通过讲学的形式传播自己的思想，建立自己的学派，参与其中的也只是少数人，大多数人仍旧从事农业生产，他们的经验性知识在代际的传播方式仍是口耳相传。

三、封建社会的"传道授业解惑也"

在封建社会中，教育又分为官学与私学，太学、国子监、私塾、书院等都是对学校的称谓，教育具有了一定的规模，且获得了统治者的认可。又因为"学而优则仕"，进入学校学习的人数较奴隶社会大大地增加了。同时，教师群体的人数也相应地增加了，不再仅限于进行哲学思考的智者，掌握一定知识的人，尤其是取得了一定官方功名的人都可以开办私学，以讲授四书五经为主要教学任务。同一时期的西方，神学盛行，宗教知识在整个中世纪被视为绝对真理，不仅控制

---

① 参见：孙培青.中国教育史[M].第三版.上海：华东师范大学出版社，2009：1-6，11-293；石中英.知识转型与教育改革[M].北京：教育科学出版社，2001：46-49；李禹阶.中国文明起源中的巫及其角色演变[J].中国社会科学，2020(6)：168-192.

着人们的精神生活,而且深刻影响了世俗生活,"教权"在中世纪甚至高于"王权"。显然,教师职业便是由神职人员来兼任,他们传播教义,控制教徒。[①]

四、现代社会的园丁、教书匠、知识的搬运工

在近现代社会中,伴随着西方社会的巨变,如文艺复兴、宗教改革、启蒙运动、第一次工业革命与第二次工业革命等,科技的兴起自 11 世纪开始初露苗头,在 17—19 世纪达到巅峰,人类社会从农业生产模式进入工业生产模式。生产力在科学技术的带领下,获得了前所未有的飞速发展。1848 年 2 月,马克思和恩格斯在《共产党宣言》中生动地描写了 19 世纪西方资本主义国家发展的强劲势头:"资产阶级在它的不到一百年的阶级统治中所创造的生产力,比过去一切世代创造的全部生产力还要多,还要大。自然力的征服,机器的采用,化学在工业和农业中的应用,轮船的行驶,铁路的通行,电报的使用,整个整个大陆的开垦,河川的通航,仿佛用法术从地下呼唤出来的大量人口——过去哪一个世纪料想到在社会劳动里蕴藏有这样的生产力呢?"[②]

生产力的空前发展,促进社会职业的分工,使脑力劳动与体力劳动呈二元分离状态,原始的代际教育方式与封建社会小规模的学校教育已经无法满足工业大生产时期社会对人才的需求。因而,以班级授课为主要模式的学校制度建立,并产生了学校公立化运动,旨在为更多工人阶级提供基础教育,以满足工业生产的需要。在这一时期,"教师"这一名词正式出现,并正式成为一种职业,现代教育由此形成。

在这一时期,公众对于教师的角色有很多种称呼,且带有不同的感情色彩。例如具有褒义情感的"园丁""蜡烛""灵魂工程师"等,又如具有中性色彩的"教书匠""知识的搬运工"等,再如具有贬义批判性质的"执行者""技术工"等称呼。这些称呼实质上反映了现代工业生产过程中对于教师传播以学科为组织形式的科学知识的基本要求,以及培养具备操作能力的工人阶级的育人目标。[③]

然而,现代社会中的教育以知识为核心。知识的两端,一是学生,一是教

[①] 孙培青.中国教育史[M].第三版.上海:华东师范大学出版社,2009:11-293;石中英.知识转型与教育改革[M].北京:教育科学出版社,2001:50-58.

[②] 马克思,恩格斯.共产党宣言[M].北京:人民出版社,2014:32.

[③] 石中英.知识转型与教育改革[M].北京:教育科学出版社,2001:59-69.

师,二者都没有话语权。正如批判教育学派的代表人物吉鲁指出的:"在当下许多教育改革的讨论中,教师的一些角色被忽略了,作为教育研究者的研究对象,被看作技术人员,执行来自专家的命令或预先决定好的教学目标。"①"听从"与"执行"成为教师的主要任务,使其对于"教什么""为什么教""怎么教""教给谁"等问题缺乏自主思考。教师对于教育教学的认知限制在知识传递或知识搬运。而学生不同的背景、个人经验、语言、文化以及个性特点都被这种管理式的教学法完全忽视。② 学生个体需要不被关注,教什么则学什么,并不思考为什么学,只要按照学校的安排统一"进厂"、统一"出厂"即可。

然而,随着以信息技术为代表的第三次工业革命的开始,"被动的执行者"角色覆盖下的教师的教学活动越来越无法满足社会对创新创造型、批判型、问题解决型人才的需要。教师角色再次发生转变。

五、当代教师即研究者

在当代,教育越来越关注学生作为"全人"的发展。学生主体地位获得肯定,能力培养成为学习目标,创新成为核心要求,全面而个性的发展成为教育的终极追求,这些推动着教育环节中各要素产生巨变,也使教师角色经历前所未有的改变。教师不再仅仅是知识的传递者与教学的执行者,而要成为学生学习的引导者、支持者、启发者、合作者、组织者等,同时更要向着研究者角色发展。"教师即研究者"这一命题的提出是 20 世纪 70 年代以来对于教师角色的超越性挑战,也是对于教师角色应有之本质的批判性揭示。20 世纪 70 年代,英国课程学家斯滕豪斯从课程改革的角度提出"教师即研究者",强调教师在课程与教学领域的绝对主导权、话语权与参与权。③ 斯滕豪斯尤其强调在课程开发的过程中教师应当依据自身的实践充分参与其中,批判性地行使自身作为课程主人翁的责任与权力。同时他指出教师应当充分利用教学实践进行研究,与学生讨论具有争议性的问题,而非直接控制学生的思想。在师生交流的过程中,教

---

① GIROUX. Teachers as intellectuals:Toward a critical pedagogy of learning[M]. Connecticut:Greenwood Publishing Group, 1988:121.

② GIROUX. Teachers as intellectuals:Toward a critical pedagogy of learning[M]. Connecticut:Greenwood Publishing Group, 1988:122-125.

③ STENHOUSE. An introduction to curriculum research and development[M]. London:Heinemann, 1975.

师应当不断反思自身的教学,与学生一道从问题出发不断进行分析,并尽可能上升到理论层面。教师自身成为研究者是对知识本质的尊重,也是教师培养会思考、善反思、能解决问题的学生所应具备的重要素养。

尽管"教师即研究者"自 20 世纪 80 年代至今已有大量的研究,但教师群体内外部都不得不承认这一命题至今仍未获得广泛的实践。理论上来说,教师对于教学实践的研究有着得天独厚的优势,例如,课堂中的灵感与顿悟、师生互动、教学拐点、学生反馈等都是教学研究过程中宝贵的资源。然而,实际情况与理想状态差距很大。尽管教师占据了教学研究的最佳位置,却受到各种意想不到的阻力,例如教师自身的研究素养难以支持日常教学研究,冗杂的行政事务使得教师无暇进行研究,沉重的教学压力使得教师疲于深度思考。"教师即研究者"这一命题既是公认的教师专业化发展的必由之路,也是教师群体最为"口号式"的、难以落实的痛点。因此,我们认为在当下以及未来,教师应当超越以往任何一种角色,成为知识的生产者,明确自身的角色定位,把握自身的资源优势,最大化自身的实践智慧!

第二节　知识生产的公众化

在近代,知识生产模式经历了由模式 1、模式 2 到模式 3 的演变,主要反映出经济与市场的发展对知识需求的转变。吉本斯是知识生产模式 1 与模式 2 这一名词的提出者,他将模式 1 定义为:"一种知识生产的形式——一种理念、方法、价值以及规范的综合体。这一模式掌控着牛顿学说所确立的典范在越来越多领域的传播,并且确保其遵循所谓的'良好的科学实践'。"①知识生产模式的不断演进促使知识生产主体、知识生产方式、知识生产目的与结果等产生巨大变化,为中小学一线教师知识生产者身份的确立奠定了理论基础。

---

① 吉本斯,利摩日,诺沃提尼,等.知识生产的新模式:当代社会科学与研究的动力学[M].陈洪捷,沈文钦,译.北京:北京大学出版社,2011:2.

一、知识生产模式的变迁

(一)大学的象牙塔——知识生产模式1

知识生产模式1产生于19世纪初。伴随着工业社会的发展对科学知识的渴求,大学打破自中世纪以来为神和教会传播神学知识的限制,将科学研究纳入体系内,与教学集合为一体,逐渐发展成为综合研究与教学的近代大学。近代大学的职责不仅在于传播知识,更在于生产工业发展所急需的科学知识。这种知识生产模式面向高深科学知识,凭借科学家个人兴趣以为"知识而知识"的目的进行研究,同时培养专门化精英人才,具有高度的自治权。在知识生产模式1中,大学具有知识的绝对话语权,占据知识生产的上游,与产业保持距离,与政府若即若离,即在满足国家发展对知识与精英需求的同时,与市场界限分明,且往往需要中介机构将大学生产的学术知识进行应用研究,以转化为市场需要的知识。洪堡创建的柏林大学是第一所近代大学,因此,这种大学知识生产模式又被称为"洪堡模式"。① 由此可见,知识生产模式1的生产场所以大学为主,由学术团体控制,受到"普遍主义、公有性、无私利性、有组织的怀疑态度"的默顿规范的约束。②

(二)市场导向——知识生产模式2

第二次世界大战后,资本主义经济走向全球化的发展模式,国际竞争日益激烈,知识在经济发展、市场扩张与军事力量储备中占据愈发关键的地位,相比生产于象牙塔中的学术知识,能够作用于市场的应用知识成为更迫切的需要。同时,高等教育大众化的发展趋势也为知识生产模式的变革提供了条件。在这种时代大背景下,知识生产模式1所代表的知识生产方式已经不能够适应社会发展的需求,知识生产模式2应运而生。对知识生产方式的这种划分始于吉本斯等人。其在1994年出版的 *The New Production of Knowledge: The Dynamics of Science and Research in Contemporary Societies*(《知识生产的新

---

① 参见:盛冰.知识的新生产及其对大学的影响[J].清华大学教育研究,2003(1):30-35;王建华.知识社会视野中的大学[J].教育发展研究,2012,32(3):35-42;郭芳芳,张男星.高深知识的生产变革与高等教育绩效评价[J].复旦教育论坛,2012,10(6):5-9;胡娟.从政治介入到公众参与:知识生产动力学的进路考察[J].江西社会科学,2014,34(10):205-210;卓泽林.大学知识生产范式的转向[J].教育学报,2016,12(2):9-17.

② 王爱萍.知识生产模式转型与大学生就业能力培养[J].高教探索,2011(5):96-100.

模式:当代社会科学与研究的动力学》)中指出了相比于在生产场所、生产主体、生产内容上较为单一和集中的知识生产模式 1,知识生产模式 2 是一种弥散于社会的知识生产体系。其特征具体表现在知识的生产基于应用情境而非认知或社会规范,具有跨学科性质,生产主体具有异质性与组织多样性,具有社会问责性与反思性,质量评估不限于同行评审。①

然而,随着世界发展形势愈发复杂,问题环境开始变得复杂、不确定、不稳定、多变、特殊,而且冲突加剧,科学主义按部就班、严格控制的问题解决方式很难应对当下的问题环境。内在地,科学知识解决不了人们精神世界的苍白和道德价值观的衰落问题;外在地,科学知识在解决粮食增产、能源发电等问题时出现了比所要解决的问题更加严重的问题,如农药对土壤的污染、核泄漏等。悬挂在科学知识头上的"达摩克利斯之剑"摇摇欲坠。科学知识的权威化对个人日常经验知识、地方知识、本土知识、文化知识、道德知识、历史知识等的忽视与打压使得它无法应对越来越复杂的问题环境。同时,随着世界经济发展对创新的需要,多元知识群的共存与整合成为各国在 21 世纪谋求发展的根本动力。知识生产模式 3 便是在这样的背景下发展而成的一种新型的、新兴的知识生产模式。

(三)开放包容——知识生产模式 3

知识生产模式 3 以及四螺旋与五螺旋生产结构由华盛顿大学教授卡拉扬尼斯提出,知识生产模式 3 在知识生产模式 2 的基础上拓展了知识生产主体,保证了知识与现实的紧密联系,旨在通过创新模式促进社会经济与社会政策的发展,迎接 21 世纪的各种机遇与挑战。相比于吉本斯提出的知识生产模式 2,知识生产模式 3 更符合知识经济时代民主进程的发展。

知识生产模式 3 是 FREIE(fractal research, education and innovation ecosystem,分形研究与教育和创新的生态系统)的核心,由知识群与创新网络交织而成,指向知识的生产、传播与运用。知识的创新网络具有多层次、多模态、多节点、多边的特点,知识群则由人力资本和智力资本构成,并在社会资本与金融资本的支持下运作。知识生产模式 3 的结构运用高阶学习过程与动力

① 吉本斯,利摩日,诺沃提尼,等.知识生产的新模式:当代社会科学与研究的动力学[M].陈洪捷,沈文钦,等译.北京:北京大学出版社,2011:16-39.

学,既允许自上而下的"政府—大学—企业"的知识生产模式,又注重自下而上的社会大众与基层运动的首创精神,并以两种运作方式的交互作用为优先,旨在建立一个更具智慧的、有效且高效的系统。因此,知识生产模式3保证了与现实世界紧密又坚固的联系,在理想和现实之间使社会经济与政策的发展过程更加具体化。①

知识生产模式3允许且强调不同知识和创新范式的共存和共同进化,包括知识生产模式1、知识生产模式2、三螺旋结构,也包括线性的和非线性的创新机制。② 知识生产模式3的四螺旋结构拓展了我们对于知识生产的主体的理解,它将"基于媒体和文化的公众"和"社会大众"加入进来,而不仅仅限于政府、大学和企业。而五螺旋结构则因为作为知识生产背景的"自然环境社会"因素的加入而内涵更加丰富。③ 此外还有更多其他的生产要素,例如文化、创新文化、文化的知识、知识的文化、价值观、生活方式、多元文化主义、创造、媒体、艺术、艺术与哲学社会科学类大学以及来自当地、国家和全球的各种创新系统等。④ 知识生产模式3以及四螺旋和五螺旋结构将多元的、复杂的、多层级的、充满活力的视角加入知识生产的模式,而决定哪些知识、哪种创新模式、何种水平、什么样的缔约方或代理以及什么样的知识节点和知识群落是合适的则依赖于特定的背景条件,包括情境、需求、配置以及案例,打破了科学知识"说一不二"的霸权。⑤ 处在知识经济中,每一个人既是知识的消费者,也是知识的生产

---

① CARAYANNIS, CAMPBELL. Mode 3 Knowledge Production in Quadruple Helix Innovation Systems: 21st Century Democracy, Innovation, and Entrepreneurship for Development[M]. New York: Springer-Verlag New York, 2012: 3.

② CARAYANNIS, CAMPBELL. Mode 3 Knowledge Production in Quadruple Helix Innovation Systems: 21st Century Democracy, Innovation, and Entrepreneurship for Development[M]. New York: Springer-Verlag New York, 2012: 49.

③ CARAYANNIS, CAMPBELL. Mode 3 Knowledge Production in Quadruple Helix Innovation Systems: 21st Century Democracy, Innovation, and Entrepreneurship for Development[M]. New York: Springer-Verlag New York, 2012: 50.

④ CARAYANNIS, CAMPBELL. Mode 3 Knowledge Production in Quadruple Helix Innovation Systems: 21st Century Democracy, Innovation, and Entrepreneurship for Development[M]. New York: Springer-Verlag New York, 2012: 13.

⑤ CARAYANNIS, CAMPBELL. Mode 3 Knowledge Production in Quadruple Helix Innovation Systems: 21st Century Democracy, Innovation, and Entrepreneurship for Development[M]. New York: Springer-Verlag New York, 2012: 49.

者。① 由此,知识生产模式的转型从社会发展的客观需求上为个体身份加入知识生产中的合理性与必要性提供了保障。

二、信息时代的知识共享

第二次世界大战以后,随着科学技术的高速发展,人类社会进入全球化的经济发展模式和以信息技术为代表的第三次工业革命,并以迅猛的势头开启了以智能化为代表的第四次工业革命时代。智能、互联网、信息是这一新时代的代名词,人类社会的经济模式、政治生活、文化生活、日常交往等发生了翻天覆地的变化。知识生产的主角也从知识生产模式 1 中的大学,转变为知识生产模式 2 中的大学—政府—企业,以及知识生产模式 3 中涌入的社会大众。其中,信息化与智能化为全民知识生产提供了充分的可能与路径。

尽管知识生产模式 3 保障了社会大众知识生产者身份的合理性,互联网为全民知识生产、传播与分享提供了平台与技术,但许多知识生产者并未意识到自身的知识生产能力与责任,其中就包括广大教师群体。

从研究领域来看,以"mode of knowledge production"为关键词在"Web of Science"数据库进行检索,发现关于知识生产模式的研究较多集中在管理学与教育学中。管理学中的研究主要集中在知识经济背景下的知识创新,教育学中的研究主要以大学知识生产角色的变化为重点,其中有支持,有批判,有回顾性研究,有策略性研究,以及由此辐射的研究生培养等等。例如,有人研究了在知识经济社会中,在地区、国家以及全球层面上高等教育的社会话语权如何变化以及这些变化对高等教育研究产生的期待与挑战。② 有研究回顾了欧洲传统高等教育的三种模式,并分析了在知识经济社会中,高等教育的新职能即促进国家经济的发展,并基于发达国家中大学的角色变化探究创业型大学的发展及其同企业的合作。③ 有研究关注在知识生产模式转变背景下的大学跨学科博

---

① 王建华. 知识社会视野中的大学[J]. 教育发展研究,2012,32(3):35-42.

② VÄLIMAA, HOFFMAN. Knowledge society discourse and higher education[J]. Higher education, 2008, 56(3): 265-285.

③ SAM, VAN DER SIJDE. Understanding the concept of the entrepreneurial university from the perspective of higher education models[J]. Higher Education, 2014, 68(6): 891-908.

士研究生培养,①也有研究认为知识经济破坏了对大学在民主制度中的作用的旧有理解,且没有认识到大学独特的、多样的知识创新本质,不利于博士研究生的培养。② 还有研究收集了 15 个国家的大学工作者的研究情况以探究基础研究与应用研究在大学中所占的比例,发现越来越多的大学研究者倾向于两类研究的结合。③

国内研究趋势同国外相似,在阐述知识生产模式转型的基础上重点研究了新模式对大学的影响,主要包括以下几个方面:①整体上论述知识生产的转型对大学传统上唯一的知识生产者地位的动摇,呼吁大学兼顾学术与应用,承担多重社会角色。④ ②大学需要在学术自由和社会应用两个方面寻求平衡,知识生产模式 2 并非知识生产模式 1 的替代,而是补充,因而大学仍旧处在国家创新体系中的主体地位,承担创新任务,但也要顺应新模式的特点,既要注重高深理论的生产,也要与各产业企业合作进行应用型研究。⑤ 例如,面向国家重大需求的多主体协同开放模式;顺应知识综合化趋势和跨学科特性的动态学科交叉模式;产学研一体化模式;以"技术合同"为纽带的定向服务模式;以打造特色研究为目的的他组织和自组织协调发展模式。⑥ ③关于大学在积极进行的类型转型,包括创业型大学的兴起,以及研究型大学所进行的改革。⑦ ④大学学科建设开始强调开放学科边界,满足跨学科、超学科研究的需要。⑧ ⑤关于大学科研组织的改革研究则从细处出发,提出根据学科属性建立学科群、"共同演进"矩阵式科研组织体系、依托边界组织构建跨学科协同创新、多主体参与学术

---

① MANATHUNGA, LANT, MELLICK. Imagining an interdisciplinary doctoral pedagogy[J]. Teaching in Higher Education, 2006, 11(3): 365-379.

② BASTALICH. Knowledge economy and research innovation[J]. Studies in Higher Education, 2010, 35(7): 845-857.

③ BENTLEY, GULBRANDSEN, KYVIK. The relationship between basic and applied research in universities[J]. Higher Education, 2015, 70(4): 689-709.

④ 盛冰. 知识的新生产及其对大学的影响[J]. 清华大学教育研究,2003,24(1): 30-35.

⑤ 王凯,邹晓东. 大学和产业知识生产模式的异质性与融合性研究:基于制度逻辑的视角[J]. 自然辩证法通讯,2016,38(1):110-115.

⑥ 李志峰,高慧,张忠家. 知识生产模式的现代转型与大学科学研究的模式创新[J]. 教育研究,2014,35(3):55-63.

⑦ 朱铁壁,张红霞. 高校分类新思考:知识生产与学生学习双重视角[J]. 高等教育研究,2015,36(11):24-30.

⑧ 王红雨. 开放学科边界的大学学科观转变探讨[J]. 高校教育管理,2014,8(4):67-71.

评价和质量控制等变革方法。[①]　⑥关于新生产模式下大学人才培养的研究则主要介绍西方大学的跨学科人才培养实践、博士研究生培养、就业能力培养以及我国近年来所施行的"卓越工程师教育培养计划"。[②]　此外，还有部分文献对新生产模式可能带来的负面影响与泛化研究进行了分析，此处不再赘述。

总体看来，在教育领域中，国内外的研究主要集中在新知识生产模式对大学地位与角色影响的分析中。然而，依据知识生产模式转变的内涵与本质，仍有大量的生产场所、生产主体被忽视，教师即是其中重要的群体。教师主要以个人为单位进行知识生产，同时也受到教师群体的影响。但无论是教师个体进行知识生产，还是知识在群体中流动与共享，都具有强烈的隐秘性与实践性，同时也极富价值性与创造性。而目前学界对于教师日常教育中教学知识生产的研究还较为稀少。

以"知识生产者"与"教师"为主题词在中国知网文献库中搜索，只获得三条搜索结果，较为契合的是一篇关于职业教育知识生产研究的博士论文，以及一篇对我国教育知识生产的困境与出路进行分析的期刊文章。前者对改革开放三十年来我国的职业教育知识生产进行历时研究。该文将职业教育知识的内涵定义为三层，即"职业教育教师在职业教育实践中获得的有关职业教育的经验和行为能力；人们在职业教育活动和职业教育研究中，运用科学思维和相关研究方法获得的对职业教育的规律性的认识；元职业教育知识"，并以第二层的专业研究者为研究对象。[③]　若将这一操作性定义推广至教育知识的内涵界定中，则本研究所关注的教育知识生产集中于第一层，即教师在教育实践中获得的有关教育的经验和行为能力。该层的知识生产同后两层的不同主要在于其知识来源于经验和反思，没有严格固定的研究程序或方法，研究结果的受益人首先是研究者自身，没有强制的研究成果要求等。正是由于这些不确定性和非严谨性，一线教师在知识生产中的作用常常被忽视。也许教师的问题解决并没有引起教育界基本观点的改变，教师的原创性也仅仅是以较为新颖的解释框架

①　张洋磊.研究型大学科研组织模式危机与创新：知识生产模式转型视角的研究[J].科技进步与对策，2016，33(11)：152-156.

②　魏玉梅.美国教育学博士研究生培养的"跨学科"特色及其启示：以哈佛大学教育哲学博士(Ph.D.)培养项目为例[J].外国教育研究，2016，43(3)：43-57.

③　唐林伟.职业教育知识生产研究：基于布迪厄实践理论的分析[D].上海：华东师范大学，2010.

对其自身经验进行处理，但正是这些具有独特性、情境性、背景性的个人经历和经验构成了丰富的案例知识，对理论的成立和推广起到或证明或证伪的作用。① 且教师的个人知识一旦显性化，成为符号记载的文献，将不仅能促进个体的发展，也能够为公共知识库的丰富做出贡献。教师札记、回忆录、自传的价值也正在于此。

另一篇相关性较强的文章则分析了我国教育知识生产的困境在于三点：教育研究者把持知识生产的权威地位，排斥教育实践者；基础主义认识论与主客分离的二元认知模式强调宏大叙事而否定日常生活叙事；制度化知识生产模式使生产过程与生产者均丧失自主权与创造性。② 同时，该文也针对困境指出出路，即：教师通过日常教学问题的解决成为知识的生产者；通过交往认知模式打破主客体分离的二元认知；走向教育知识学术自主生产，不仅面向学科内在的逻辑，更要面向教育实践。该文对教师成为知识生产者的合理性以及生产途径进行了理论梳理，而本研究将会对教师作为知识生产者的生产内容与过程进行更为细致的研究。

此外，以"knowledge producers"并含"teachers"，或"producers of knowledge"并含"teachers"，或"teachers as knowledge producers / teachers as producers of knowledge"为检索词，依次在标题和摘要字段于教育期刊数据库（ProQuest Education Journals）以及 EBSCO 教育专题库中进行外文文献搜索，总共获得 87 篇文献，然而细读下来，契合本研究理念的文章寥寥无几，仅有两篇明确提到"教师作为知识生产者"。其中一篇以构建新手教师的话语空间为主旨，肯定新手教师的初任教学经验以及职前教育阶段所获得的理论知识，鼓励新手教师通过正确的自我认知与专业学习争取更多话语空间。③ 正确的自我认知强调新手教师应意识到自身是在合作交流中建构有价值的教与学知识的生产者；专业学习则强调在职教师应时刻警醒自己同样也是学习者，摒弃

① 参见：POLANYI. Personal knowledge：Towards a post-critical philosophy[M]. Chicago：The University of Chicago Press，1961：120-131；SHULMAN. Those who understand：Knowledge growth in teaching[J]. Educational Researcher，1986，15(2)：4-14.

② 谢延龙，王澍. 现实反思与理想图景：论我国教育知识生产[J]. 现代大学教育，2009(5)：23-27.

③ BULFIN，MATHEWS. Reframing beginning English teachers as knowledge producers：Learning to teach and transgress[J]. English Teaching，2003，2(3)：47-58.

孤军奋战式的教学,摆脱课程与测试对教学的限制,以对话与合作的方式不断进行专业学习。另一篇文献则基于20世纪90年代前后一系列有关学校教育、教师专业发展、学生学习、学业评价的新理念与新转向,对基础教育与大学、教师与研究者之间亟须建立的伙伴关系进行研究。① 文章中指出民主进程与文化多元是一线教师知识生产者角色的推动与支持力量,挑战了大学精英主义以及其对知识的决定权。教师知识的严谨性同样可以通过档案袋研究法进行文献研究。专业研究者与教学工作者所掌握的知识是平等的,虽然两个团体的研究旨趣不同,但是其专业技能、社会责任与参与、观点看法并不存在高低贵贱之分。② 两篇文章从不同角度肯定教师知识生产者角色的合理性与必要性。

除上述四篇文献对"教师作为知识生产者"进行了多处论述之外,概括来说,其他相关的中外文文献主要研究的是教师实践活动类型,例如行动研究、叙事研究、案例研究、参与式研究等,以及对合作、对话、反思等具体方法的强调,其中蕴含着"教师作为知识生产者或研究者"的理念,但将其作为一个命题,并在这一命题下对生产的内容与过程进行更为细致研究的文章数量较少。

总的来说,工业社会中大学主导的知识生产模式不再适应新时代的发展需求,急需从象牙塔中走出来,走向应用,走向大众,由此产生了将政府和市场应用加入知识生产链条的知识生产模式2,以及将社会大众纳入知识生产领域的知识生产模式3。当下,随着信息技术的飞速发展,大众协同知识生产模式进一步将知识生产主体的范围扩大。知识生产模式的演变带来的是个人在知识生产中地位的改变,主要体现在:其一,知识生产的主体不再只局限于大学中的学者,普通民众个体凭借自身生活经验、教育经验所获得的认识,通过信息分享,也可产出有用的知识。其二,公众参与决策,即知识生产模式3所指出的,除了大学、企业、政府,社会大众也应包含在知识生产主体中。大众不再只是知识的被动接受者,其个人知识可以在大学所生产的理论知识与复杂多变的实践环境之间架起更坚固的桥梁。我国学者杨辉从科学决策的角度对公众参与知

① BLACKMORE. Editorial—Teacher practitioner research: Academics and teachers as knowledge producers and partners in learning communities[J]. The Australian Educational Researcher, 1999, 26(3): i-viii.

② GORE. Emerging issues in teacher education. The Innovative Links Project [J]. Perth: Murdoch University, 1995.

识生产的必要性进行了说明,认为科技所诞生的实验室无法完全复制其所投放的应用环境,而这些环境中所特有的地方性知识是当地民众所掌握的,因此,公众需要参与决策程序。①

因此,知识生产模式的变化反映到教育中则表现为:教师作为教育领域的公众,所掌握的知识有别于教育理论家;教师以其独有的教学实践知识在应用领域完善着教育理论与教育政策。教师不再是对理论知识或政策知识"拿来即用"的被动接受者,而是应成为知识的主动建构者,不断丰富自己的专业知识,也有责任不断为教育领域的知识生产添砖加瓦。

由此,本研究基于知识生产模式视角,提出"教师是知识的生产者"这一命题,并在后续章节结合默会知识、教师 PCK、知识治理、实践知识等理论,探究教师知识生产的对象与结果、发生机制与系统模型以及群体的知识交融与治理,旨在以知识为切入点,从教师的立足之处与独特价值出发,为教师专业化发展开辟新方向。

第三节　教师是知识的生产者

"教师是知识的生产者"是本研究的核心论点,也是本研究对于当下教师发展应有之义的关键命题,更是本研究对于教师使命与责任最为深切的思考与期盼。知识生产模式的演变与生产主体的大众化为教师角色的转型奠定了社会基础,本节将从认识论的变革与教育哲学的后现代转向出发,探析"教师是知识生产者"的认识论基础与教育哲学的呼声。前者揭示了教师智慧的本质与教师知识发展的更多可能性,后者为教师角色的转变揭露了教师群体权能弱化的真相,并为教师专业变革积累了多元呼声。同时,本节最后将结合本章要点阐述"教师是知识生产者"的内涵意蕴与时代超越的价值。

一、认识论的"哥白尼式"变革

(一)什么是知识?

《现代汉语词典》中对"知识"的定义是:"人们在社会实践中所获得的认识

---

① 杨辉.科技决策相关公共知识生产模式的演变[J].自然辩证法研究,2016,32(8):51-56.

和经验的总和。"①《辞海》将"知识"定义为:"人类认识的成果或结晶。……知识借助于一定的语言形式,借助于物化为某种劳动产品的形式,可以交流和传递,成为人类共同的精神财富。"②《教育大辞典》中则如此表述知识:"知识是对事物属性与联系的认识。表现为对事物的知觉、表象、概念、法则等心理形式。可以通过书籍和其他人造物独立于个体之外。按照来源划分有直接知识和间接知识。"③《中国大百科全书·教育》中这样定义知识:"就它反映的内容而言,是客观事物的属性与联系的反映,是客观事物在人脑中的主观映像。"④

总的来说,知识是人类对世界认知的结果,且分为很多类型。

(二)知识的类型及演变

1. 知识的分类

似乎每一个相关领域的研究都会对知识的类型进行划分,因此,知识的分类有许多种角度:有从知识本身的性质、作用、意义、形成过程、归属等维度划分的,也有从学科研究特点划分的,还有根据一定的研究目的进行划分的。知识的分类可谓浩如繁星,难以尽数,比较常见的如下。

《辞海》从多种维度对知识进行分类:"依反映对象的深刻性,可分为生活常识和科学知识;依反映层次的系统性,可分为经验知识和理论知识。经验知识是知识的初级形态,系统的科学理论是知识的高级形态。按具体的来源,知识虽可区分为直接知识和间接知识,但是从总体上说,人的一切知识都是后天在社会实践中形成的,是对现实的能动反映。"⑤心理学将知识分为陈述性知识、程序性知识与策略性知识。⑥ 教育学常把知识分为教师的理论知识与实践知识。组织管理学将知识分为组织的知识与个人的知识。经济合作与发展组织(Organization for Economic Co-operation and Development,简称 OECD)根据

---

① 中国社会科学院语言研究所词典编辑室.现代汉语词典[M].第七版.北京:商务印书馆,2016:1678.

② 陈至立.辞海[M].第七版彩图本.上海:上海辞书出版社,2020:5648-5649.

③ 顾明远.教育大辞典:第一卷[M].上海:上海教育出版社,1990:144.

④ 董纯才.中国大百科全书:教育[M].北京:中国大百科全书出版社,1985:525.

⑤ 陈至立.辞海[M].第七版彩图本.上海:上海辞书出版社,2020:4658-4659.

⑥ 陈群波.基于师徒制的教师知识转移研究[D].上海:华东师范大学,2016:59.

知识经济时代的特点，将知识分为事实知识、原理知识、技能知识以及人力知识。①

此外，许多学者都对知识的分类做出了自己的论述。皮亚杰将知识分为物理经验和逻辑—数学经验。② 皮连生从知识的归属角度将知识划分为个人知识与人类知识，前者获得后储存于个人内部，后者通过书本或其他媒介储存于个人外部。③ 斯宾塞以人类活动为基础将知识分为直接与自我生存知识、间接与自我生存知识、为家庭生活做准备的知识、为公民生活做预备的知识以及休闲生活的知识。④

进入 20 世纪以后，对绝对客观性的打破使得更多知识类型合理合法化。"这些知识类型是对以逻辑实证主义为代表的客观主义知识观的质疑和挑战，开始关注到知识的个体性、情境性与价值性，不再固守绝对真理，知识不再是客观的、普遍的、价值中立的、完全外在于人的工具。"⑤例如，波兰尼从表达维度将知识分为默会知识与明述知识。⑥ 舒尔曼从教师实践维度将知识分为命题知识、案例知识以及策略性知识。⑦ 还有叙事知识、行动知识等。

2. 知识型的演变

我国学者石中英在库恩的"范式"概念和福柯的"知识型"概念基础上提出了知识型的概念，以回答"知识与认识者的关系""知识与认识对象的关系""知识作为一种陈述本身的逻辑问题""知识与社会的关系"这四个问题。这些问题展示了在回答"什么是知识"时应当具有的要点，这些要点能够较为全面地展现一个时期的社会所具有的知识观。⑧ 库恩的范式概念让知识型不仅回答"什么"的问题，也回答方法的问题、信念价值的问题以及模式的问题。福柯的"知

---

① 经济合作与发展组织(OECD).以知识为基础的经济[M].杨宏进,薛澜,译.北京:机械工业出版社,1997.

② 邵瑞珍.教育大词典:第五卷[M].上海:上海教育出版社,1980:189.

③ 皮连生.智育心理学[M].北京:人民教育出版社,1996:40-41.

④ 参见:戴本博.外国教育史(上)[M].北京:人民教育出版社,1989:96;刘清华.教师知识的模型建构研究[M].北京:中国社会科学出版社,2004:58.

⑤ 姜美玲.教师实践性知识研究[D].上海:华东师范大学,2006:57.

⑥ 波兰尼.个人知识:朝向后批判哲学[M].徐陶,译.上海:上海人民出版社,2017:2-8.

⑦ 舒尔曼.实践智慧:论教学、学习与学会教学[M].王艳玲,等译.上海:华东师范大学出版社,2014:139-140.

⑧ 石中英.知识转型与教育改革[M].北京:教育科学出版社,2001:20-24.

识型"则将知识与社会、权力、政治紧密相连，揭示了某一时期知识型的"统治"。根据石中英学者的观点，人类社会经历了三次知识转型：原始知识型到古代知识型；古代知识型到现代知识型；现代知识型到后现代知识型。[①] 本节主要关注第三次转型，即现代知识型到后现代知识型。从知识转型中可以发现以默会知识为代表的个人知识是如何登上历史舞台的。

每一次知识的转型都有特定的因素。例如神话在解释世界时的脆弱性以及私有制下封建社会的形成促使原始知识型向古代知识型转化；科学技术的兴起与发展推动了古代知识型转化为现代知识型；而现代知识型被后现代知识型取代的原因主要是科学知识自身的缺陷、对社会发展产生的消极影响以及知识的社会性本质。

首先，科学知识自身的逻辑缺陷使其建立的权威统治从内部开始瓦解。波普尔与费耶阿本德是这一类呼声中的领军人物。波普尔指出科学知识是可以被证伪的，其并不是对世界的终极解释，且科学知识所宣称的客观普遍性只是其权威主义的外衣，消解着普罗大众的话语权。[②] 费耶阿本德认为"科学知识对于普遍性和固定性的追求牺牲了我们的人性，且忽略了影响科学变革的复杂性与历史条件"[③]。此外，他是激进的"无政府主义式知识理论"的支持者，支持科学研究方法的多元性，并反对任何一种知识类型对人们思想的统治。[④]

其次，科学知识对人文知识、地方知识、个人知识的排斥是社会价值失衡、生存环境失态、个人发展失语的主要原因。所谓"知识爆炸"也只是科学知识的"爆炸"，历史知识、形而上学知识、道德知识、艺术知识等人文学科由于被科学技术的权威排挤，长期无法获得充足的研究资金而极度萎缩，发育不良，进而导致在科学技术高歌猛进，社会财富滚滚而来的同时，社会价值观、道德观、人生的追求与意义反而呈现出减退、模糊，甚至是沦丧的状态。

最后，知识从来离不开其生产和应用的社会环境。社会性是其毋庸置疑的本质属性之一。科学知识所崇尚的绝对客观性、普遍性与中立性站不住脚。舍

---

① 石中英.知识转型与教育改革[M].北京：教育科学出版社，2001：40-86.

② 石中英.知识转型与教育改革[M].北京：教育科学出版社，2001：72-74.

③ FEYERABEND. Against method: Outline of an anarchistic theory of knowledge[M]. Atlantic Highlands, NJ and London: Humanities Press, 1975:296.

④ 石中英.知识转型与教育改革[M].北京：教育科学出版社，2001：75.

勒指出，"我"总是在"我们"之中，"我"的主体性并非抽象与纯粹的，因而"我"所生产的科学知识也并不具备客观普遍性。[①] 曼海姆指出个体从出生起便生活在某个已经具备一套思维模式和行为模式的社会环境中，这种社会环境使个体在看待事物时本身就自带一种特定的"视角"，又何来中立、客观之说？[②]

由此，在科学技术知识内部与外部共同的作用下，其权威被打破、统治被瓦解，取而代之的是后现代知识型。该知识型最大的特点，或者说最大的突破就是多元化，强调形而上学知识、科学知识、文化知识等各种知识型都是合理合法的知识，没有哪一种知识型是真理，是统治者，是唯一的。[③] 同时，在后现代知识型中，只有存在于具体社会文化历史中的认识者，而不存在客观、普遍、价值中立的认识者；知识并不是客观真理，只是认识者根据自己的信念所选择相信或研究的结果，是一种暂时性的猜测或策略；知识的表达形式也呈现多元化，数据是知识，叙事也是知识，命题是知识，信念也是知识。[④]

（三）默会知识横空出世

科学知识建立的"霸权"倾倒以后，多元化的知识类型大放异彩，如实践知识、叙事知识、行动知识、田野知识等。波兰尼的默会知识理论异军突起，揭示长久以来被大众忽略但又对认知起决定作用的"个人知识"与"默会知识"的存在及其重要性，开启了认识论的"哥白尼式"变革。

1. 波兰尼对个人知识的肯定

《个人知识：朝向后批判哲学》一书是波兰尼在哲学领域的代表作。在该书中，波兰尼从科学知识的生产过程、个人的求知热情、团体的共享知识、信念的寄托、普遍怀疑等方面肯定个人知识的作用与价值，指出在知识生产的过程中，纯粹的客观主义是不可能存在的，即使在最客观的数学推理中，也不乏认知主体的个人知识的参与。[⑤] 认知情感是波兰尼为个人知识辩护的主要"武器"之一。认知情感包括个人信念、个人寄托、求知热情、启发性热情、说服性热情，以

① 石中英. 知识转型与教育改革［M］. 北京：教育科学出版社，2001：71.

② MANNHEIM. Ideology and utopia：An introduction to the sociology of knowledge［M］. London：Routledge and Kegan Paul，1936：3.

③ 石中英. 知识转型与教育改革［M］. 北京：教育科学出版社，2001：79.

④ 石中英. 知识转型与教育改革［M］. 北京：教育科学出版社，2001：80-84.

⑤ 波兰尼. 个人知识：朝向后批判哲学［M］. 徐陶，译. 上海：上海人民出版社，2017：58-240.

及随之而来的群体语言、文化与志同道合的共同体对认知的推动。这些被近代客观主义认识论全力摒弃的个人信念与情感被波兰尼揭露,成为个人知识存在价值的重要证据。

波兰尼非常强调信念以及由信念构筑起来的文化,并以此为个人知识参与科学知识的生产进行辩护,反对纯粹理性。信念的表现形式主要包括群体共享的文化、个人的求知热情以及个人寄托。[①] 首先,人们在特定的文化环境中成长与交流,坚持的所谓的普遍性信念其实是基于群体文化的个人成长经历所形成的,人们的知识生产在这个特定的社会文化中发生,也因为其获得肯定与意义。其次,信念的另一种表现形式是波兰尼所说的科学热情。他认为科学家对某一理论或观点的信念是他们求知热情的来源,是他们求知行为的动力,是他们求知结果的选择。最后,波兰尼在为个人知识辩护时尤其强调"寄托"的重要性。寄托本质上来说是个人信念的另一种表达方法,代表着一种"我选择,我相信"的东西。但这种东西往往与个人无关,不是个人欲望的主观性,而是在普遍性标准支配下的个人性。在寄托的意义下,个人性与普遍性相互成就,并不矛盾。

波兰尼对信念、寄托、热情、群体文化等内容的论述代表着个人情感与个人知识以默会的形式决定着科学研究的开始、结束与传递。

2. 默会知识的存在

波兰尼在肯定个人知识价值的同时,也首次提出了默会知识这一概念。在波兰尼的理论中,默会知识的内涵主要包括三个方面:一是默会认知能力,代表了个体的理解力、判断力、鉴别力等思维能力,具有非常强的默会性。默会认知能力无法通过语言明确表达,也无法进行程序性的模仿或培训,但却对个体认知起到决定性作用,是人类生产知识的基本与核心能力。[②] 二是技能的获得。在一项技能习得的过程中,仅仅理解了技能的操作规则并不代表掌握了该项技能,只有亲自操作、亲自实践才能摆脱纸上谈兵,真正掌握该技能。波兰尼在《个人知识:朝向后批判哲学》中指出:"技艺的规则可以是有用的,但这些规则并不决定这个技艺的实践。它们是行为准则,只有跟这个技艺的实践知识相结

---

① 波兰尼.个人知识:朝向后批判哲学[M].徐陶,译.上海:上海人民出版社,2017:156-292,357-390.
② 波兰尼.个人知识:朝向后批判哲学[M].徐陶,译.上海:上海人民出版社,2017:79-155.

合时才能作为这个技艺的指导。"①三是"from-to"认知结构。"from-to"默会认知结构是波兰尼基于格式塔心理学中整体与部分在认知过程中的不同作用而提出的。该结构由辅助觉知(subsidiary awareness)、焦点觉知(focal awareness)以及认知主体这三个元素构成。② 辅助项作为我们认知所依赖的工具,焦点项则作为认知指向的目标,两者通过个体的默会认知能力进行整合,且辅助项具有不可确切指认性,在认知发生时不为意识察觉。

3. 默会认知能力的决定性作用

波兰尼在《个人知识:朝向后批判哲学》中指出:"言述总是不完全的,我们的言述行为绝不能完全取代而是必须继续依赖我们曾经与我们同样年龄的黑猩猩共同享有的那种缄默的智力行为。"③波兰尼以婴儿的学习能力为例指出人类非言述智力早在人类掌握语言之前便开始指导人类的行为,但非言述智力也同样在语言的学习与运用过程中不断获得提升。语言和符号的意义并不在于其自身,而在于认知个体对它们的理解与解读。波兰尼以理解数学证明的推理公式为例,表达了"一个无法理解的证据不能让人信服;记住一个未能使我们信服的数学证明也并不能使我们的数学知识有所增加"④的观点。因此,个人具有的默会认知能力,即思维智力,虽然不能运用语言清楚明确地表达,却在人的认知过程中起到基础与决定性的作用。波兰尼对认知能力的论述既指出个人知识存在与价值的根本性与合理性,也指明了默会知识中最具代表性的一类知识。

波兰尼对个人知识价值的肯定,以及揭示人类所具有的默会知识及其认知机制,掀开了人类认知发展的新篇章,被称为认识论的"哥白尼式"变革。自此,以命题知识为核心的科技理性霸权被冲破,个体认知能力的决定性作用及其所附加的实践知识、地方知识、感性知识获得肯定与重视。波兰尼默会知识理论所带来的改变促使大众意识到教育不仅要传递知识,更要教会学习者如何思考、如何判断以及如何热爱。

---

① 波兰尼.个人知识:朝向后批判哲学[M].徐陶,译.上海:上海人民出版社,2017:59.
② POLANYI, PROSCH. Meaning[M]. Chicago:University of Chicago Press, 1975:38.
③ 波兰尼.个人知识:朝向后批判哲学[M].徐陶,译.上海:上海人民出版社,2017:82.
④ 波兰尼.个人知识:朝向后批判哲学[M].徐陶,译.上海:上海人民出版社,2017:136.

二、教育哲学的后现代转向

(一)后现代主义的哲学思潮

20世纪上半叶,世界动荡不安。而这动荡不安的半个世纪既是破坏也是重生,混乱如同波浪一般前赴后继地催生出了新思想并促使其发展与繁荣,代表着生活在当时的人们不断地为生存与发展找寻方法,而后现代主义思潮正是生发于这样的时代背景中。

1. 后现代主义思潮的不确定性与多元性

与其称后现代主义是一个派别,不如说它是一种思潮,包含着许多派别、理论与主义,既有对现代性的破坏,也有对其的重建,是对现代主义的反思、解构与重构。后现代主义至今没有确切的定义或范围,不确定性就是它最大的确定性。我国教育学家陆有铨在其教育哲学著作中阐述了后现代主义的四个特征:反基础主义与反本质主义、不确定性与内在性、对科学理性的质疑以及告别整体性与同一性。① 这些特征从不同角度表现了后现代主义对多元性与差异性的强调。例如,对基础主义与本质主义的摒弃反映了后现代主义对于传统哲学中二元论的批判,即反对主客分离与物我分离,反对将两者对立,反对那些认为存在着不言自明的绝对真理的学说。对科学理性的反对同样是后现代主义对于普遍性真理、绝对客观性、绝对中立性的批判与摒弃。对多元与差异的强调促使"个人性"与"个体性"登上历史舞台,从被刻意忽视转变为新思潮最具魅力的代表。时至今日,在后现代主义的思潮下,各领域都发生了显著的转变。例如,在政治领域,民主政治进程的加速,少数群体、弱势群体、边缘群体的声音逐渐被听到;在研究领域,研究方法多样化,实证研究法不再独占鳌头,多种质性研究方法崛起;在教育领域,学生个性与多样性得到重视,因材施教被强调;在艺术领域,对个性的特意追求彰显独特魅力。

2. 后现代主义的主体性

从后现代主义对主体性哲学的批判,可一窥其对于真正意义上"个人""个体"的重视。主体性哲学是哲学中对人本身的存在以及存在意义的研究,是哲学的主要话题之一。主体主要指人,人的主体意识觉醒代表着将自身同客体相

---

① 陆有铨.躁动的百年:20世纪的教育历程[M].北京:北京大学出版社,2012:159-162.

分离,开始具有存在的价值。而主体性则是指"人作为活动主体的质的规定性,是在与客体相互作用中得到发展的人的自觉、自主、能动与创造的特性"①。主体性这一哲学概念出现在近代,但在此之前人们对于自我、人的本性、人的能力、人与人和社会以及自然的关系的探究本质上都是对于人这一主体和主体性的研究。②

尽管哲学家对人的主体性多有研究,但现实中大多数人的主体性总是受到来自意识形态、经济体制、社会文化、技术水平等多种因素的影响而异化。从人类社会发展的阶段来看,在古代社会中,人的主体性被君权或神权取代,人被异化为"奴隶",并不能自由地发展。随着工业革命、民主革命、文艺复兴运动的发生,人类步入现代社会阶段,"君权神授"被民权取代,公民阶层崛起,追求平等与自由成为这一时期的口号,人具有了主体性。笛卡尔的"我思故我在"就是近代哲学中人的主体性最初的宣言。黑格尔认为人的主体性首先是精神的主体性,是人对于自身独立和自由的认识。然而,当人类社会进入 20 世纪 60 年代时,后现代主义对现代主义中人的主体性进行了否定,认为现代主义中的主体性是虚假的主体性,仍旧是被统治与被禁锢的主体性,资本主义经济将人异化为物,而意志、意识、直觉、本能、欲望等真正属于个人行动与思想的源泉的要素则被科学实证主义的客观性、普遍性、中立性等排斥在外。③ 因而,后现代主义所否认的主体性是异化的主体性,他们认为现代主义才是对主体性的真正否定,"现代性以僵化的外在化理性来压抑并否定人内在的充盈着人的生命的非理性"④。

后现代主义对人的主体性追求不仅体现在对主体性的理解上,也体现在对多元主体的认识上。后现代主义认可的主体性更多是指人自身具有的欲望与本能,它们的实现或自由发展才是人的主体性的实现,同时,后现代主义认为科学理性的霸权使得人、人的思维、社会的运作都变得单向度。就科学研究方法来说,实证并非唯一的,人文各学科都有其独特的思维方法和研究范式,不应被科技理性遮蔽。对于作为主体的人来说,掌握话语权的不应只是一小部分精

---

① 郭湛.主体性哲学:人的存在及其意义[M].修订版.北京:中国人民大学出版社,2011:30.
② 郭湛.主体性哲学:人的存在及其意义[M].修订版.北京:中国人民大学出版社,2011:51.
③ 郭湛.主体性哲学:人的存在及其意义[M].修订版.北京:中国人民大学出版社,2011:271-233.
④ 郭湛.主体性哲学:人的存在及其意义[M].修订版.北京:中国人民大学出版社,2011:220.

英,大众的、独特的、多样的声音应该被听到。因此,后现代主义所导向的是一种"更全面和多向度的思维、人和社会,形成更全面和多向度的主体和主体性"①。

(二)后现代主义教育哲学

教育同知识之间的关系密不可分:"一方面,教育是知识筛选、传播、分配、积累和发展的重要途径;另一方面,知识又是教育的重要内容与载体,离开了知识,教育就会成为无米之炊,各种各样的教育目标(如技能、能力、态度、情感、人格等等)也就无法达成。"②一方面,教育承担着人类知识传承的重要责任,并为知识的不断发展与创新培养人才;另一方面,知识在不同时代的发展也影响着教育目的、教育内容、教育方法等。认识论是关于知识的研究,是哲学的重要分支之一,包括探讨知识的来源、知识的性质、知识与实在的关系以及知识的标准。③ 后现代主义思潮对于横行几个世纪的现代主义认识论的否定和颠覆对教育产生了极大的影响,几乎改变了教育的价值取向以及教育中各要素的运作。

1. 后现代主义认识论

后现代主义认识论最显著的特征体现在对作为现代主义认识基础的科学知识霸权的批判与否定中。自 16、17 世纪以来,伽利略、培根、牛顿、达尔文等科学家在自然科学领域取得了重大突破性发展,将人类社会推入以科学为动力的工业时代,先后爆发了三次工业革命,极大地促进了生产力的发展。科学知识被认为能够解决人类出现的一切问题。而文学、艺术、哲学等人文类知识则日渐衰弱,备受冷落。对科学知识的无上崇拜是现代主义中科学主义、理性主义认识论的根源。科学内容、科学方法、科学标准都对人的价值取向产生了决定性的影响。

科学知识的生产为当时的知识树立了标杆,回答了什么才是知识、什么知识最有价值等一系列问题。在科学理性主义的笼罩下,普遍的、客观的、无涉价值的、理性的、可重复证实的、可测量的、可量化的知识才是真正的知识。从学

① 郭湛.主体性哲学:人的存在及其意义[M].修订版.北京:中国人民大学出版社,2011:230.

② 石中英.知识转型与教育改革[M].北京:教育科学出版社,2001:1.

③ 张东苏.认识论[M].北京:商务印书馆,2011:2.

科分类来看,社会科学类知识由于具有强烈的非理性因素,与人的情绪、情感、信念、欲望、直觉、感觉、意识等非逻辑性思维密切相关,因而同科学知识的生产方式中的客观、中立、可量化、可测量等原则相悖。从知识的地域划分来看,近现代西方凭借着科学技术的领先、工业革命的完成、资本主义经济体制的确立在 19 世纪与 20 世纪对世界进行了全方位的殖民统治,不仅包括领土的侵犯和资源的掠夺,更重要的是形成了西方中心主义,对其他国家施行了文化、制度、精神等方面的霸权统治,认为西方是世界的中心,西方的一切具有天然的优势,强行推行以现代科学知识为中心的西方资本主义的知识、文化与价值观。因而,地方性知识与少数群体知识由于不符合科学的普遍性与可重复证实性等的原则而被排除在外。从掌握知识的人来看,科学知识的生产过程具有严密的逻辑性和严谨的推理步骤,生产的结果可以用固定的公式或符号表达且能够被反复验证,最终成为真理或公理性知识。这类知识虽然由个人生产,但其揭示了物质世界的客观规律,同个体的实践经验、生活经验、情感体验、灵感顿悟等迥然不同,因而是具有客观性、普遍性与规律性的科学知识。而后一种个人知识由于不确定性、非理性、主观性等特点而被科学理性打压和排斥。

然而,人类的知识不应该只有科学知识。利奥塔在其后现代主义著作中指出人类知识由叙事知识(人文科学知识)和科学知识(自然科学知识)共同组成。① 但由于科学知识在近现代占据霸主地位,掌握了控制权,人文知识遭到排斥,导致现代主义在发展至 20 世纪后开始暴露出一系列的问题。最初的五十年,世界被战争与经济危机笼罩,60 年代后问题变得更加复杂多样,价值迷茫、环境污染、资源过度开发、物种危机、核武器威胁等种种事件频发。这些问题反映出两点:一是科技自身并不能够解决人类所有问题,它并非真理,也并非万能。中国有句古话,"橘生淮南则为橘,生于淮北则为枳",表达的就是同一种事物在不同的环境和条件下会产生不同的结果。南橘北枳作为一种隐喻,可以看到同一种科学知识在不同的社会环境中会产生不同的结果。而科学知识在过去以普遍性原则一味排斥地方性知识和个人知识,导致自身在传播与应用的过程中出现诸如环境污染、资源过度开发、物种危机等很多问题,逐渐引起公众

---

① LYOTARD. The postmodern condition: A report on knowledge[M]. Manchester: Manchester University Press, 1984: 19-23.

对科学知识权威性的质疑。二是科技知识对人文知识的排斥与忽视,使得西方资本主义社会在 20 世纪 60 年代出现了价值崩坏、迷茫、混乱等社会现象。一味追求科技理性而忽视人文关怀,使得科技不仅没有造福人类,反而在某种程度上"成全"了人类自私、阴暗、物欲的一面,成为刺伤人类自身的"达摩克利斯之剑"。

科学知识并非万能的,它并不具有人文知识所具有的道德引导、价值选择、关于真善美的判断等文化功能,而这些功能可以指引科学技术不断促进人类的进步。本土知识与个人知识同具有普遍性和客观性的科学知识相结合可以使科学技术在传播与应用过程中发挥最大效果。科技理性主义对这两类知识的贬斥,使得科技不能得到合理和有效的运用,这是科学技术栽跟头的一个重要原因。上述问题的爆发将科学从神坛上拉了下来,科技理性在 20 世纪 60 年代以后开始受到来自后现代主义认识论的质疑与批判。

后现代主义认识论是对以科技知识为基础的"客观的、普遍的、一元化"的现代主义认识论的否定,以福柯、德里达、利奥塔为代表的诸多后现代主义哲学家从多种角度强调多元化、复杂性、开放式、多样性与不确定性。例如,反对封闭的同一性思维,倡导开放性思维;反对现代主义哲学的宏大叙事方法论;反对"大哲学"所追求的终极真理;反对"基础主义"所追寻的某种永恒不变的、不可怀疑的知识基础;反对现代主义认识论将人的理性置于绝对的高处,揭露欲望、意志等非理性能力在人的认知过程中的重要作用;反对以还原客观存在为己任的实证主义,认为所还原的客观存在也仅仅是"为我存在",而不同的个体还原出不同的"为我存在",因而要了解一个事物,需要从多种不同的视角进行探究;费耶阿本德所倡导的多元主义方法论反对唯我独尊的传统科学研究方法,反对科学将它的研究方法强加于其他类型的知识研究,反对科学研究方法将其他方法排斥、隔离、分裂的做法,提倡方法论的多元化,提倡各个学科以最适合其发展的方法论进行研究,并从人道主义与认识的开放性角度批判传统方法论所建立的一元性、普遍性、权威性。①

总之,后现代主义认识论从认识的不同角度驳斥现代主义中单一、封闭、客观、理性、普遍的认识论原则,转而倡导开放性、多元化、差异性以及多样性。

---

① 王治河.后现代哲学思潮研究[M].增补本.北京:北京大学出版社,2006:6-230.

2. 后现代主义认识论对教育的影响

后现代主义认识论对认知主体、认知对象、认知方法、认知来源、认知标准、认知途径等都进行了不同于现代主义的论述与建构,对知识的合理性与合法性以及获得知识的途径和方法都产生了巨大的影响。

教育作为知识筛选、传播、分配、积累和发展的重要途径,理所当然地同样受到了冲击,具体表现在教育目标、课程内容、教学方法、师生关系以及教育研究方法等方面。在这一转变中,作为学习个体的人的发展成为教育各要素最为关注的方面。

教育目标从满足工业生产的需要转变为以满足人的个性化需求为主,从整齐划一的人才培养到尊重学生的多样性,从强调学习内容的记忆到重视思维方法的掌握,从检验学习内容的多少到考察能力素养的提升,从培养制造型人才到培养创造型人才。

课程内容从国家层面的教材拓展到地方课程与校本课程,从学科课程扩展到活动课程与探究课程,从单一学科课程到整合型课程,例如兴起于美国的STEM 教育。

教学方法的改变最为灵活与丰富,由传统的讲授式摇身一变幻化出千姿百态。学者们从多种角度对教学方法进行分类,例如根据传递信息的方式将教学方法分为直观的演示与图示法、语言的讨论与阅读法、实践的练习与实验法;根据学生的接受程度划分为讲解与演示法、问题探究法、研究与发现法;根据教学内容可划分为获取知识的方法、形成技能的方法、掌握能力的方法;根据师生互动可分为学生独立学习的方法与教师指导的方法。教学方法多样化背后的主要理念由"教师讲授,学生记忆"转变为"师生互动""实践探究""相互尊重",尤其体现在教师对学生的倾听与等待、问题探究、项目学习、讨论与操作等方面。

师生关系的演变主要表现在教师角色的变化以及学生地位的提升。教师的角色由讲授者、控制者、决策者转变为引导者、合作者、帮助者、组织者、促进者、协调者等等。学生角色则由被动聆听者转变为主动参与者、主动提问者、主动建构者等。角色转变背后蕴含着课堂教学的话语权更多地转向学生,学生的多样性与差异性得到察觉与尊重。教师不再是"控制"课堂的权威,而是"引导"和"促进"学习的权威;学生不再是知识的奴隶,而是学习的主人。

教育研究方法的转变主要体现在质性研究方法重获地位，同量化研究方法一道为教育研究者所运用，打破了科技理性对教育研究的束缚，开始根据教育学的人文科学属性关注个案研究与叙事研究。

3. 后现代主义中的教师——批判教育哲学对教师角色的论述

20 世纪 80 年代前后，教育领域最显著、最本质的变革体现在学生的多样化、个体性、差异性被察觉与重视，以及随之而来的对教育目标、教师角色、教学方法、课程内容、教育价值观、教育评价等要素的改变。教师作为教育环节中关键的一环，自 20 世纪 80 年代起被赋予专业化的期待。教师的专业化不仅要求教师掌握足够的教学专业知识，也要求教师具备较强的专业能力以及专业精神。教师专业化的发展不仅要求教育研究者回归中小学教育实践，也鼓励教师自身成为研究者。

兴起于 20 世纪 70 年代的批判教育学以其对于弱势群体与边缘群体的关注、对教育目的与教育权力的批判、对教育与政治关系的反思成为当时一种颇受重视并极具后续影响力的后现代主义教育改革思想。批判教育学派以弗莱雷、阿普尔、金蒂斯、吉鲁等人为代表，其中吉鲁在其著作《教师作为知识分子——迈向批判教育学》（*Teachers as Intellectuals*：*Toward a Critical Pedagogy of Learning*）中对教师的权力与角色进行了论述，并号召教师应成为变革型知识分子（transformative intellectuals）。对教师新身份的倡导来源于吉鲁对美国一系列公立学校教育改革中始终忽视教师能动与主动作用的批判与反思。吉鲁指出："在当下许多教育改革的讨论中，教师的一些角色被忽略了，例如教师承担着培养具有批判性思维的公民的职责，以及教师自身所具备的智慧、判断以及经验。尽管在一些讨论中出现了教师的身影，他们的作用也仅限于作为教育研究者的研究对象，被视为技术人员，执行来自专家的命令或预先决定好的教学目标。"①听命于远离课堂的教育专家的决定，作为真正处于一线的教师在教学中反而没有发言权，他们的作用被工具化了，使得教师的工作日益贬值且去技能化。为此，吉鲁强烈呼吁为教师赋权增能，提高教师组织的效率，同时也促使教师成为反思型实践者。

---

① GIROUX. Teachers as intellectuals：Toward a critical pedagogy of learning[M]. Connecticut：Greenwood Publishing Group，1988：121.

吉鲁指出当前教师工作日益贬值、日益去技能化的原因主要在于教师的职前与职后培训都采取技术专家取向,将教师限定为执行者与技术人员,受技术理性的管制,将概念与执行相互分离,将管理和控制作为学校知识的标准,忽视并贬低教师与学生实践中含有的批判与智力等卓越因素。教师被视为专业知识的被动接受者,并不被鼓励对课堂教学方法、教育理论与研究方法进行主动提问或质疑,也并不被认为有权力参与事关自身教学实践或培训的决策。教师的这种技术属性被吉鲁称为管理教学法(management pedagogies),其背后蕴含着教师行为应当受到控制并在不同学生与学校的实践中表现一致且可以预测的理论假设,使得教师逐渐远离了深思与反思,进而也使得学生的学习固化,使用同样的学习材料,接受同样的课堂教学技术的控制,获得相同的评价模式,学生不同的背景、个人经验、语言、文化以及个性特点被这种管理式的教学法完全忽视。[①]

为此,吉鲁提出教师应当成为变革型知识分子,摆脱技术人员的定位,从被动的执行者变为主动的思考者。[②] 此外,教师如能成为变革型的知识分子,也会促进教师教育、公立学校教育、职后教育同建构民主秩序的社会紧密相连。这是教师应当承担的社会责任,它要求教师认识到学校也是一个小型的社会,集经济、文化、权力以及控制于一体,它不是从政策和权力中分离出来的客观中立的机构,而是代表着从广阔的社会文化中筛选出的知识、语言、权威、道德规范、社会关系以及价值观。因而,教师在教学过程中自然就带着特定的意识形态、政治取向,影响着师生之间的对话、课堂中存在的社会关系以及价值观。

正因为教学并非中立的,吉鲁强烈呼吁教师应当培养积极主动的,具有批判能力的公民,同时指出,要做到这点首先需要教师做到教学政治化与政治教学化。前者指教育应是为界定文本意义以及权力关系而斗争;后者指运用多种教学形式,将学生视为具有批判能力的行为者,解除知识的权威性,使其可被质疑,运用批判性与证实性对话形式。教师不仅自身需具备批判、反思、行动、质疑的能力,在校内外的环境中对经济、政治、社会中的非公平与非正义现象发声

---

① GIROUX. Teachers as intellectuals: Toward a critical pedagogy of learning[M]. Connecticut: Greenwood Publishing Group, 1988: 122-125.

② GIROUX. Teachers as intellectuals: Toward a critical pedagogy of learning[M]. Connecticut: Greenwood Publishing Group, 1988: 126.

与抗争,同时也肩负着培养具有批判性意识与能力的公民的责任。这要求教师在日常教学中为学生提供更多的机会去发现并意识到不公平现象的存在,并主动去发声、去抗争、去选择。这些教学机会如能同学生的日常生活、背景、经验、特点等相结合,将会更有效。

在我国的教育改革背景下,也有教师敢于、勇于、乐于成为后现代主义口中的变革型知识分子,并重拾由教师进行教育研究的学术文体,没有冷冰冰的图表和数字,只有一个个鲜活的教育案例,是教师忠实地承担、履行知识生产者职责的成果。[①]

综上所述,后现代主义思潮刮起了反科技理性主义、反普遍性、反客观性、反单一性的飓风,将以普遍客观的科学知识为基础的现代主义城堡吹得七零八落。在破坏的同时,后现代主义思想家也在重构认识的主体、认识的对象、认识的方法、认识的途径以及认识的结果等多种维度。作为同知识密不可分的教育也在这场浪潮中受到冲击与洗礼。在科学知识的权威性崩塌与认识的开放性、多元化变革中,教育的目标、价值、课程、教学方法、评价体系、师生关系等相关元素获得重建,其中教师的作用与地位得到了以吉鲁等人为代表的批判教育学派的肯定与呼吁。教师个人不仅要摆脱被动的执行者和技术人员的头衔,成为主动的反思者与行动者,对教育教学问题进行质疑、反思、抗争、重建,担负起教育主人翁的责任,同时也要通过自身角色的改变影响学生,培养具有批判性思维与行为的社会公民,与政治、经济、社会中一切不公平现象进行斗争。

三、理性超越——教师以"知识生产者"方式思考

亚里士多德指出理性活动是人类实践活动中最为高级的一种,是人与动物最本质的区别。对于教师来说,成为知识的生产者,是教师专业生涯与价值的理性生命活动,是教师专业化发展的理性超越。

教师作为知识的生产者代表着教师要成为知识的主人,在教育中享有主动权与自主权,对学生的发展负有直接的责任,也代表着教师不再是被动的接收者和机械的传递者,而是对教学目标、教育价值、教学内容、教学方法、评价方法、教学对象等要素有着主动性思考与权威性发言权的角色。学生能力的发

---

① 李镇西.我的教学笔记:李镇西30年课堂教学精华[M].桂林:漓江出版社,2012:128.

展、思维的提升、情感的丰富、道德与价值观的形成、个性的发展、专长的开发等，都需要教师这一角色从被动的知识传递者转变为主动的知识生产者，主动思考教学的目的和意义、教学的方法，发现问题、解决问题，并能够根据学生个体需求的不同、班级整体的特征灵活调整，大胆实践，以满足学生发展的需要。"双主体"课堂是当下教育的现实与趋势。学生不再是传统课堂中静坐聆听的"木头桩"，他们成为课堂的另一个主人。他们积极地思考、发表观点、发挥想象、动手操作，是课堂中一个个鲜活的生命体，带来不同的思维模式、个性、兴趣、前知识、背景等，形成多变的、复杂的、无法预测的课堂教学特征。教师如果还像过去一般照本宣科就无法满足学生学习的需要，无法引导学生学习，无法主导课堂教学，无法树立教师应有的形象，最终无法胜任教学。此外，在当下信息社会中，教师不再是唯一的知识持有者，教师甚至不再是学富五车的人，学生可以从网络上获得教师所不能企及的丰富且高质量的知识。教师必须改变自己过去作为课本知识传递者的角色，成为学生思维能力的培养者、情感的关怀者、价值观的引领者、实践能力的引导者、个性发展的支持者等，唯有转变为这些计算机和互联网所无法代替的角色，才能不被时代淘汰。

教师作为知识的生产者，其背后蕴含着教师对教育教学所应当享有的主动权与话语权。这一核心理念在教育理论发展的历史长河中也有迹可寻。批判教育学派的吉鲁提出教师应当成为变革型知识分子。[①] 英国课程理论学家斯滕豪斯提出"教师即研究者"这一理念。他指出：一方面，教师是课堂的主人，而课堂是理想的检测教育理论合理性与可行性的"实验室"，因而教师是拥有着丰富研究资料的课堂观察研究者；另一方面，很少有教育理论可以不经由教育实践的检验而推广使用。而教育理论在实践中应用的好坏则取决于教师的研究能力与动力。斯滕豪斯提出教师使用研究成果即是在做研究，而理论工作者有必要激发教师使用研究成果的动力。[②] 随着教师学科教学知识逐步获得肯定与重视，教师职业专业化得到认可，呼吁教师成为研究者的声音愈发壮大，教师研究的价值在理论与实践中都得到了认可。然而，时至今日，教育研究者依旧

---

① GIROUX. Teachers as intellectuals: Toward a critical pedagogy of learning[M]. Connecticut: Greenwood Publishing Group, 1988: 126.

② STENHOUSE. What counts as research? [J]. British Journal of Educational Studies, 1981, 29: 2, 103-104.

以大学中的学者为主,一线教师参与的寥寥无几。究其原因,一方面是"愿不愿"的问题,另一方面是"能不能"的问题。前者受制于教师繁重的教学任务,后者受制于教师所在的教学环境能否给教师提供研究条件,以及教师自身的能力。很多教师因此消磨和丧失了成为研究者的积极性与自信心。

本研究在此基础上提出教师是知识的生产者,同样是对教师实践性知识的肯定,但也有所发展,具体表现在以下两个维度。

一是肯定教师在日常教学行为中所生产的知识的价值,包括教师备课所生成的教案、教师上课的语言与行为、教师课堂中的灵感与顿悟、教师课后反思的成果、教师同行交流或职后培训的所得、教师的日常教学技巧、教师的日常教学智慧、教师个体独特的教育教学价值观等。教师作为生产者意味着教师不必一定要像教育研究者一样实验、思辨或撰写论文,教师的日常工作同样也是在生产。教师日常教学的实践成果与对成果的思考就是教师的知识生产。研究只是教师知识生产的方式之一。而对"教师是知识的生产者"这一理念的强调则更能突显教师个人日常教学知识的价值。

二是打开教师知识生产更广阔的时间与空间。教师作为研究者在客观上存在着很多的限制条件[①],而作为生产者的教师则不必抽出特定的时间与空间。对教师日常教学知识的价值肯定能够提升教师的自我效能感,提高实践与反思的频率,提高教师的教学自信与热情,增强教师教学自主自由的意识。从数量上来说,教学研究对教师理论知识、研究热情、所处学校的客观条件等方面的要求会阻碍一定数量的教师加入研究者的队伍。此外,一些理论研究者认为教师缺乏研究意识,也存在研究偏见。[②] 这种反对的声音无形中也阻碍了教师成为研究者。教师的日常工作作为教师知识生产的"时"与"空",则会打破这一壁垒,增加生产者的数量。

综上,在教育理念的变化下,教师对学生的关注有了质的改变,教育目标、教育内容、教学方法、评价方法等都随之而变,而作为教与学核心一方的教师,其角色也必定发生变化,以契合教育理念所代表的价值取向、满足当下教育目

---

① 高慎英.教师成为研究者"教师专业化"问题探讨[J].教育理论与实践,1998(3):32-35.

② STENHOUSE. What counts as research? [J]. British Journal of Educational Studies, 1981, 29:2, 103-104.

标、符合学生发展要求。教师角色当代变化的关键在于教育开始关注"人"本身。教育关注学习者的疑难、困惑、好奇、兴趣、需要、观点等，也关注不同学习个体全面而又充满个性的发展。教育不再事事以书本知识为先，且所谓教育公平不再要求所有人学习一样的知识，成为一样的人才，获得一样的发展。相反，满足个体需要、充分发展个性、实现个体最大化的发展才是教育公平的体现。为此，不顾学生需要，盲目地传授既定的书本知识已经不适合当代教育理念的要求了，教师必须生产"新"的知识，生产"活"的知识，生产"综合"的知识，不仅要激活学生的思维，提高其学习兴趣，也要激活自己的思维，提升教学的动力。

教师必须成为知识的生产者，肯定实践知识独一无二的价值，积极主动地搜集来自学生、教材、课程、教学环境、同行等不同方面的知识并进行分析与整合，形成适合自己的、适合所教学生个体与班级的、适合所教课程的"鲜活"的知识。同时，教师作为知识生产者的超越性便体现在其日常性中，即对教师日常教学活动中所生产的知识价值给予充分的肯定，以激发教师的主动性与积极性，引领教师充分认可自身的实践与日常知识的价值，促进其在教学中多思考、多学习、多创新、多反思、多总结，发现问题并解决问题，逐步点燃其研究的热情，开放知识生产的时间与空间，真正做到在教学中研究，在研究中教学。

第三章

学科教学知识(PCK)的独特魅力:教师专业化发展的实践超越

第二章中曾提到亚里士多德描述人的独特性在于不断实践的生命的活动。人的实现活动本身自带目的,其中实践的活动最重要。这是由于人本质的能力或功能必须通过实践激发和运用,人的实践能力并非如同视力和听觉一般,不受是否使用的影响。实践能力不是人的本质力量,而是人获得本质力量的方式。人的实践能力要想真正存在,必须不断使用。教师专业化的核心根基在于其独特的实践魅力,而这一魅力集中体现在教师 PCK 的生产中,这是教师专业本质力量的真正存在。

第一节　历程摇摆与范式缺失

一、教师知识在历程摇摆与失范中前进

教师资格是国家对专门从事教育教学工作人员最基本的要求。教师资格制度是国家对教师实行的一种特定的职业许可制度。世界上许多国家都制定了严格的教师职业的准入制度,包括申请对象范围、申请程序、考试形式与内容等。然而,在几百年前的西方社会,对于"教师应当掌握什么知识才能成为教师"这一问题曾有过漫长的探讨。

中世纪时期,教师只存在于大学中,且往往是博士,当时要求教师必须掌握某领域最顶尖的知识,并有能力教授它们,因此博士答辩的意义就在于通过讲授体现对知识的掌握程度;19 世纪时,根据教师的测试题得出,当时对教师的要求是掌握所教学科的基础知识,例如"界定重力""列举国会的五项权利"等问题;而到了 20 世纪,美国大多数州对教师的考评聚焦在教师教学能力上,测试问题变为"组织编写与呈现教学计划""理解学生""管理"等,其强调的不再是教学内容,而是教师的教学组织能力、讲授能力、沟通能力等。对于获得教师资格所应掌握的知识范围在近六百年的时间里如钟摆一般不断摇摆,从一个极端走

向另一个极端。

从不同时间段的经济基础可以发现,19 世纪前后,正值第一次与第二次工业革命时期,社会生产对于人才的需求是"能够操作机器"的、具有一定识字基础和公民基本文化素质的人。而 20 世纪后,人类社会进入第三次工业革命时期,创新型、综合型、合作型人才成为社会发展所需要的中坚力量。

从不同时间段的知识观发展来看,工业革命时期,科学知识的飞速发展以摧枯拉朽般的声势突破了人类几千年的发展稳态,使社会空前繁荣。科学知识成为权威知识,科学主义一枝独秀,其代表的科技理性也统领了人类社会的认知范畴。而自 20 世纪以来,科学知识的权威被愈加复杂的问题情境打破,在理论与实践的张力中发生了解构与重构。重构后的科技知识更加注重人文知识、地方知识、价值知识的整合,而掌握思维方法与复杂问题的解决方法,也远比掌握科学知识更为重要。舒尔曼指出,无论是 19 世纪还是 20 世纪,对教师专业知识的要求都是将教学与学科内容相分离,前者只强调教师对学科知识的掌握,后者则只注重能有效提升学生成绩的教学行为与策略,舒尔曼将这一现象称为"范式的缺失"①。

针对"范式的缺失",舒尔曼提出这些问题:教师有什么知识? 教师的知识从何而来? 新旧知识如何结合成为新的知识基础? 教师遇到编写有瑕疵的教材或迷惑不解的学生时将如何运用其专业知识进行新的解释与澄清? 同时,他也指出教师的学科知识与教学技能都是教师知识的重点元素,单纯强调任何一方而脱离另一方是毫无意义的。学科知识是教师教学的基础与源泉,教学技能是将教师掌握的学科知识以学生能理解的方式进行表征与组织的手段和方法,两者不应是机械分离的,教师应对其进行整合与输出。

由此,1987 年,为回答"教师应当掌握何种知识才能称之为教师"这一历史问题,舒尔曼在其文章中列出了教师知识应包括的七种类型:①内容知识,指教师拥有的知识总量以及知识本身的组织方式。舒尔曼以施瓦布对学科知识所进行的实质结构与句法结构的分类为例,指出教师对一门学科的掌握应既包括对事实性知识的掌握,也包括对解释性知识的掌握。②一般教学法知识,指超

① SHULMAN. Those who understand: Knowledge growth in teaching [J]. Educational Researcher, 1986, 15(2):4-14.

越学科的课堂管理和组织的一般原理与策略。③课程知识，指在一个既定水平下教学特定的学科与主题计划的一系列设计，是关于这些计划的可利用的多样化教学材料，以及一系列让教师在特定情境中使用特定材料的提示和限制。④学科教学知识，是教师所特有的关于学科内容和教学法的结合物，是教师自己有关专业理解的特定形式。⑤有关学习者及其特性的知识。⑥教育情境知识，包括群体、课堂、学区的管理和资金的筹措，社区和文化的特征等相关知识。⑦有关教育目的、目标、价值及其哲学与历史基础的知识。① 这七种知识中舒尔曼尤其强调第四种——学科教学知识，并认为其应当作为教师知识的代表与根基。

二、内涵发展与体系重构

学科教学知识(pedagogical content knowledge，简称 PCK)最初由舒尔曼提出，其背景源于对"教师应当掌握什么样的知识才能获得教师资格"这一问题的讨论，以及教学与学科内容相分离的"范式的缺失"。舒尔曼将学科教学知识定义为："把教学的内容和教学法整合起来，帮助我们理解特定的主题、问题或问题在教学中是如何被组织、表征和呈现的，以适应不同学习者多样的需求和能力。"②

根据舒尔曼对学科教学知识的描述，其内涵至少包含了学科内容知识、教学法知识(一般教学法、学科教学法)、关于学生的知识这样几部分，甚至可以说同样包含了课程知识、教育情境知识以及有关教育目的、目标、价值及其哲学与历史基础的知识。课程知识代表了课标和教材，教育情境知识代表了教育教学活动的外部生态环境，有关教育目的与价值的知识则代表了教师个人的教育哲学选择。这三项知识从社会要求、客观教学环境、教师内在价值取向等方面对教师 PCK 的形成同样具有重要作用。舒尔曼对于教师学科教学知识的论述一石激起千层浪，引领了学界展开教师专业知识研究的热潮。教师 PCK 的内涵也随之不断丰富与完善，并形成较为成熟的体系以指导广大教师的教学实践。

---

① 参见：SHULMAN. Knowledge and teaching：Foundations of the new reform[J]. Harvard Educational Review，1987，57(1)：1-23；SHULMAN. Those who understand：Knowledge growth in teaching[J]. Educational Researcher，1986，15(2)：4-14.

② SHULMAN. Knowledge and teaching：Foundations of the new reform [J]. Harvard Educational Review，1987，57(1)：1-23.

以下列举一些对教师 PCK 发展起到重要作用的研究。

国外一些研究者首先对学科教学知识的内涵进行了拓展与深化。格罗斯曼从内容维度对学科教学知识的内涵进行拓展，他认为除了"学科教学知识是在特定教学课题中被组织和表征的知识"这一内涵之外，其还应包括：①教师对于一门学科的统领性认识，即教师关于学科性质的知识，以及关于学生应当学习该学科中哪些重要内容的认识。教师的这类知识关乎对该学科的教学目标、教学内容、教学评价的选择。②教师关于学生对某一课题理解和误解的知识。该项其实是对学科教学知识内涵中学生方面的细化。舒尔曼指出学科教学知识应适应不同学习者多样的需求和能力，而学生认知能力的发展阶段或情况则会导致他们整体或个体对于教学内容的或理解或误解，并由此产生不同的学习需求，因此，格罗斯曼实际上对"教师应具备关于学生的知识"这一条提出了更细致的要求。③教师关于课程和教材的知识，主要指教师应掌握关于教材和其他可用于特定课题教学的各种教学媒体和材料的知识，以及该教学课题在横向上与同年级其他学科的联系，以及纵向上学科内部的组织和结构的知识。① 实际上，舒尔曼在其 1986 年的文章中指出了教师关于课程的知识，并强调专业教师应当了解自己所教授的学科在横向和纵向上的发展情况。

另一组对学科教学知识内涵进行深化的重要人物是科克伦、德鲁特以及金，他们以建构主义为理论基础对学科教学知识的内涵进行了动态认知方向的拓展。科克伦等人认为舒尔曼的学科教学知识是静态的教师知识，无法体现教师知识在获取和传递过程中个体认知参与并起决定作用的主动建构性，因此提出将知识（knowledge）一词改为认知（knowing），即学科教学认知（pedagogical content knowing，简称 PCKg）。② 此外，科克伦等人也对学科教学认知具体应包括哪些类型的知识进行了说明，即学科内容知识、教学法知识、关于学生的知识以及学习情境知识。相较于舒尔曼的定义，科克伦等人增加了学习情境知识——主要指社会、政治、文化等外围因素对教与学的影响。同时，其关于学生的知识也更为细化，包括学生的能力、学生学习策略、学生年龄及其发展阶段、

① GROSSMAN. The making of a teacher: Teacher knowledge and teacher education [M]. Teachers College Press, Teachers College, Columbia University, 1990.

② COCHRAN, DERUITER, KING. Pedagogical content knowing: An integrative model for teacher preparation[J]. Journal of Teacher Education, 1993, 44(4): 263-272.

学习态度、学习动机，以及学生所拥有的学科前概念。总之，科克伦等人强调了教师学科教学知识不是通过机械地组装或传输形成的，而是由个体认知能力在教学内容、教学方法、学生特点以及教育外部环境的交互影响下进行主动性整合与选择形成的。他们的理论为舒尔曼的学科教学知识内涵增加了动态认知特点，较有代表性。

此外，马克斯基于对小学数学教师知识的探究为学科教学知识的内涵添加了"教师在教学中能安排学生活动以及注重教学的行为表现"这一项知识。[1]塔米尔则将评价知识加入学科教学知识的"大家庭"中。[2] 马格努森尤其强调特定学科知识在学科教学知识中的地位和作用，他强调学科教学知识的本质是某个教学主题相关的特定知识，这些主题知识必须贯穿于学科教学知识的各个部分，并以科学教师为例指出科学教师的学科教学知识应包括科学教学定位、科学课程知识、科学素养评价知识、关于学生对科学的理解的知识、教学策略知识。[3]

威尔为教师的学科教学知识建构了一个三维立体的金字塔模型，其中学科知识居于金字塔最底端，作为教师形成学科教学知识的基础和源泉；关于学生的知识处在第二层，相当于一个"过滤器"，即教师应从广阔的学科知识中选取那些适宜学生的且学生需要的学科知识；第三层包含了八类知识，分别为情境知识、环境知识、学科的性质的知识、评价知识、教学知识、课程知识、社会文化知识、课堂管理知识；最上层则是教师的学科教学知识。[4] 该结构的特点一是突出强调学科知识与关于学生的知识在学科教学知识中的重要地位；二是四层知识相互嵌套，相互影响，突破原有的线性发展关系。此外，威尔从一般教学知识的视角将学科教学知识划分为三个阶段，分别为具体学科 PCK（general

---

① MARKS. Pedagogical content knowledge: From a mathematical case to a modified conception [J]. Journal of Teacher Education，2016，41(3):3-11.

② TAMIR. Subject matter and related pedagogical knowledge in teacher education[J]. Teaching & Teacher Education，1988，4(2):99-110.

③ MAGNUSSON, KRAJCIK, BORKO. Nature, sources, and development of pedagogical content knowledge for Science teaching [M]. Examining Pedagogical Content Knowledge. Kluwer Academic Publisher，2002.

④ VEAL, MAKINSTER. Pedagogical content knowledge taxonomies[J]. Electronic Journal of Science Education，1999，3：N/A.

PCK)、具体领域 PCK(domain-specific PCK),以及具体话题 PCK(topic-specific PCK),其认为如备课、教学方法、评价、小组活动、提问、等待时间、反馈、个别指导、讲授、演示、强化等一般教学方法,只有与不同层面的学科内容知识相结合时才是学科教学知识的组成部分。

国外学者对学科教学知识的研究呈现一种"元素—结构"的线性发展态势。诸多研究者在舒尔曼提出的最初概念的基础上不断拓展学科教学知识的内涵,除了学科内容知识与教学方法知识之外,学生知识、管理知识、评价知识、情境知识等都先后加入学科教学知识的内涵当中。但无论学科教学知识的内涵包含了多少元素,教师整合、学生取向、教学实践、推理转化这些本质元素始终不变,是学科教学知识内涵的精髓。此后研究者开始转向构建这些不同类型知识的关系,探究它们是如何相互作用以影响教师教学的,呈现了学科教学知识的动态生成性与整合性。

我国教育界对学科教学知识的研究始于 21 世纪初,白益民、袁维新、刘小强、廖元锡等对学科教学知识进行了初探,主要对这一教师专业知识新概念的诞生、发展、特点、结构等基本信息做了详细的介绍,将该新视角引入我国教育界,引起了我国教师教育研究、教师专业发展研究、教育改革研究的极大关注。[①] 从研究热度上看,对学科教学知识的研究在 2000 年至 2012 年稳步发展,于 2013 年和 2015 年各有了一次大幅增长,而后稍有回落并保持平稳。从研究内容上看,对学科教学知识内涵发展的梳理、教师学科教学知识的建构方式、介绍学科教学知识的测评工具、学科教学知识案例研究,以及对将信息技术加入学科教学知识中而形成的整合技术的学科教学知识(technological pedagogical content knowledge,简称 TPACK)的研究是目前为止主要的几个方向。

首先,冯苗、杨彩霞、李伟胜、鲍银霞、汤杰英、解书、徐金雷等对学科教学知识内涵的发展进行了较为全面的梳理。他们中,冯苗、杨彩霞、李伟胜等人以舒尔曼、格罗斯曼、科克伦等对学科教学知识内涵发展有节点性贡献的人物为线

---

① 参见:白益民.学科教学知识初探[J].现代教育论丛,2000(4):27-30;袁维新.学科教学知识:一个教师专业发展的新视角[J].外国教育研究,2005(3):10-14;刘小强.教师专业知识基础与教师教育改革:来自 PCK 的启示[J].外国中小学教育,2005(11):7-10;廖元锡.PCK:使教学最有效的知识[J].教师教育研究,2005,17(6):37-40.

索进行整理;①鲍银霞等通过提出并解答"学科教学知识是否能独立存在?""学科教学知识的实质是什么?""学科教学知识主要包括哪些成分?""学科教学知识的情感与道德如何体现?"这四个问题进行文献综述;②汤杰英、解书、徐金雷等人则为我们展示了西方近几十年中有关学科教学知识内涵研究的全貌。③总的来说,我国学者在进行文献综述的同时发现学科教学知识内涵外泛得太严重,几乎囊括了教师内在和外在所接触或被影响的所有类型的知识,且仍在不断扩张中。这不仅使学科教学知识的内涵过于臃肿而遮蔽了原本的重点,且容易使新手教师在发展学科教学知识的过程中感到困惑和棘手。为此我国学者指出应把握住学科教学知识内涵的核心,以减少过多边缘知识的加入。对于学科教学知识内涵的核心,汤杰英等指出应站在教学的实践性角度对学科教学知识的内涵进行收拢,以"教什么,怎么教,教给谁"限定教师学科教学知识的核心知识类型。④ 解书等指出在纷繁不定的内涵界定中,应该把握学科教学知识的本质,以教学与内容为基础,在一定情境下,指向学生学习。⑤ 张小菊等也强调了学科教学知识的核心要素在于学科内容、教学策略和方法以及学生。⑥

在我国,介绍国外团队所开发的教师学科教学知识测评方法是研究的一个重点方向。例如,解书等介绍了帕克的五边形分析图谱法,并以此对四名不同程度的小学数学教师的教学活动进行课前、课后、阶段、专家访谈的数据收集,而后绘制成学科教学知识五边形要素关系图,以将它们分为自主整合型、机械整合型、松散缺失型、低效缺失型四种学科教学知识整合掌握程度,最后对导致

---

① 冯苗,曲铁华.从 PCK 到 PCKg:教师专业发展的新转向[J].外国教育研究,2006,33(12):58-63;杨彩霞.教师学科教学知识:本质、特征与结构[J].教育科学,2006,22(1):60-63;李伟胜.学科教学知识(PCK)的核心因素及其对教师教育的启示[J].教师教育研究,2009,21(2):33-38.

② 鲍银霞,汤志娜.学科教学知识的概念批判与发展[J].教育科学,2014,30(6):39-44.

③ 参见汤杰英,周崴,韩春红.学科教学知识构成的厘清及对教师教育的启示[J].教育科学,2012,28(5)37-42;解书,马云鹏,李秀玲.国外学科教学知识内涵研究的分析与思考[J].外国教育研究,2013,40(6):59-68;徐金雷.国际学科教学知识的文献计量研究[J].课程·教材·教法,2018,38(3):132-138.

④ 汤杰英,周崴,韩春红.学科教学知识构成的厘清及对教师教育的启示[J].教育科学,2012,28(5):37-42.

⑤ 解书,马云鹏,李秀玲.国外学科教学知识内涵研究的分析与思考[J].外国教育研究,2013,40(6):59-68.

⑥ 张小菊,王祖浩.学科教学知识的结构化—叙事表征:内容表征—教学经验模型[J].外国教育研究,2014,41(3):50-57.

不同掌握程度的原因进行了总结。[①] 鲁小莉等介绍了剑桥大学研究团队开发的"知识四维度"法，该方法通过不同的数学教学视角分析教师在教学过程中学科知识与学科教学知识所起到的作用，基础知识、转化技能、衔接能力、应变能力是数学教学中的四个维度，通过分析教师对它们的掌握情况以促进教师专业的发展。[②] 皇甫倩介绍了密歇根州立大学开发的基于学习进阶的教师学科教学知识测评工具，该工具利用逐渐进展法，测评教师所具有的对教学对象的知识和教学策略的知识。[③] 张小菊等则引进了科克伦的内容表征—教学经验模型——该模型是一种得到广泛认可的学科教学知识表征工具，包含内容表征与教学经验两个维度——通过回答一系列问题测试教师对于基本命题性知识的掌握，以及以多种描述方式展示自身的教学实践经验。[④]

宏观上，我国对教师学科教学知识的研究仍处在初级阶段，以介绍国外研究成果为主，缺乏自己的定义与结构。微观上，我国对学科教学知识内涵所涉及的几种主要教师知识缺乏更细致的研究，仅梁永平对教师应具备的学生知识进行了细致的阐述[⑤]。同时也缺乏学科教学知识视野下具体学科内容知识的解析，以及教学方法与策略同教学内容结合的案例分析。为促进教师学科教学知识生成与发展而提出的各种方法也仅仅停留在"指点路口"的阶段，而没有将路铺好，泛泛的策略无助于教师改善与发展学科教学知识。实际上，在学科教学知识的定义与结构已经被西方学者深入研究的情况下，我国后续研究更应该关注学科教学知识的案例，这不仅基于学科教学知识本身的整合性、个体性与实践性等特点，同时也可以通过案例对学科教学知识的发展进行深挖，以为广大教师提供行动参考。

---

① 解书，马云鹏.学科教学知识(PCK)的结构特征及发展路径分析：基于小学数学教师的案例研究[J].基础教育，2017，14(1)：93-103.

② 鲁小莉，梁贯成."知识四维度"：分析教师课堂教学知识的框架[J].全球教育展望，2015，44(8)：63-73.

③ 皇甫倩.基于学习进阶的教师PCK测评工具的开发研究[J].外国教育研究，2015，42(4)：96-105.

④ 张小菊，王祖浩.学科教学知识的结构化—叙事表征：内容表征—教学经验模型[J].外国教育研究，2014，41(3)：50-57.

⑤ 梁永平.论化学教师的PCK结构及其建构[J].课程·教材·教法，2012，32(6)：113-119.

第二节 整合·情境·机智

学科教学知识是教师以教学为目的整合各类知识而形成的,其最主要的特征便是教学性与整合性。教师代表了"谁教",是学科教学知识的"主语"。美国国家教师教育认证委员会(National Council for Accreditation of Teacher Education,简称 NCATE)对教师学科教学知识的界定体现出了教师这一"主语":学科教学知识是教师以学生学习为目的,对学科内容与教学策略进行有效整合的教师知识。它要求教师在全面透彻地了解学科内容、学生文化背景以及学生前知识与经验的基础上,运用多样化方法进行教学。[①] 这一方面说明教学性与整合性突显了学科教学知识不仅是教师独有的知识,更是教师主动生产的知识;另一方面也要求教师学科教学知识的生产要以教学为目的整合、以教学为情境实践、以教学为取向获得智慧。

一、以教学为目的的知识整合

学科教学知识是教师以教学为目的对各种知识成分进行整合而形成的教师所独有的知识。它不是单独的哪一种教师知识,也不是随意将几种知识进行综合的知识,而是在教学的前提下将需要的知识进行筛选、重组、融合,不是教师照搬书本,而是教师在书本的基础上生产出新的知识,这种知识蕴含了教师的思维、情感与智慧。教学性与整合性是学科教学知识最为核心的特征。教学性突显学科教学知识是"教师"生产的,不是"其他教育工作者"生产的;整合性突显学科教学知识是教师"主动生产"的,而不是教师"被动接受"的。

教师以教学为目的对自身所具备的各类知识进行筛选与整合。教师的判断、行为、决定都是以教学为目的形成的,因而同其他教育工作者的行为目标存在显著的区别。例如,校领导更多从学校的整体建设出发去考虑问题;学科专家更多从学科结构的合理性和学科内容的准确性出发去进行学科建设;教材研制者更多从课本的知识体系、学生认知发展水平以及国家课程标准出发编制教

---

① BARRETT, GREEN. Pedagogical content knowledge as a foundation for an interdisciplinary graduate program[J]. Science Educator, 2009, 18(1): 17-28.

材;教育理论研究者更多从知识的结构、深度、准确性等方面出发进行原理研究;地方教育局更多从地区的整体教学水平、布局、目标出发制定地区发展策略。只有教师切实从"如何上好一堂课""如何将教学内容有序、准确地教授给学生""如何把握好一堂课的进度""如何解决学生对知识点的疑难问题"等教学类问题出发去思考、去判断、去行动。同时,教师确实是实施者,但是教师并不是机械地、麻木地、被动地、照本宣科地实施,教师有自己对教学内容的理解,有主动地整合教学的各要素、认真地思考教学出现的或可能出现的问题,教师具有自己的教学目标与教育价值追求。过去之所以认定教师只是知识的"搬运工"与"消费者",是因为忽视了教师知识所具有的能动性与主动性。教师对教学各要素的整合既包括与课堂直接相关的要素,如学科、教材、教法、学生、考纲、教学计划、教学设备、班级风格等,也涵盖与教学生态环境相关的要素,如社会对人才的要求、学区的规划、学校对升学率的要求、家长对成绩的要求、校园文化与设施等。这些元素统一汇聚在教师的脑海中,在教师自身的教学目标与教学追求下获得整合,成为教案,再经由教师的课堂教学得以实践,而实践又会对教师的知识框架不断进行调整,从实践中获得的教学经验也会运用到下一次的教学实践中,成为整合的工具之一。而这种计划—实践—反思—再实践的螺旋循环过程中所获得的知识,便是教师的知识生产。教师所生产的知识不是简单的"1+1",而是教师自觉或不自觉地将各类知识以教学为目的所进行的整合;教师生产的知识也不是照搬照抄的,而是有判断、有选择、有取舍;教师生产的知识具有实践的智慧,包含教师的顿悟、直觉、灵感等,是书本所不能完全涵盖的,具有实践的独特性和个人性;教师生产的知识具有重要的理论与实践价值,既对教师的教学实践起到指导作用,也从微观叙事的视角促进教学理论的发展。

因此,本研究认为教师是知识的生产者,生产的知识是学科教学知识。因以教学为目的,所以它有别于其他教育工作者生产的知识,是"教师"生产的;同样因以整合为手段,所以它有别于被动接受和机械搬运的知识,是教师"主动生产"的。

二、以教学为情境的知识实践

除上述生产目的和生产手段外,学科教学知识的生产环境也独属于教师,学科教学知识是教师在以教学为情境所进行的实践中产生的知识，而不是教师在生活或休闲中所获取的个人知识。

教学情境包括了一定的教学场所(课堂、办公室、教研室等)、一群人的活动(师生、同行等)、一定的教学内容、一定的教学目标或进度等要素。这种生产情境不是普遍的、统一的、可以复制的，而是与具体的教学行动有关，每一个情境都因为构成要素时刻发生变化而不一样，如学生个体的反应、群体的差异、同行的观点、教学内容的变化等。更重要的是作为生产主角的教师的思维、观念、直觉、经验等也在一次次的实践中不断变化与发展。

舒尔曼在论述学科教学知识具体内涵的同时，也提出了其是经由教师一系列的教学推理与行动将各类知识以教学为目的所进行的知识整合，具体包括：教师首先要理解将要教授的内容知识、教学目的、学科结构以及教学内容在学科内外的观点；然后将自己理解的学科内容知识和目标转化为学生能够理解和获取的知识和能力，从教材中筛选教学内容，根据教学内容与所教学生的特点选择具体的教学方法，为课堂教学做好准备；接着在课堂中实施，并在课后对实施情况进行评价与反思，由此获得的新的理解将会为下一次实践奠定基础。这一系列的活动都是围绕着教学进行的，教师的备课、上课、课后反思、同行交流、职后培训等都指向如何更好地教学。教师学科教学知识既产生于这些教学活动，也在这些教学活动中实践与运用，更以此为取向不断进行反思与再实践。

因此，以教学为情境代表了教师学科教学知识生产场域的独特性与不可复制性，每一位教师都不一样，每一次实践也都不一样，教师所具备的各种知识在备课、上课与课后进行着理解、转化、整合、实施、应用、评价与反思等实践运用，从而形成教师的学科教学知识。

三、以教学为取向的机智魅力

学科教学知识是教师以教学为目标的知识整合，是在教学情境中的知识实践，同样也是教师以教学为取向的智慧增长。根据赖尔的能力之知理论，代表个人智力的知识不是命题性知识，而是那些"知道怎么做的知识"，需要用活动或行动进行表达，是体现出个体智力的能力性知识。

学科教学知识并非以学科内容知识、课程知识、教学技能知识等命题性状态存在，而是由教师在教学实践中运用各种思维能力进行的整合，既发生在教学实践活动中,也依靠教学实践,同时也为成就更好的教学实践。因此学科教学知识是一种"知道怎么做"的知识,是教师的思维图式将许多"是什么"的知识进行综合与运用的结果。同时,教学实践的独特性、多变性、不可预测性等也为学科教学知识带来一种行动中的智慧。教师的实践场所主要是课堂,教师的备课、课后反思、同行交流、培训研讨等活动也都是指向课堂实践的,而课堂是一个存在颇多变化可能的场所,教师学科教学知识在这样一个场所中进行生产,同其他知识相比最大的不同便在于具备行动中识知的特点。课堂的多变性与无法预测性使得教师需要随时保持"警惕"以应对可能出现的突发事件,充分调动自身的知识库以随时迎接学生的挑战与疑难,甚至天马行空的奇思妙想。而教师在这一实践过程中所形成的知识同样以教学为目的,需要整合自己具备的各种知识并对不同的课堂事件给予反应,因而具备学科教学知识的典型特征。且其因为产生于课堂进行中而具备了动态性,是根据课堂随机事件而随机生产的知识。它可能不如备课、反思、同行交流时所生产的知识那样全面周详,却最能体现出教师的"功力",且课堂随机事件也往往比静坐沉思有更高的概率为教师带来"惊喜",即顿悟与灵感。

　　基础教育领域中的教师专业性总是受到质疑。一方面,教师知识来源于教育哲学、教育心理学、学科研究成果、教育政策要求等,因而被质疑不像医生、律师、工程师那样具有权威性。另一方面,教师知识具有个体性与经验性,往往难以大规模地传播、模仿与复制,因而被认为不具备客观普遍性而缺乏权威性。不可否认,课程知识、学科知识等确实来自外界,来自人类文明发展的成果,然而中小学教师所掌握的知识远不止于此,如果仅仅照着课本念就能教导出一批又一批的人才,那么教育学的研究范围将是多么的狭窄。那么,多出部分的知识是什么呢?是独属于中小学教师的学科教学知识,意味着教师作为主体对各种理论知识与技能操作所进行的整合。学科教学知识作为教师的专业知识在教师的日常教学中生产与传播,独属于教师的教学实践,非学科专家或者教育理论研究者所能掌握。又因学科教学知识依靠教师的智慧、思维、经验、直觉、行动、灵感、顿悟等因素而生产,因而具有一定的默会属性,并非依靠条条框框的操作规则就能够传播,因而也并非仅仅是职业知识。此外,教师的教学不仅仅包括"是什么",还包括"为什么"与"怎么做",如此,既能够为学生解惑,又能够清醒地意识到教学目标与教育价值。"很多人认为，教学谁都会，这是很不幸的但却是真实的。"①然而，这些所谓的教学，要么是教他人一项技能，要么是传递给他人一些专业知识内容，要么是苦口婆心地进行人生思想指导，只有教师既教学习方法又教学科内容，既教学问又教做人，此外还要考虑代表国家意志的课程标准、社会对人才的需求、学校对升学率的要求、家长对子女的期盼，以及学生自身的需要和问题，还有那些隐藏更深的文化因素、价值因素、观念因素。非专业人士的"教学"能够凝练这所有要素于一堂又一堂课中吗，能整合这所有要素最终体现在学科内容教学上吗？只有教师可以。只有教师具有如此的专业能力、专业知识与专业意识！而支撑教师专业的最重要的知识基础便是体现整合性、教学性、情境性与实践性的学科教学知识。

综上，教师生产的知识是学科教学知识，其以教学为基本取向，是教师在教学实践活动中所整合、所应用的知识，既是独属于教师的知识，又体现出教师对各类知识的主动思考与建构，而非被动接收与搬运。此外，教师实践活动独有的多变性与不可预测性，也使得学科教学知识具有动态发展的特点，蕴含着教师的实践智慧。

第三节　实践超越：教师知识生产的起点与归宿

一、一片"混乱"的课堂

"干爽的高地"与"低洼的湿地"这一隐喻是美国教育学家舍恩对科技理性知识和实践性知识所做出的极为形象的对比性描述。他提到科技理性知识好比干爽坚实地带的高地的知识，而实践性知识好比湿软的低地的知识，前者虽然很有条理和逻辑，但是往往无法解决人们在日常生活和工作中碰到的问题，因为这些问题通常处在"低洼的湿地"。这一隐喻放在教育中则表现为教育理论与教育实践之间的差异与张力。

（一）"低洼"的课堂教学

教师的课堂是教育教学活动中最为"混乱"与"复杂"的场所，充斥着大量的

---

① 马什.初任教师手册[M].吴刚平,何立群,译.北京:教育科学出版社,2005:349.

不确定性、突发状况、挑战，甚至是冲突。理论上，课堂只是教师既定的教学计划实施的场所，实际上，理想中的课堂与实际中的课堂之间有着巨大的差异，这一差异是教育理论与教学实践之间存在的难以跨越的鸿沟在现实中的显著反映。课堂教学最大的一个特点就是多变性，以及随之而来的不可预测性、不可控性等。学生不是一些没有思想的木头人，而是几十个不同背景、不同经历、不同认知水平的人，他们在课堂上相互交流、思维碰撞。"没有完美的备课"，即便是设计详细的公开课也不是教师能够完全把控的，这是广大教师统一的结论。

教学课堂的"混乱"主要体现在师生的主体性以及互动所产生的不确定性。后现代主义认可的主体性更多是指人自身具有的欲望与本能，它们的实现或自由发展才是人的主体性的实现。同时，后现代主义认为科学理性的霸权使得人、人的思维、社会的运作都变得单向度，就科学研究方法来说，实证并非唯一的，人文各学科都有其独特的思维方法和研究范式，不应被科技理性遮蔽。对于人本身来说，每个人都是一个独特的主体，因而大众的、多样的、个体的声音都应该被听到，而不仅仅是掌握科学知识的一小部分人。因此，后现代主义所导向的是一种"更全面和多向度的思维、人和社会，形成更全面和多向度的主体和主体性"①。人的主体性的澄清推动了师生关系的发展，教师"一言堂"现象开始受到质疑与挑战，学生的主体性与能动性逐渐成为教育领域的新热点，"双主体"课堂也逐渐成为当前课堂教学的主流模式。相较于规范有序的理论研究，师生互动频繁的课堂是教学实践中典型的"低洼的湿地"，充斥了许多计划外的问题、冲突、挑战、质疑等等，使得教师的日常教学活动充满了不确定性与随机性。

（二）"混乱"中的无限可能

然而，也正因如此，这片"混乱"中蕴藏着教师最为独特的智慧，容纳了教师专业化发展的合理性与必然性。教师在课堂中会产生灵感、顿悟、启发以及新的观点与认识等。这些由活动着的课堂环境与活跃的师生互动催化，非死水般的"一言堂"所能比拟。单向的知识输出是教师的独角戏，而双向的师生互动才是思想的对话、智慧的碰撞、灵感的迸发、新知的生成。同时，"混乱"的课堂所

---

① 郭湛.主体性哲学：人的存在及其意义[M].修订版.北京：中国人民大学出版社,2011:230.

承载的不确定性，也是教学的魅力所在。其使教学实践有别于单调的流水作业，充满了各种可能性，塑造着丰富多彩的教育景观。课堂永远具有创新创造的可能、迎接挑战的可能以及专业生长的可能。而其中的关键是如何充分利用这样的"混乱"发展教师的实践智慧，增长教师的专业权能。

教师专业知识最核心的价值在于其蕴含的实践智慧，而实践智慧彰显了教师作为知识生产者的价值与力量。亚里士多德在其著作《尼各马可伦理学》中首次提出实践智慧(phronesis)，并将其定义为"一种理智德性，是关于人的诸善、依赖逻各斯的、去蔽的、实践的品质"，是人类知识中重要的类别之一。拥有实践智慧的人能够"以正当的方式，在恰当的时间，达到正确的目标"。[①] 教师实践智慧的精髓既在于"实践"独特的情境性，也在于"智慧"所代表的机智以及对"正确性"的追求。[②] 实践情境的独特性在于教学过程是教师、学生、教材、班级、学校特点、家长要求、区域特征以及国家对人才的宏观要求等要素共同作用的结果。教学机智在于教师要将上述元素有机整合，并自然而然地体现在教学中。同时，教师也要处理好教学中的突发事件，从而助力教学效果提升。可以说，教师"教什么"的知识虽然来源于其他领域，但"怎么教"与"为什么教"的知识则是教师的实践智慧。此智慧出于教师在教学实践中对于"正确性"的追求。而正确性可以解读为对课堂"真、善、美"的追求。"真"代表教师所传授知识的正确性与准确性；"善"代表教师对课堂中出现的问题能够正确判断，妥善处理；"美"代表教师对学生德行的教导和价值观的引领。由此，"正确性"不仅代表着知识，更代表着教师具备的智慧，表现为教师不仅知道是什么，更知道怎么做、如何做得更好以及为什么这样做，并能够在突发事件发生时迅速、准确、恰当地做出判断与反馈。因此，教师不仅具备创造知识的生产力，且在教学中生产独一无二的实践知识，发挥教师专业化的价值与力量，彰显教师的实践智慧。

二、学科教学知识(PCK)中的"实践智慧"

第二章中我们论述了教师在新时代的新角色，即知识的生产者，同时，在本章的前两节我们论述了教师专业知识的发展历程，以及学科教学知识(PCK)在这一过程中的脱颖而出，并通过详细阐述其本质属性，以进一步论证学科教学

---

① 亚里士多德.尼各马可伦理学[M].廖申白,译注.北京:商务印书馆,2003:36-38.
② 姜勇.从实体思维到实践思维:国外教师专业发展新取向[J].外国教育研究,2005(3):1-4.

知识对教师专业知识的代表性价值与意义。在本部分中，我们将聚焦"教师生产什么知识"这一问题，将"教师是知识的生产者"这一命题与教师的学科教学知识有机融合，从教师的主体性与能动性出发，论证教师作为知识生产者所拥有的学科教学知识究竟包括哪些内涵与特征，定义知识生产视域下的学科教学知识具体形态，挖掘教师学科教学知识（PCK）生产中所展现的实践智慧，以此反观教师专业化发展的知识根基。

舒尔曼提出学科教学知识这一概念，对延续几个世纪的教师应当掌握什么知识的难题给出了较为满意的答案，不仅将一直处在对立状态的学科内容知识与教学方法知识以教学性相整合，同时也不忘教育的学生取向，以及教学生态环境中各要素对于教育的影响。学科教学知识这一概念的提出是对教师知识研究的突破。然而在近几十年的研究中，我们关注学科教学知识涉及的学科、教学方法、学生、教学生态等元素，反而忘记了"教师"这一主体。学科教学知识本质上是以"教"为中心的，是以教师的教学活动为核心，在教学中整合一切可能需要的知识而产生的一种教师专业知识。它不是单独的哪一类知识，而是在一定的教学情境下、面对特定的学生、根据一定的教学需要整合而成的知识。那么，在以"教"为核心的前提下，教师是施动者，是整合的主体。同时，我们所提出的"教师是知识的生产者"这一命题进一步强调了教师的主动性与能动性。

由此，我们以"谁教"统领学科教学知识中"教什么""怎么教""教给谁""为什么教"等各种内涵与要素，将学科教学知识分为四大类，即内容知识、方法知识、学生知识以及情境知识。如此，一为突显"教师"，即学科教学知识是"教师"生产的，而不是其他身份的人生产的，只有对教师身份的强调才可以显现出学科教学知识是教师专业化的基石。二为突显"教师生产"，即教师是知识"生产者"的身份，而不是知识"搬运工"或"消费者"，教师在这一实践过程中主动整合，而不是被动接收。四种学科教学知识成分必须在教师有目的地整合下才能成为学科教学知识，才能成为教师的专业知识。在学科教学知识的领域内，教师是毋庸置疑的主导者、核心与关键。总之，突显教师主导的学科教学知识内涵是基于前人的研究成果，并根据本研究的需要，从一个容易被忽视，但对本研究至关重要的角度而进行的诠释。

（一）内容知识

内容知识初步划定学科教学知识中"教什么"的范畴，是教学的媒介，是连接教师与学生的最重要的"桥梁"，是教师教与学生学的主要内容，通常情况下包括教材与课程。但要说明的是，把课程作为教学内容的观点在课程观中是被诟病的一类传统的对课程的认识，是二元论作用下的课程与教学的分离。① 除此之外，课程还有两种取向，即社会生活经验取向和学习者经验取向，都是为了解决教学内容与教学方法之间的二元分离，使之以及教学目标与教学手段之间的二元分离，使之向着整合方向发展。② 而舒尔曼是从"教师应该掌握什么知识"这一方向入手将教学内容、教学方法、学生、情境等各类知识整合而形成教师学科教学知识，因此，虽然在论述内容知识的具体内涵时，本研究将课程作为教学内容，指向课程标准一类的知识，但并不代表本研究是将内容与方法分离，将目标与手段拆开，因为在学科教学知识的领域下，这些元素都是通过教师整合为一体的。

舒尔曼对于教师"教什么"的知识也有相关论述。他将课程知识定义为在既定水平下关于某学科与主题的教学材料和使用材料的提示和限制，并指出教师应当广泛掌握教学内容知识，尤其是掌握学生在同一时间所学习的其他课程，以及学科结构中有关当下所教与所学的内容的前知识与后续即将进入教与学的知识。③ 而在其另一篇文章中，更加明确了教师"教什么"应当包括内容知识和课程知识，内容知识即学科知识，课程知识主要指课程材料和计划。④

对于课程知识的来源，众多研究者也给出了清晰的说明。舒尔曼提出教学知识基础至少有四个来源，即学科内容的学术知识、以课程和教材为代表的有组织的教育过程的材料和环境、影响教师行为的社会和文化现象的研究以及来自实践的智慧。⑤ 李秉德在《教学论》中指出教学内容(即课程)，主要包括课程方案、课程标准以及各种教材。⑥ 钟启泉与张华认为课程内容来源于学科知

---

① 钟启泉,张华.课程与教学论[M].沈阳:辽宁大学出版社,2007:60-65.

② 参见:钟启泉,汪霞,王文静.课程与教学论[M].上海:华东师范大学出版社,2008:96-104;施良方.课程理论:课程的基础、原理与问题[M].北京:教育科学出版社,1996:106-109.

③ SHULMAN. Those who understand: Knowledge growth in teaching [J]. Educational Researcher, 1986, 15(2):4-14.

④ SHULMAN. Knowledge and teaching: Foundations of the new reform [J]. Harvard Educational Review, 1987, 57(1):1-23.

⑤ SHULMAN. Knowledge and teaching: Foundations of the new reform [J]. Harvard Educational Review, 1987, 57(1):1-23.

⑥ 李秉德.教学论[M].北京:人民教育出版社,2001:150.

识、当代社会生活经验以及学习者的经验。① 施良方认为课程内容取向主要包括教材、学习活动、学习经验。②

基于此,从我国的教育现状出发,内容知识应当主要包括教材、课程方案、课程标准、考试大纲以及学科知识,此外不同教师个体可能会用到的学科专业著作、学术研究、教师教学辅助材料、试题、其他教师的案例、教师课外知识与兴趣爱好、日常生活事例等都有可能成为教师的教学内容。但教材、课程方案、课程标准、考试大纲与学科知识这些是每个老师必备的,其中课程方案与课程标准由国家制定,代表着国家与社会对人才的要求、需求与期望。由于本研究在后续案例部分以高中教师为研究对象,因而此处也以普通高中课程方案与课程标准为例。课程方案是国家对于高中阶段育人目标、学制、课时、课程类别、学习科目、学分、毕业要求、课程实施、保障、监管等所做出的统一规定,体现着国家意志,是实现高中阶段育人目标的重要载体,对教材的开发、教学的实施与考试评价有着非常重要的指导意义。③ 课程标准是国家对某一学科的课程性质、课程目标、课程结构、课程内容、学业质量以及实施建议所制定的统一指导性文件,相对课程方案更为细致,是教师教学、考试、评价的主要参考资料,教师在备课时通过课程标准对教材进行筛选。2013 年国家正式启动对 2003 年普通高中课程方案与课程标准的修订工作,在课程方案方面进一步明确了普通高中教育的地位,进一步优化了课程结构,强化了课程有效实施的制度建设,在课程标准方面凝练了学科核心素养,更新了教学内容,研制了学业质量标准,增强了指导性。④ 教材是不同机构根据课程方案与课程标准所编写的系统的学科内容的教与学用书,目前我国普通高中教材主要有人教版、北师大版、苏教版、西南师范版等。考试大纲,全称《普通高等学校招生全国统一考试大纲》,是高考命题的规范性文件和标准,是考试评价和复习备考的依据。⑤ 其同样据课程标准制定,教育部考试中心每年都会发布最新版本,以供教师和考生参考。而 2017

① 钟启泉,张华.课程与教学论[M].沈阳:辽宁大学出版社,2007:179.
② 施良方.课程理论:课程的基础、原理与问题[M].北京:教育科学出版社,1996:106-109.
③ 中华人民共和国教育部.普通高中课程方案:2017 年版[M].北京:人民教育出版社,2018.
④ 中华人民共和国教育部.普通高中课程方案:2017 年版[M].北京:人民教育出版社,2018.
⑤ 教育部考试中心.2019 年普通高等学校招生全国统一考试大纲(总纲)[EB/OL].(2019-01-31)
[2019-10-19].http://gaokao.neea.edu.cn/html1/report/19012/5989-1.htm.

年发布的课程方案与标准的指导思想之一便是"注重普通高中课程改革与高考综合改革统筹衔接,推动'教''考''招'形成育人合力,促进学生全面而有个性的发展",因此,新课标增强了对于教材编写、教学实施与考试评价的可操作性与指导性,[1]这对于高中教学来说是一个非常重要的教学内容"筛选器"。学科知识不仅包括该学科主要的教学知识点,也指向最新的理论成果、重要的议题以及该学科的研究方法等所有已经编码、得到广泛传播的知识,对这类知识的掌握体现出教师学科专业知识的广度与深度,体现出教师"这桶水"的多少。

综上,教师学科教学知识中内容知识的来源便是课程方案、课程标准、教材、考试大纲与学科知识。这五种是基本,但绝不是全部,教师个体的不同会带来对其理解深度与广度的不同,继而带来辅助性材料的不同。而且,由于教师价值观或个人教育经历与生活经历等多元因素的影响,教学内容往往会超越上述五种基本教学内容。本研究因无法全面覆盖,只能以这五种为基础的学科教学内容。

(二)方法知识

方法知识是教师掌握的"怎么教"的知识,主要指教学方法与教学模式。舒尔曼指出教师必须既有一般教学法知识,也有学科教学法知识。一般教学法知识是超越具体学科的课堂管理和组织的一般原理和策略。[2]学科教学法知识关注学科知识的教学维度,即针对具体教学内容的教学方法,或者说能够使某一特定教学内容以最容易让学生理解的方式被输出的方法。[3]不同的学科知识点适合用不同的教学方法,甚至学生对学科知识点的表征方法也有很大的影响。举例来说,在高中生物学科中,对于基因突变这一知识点最有效的教学方法或最普遍的教学方法是讨论、探究、直观展示等;而对于遗传技术的应用这一

---

① 中华人民共和国教育部. 教育部关于印发《普通高中课程方案和语文等学科课程标准(2017年版)》的通知[EB/OL].(2018-01-16)[2019-10-19]. http://www.moe.gov.cn/srcsite/A26/s8001/201801/t20180115_324647.html;中华人民共和国教育部.普通高中课程方案:2017年版[M].北京:人民教育出版社,2018.此课程方案和课程标准于2020年有修订。

② 舒尔曼.实践智慧:论教学、学习与学会教学[M].王艳玲,等译.上海:华东师范大学出版社,2014:155.

③ 舒尔曼.实践智慧:论教学、学习与学会教学[M].王艳玲,等译.上海:华东师范大学出版社,2014:138.

知识点来说最好的教学方法往往是阅读与自学。而且不同的班级、不同的学生面对同一个知识点可能会有不同的理解障碍和困难,更加需要教师掌握多种教学方法,以便灵活使用。没有最好的教学方法,只有多多益善。

我国课程与教学领域的专家也对教学方法有着自己的观点。施良方认同乔伊斯与韦尔对于教学模式的分类,即信息加工类、个性发展类、社会交往类以及行为系统类。[①] 李秉德、钟启泉等指出教学方法随着社会发展对教育的不同要求而时刻变化着,如从最早的讲解、问答、阅读、谈话、练习,到近现代的实验、参观、演示,再到当代的发现法、暗示法、范例法、探究法、掌握法等,并根据教学方法的外部形态和学生认识活动的特点将教学方法分为以语言传递为主、以直接感知为主、以实际训练为主以及以探索研究为主四大类。[②] 具体来讲包括讲授法、谈话法、讨论法、读书指导法;演示法、参观法;练习法、实验法、实习作业法;发现法、探究法等。除了上述提到的教学方法之外,还有很多种方法,有些来源于理论研究,具有明确的操作步骤与指导说明,有些来源于教师个体的实践经验,甚至没有什么公认的名字,但依旧作为教师的个人知识在教学过程中起到重要的作用。

实际上,上述我国学者对教学方法的论述可以说都是属于学科教学法的,指向教学内容。根据舒尔曼的观点,还有一般教学方法,是跳出具体学科内容而进行教学的方法,主要包括班级管理方法、人际交往方法、如何树立教师形象、班风建设方法、道德思想教育方法等。这类方法与学科内容关系"浅薄",但仍旧指向学生学习的各种方法。因为班级是一个小型的社会团体,如何处理人与人、人与物、人与环境、人与文化的关系等,都是教师应当掌握的教学方法。因为指向学生学习的不仅仅是学科内容,还有更多内在与外在的元素。

此外,教学模式也是方法知识中的重要一员。教学模式体现教师对课堂的组织方式,体现稳定的教学活动框架和程序,相对于教学方法,教学模式更具有课堂空间和时间的整体性与结构性。乔伊斯是研究教学模式的专家,他指出:教学模式是一种媒介,教师通过教学模式获得多种成功的教学方法……通过教

---

① 施良方.课程理论:课程的基础、原理与问题[M].北京:教育科学出版社,1996:142-143.

② 参见:钟启泉,汪霞,王文静.课程与教学论[M].上海:华东师范大学出版社,2008:193-201;李秉德.教学论[M].北京:人民教育出版社,2001:188-201.

学模式向学生传递学习模式,引导学生掌握学习的过程。[①] 吴立岗将教学模式定义为"依据教学思想和教学规律而形成的在教学过程中必须遵循的比较稳固的教学程序及其方法的策略体系,包括教学过程中诸要素的组合方式,教学程序及其相应的策略。教学模式是将教学方法、教学手段、教学组织形式融为一体的综合体系,它可以使教师明确教学应先做什么、后做什么、先怎样做、后怎样做等一系列具体问题,把比较抽象的理论化为具体的操作性策略,教师可以根据教学的实际需要选择运用"[②]。教学模式侧重课堂流程的呈现,教学方法侧重知识的呈现。教学模式主要有传递—接受式、自学—辅导式、探究式、发现式、范例式、合作学习式等。一个教学模式中可以有多种教学方法。

(三)学生知识

学生知识是关于"教给谁"的知识。如果用一句话来概括教师的学科教学知识,那么便是:教师为将自己所理解的教学内容以学生能够理解的方式表达出来所具有的知识。从中能够清晰地看出学生的地位——学生是指向,是目标。那么为了让学生能够理解,教师在转化自己所具有的知识时必须考虑学生的情况,简单来说就是不能把高中知识教给小学生,也不能把小学生的知识教给高中生,前者听不懂,后者没兴趣听。那么怎么让学生既能听懂,又有兴趣呢? 这便要基于教师对学生的了解,基于教师拥有的学生知识。

舒尔曼认为为了使教学顺利进行,教师应当掌握不同年龄和背景的学生带到常规教学主题和课堂学习中的概念和前概念,尤其当这些概念是错的时候,教师应当据此调整自己的教学以重组学生的认知。[③] 除了学生拥有的概念之外,舒尔曼在论述教师知识的转化过程中强调教师在备课时要格外注意"适应"学生的一般特点和具体需要。一般特点主要指学生群体所具有的,包括学生的能力、自我认知、注意力、性别、语言、文化、阶层、年龄、兴趣、动机、前知识与技能以及学生可能会对所呈现的教学知识产生的误解、偏见、理解困难与期待等。具体需要主要指学生个体在上述这些要素中可能同群体有所不同而需要教师

[①] 乔伊斯,韦尔,卡尔霍恩.教学模式[M].第八版.兰英,等译.北京:中国人民大学出版社,2014:1-6.

[②] 吴立岗.教学的原理、模式和活动[M].南宁:广西教育出版社,1998:179.

[③] 舒尔曼.实践智慧:论教学、学习与学会教学[M].王艳玲,等译.上海:华东师范大学出版社,2014:138.

给予个别关注的需要。此外,教师应当对学生群体的规模、班风、人际关系等特点做到心中有数。因此,这些学生知识可以分为两类:一类与教学知识直接相关,即学生的前知识、技能与学生可能会对所呈现的教学知识产生的误解、偏见、理解困难与期待等;另一类便是学生自身以及班级群体的各种特征,这些直接影响着学生的学习行为。①

我国 2012 年颁布的《中学教师专业标准(试行)》中从专业理念与师德、专业知识以及专业能力三个维度对中学教师提出了要求,三个维度共包含具体的十四个类型六十三个细则,其中虽然没有直接提到教师应当掌握的学生知识,但是对这一方面的要求穿插在了这六十三个细则中。例如,在专业理念与师德下"对学生的态度与行为"这一栏目中,要求教师"重视中学生身心健康发展……尊重中学生独立人格……尊重个体差异,主动了解和满足中学生的不同需要";在"教育教学的态度与行为"这一栏中也强调要"尊重教育规律和中学生身心发展规律……激发中学生的求知欲与好奇心,培养中学生学习兴趣和爱好";在专业知识下的"教育知识"这一栏中也对教师了解中学生身心发展的一般规律与特点,了解中学生世界观、人生观、价值观形成的过程及其教育方法,了解中学生思维能力、创新能力和实践能力发展的过程与特点做出要求;在"学科教学知识"一栏中要求教师了解中学生在学习具体学科内容时的认知特点;在专业能力下的"教学实施"以及"班级管理与教育活动"两栏中也对上述提到的各种学生知识做了相应的要求。② 总体上,我国《中学教师专业标准(试行)》从中学生身心发展规律、个体差异、求知欲与好奇心、兴趣与爱好、世界观、人生观、价值观、思维能力、创新能力、实践能力、群体文化、伙伴关系、行为特点等方面出发,对教师应当掌握的学生知识提出了要求。

总而言之,在日益增长的对学生的关注下,教师掌握的学生知识也备受瞩目。适应学生的特点,满足学生的需要成为教学活动的核心目标之一。通过上述内容可以发现教师的学生知识涉及面广,条目繁杂,因此本研究简要地将其分为两个类型:一类与教学知识直接相关,即学生的前知识、技能以及学生可能

① 舒尔曼.实践智慧:论教学、学习与学会教学[M]. 王艳玲,等译. 上海:华东师范大学出版社,2014:161-163.

② 中华人民共和国教育部. 中学教师专业标准(试行)[EB/OL]. (2012-09-13)[2019-10-21]. http://www.moe.gov.cn/srcsite/A10/s6991/201209/t20120913_145603.html.

会对所呈现的教学知识产生的误解、偏见、理解困难、期待、好奇心与求知欲等;另一类与学习行为直接相关,包括学生个体的特点与群体的关系,主要包括学生的认知能力、背景信息、观念取向、行为特点、伙伴关系、身心发展的一般规律等。

(四)情境知识

教师所掌握的情境知识指向"为什么教",主要来源于自身与外在环境两个维度,两者相互区别也相互影响。简单来说,教师个体受到外在环境的塑造作用,而外在环境因素需要通过教师个体的内化才能发挥作用。具体来说,教师自身因素包括教师的人生价值观、教育价值观、职业价值观、生活经历、教育经历等,外在因素包括国家意志、社会文化、经济发展、社区环境、校园环境与设施、校本要求与文化、家校关系、同行交流等。舒尔曼将这类知识称为教育情境知识,包括群体情境、课堂情境、学区管理、资金筹措、社区文化特征以及教育目的、目标、价值和有关的哲学与历史基础的知识。[①]

教师的情境知识通常不会像其他三种知识那样显性地表现出来,甚至通过交流、访谈、自我反思等外化手段也时常不被教师自己察觉,然而这类知识是教师学科教学知识形成背后的"舵手",掌控着教师每一次选择、每一个决定、每一次行动的方向。教师的价值观与教育观是最为直接地影响教师教学行为的情境知识,而教师的生活经历、教育经历、工作环境中的社会因素、学校因素、设施因素等通过塑造教师的价值观和教育观而间接地影响着教师的行为。之所以不是直接影响,是因为这些因素中所蕴含的意义和观念只有在被教师主观认可、接受并内化为自身的观点时,才有可能指导教师的行动。所谓隐性课程也同样作用于教师,学校的组织、课程的设置、教育部门的要求、同家长的关系、同行交流、职业培训、文娱活动等[②]都是思想与价值观交流与碰撞的场所与渠道,影响了教师观念与取向的形成。

德育是情境知识最为显性的教学表现。我国是一个非常注重德育的国家,德育在我国教育史中也由来已久,上溯到奴隶社会与封建社会中的德治与礼治,下沿到当代社会主义核心价值观与精神文明建设,中华民族的传统美德浸

---

① 舒尔曼.实践智慧:论教学、学习与学会教学[M].王艳玲,等译.上海:华东师范大学出版社,2014:155.

② 施良方.课程理论:课程的基础、原理与问题[M].北京:教育科学出版社,1996:266.

润着一代又一代人。在当代,尽管知识本位的教育稍占高地,但德育从未缺席,教书育人始终是教育不变的追求。教师的德性知识是德育的关键。其既包括职业道德等有形的规章制度,也包括教师自身对生命的理解、对人生价值的追求、对品格精神的塑造,对人格境界的修炼,更融合了民族的文化与道德追求,以及社会主义核心价值观。这些或明述或默会的德性知识是教师所具备的情境知识中的重要组成部分,在教师知识生产过程中起到引领作用。例如,教师是否重视学生的个性发展与最大化发展,是否努力践行因材施教,是否注重引导学生情感、道德与价值观的发展,面对学生挑战是否能够平心静气、有理有据,是否对所有学生予以包容和爱,是否对职业发展有着正确的认识和积极的提升,是否能够正确处理与家长、同事、领导等不同教育相关者的关系等。教师的德性知识是其思维模式与处理问题方式背后默会的"风向标",它总是体现在教师的一言一行中,小到影响教师课堂中对学生提问的回答,大到影响教师职业的抉择等,同时也潜移默化地影响着教师所培养的学生。教师的德性知识是其具备的情境知识中至关重要的一部分。

综上,本研究基于舒尔曼等开创者对教师学科教学知识(PCK)的定义,结合"教师是知识生产者"这一主要论点,将学科教学知识的内涵以教师为统领,拆分为"教什么"的内容知识、"怎么教"的方法知识、"教给谁"的学生知识以及"为什么教"的情境知识。同时,我们结合国家要求、地方特色、常识习惯以及学理规范等进一步讨论了教师所生产的学科教学知识的具体内涵,一方面有利于为中小学教师提供翔实的指导与解读,另一方面也通过具体分析发现其中蕴含的实践智慧(见表3-1)。

本章承接第二章,从教师作为知识的生产者出发,论述教师生产的知识是学科教学知识。首先,我们追溯了学科教学知识曲折的背景以及其丰富的内涵发展。其次,我们从学科教学知识的教学性与整合性出发,论证学科教学知识是"教师"生产的,不是"其他教育工作者"生产的;是教师主动"生产"的,而不是教师"搬运"的或被动"接收"的。最后,我们简述学科教学知识在教学实践中的生成与应用,借用舍恩"低洼的湿地"这一隐喻突出其生产场所与情境的多变性、复杂性与不可预测性,以及其中所蕴含的教师实践智慧的增长与专业化发展的必然性与合理性。同时,我们基于前人的研究成果,立足于教师知识生产者这一角色,以"谁教"统领"教什么""怎么教""教给谁""为什么教",将学科教学知识分为内容知识、方法知识、学生知识以及情境知识四大类,重点论述了这四大类别中学科教学知识的具体形态,突出教师作为知识生产者的实践智慧。

表 3-1　本研究中学科教学知识的内涵

教师"教"	内容知识 (教什么)	主要:教材、课程方案、课程标准、考试大纲、学科知识。 其他:学科专业著作、学术研究、教师教学辅助材料、试题、其他教师的案例、教师课外知识与兴趣爱好、日常生活事例等都有可能成为教师的教学内容。
	方法知识 (怎么教)	学科教学法:讲授法、谈话法、讨论法、读书指导法;演示法、参观法;练习法、实验法、实习作业法;发现法、探究法等。 一般教学法:班级管理方法、人际交往方法、如何树立教师形象、班风建设方法、道德思想教育方法等。 教学模式:信息加工类、个性发展类、社会交往类以及行为系统类。具体有传递—接受式、自学—辅导式、探究式、发现式、范例式、合作学习式等。
	学生知识 (教给谁)	与教学知识直接相关:学生的前知识、技能,学生可能会对所呈现的教学知识产生的误解、偏见、理解困难、期待、兴趣、好奇心与求知欲等。 与学习行为直接相关:学生的认知能力、背景信息、观念取向、行为特点、伙伴关系、身心发展一般规律等。
	情境知识 (为什么教)	自身:人生价值观、教育价值观、职业价值观、精神意志与人格境界等德性知识、生活经历、教育经历等。 外在:国家意志、政策、教育体制、社会文化、经济发展、社区环境、校园环境与设施、校本要求与文化、家校关系、同行交流等。

第四章

默会知识:教师学科教学知识(PCK)生产的激情内居

第一节 波兰尼的默会知识论

一、人的知识有几种？

"人的知识有几种？"不同的时代对于这一问题有着不同的回答。也许远古时代并不清楚知识为何物；而封建王朝则以"学富五车"来定义有知识的人；自工业革命发生以来的近现代，对这一问题的回答才变得"推翻历史三千载，自铸雄奇瑰丽词"。其中，英籍哲学家波兰尼揭露了人类历史上从未被发现过的一种知识，挑战命题知识的权威，是认识论史上的"哥白尼式"变革。这种知识就是人类的默会知识。

波兰尼指出，人类的知识有两种。"我们通常所说的知识，例如文字、地图、数学公式等，只是人类具有的其中一种知识；而没有被表述的知识，例如我们在行动中所拥有的知识，是人类知识的另一种类型。如果我们把第一种类型的知识称为明述知识，那么另外一种就是默会知识。"[①]波兰尼形象地描述人类所具有的两种知识为"我们知道的远比我们能说出来的多得多"。

（一）默会知识的内涵及其发展

1. 默会知识的内涵

波兰尼指出默会知识的核心在于人类所具有的默会能力及其运用。这是人类从动物的非言述智力发展而来，人类在婴儿时期，还未习得语言，便已经有了学习能力，这些能力包括理解力、鉴别力、判断力以及技能等。[②]命题性知识是用语言符号表达的关于外部世界的知识，而默会知识则是个体对这些知识进

---

① POLANYI. The study of man[M]. Chicago：The University of Chicago Press，1959：12.

② POLANYI. Personal knowledge：Towards a post-critical philosophy［M］. Chicago：The University of Chicago Press，1961：71-77.

行断言活动所用到的知识。① 默会能力的运用就是默会认知,主要有两种,一是面孔识别类,一是实践类。前者指向鉴别力的运用,后者代表着技能的掌握。人类所具有的默会认知能力超越语言的表述,相对于命题知识具有显著的优先性。同时,这类知识无法通过文字、语言、符号等表达,需要以活动与行动的方式表达与习得。

波兰尼默会知识论的横空出世是知识论与认识论发展过程中浓墨重彩的一笔。在哲学领域,默会知识论对西方近代认识论所倡导的普遍主义、理性主义、命题性知识、普遍怀疑等理念进行挑战,成为认识论实践转向的中心力量,为20世纪中后期西方出现的认识论危机提供了一个克服与重建的契机。② 对默会认识论的研究不仅有波兰尼作为典型,还有一些学者与哲学学派的理论涉及默会知识所代表的认知能力与实践,影响深远的研究者包括赖尔、凯农以及维特根斯坦学派,他们的研究推动了默会知识的发展与成熟。

2. 默会知识的发展

赖尔提出能力之知理论,将"knowing that"同"knowing how"进行区分。前者指"知道是什么的知识",指代广义的命题性知识,包括陈述性知识、描述性知识、归纳性知识、假设性知识、命令性知识、规则性知识等一切可以用语言进行表达的知识,这些知识的掌握程度代表着个人的理智水平。后者指那些"知道怎么做的知识",需要用活动或行动进行表达,是能够体现出个体智力的能力性知识。③ 赖尔将智力放置在了理智的对立面,提出理智仅仅代表着个体具有理论思维,以及所掌握的命题性知识,而智力才能代表个体是聪明的、智慧的、有创造力的。事实性知识或命题知识的掌握并不能代表个体可以智慧地行动。总之,赖尔对体现行动与智力的能力知识和传统认识论的命题知识的区分,同波兰尼对默会知识与明述知识的区分有异曲同工之效。赖尔对能力之知的研究是对波兰尼默会知识理论的丰富。

赖尔对于"knowing that"和"knowing how"的区分深刻影响了经济合作与

---

① POLANYI. The study of man[M]. Chicago: The University of Chicago Press, 1959:11-25.

② 郁振华. 人类知识的默会维度[M]. 北京:北京大学出版社,2012:1-12.

③ RYLE. Knowing how and knowing that: The presidential address[J]. Proceedings of the Aristotelian Society, 1945, 46(9): 1-16.

发展组织(OECD)对知识的分类。1996 年 OECD 在《以知识为基础的经济》("The Knowledge-Based-Economy")报告中,将知识分为四类:①知道是什么的知识(know-what),指关于事实的知识;②知道为什么的知识(know-why),指自然原理和规律方面的科学理论;③知道怎样做的知识(know-how),指做某些事情的技艺和能力;④知道是谁的知识(know-who),它涉及谁知道和谁知道如何做某事的信息。其中,前两类知识大致属于显性知识,后两类属于隐性知识。

　　凯农的亲知理论同样拓展了波兰尼的默会知识论。"亲知"这一概念是凯农从波兰尼默会知识论中关于"地域—地图"的举例中发掘出的实践取向,对波兰尼理论中的"通过活动与行为获得认知"进行了更深刻的研究。凯农指出通过实地探索与通过阅读地图资料而获得的知识分属两种不同的类型。在这两种认知过程中,理解力发挥了核心整合作用,但不同的是,在实地探索中,理解力建立在对"外物的直接感知活动中"。凯农将其称为波兰尼默会知识论的亲知潜力,并提出"对实在的认知性接触"既区别于波兰尼指出的个体对辅助项的觉知,也不同于默会能力及其运用,应是波兰尼默会知识论的第三种含义。①亲知的默会属性体现为两点:一是亲知的直接性同波兰尼理论的核心——"通过寓居而认知"以及现象学的具身性理念异曲同工。"寓居"强调个体必须介入认知对象以获得对它们的认识。具身性认为我们的身体是我们所有认知活动的"根据地",它为我们提供了一种最基本的辅助觉知,是心灵的寓居之所。"寓居"与"具身性"是对西方传统认识论中主客体分离以及对漠视身体的挑战。而亲知所强调的直接性接触正是一种"具身性寓居",在理论本质上属于默会知识论中的一支。二是这种"具身性寓居"的认知方式属于默会能力运作的整合性行为,理解力作为默会认知能力的基础要素在其中起到核心作用。它在与实在的直接接触中,整合我们所获得的各类信息、线索与客观知识,并通过"from-to"认知结构指向认知焦点。

　　后期维特根斯坦学派则从语言层面区分默会知识与命题性知识。该学派

---

① CANNON. Construing Polanyi's tacit knowing as knowing by acquaintance rather than knowing by representation: Some implications [J]. Tradition & Discovery: The Polanyi Society Periodical, 2002,29(2):26-43.

认为传统的知识观是命题导向的，命题性知识是那些可以通过语言充分表达的知识；默会知识同语言表达之间存在着鸿沟，无法用语言进行充分的表达。① 同时，维特根斯坦学派将这一鸿沟划分为强弱两种。强的默会知识指不能用语言进行充分表达的知识，需要借助行为或活动，例如对感觉性质的经验、面孔识别以及技能。弱的默会知识则是事实上没有用语言表达，但原则上并非不能用语言表达的知识。该派将弱的默会知识分为两种，一是格式塔式的默会知识，一是认知的局域主义的默会知识，两者本质上是我们思想和行为的背景知识，它们在当下未被言说，但不代表它们不能被言说。② 后期维特根斯坦学派对强弱默会知识的划分有效地区别了波兰尼默会知识论的两种含义，即默会认知能力及其运用属于强的默会知识，而辅助项的不可确切指认性则是弱的默会知识。此外，现象学与阐释学的三大观念——"在世""意向性""具身性"则对波兰尼"在世"与"寓居"思想进行了呼应。③

（二）默会知识的应用

作为改变人们对于"什么是知识"以及"怎么获得知识"两大问题的认识，默会知识论除了受到哲学派别与理论研究者的关注之外，也在国际上获得了许多应用性研究，主要汇聚在教育学、语言学、知识经济学、企业管理学等领域。这些应用性研究将默会知识置于不同的群体交互情境中，不断发掘其推动社会经济发展、知识交往、文化流动、高效治理等的内在助力与核心作用。例如在同知识密不可分的教育领域中，默会知识也获得了广泛的关注，主要被用来促进教师专业化发展与学生学习效果的提升。

斯滕伯格在其《职业中的默会知识：研究者与实践者的观点》（*Tacit knowledge in Professional Practice：Researcher and Practitioner Perspectives*）一书中对默会知识在法律、军事、医药、管理、销售、教育领域中的应用情况进行了探究。在教育一章中，作者聚焦于民间教育学，论述了该种直觉性教育概念的来源、发展与可能的结果。研究指出直觉概念是相对于正规培训或学科学习的教育观念，对教师行为具有持续性的影响。直觉概念既来源于生理，也受到

① 郁振华. 人类知识的默会维度［M］. 北京：北京大学出版社，2012：16-43.
② 郁振华. 人类知识的默会维度［M］. 北京：北京大学出版社，2012：16-23.
③ 郁振华. 人类知识的默会维度［M］. 北京：北京大学出版社，2012：105-163.

文化的影响,前者是人类智力发展的结果,后者指生活经历与生活经验对观念的塑造。民间教育学正是这样一种默会的、直觉性的知识,扎根于生物生理与文化力量,因此很难通过正规教育进行改变。根据这一特点,作者指出应从改变个体的认识论出发,一是通过培养职前教师的反思能力与元认知,以促使他们对自身所掌握的民间教育学进行反思、提问、评估与批判;二是通过实习,促使职前教师进行合作式学习,增加主体间交流。①

我国教育学界对默会知识的关注大约始于 20 世纪 80 年代。有研究者对 1983 年至 2011 年的相关文献与书籍进行了梳理,总结出默会知识在我国的发展经历了 20 世纪 80 年代的"冷起步"、20 世纪 90 年代的"新拓展"、21 世纪的"热爆发"三个阶段。② 21 世纪初,默会知识理论在我国教育研究领域中崭露头角,郁振华与石中英的研究成果是其中的代表。郁振华从哲学层面为我们梳理了波兰尼默会知识论的基本内容,以及其与后期维特根斯坦学派和现象学—诠释学之间的密切联系,在"认识论危机"的宏大背景下为我们展示了默会知识论发展的全景。③ 石中英则着重论述人类历史上的三次知识转型与教育改革的关系问题,使我们了解不同历史时期社会对于知识的需要与认识,以及由此带来的对教育目标、教育方法、教学内容与教育研究的影响。④

同时,在教育研究领域,以"缄默知识"与"默会知识"为关键词在中文社会科学引文索引(CSSCI)中进行查找并筛选,得到 2000 年至 2018 年默会知识理论在教育领域的文献 184 篇,其主题分布见图 4-1。

从图 4-1 可以明显地看出默会知识与明述知识之间的转化是主要研究对象。其次是哲学原理研究,涉及诸多哲学背景、哲学流派与哲学家的思想,例如后现代知识观的形成与知识性质的转变。⑤ 知识观的转型对当代课程改革方

① TORFF. Tacit knowledge in teaching：Folk pedagogy and teacher education ［M］// STERNBERG，HORVATH. Tacit knowledge in professional practice：Researcher and practitioner perspectives. Psychology Press，1999：195-213.

② 石仿,刘仲林."意会(隐性)知识"在当代中国的崛起与沉思[J].自然辩证法研究,2012,28(1)：123-128.

③ 郁振华.人类知识的默会维度[M].北京：北京大学出版社,2012:1-10.

④ 石中英.知识转型与教育改革[M].北京：教育科学出版社,2001:11-177.

⑤ 张华龙.课堂教学：从求真殿堂的膜拜到意义家园的营建[J].教育评论,2006(5):48-50;郑利霞.论知识观转型与课程改革[J].教育理论与实践,2008(28):45-48;蔡华.西方缄默知识理论的源流[J].求索,2013(5):107-109.

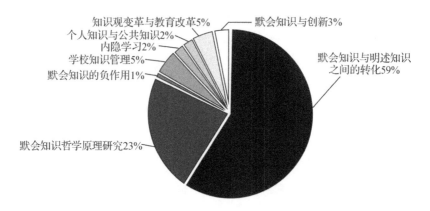

图 4-1　默会知识理论在教育领域的研究主题分布情况

资料来源:笔者根据相关文献绘制。

方面面产生的根本影响也成为研究者目光所集之处。研究者普遍强调课程改革应关注学生个体及其拥有的默会知识、重视案例教学与实践教学、承认权威的价值并提倡师徒制。默会知识与创新也是一个重要的话题,但这类研究在教育领域占比较少,其中所提到的"灵感与顿悟"是创新的关键,而默会知识与明述知识之间的相互转化是知识创新的路径。然而这类研究并没有深入挖掘默会知识在教与学中的创新机制,仍有待研究者赓续接力。默会知识的负作用、个人知识与公共知识的关系问题、学校知识管理以及内隐学习等主题也或多或少吸引了一部分研究者的目光。

　　进一步来看,以"转化"为主体的研究以默会知识的外显化与命题知识的内隐化为焦点。此外,知识在群体中的循环以及师徒制也获得了相应的关注(见图 4-2)。

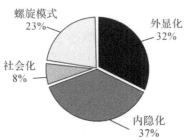

图 4-2　默会知识与明述知识间四种转化路径的研究比例

资料来源:笔者根据相关文献绘制。

1. 外显化——反思促进教师专业知识的提升

默会知识外显化是指个体将已有的知识通过一定的途径用语言清晰明确地表达出来。它的合理性主要来自默会知识本质上是非公共的与非批判的,只有通过外显化才能获得评价与批判。该部分的文献研究对象大多聚焦于教师,研究目的则指向教师通过反思促进其专业化发展。反思所代表的外显化要求教师对个人所拥有的教育理论、教育价值观、教学实践活动进行解构与重构,将个人经验"掰开揉碎",一步步显性化,并通过反思与批判重新构建个人新的教育理论以应用到今后的实践当中。经验与经历的区别就在于是否经过反思的"洗礼"。这一过程受益者不仅仅是反思者自己,也包括他人,尤其是资深教师通过反思将自己的默会知识明述化,可为新手教师提供更多经验与指导。文献提出了多样的反思方式,主要包括教师叙事研究、镜面反思、对话、教学研讨、教师专业生活史研究、课后小结与札记、启发式研究方案、隐喻等,它们的共同点是教师对过去的经验进行言述性的梳理与再思考,并重新上升为个人理论知识,以进一步指导实践。

2. 内隐化——实践帮助教师与学生获得更多默会知识

波兰尼对默会能力及其运用的论述促使实践成为学习者将明述规则内化为默会能力的重要途径。理解力、鉴别力、判断力、技能等默会能力无法用语言明确表达,只能通过活动或行动获得,而实践作为一种认知主体与实在进行直接性认知接触的活动,成为学术界一致认为的能力培养的主要途径。在实践过程中,明述知识与规则通过应用与操作促使个体能力的提升或技能的熟练,促进默会知识的增加。教师实践性知识与学生实践性学习是该部分的研究焦点。

近年来,教师实践性知识愈来愈受到重视,并成为评价教师专业能力的指标之一。教师实践性知识强调教师通过课堂教学、课例研究、同辈指导等教学实践活动获取理论学习中所无法获得的默会知识。其不仅是教师个人将教学理论转化为教学能力的重要"战场",也是新手教师向资深教师学习的重要"基地"。文献提出的教育实践研究的有效方式包括教育行动研究、教育叙事研究、教育人种志研究等,它们的共同点在于从教育教学具体案例与事件中分析并归纳优秀教师的实践经验。

学生的实践性学习同样也是该模块的研究重点。其强调教师在教学过程中应为学生提供更多实践机会,促使学生通过实践运用将命题知识内化为个人默会知识。具体方法包括研究性学习、问题解决式学习、感受型教学等。此外,石中英指出实践性教学有利于克服默会知识带来的负面效应。学生已有的默会知识往往来源于生活环境与生活经历,与课堂知识分属两个体系,而相对于没有经过实践检验的课堂知识,学生更加倾向于应用生活智慧,导致课堂知识的价值仅存在于应付考试之中。这不仅是对教育资源的浪费、对教育目标的辜负,同时也阻碍了精选的课堂知识对个体的不断改造,使"高分低能"成为普遍现象。实践性教学克服教师讲授、学生聆听的局限性,针对书本知识为学生创设具体情境,使学生针对具体问题来应用知识,深入情境进行思考,获得更多实践经验与体验,促进命题性知识内化以及智力能力的提高。[①]

3. 社会化——师徒制帮助新手成长为专家

波兰尼指出,优秀的专业工作者的成功秘诀在于他们的默会认知能力。由于这些能力无法通过规则进行说明,也无法通过程序按部就班地习得,因而对于新手来说,师徒制是最快速获得优秀思维、品质与精神等的学习方式。波兰尼以科学研究的技艺为例,通过列举诺贝尔奖历届得主之间的师徒关系,提出师徒制是个人间的交流与合作。徒弟对师傅在实践中的种种表现与行为进行观察、揣摩、联想、体会、移情,从而通过模仿将其中蕴含的技艺、洞见、预感、趣味、追求真理的精神气质以及对重大问题的感受力等吸收内化为个人的默会知识。其特点在于,无论是传播知识的师傅还是习得能力的徒弟都无法对上述各类元素做出清晰明确的言语描述,因此,师徒制是默会知识从一方转移至另一方的重要模式。

青年教师导师制作为师徒制的一种实践形式被广泛应用在大中小学校的教师培训中。资深教师的工作方式、精神气质、对问题和策略的敏感性、对可能性的判断力等是资深教师最宝贵的经验财富,也是新手教师学习的核心内容。但这些因素是默会性质的,无法通过语言描述而习得,因此只能通过观察资深教师的实践活动,并进一步领悟、思考、再实践而获得。顾泠沅指出研究资深教师的教学实践,重点观察能力倾向与方法倾向的知识,才有可能挖掘出优秀的

---

① 石中英.知识转型与教育改革[M].北京:教育科学出版社,2001:220-260.

经验与技巧，以帮助新手教师提升专业能力。①

4. 螺旋模式——反思与实践相结合促进个体认知的不断发展

该部分的研究焦点不单在实践或反思，而在两者共存的螺旋转化模式中。其强调通过两种知识的不断转化，促进个体新知识的生成与认知能力的提升。首先，个体已具备的默会知识通过反思活动逐条明述，以便接受自身与共同体的批判，成为优化了的个体明述知识。其次，这些明述性知识将通过在实践活动中的应用、操作、整合而被内化入已有的知识框架中，丰富个体默会知识。最后，这些默会知识将在下一轮反思活动中再次被澄清、批判以供实践检验，获得新一轮的提升，从而完成个体默会知识与明述知识的一次完整转化。在该过程中，由于知识得到了批判与更新，因此个人知识并非在同一水平徘徊不变，而是在不断上升与提高。一些研究者为这一螺旋转化模式提供了具体的操作步骤。例如，王小棉认为新知识内化为默会知识再通过反思实现外显化以接受批判与更新的过程，是教师隐性教育观念不断修正提升的路径；徐雅萍也提出教师个人理论的生成需要通过默会知识的流动与转化来实现，包括潜移默化、外部明示、内部升华；刘雪飞等提出学习模式应由传统的显性—显性，转变为重视"显性—隐性""隐性—隐性""隐性—显性"多种认知模式；王征顺等提出"情境创设—对话讨论—体悟反思"的新型教学模式，旨在引领学生通过情境实践催生默会知识，通过对话讨论辨别天真理解，通过体悟反思化默会知识为显性知识。②

二、思考如何发生?

"from-to"默会认知结构是波兰尼基于格式塔心理学中整体与部分在认知过程中具有不同作用的观点而提出的。该结构由辅助觉知、焦点觉知以及认知主体这三个元素构成。③波兰尼以"锤子钉钉子"为例对辅助觉知和焦点觉知进行说明。在该活动中，用锤子砸中钉子是我们的活动目标，因而钉子处在我们注意力的焦点处，而我们的手掌握住锤子的力度与手指捏住钉子的角度等其

①　顾泠沅,杨玉东.教师专业发展的校本行动研究[J].教育发展研究,2003,23(6):1-7.

②　王小棉.论教师隐性教育观念的更新[J].教育研究,2003,24(8):88-92;徐雅萍.教师的个人理论解读:基于默会知识的理解[J].教育发展研究,2005(20):73-77;刘雪飞,骆徽.隐性知识视野中知识与学习的革命[J].开放教育研究,2004(5):29-31;王征顺,赵建斌.缄默知识理论观照下的新型教学模式构建[J].高教发展与评估,2009,25(5):79-82.

③　POLANYI. The tacit dimension[M]. Chicago:The University of Chicago Press,1966:95-96.

他动作虽然也在活动中，但它们是"注意力的工具"，是该活动的辅助项。由此，波兰尼指出默会认知的发生是由我们所依赖的（from）转向我们所指向的（to）。辅助项作为我们认知所依赖的工具，焦点项则作为认知指向的目标，两者通过个体的默会认知能力进行整合，被波兰尼称为有别于格式塔心理学的主动型认知模式。

在该认知过程中，辅助项所代表的知识具有不可确切指认性，这一特点是人类知识具有默会属性的又一证据。其具体表现为：在逻辑上，同一个事物无法既是认知的焦点觉知也是辅助觉知。比如，如果我们的焦点觉知转向手指如何调整角度或手掌如何握住锤子等细节，我们就无法完成这一活动。因而，两种觉知在逻辑上相互排斥。同时，辅助项作为构成整体的细节在焦点意义上是无知的。例如，在骑车或游泳过程中，我们通常在意识到各种肢体细节之前便已经自如地完成了整个活动。因此，辅助项的不可确切指认性是波兰尼默会知识的另一种含义。

"from-to"认知结构具有形象的指向性，其对认知焦点与认知辅助项的描述揭示了我们思考的路径以及思考发生时参与的知识元素，打破了思考的神秘性，论证了人类默会认知能力的本质意义与决定性作用。

当认知发生时，人的思维方式、意识直觉、价值信仰、技能步骤等类型的知识会根据所思考问题的需要参与认知过程，但实际上并不能被认知主体刻意察觉。一旦察觉，人所思考的焦点则由问题本身转移到解决问题的"后台"要素中，思考即中断。因此，对这些思维元素来说，它们不仅本身难以用确切的语言表达，同时在动态的思维活动中也"默默付出"，是人类认知过程中名副其实的"隐秘而伟大"的元素。

同时，在人的认知过程中，命题性知识也并非从始至终以显性性质存在。当命题性知识在认知过程中发挥辅助作用时，其在当下的认知逻辑与认知焦点上无法被主体表达，因而暂时转化为默会知识，但其本质上依然是可以通过语言进行充分描述的明述知识。[①] 也就是说，命题性知识可以随着在认知结构中的位置变化而改变自己的属性，当它处在"from"一端时，便承担了辅助工具的

---

① POLANYI. Personal knowledge：Towards a post-critical philosophy[M]. Chicago：The University of Chicago Press，1961：55-57.

作用,不被主体意识觉察,如同幕后工作者一般隐匿在舞台的灯光后,是默会属性的知识;而当它处于"to"一端时,便成为认知的目标、意识的焦点,从幕后走向台前,恢复本身的明述性质,被主体察觉与表达。

　　举一个简单的例子,当你在读这段文字的时候,必定运用到你的理解力。自你的意识捕捉到第一个文字的时候,理解力就如影随形。然而,当你有意识地去想在阅读的时候理解力到底是什么的时候,你仍旧无法清晰地描述理解力本身,你能描述的只是你运用理解力所理解的这段文字。同时,当你在阅读这段文字时,认知的焦点在语句与段落的整体含义上,而非某一个字或词。因此,当你在尽力理解这段文字时,构成段落的字与词便成为你的认知辅助项,不被意识察觉,其属性也就暂时转化为默会性质的知识。而一旦你将注意力转移到其中某个字或某个词,例如一个生字,或是一个难以理解的词,那么你的阅读就立刻中断,而被你所注意到的字或词,又重新处在认知的焦点,成为明述性知识。

　　后期维特根斯坦学派认为命题性知识可以称为弱的默会知识,并将其分为两种:一是"格式塔式的默会知识",指代在某项行动进行的过程中不由行动者进行语言表达的背景知识;一是"认知的局域主义的默会知识",指代在特定时刻不被我们进行语言表达但属于我们知识系统中的知识。[①]

　　综上,波兰尼的"from-to"认知结构揭示了我们的思考是如何发生的。在波兰尼看来,人的知觉就像一个中转站,而人所拥有的各种知识,包括思维代表的默会知识以及文字代表的明述知识,都会通过这一平台进行分流以完成人的思考。被知觉意识到的则从幕后走向台前,成为认知的焦点,而与焦点相关联的知识则会成为认知的辅助工具,帮助人完成对焦点的思考或表达。总体来说,人的思维、直觉、技能、价值、文化、精神等要素的默会性质比较稳固,无论是否处在知觉的焦点位置都无法准确用语言进行表达。而明述性知识则在"from-to"认知结构的影响下,具备动态的默会性。

三、欢会神契——群体中的默会知识

　　波兰尼所指的默会知识不仅存在于个人的认知体系中,也普适于人类群体

---

①　郁振华. 人类知识的默会维度[M]. 北京:北京大学出版社,2012:18-19.

的交往过程。人类社会的交往通常会形成不同的"圈子",圈子的存在依附于圈子里的人群所共享的认知、语言、精神、价值等。我们往往能够见到这样的一个场景:一群人围坐在一起聊天,说到某句话或某个称呼时,哄堂大笑,但是路过的人却听不出来这句话有什么可笑。这就是群体的默会认知,不需要刻意解释,群体里的成员都能够领悟,而群体外部的人则难以理解。波兰尼称其为"默会共享",指共同体中有着约定俗成的规范、术语、行为方式与价值取向等,只有处在同一共同体中的人才能够不需要解释便可以相互理解。而默会共享中所蕴含的包容、信任、理解、尊重等能够使这一群体走向一个新的高度——欢会神契(conviviality)。波兰尼指出"欢会神契"实质指人类活动的共同体以及该共同体中共享的文化、精神、语言、文字、知识等。

在"欢会神契"中,波兰尼指出群体共享的语言体系与技能以及理解它们所需要的默会因素都是一个社会的文化要素。默会共享与默会判断是群体交流的基础,而道德、习俗与法律共同构成了社会习俗,反映出人们的道德信念。人们在特定的文化环境中成长与交流,所坚持的所谓的普遍性信念其实是基于群体文化的个人成长经历所形成的,人们的知识生产在这个特定的社会文化中发生,也因为其获得肯定与意义。在这众多群体要素中,无言的信任所带来的"静默而强大的感情互动"(mute interaction of powerful emotions)无疑是欢会神契的最高境界,是人类超越了文字与语言的深度交往。①

欢会神契对人类社会共同体的发展具有深远的意义。融洽的对话、融通的知识、共同的价值、无言的默契与信任等是一个组织持续高端发展的核心品质。当前关于群体知识的研究在管理学与经济学中都十分广泛,知识在群体中的流动、发展、创造的机制建构等是相关研究的核心,然而对于默会知识中具有深度价值意义的"欢会神契"的理解与探索还较为欠缺,对于可操作性强的机制研究的关注度要远高于具有哲学意蕴的神意心通境界。

在野中郁次郎与竹内弘高合著的《创造知识的企业:日美企业持续创新的动力》一书中,野中郁次郎以企业知识创新为背景率先梳理了默会知识与明述知识之间的四条转化路径,为默会知识理论在实践中的运用迈出了重要的一

———————————

① 张一兵.爆燃与欢会神合:走向艺术的内居认识论:波兰尼《个人知识》解读[J].福建论坛(人文社会科学版),2020(3):63-71.

步。四条转化路径即社会化(socialization)、外显化(externalization)、组合化(combination)以及内隐化(internalization),简称SECI模型。其分别代表着默会知识与默会知识之间的转化、默会知识与明述知识之间的转化、明述知识与明述知识之间的转化以及明述知识与默会知识之间的转化。[①]这四种路径具体的代表性活动分别为师徒制活动、语言表达与集体反思、信息共享以及实践运用。企业知识经由这四条路径循环转化,不断获得发展,不断获得创新的更大可能。同时作者在该转化路径的基础上指出企业知识创造的促进条件与五个阶段,为后续从认识论角度对企业知识创新机制的研究树立了典范。

克罗等合著的《激活知识创新:揭开默会知识的奥秘,释放创新的力量》(*Enabling Knowledge Creation: How to Unlock the Mystery of Tacit Knowledge and Release the Power of Innovation*)一书中指出知识创造是创新的驱动力,知识创造将能力、资源与责任心结合起来,跳出思维的框架,打破功能边界,为创新带来原动力。该书基于对一些创新型国际公司的研究总结出五种能够促进组织知识创造的活动,分别为"逐渐形成知识眼界""管理对话""组织知识活动""创建合适的组织背景""本土知识国际化"。基于这五种策略,一个公司和组织可以将其内部文化氛围由侵略型与竞争型转变为关心型与信任型,以便更好地在组织中进行知识的分享与合作,为知识创造提供一个良好的外部环境。[②]

博马尔也对组织中的默会知识进行了研究。他以一个历史学家的视角,运用传统的认识论分析四个现代商业案例,得出一个鲜明的基于知识的商业管理理论,即通过改变人们的思维方式(即认识论)以及认知对象来冲破公司或组织在当下的超级竞争环境中周期性所面临的"迷雾"。[③]为此,他建立了一个知识类型的2×2矩阵模型。该模型以默会知识、明述知识为行项目,以个人、集体为列项目形成矩阵,试图展示:集体明述知识(等级制度、现有的知识成果、组织

① 野中郁次郎,竹内弘高.创造知识的企业:日美企业持续创新的动力[M].李萌,高飞,译.北京:知识产权出版社,2006:71.

② KROGH, ICHIJO, NONAKA. Enabling knowledge creation: How to unlock the mystery of tacit knowledge and release the power of innovation[J]. Academy of Management Executive,2011,15(1):161-162.

③ BAUMARD. Tacit knowledge in organizations[M]. London: Sage Publications,1999:1-55.

信息等)通过"调用"成为个人明述知识(员工迅速了解组织知识以及自己在组织中所扮演的角色及角色的职责),再经由"内化"成为个人默会知识;与此同时,个人受到组织环境的影响,在组织中进行着无意识的隐性学习,使个体迅速融入组织环境,促使个人默会知识转化为集体默会知识;最后,为了使组织可以平稳地向前发展,集体默会知识将通过编码外显化为新的组织公共知识。这一循环也可以倒过来,以"组织知识内部化"—隐性学习—有意识的个人表达—组织内拓展化的顺序在组织明述知识与个人默会知识之间进行转化。这些转化既可以依次进行,也可以同时进行。该矩阵的特点有二:一是作者在 SECI 模型的基础上,加了两个转化的新表达,即"意识"与"同化"。前者指个人默会知识有意识地转化为个人明述知识,以同无意识的转化区别开来,意识的加入是对"我们知道的远比我们能表达的多"与"我们知道的远比我们想要表达的多"的区分;后者指个人默会知识的获得不单纯是"自动的",同时也是个体主动吸收、主动同化而获得的。二是作者将当时已有的相关理论进行重新分组,以方便运用理论对案例分析结果进行对比研究。例如,在个人默会知识框中,作者列举了诸如过程性知识、间接性学习、知觉过滤、自动知识、无意识编码、无意识学习、实践性知识、无意识行为等相关的内化方式。

波兰尼揭示人类具有的默会知识不仅是认识论史上重大的转折,也为知识经济时代如何实现知识创新与创造开辟一条新路径,默会知识与明述知识之间的不断转化被知识经济学与企业管理学等领域认为是个人与组织知识创新的重要方法。然而,温养创新力量的组织更应当关注人与人之间存在的欢会神契,其蕴藏着巨大的精神能量与情感意志,是共同体"集智以极智"的神合境界。

第二节　教师学科教学知识(PCK)生产机制

前两章中,我们分别论述了新时期教师知识生产者角色的合理性转向与超越式重构,以及代表教师专业化特征与根基的学科教学知识(PCK),并通过课堂教学独特的"混乱"、无限的"可能"与实践的"机智",阐明了作为知识生产者的教师最具代表性的知识产出。本章在前两章的基础上,将默会知识融入教师学科教学知识的生产。一方面,从默会知识理论出发,辨析教师知识的内隐性;

另一方面,运用波兰尼的"内居"(dwelling)认识论,分析教师在日常教育教学工作中的知识生产,并尝试建立教师知识生产的全程全息机制;再一方面,解密教师知识生产的脑内风暴,探索教师日常教育教学工作的激情、信念与顿悟,同步教师"理智的愉悦",认同教师工作的专业化发展。

一、PCK 中的默会知识

(一)默会知识的类别

对默会知识分类的研究大多集中在管理学、组织学、信息传播学这些领域中。例如,野中郁次郎将默会知识分为认知型与技能型;瓦格纳与斯滕伯格从内容(管理自我、管理他人、管理任务)、情景(整体、局部)、取向(理想、实用)三个维度将默会知识划分为三组;柯林斯从主体与存在形式角度将默会知识细分为个体根植型、个体认知型、组织根植型与组织情感型;卢比特根据默会知识的功能将其划分为很难讲清楚的技巧、心理模型、解决问题的办法以及组织常规;李作学则从使用的角度将个人默会知识分为通用型与专用型;孙志远结合意识与表达两个维度将默会知识划分为表层、深层、可挖掘的、可提炼的四类。[①] 此外,还有更多研究者从其他维度对默会知识进行细分,此处不再一一列举。

此外,笔者在阅读期刊文献时发现,教育领域的大多数研究对于默会知识的理解存在着模糊现象。这种模糊主要表现在对默会知识的类别不甚清楚,只停留在"默会知识无法用语言表达,是一种行动知识"这种较为浅显和笼统的程度。研究缺乏对教师默会知识的分类,实质上也很难提出有的放矢的提升路径。例如,在有关默会知识外显化的研究中,反思作为一种重要途径受到重点关注,研究者们阐释了多种反思方法,却没有阐明反思的对象。从分类上看,并非所有默会知识都可以显性化。根据维特根斯坦学派的划分,默会能力及默会认知具有强默会性,因此这类默会知识即使处在认知的焦点,也无法通过反思

---

① 参见:野中郁次郎,竹内弘高. 创造知识的企业:日美企业持续创新的动力[M]. 李萌,高飞,译. 北京:知识产权出版社,2006:68;WAGNER,STERNBERG. Tacit knowledge inventory for managers, the psychology corporation[J]. Harcourt Brace Company,1999;COLLINS. The structure of knowledge [J]. Social Research,1993,60(1):95-116;LUBIT. The keys to sustainable competitive advantage:Tacit knowledge and knowledge management[J]. Organizational Dynamics,2010,29(3):164-178;李作学. 个体隐性知识的结构分析与管理研究[D]. 大连:大连理工大学,2007;孙志远. 隐性知识分类探析[J]. 消费导刊,2009(2):200.

转化为明述知识以供传播与学习。另外，在有关实践活动的研究中，"实践促进技能与思维的提升"这一主题固然重要，但"实践同样有助于命题性知识的熟能生巧，进而转化为日用而不知的知识"这一命题被忽视了，同样归因于对默会知识类别的模糊认知。命题性知识本质上可以言说，但当它们处在认知结构的附属位置时，便成为我们认知活动的工具知识或背景知识，在逻辑上和时间上是不可言说的，因而也是默会知识的一种。由此，对默会知识类别的认知可以帮助我们在进行教师学科教学知识的研究中实现更细致的划分与更有效的规划。

从上述这些不同维度的分类中，笔者发现，区分组织与个人、管理的要素、意识的有无等是分类的限定词，也是分类的目的，然而当前纷繁的划分依据在笔者看来仍旧没有跳出波兰尼最初的默会知识内涵。因此，本研究回归到波兰尼所述默会知识的核心要义与内涵，即默会认知能力与认知辅助项的不可确切指认性，将默会知识细分为思维型、技能型、情感型以及支架型，以便在后续研究中运用默会知识的分类探究学科教学知识生产过程中不同知识成分所属的默会类型与作用。

1. 思维型与技能型默会知识

思维型与技能型同属于波兰尼所称的默会认知能力。野中郁次郎将默会知识分为认知型与技能型，并将认知型解读为心智模式，包括认知图式、范式、视角、信念、观点等，而将技能型解读为秘诀、手艺和技能。[①] 本研究则将思维能力、认知图式、意识、直觉、知觉等作为思维型默会知识的具体要素，将技能型默会知识解读为手艺与技能。这两种类型的默会知识本质上都是无法充分言说，需要通过行为或实践表达与获得，属后期维特根斯坦派所划分的强默会知识，但其在习得途径上存在差异。在一项技能习得的过程中，仅仅理解技能的操作规则并不代表掌握了该项技能，只有亲自操作、亲自实践才能摆脱纸上谈兵，真正掌握该技能。例如游泳，在岸上对划水与换气的步骤理解得再透彻，也要下水亲自操练一番才能掌握。舍恩在其反思性实践理论中以设计为例，同样对实践进行了强调，他指出学生只有先亲自进行一个作品的设计之后才能理解

---

① 野中郁次郎,竹内弘高.创造知识的企业:日美企业持续创新的动力[M].李萌,高飞,译.北京:知识产权出版社,2006:68.

老师的指导语。① 因此,可以说对规则的理解只是技能习得的必要条件,而实践操作则是充分必要条件。然而对于思维型默会知识的习得而言,思维方法、直觉、解决问题的范式等是人类的心智能力,它无明确的规则用来指导我们学习或训练。波兰尼指出:各个方面的图表和演示,只能给人们提供理解它的线索,但理解本身必须通过艰难的个人领悟行为才能获得,而个人领悟行为的结果则必定是不可言述的。② 同时,思维活动和言语活动同身体活动一样可以促进认知能力的获得。

2. 情感型默会知识

情感型默会知识来源于波兰尼对"欢会神契"的阐释。欢会神契实质指人类活动的共同体以及该共同体中共享的文化、精神、语言、文字、知识等。本研究将情感型默会知识解读为价值观、信念、精神、意志品质等要素。共同体中有着约定俗成的规范、术语、行为方式与价值取向等,也只有处在同一共同体中的人才能够不需要解释便可以相互理解,这也就是波兰尼所指的"默会共享"。③相应地,默会共享对处在其中的个体的价值观、精神品质、处理问题的方式、思维习惯等都会产生根本影响。因而,情感型默会知识实际上是其他类型的默会知识形成的基础,思维、直觉、技艺的形成之初,便受到个体所处的共同体的影响,其次才会对其他个体的默会知识进行同化与顺应。因而,不同共同体中的人所持有的默会认知能力有着不同的取向和角度。共同体可以大到整个人类社会共同体、国家共同体、民族共同体,也可以小到一个社区、一家公司、一个兴趣社团,上文中诸多分类就是指向默会知识在企业这类共同体中的运作的。思维型、技能型、情感型三种默会知识还可以统一划分为静态的默会知识,因为它们不随行为或者情境等因素的变化而改变属性。然而,支架型默会知识则不然。

3. 支架型默会知识

支架型默会知识来源于波兰尼"from-to"认知结构,代表着认知发生的当

---

① 舍恩.反映的实践者:专业工作者如何在行动中思考[M].夏林清,译.北京:北京师范大学出版社,2018:65-87.

② 波兰尼.个人知识:朝向后批判哲学[M].徐陶,译.上海:上海人民出版社,2017:103.

③ POLANYI. Personal knowledge：Towards a post-critical philosophy[M]. Chicago：The University of Chicago Press，1961：203-204.

下不被我们察觉的背景知识和工具知识。虽然当认知发生时,思维型、技能型、情感型三种类型所代表的思维、意识、价值信仰、操作技能等必定参与认知过程而不被认知主体刻意察觉,但支架型默会知识更主要地是指在认知中作为辅助工具的明述知识。明述知识由于在认知过程中发挥着辅助作用,在当下的逻辑上和焦点上无法被认知主体表达,因而暂时转化成为默会知识,但其本质上依然是可以通过语言进行充分描述的明述知识。① 与思维型、技能型、情感型三种默会知识不同,支架型中的明述知识随着在认知结构中的位置变化而改变自己的属性,当它处在"from"一端时,便承担了辅助工具的作用,不为主体意识觉察,如同幕后工作者一般隐匿在舞台的灯光后,是默会的;而当它处于"to"一端时,便成为认知的目标,意识的焦点,从幕后走向台前,恢复本身的明述性质。其他三种类型则无论是在焦点端还是辅助端都无法用语言进行充分的表达。如同你在读这段文字的时候运用到的理解力,自意识捕捉到第一个文字的时候,理解力就如影随形,但当你有意识地去想在阅读的时候理解力到底是什么的时候,你仍旧无法清晰地描述理解力本身,你能描述的只是你运用理解力所理解的这段文字。后期维特根斯坦学派将这种支架型默会知识称为弱的默会知识,并将其分为两种,一是"格式塔式的默会知识",指代在某项行动进行的过程中不由行动者进行语言表达的背景知识,一是"认知的局域主义论",指代在特定时刻不被我们进行语言表达但属于我们知识系统中的知识。②

因此,支架型默会知识的成分较为丰富,甚至可以说个体所掌握的一切明述与默会知识都可以称为支架型默会知识,但考虑到人的思维、直觉、技能、价值、文化、精神等要素的默会性质比较稳固,无论是否处在知觉的焦点位置都无法准确用语言进行表达,因此将处在认知辅助端的明述知识作为支架型默会知识的主要指代对象,强调一种随着认知行为和情境的变化而转变自身属性的动态默会知识类型。

(二)PCK 中的默会知识组成

如果不考虑动态的教学过程,只从知识的本质属性出发,那么教师 PCK 中

---

① POLANYI. Personal knowledge: Towards a post-critical philosophy [M]. Chicago: The University of Chicago Press, 1961. 55-57.

② 郁振华.人类知识的默会维度[M].北京:北京大学出版社,2012:18-19.

的内容知识、方法知识、学生知识以及情境知识分别呈现如下属性。

其一，教师PCK的内容知识与学生知识属于教师的明述知识，主要包括学科知识、课标、考纲、教材以及学生的前知识、疑难问题、背景、身心发展一般规律等。这些知识通常以命题形态存在，以文本形式存在，以理论形式存在，可以说清道明。其二，教师所掌握的一般教学方法、学科教学方法以及教学模式，属于技能型默会知识，虽然有明述性的操作规则和步骤，但需要个体通过实践运用而掌握。其三，情境知识代表了教师内在的价值取向、教育观、学生观等，以及外在环境中各要素对其的影响与塑造，是教师的情感型默会知识。以上教师学科教学知识的不同组成成分本身具有的属性，在教学知识生产的过程中会因为环节的变化在"from-to"认知结构中担任不同的角色，从而转化为不同的属性。

例如，教师所具备的课程知识与学生知识在本质上虽然是明述属性，但在教师备课或处理课堂突发事件时，他们作为教师已经具备的认知或思维习惯往往辅助教师筛选教学内容或及时做出回应。那么，在这一过程中，课程知识与学生知识则是处在教师认知辅助端的默会知识，不被教师当下的意识察觉。但这一现象也会受到教师所处的专业发展阶段的影响，即对于新手教师来说，很有可能在备课的过程中需要翻阅课标、考纲等文件，那么此时这一文件则处在认知的焦虑端，回归其本质的明述属性。

因此，教师教学过程，或者说教师PCK的生产过程并不仅仅包括教材向教学的转化环节，而是一个复杂、多变、动态、反复的过程，其中既包含教师的颅内风暴，也展现教师的实践智慧，更蕴藏着教师的灵感顿悟。而PCK的各个成分将在这一过程中不断发生变化，支持着教师的内居式知识生产。

二、教师PCK生产机制

教师PCK的生产牵扯到诸多要素，除了作为生产主体的教师之外，还包括具体的生产阶段、步骤、生产内容与生产结果。尤其是生产内容，牵涉良多，在不同的步骤中涵盖不同类型的教师知识成分，且不断转化着自身的知识属性。

（一）生产阶段与步骤

舒尔曼从教师知识的内容以及教师知识的运用两个方面对教师如何胜任教学展开研究。其中，教师知识的内容就是学科教学知识的具体内涵，而教师对知识的运用就是舒尔曼所提出的教学推理与行动（pedagogical reasoning and action）模型。该模型包括六个步骤，分别为理解、转化、教学、评价、反思以及新的理解。舒尔曼将"理解"定义为教师应当了解所教学科的教学目标、学科结构，所教内容在学科内与学科外的情况以及同其他知识之间的联系；将"转化"定义为教学推理的本质，包括批判性地解释文本材料，进行查漏补缺、检查与选择，用类比、比喻、例证、示范、模仿多种方法表征教材内容，运用讲解、演示、背诵、课堂作业等一系列的教学方法与合作式学习法、互惠教学法、苏格拉底谈话法、发现教学法、项目学习法以及课外情境学习等教学模式组织课堂，关注学生特点，既包括群体的情况，也要兼顾学生个体的具体需求；将"教学"定义为可观测的行为，包括组织和管理课堂、呈现清晰的解释和生动的描述、布置作业和批改作业以及通过提问、探究、回答问题、反馈、表扬与批评等行为体现出的师生互动；将"评价"定义为以提供反馈和分数为目的的较正式的测验和评估，以及在互动式教学中为了了解学生的理解水平和误解所采取的及时跟进式的检查；将"反思"定义为针对个人或班级表现进行评价、重建、反馈以及批判性分析，并提供基于证据的解释；将"新的理解"定义为针对教学目标、学科、学生、教学行为以及教师自身的新的理解。[①]

六个环节囊括了教师教学从准备到实施再到反思的基本步骤，每一步都蕴含着丰富的教学知识内容，同时也是教师学科教学知识形成的必经之路，更反映了舒尔曼对教学的理解不仅仅停留在教学内容、教学方法、学生、教学目标等独立的单元，而是步入整合阶段，强调这些教学基本元素必须连成一条线、织成一片网。本研究中的生产链模型便是在舒尔曼六步推理的基础上将教师学科教学知识生产过程分为备课、上课、课后反思、新理解四个阶段，将各个推理与行动环节归类于不同的阶段，并认为教师教学的推理与行动呈现循环发展、步步上升之态。

1. 备课

备课是教师教学活动的开始，也是教师学科教学知识生产中十分重要的一个阶段。该阶段主要包含两个生产步骤，分别为理解与转化。

---

① 舒尔曼.实践智慧：论教学、学习与学会教学[M].王艳玲，等译.上海：华东师范大学出版社，2014：163.

教学的第一步是理解。教师自身必须先理解才有可能输出。如果教师自己都不懂或者说不完全懂，又如何教授学生呢？那么理解什么呢？舒尔曼指出教师必须首先理解将要教授的内容知识。教学内容知识就如同做一锅米饭必须有米，而米饭的量与度等一系列问题是在有米之后才需要考虑的。在理解这一步骤中教师的思考暂时不附带有关其他教学要素的考量，例如学生、教法、进度等，只是单纯地对所要教授的学科内容知识的理解。而下一步"转化"也许只比"理解"晚了仅仅几息，却是学科教学知识生产中最为复杂的步骤之一。

教师在自己理解教学内容以后，就将进入下一环节，即转化。转化是教学推理的核心环节，舒尔曼将其描述为"教学推理的本质"。在这一环节中，教师要将自己理解的学科内容知识转化为学生能够理解和获取的知识和能力，并以适合所教学生学习特点的方式表达出来。转化主要有两个指向，一是从所理解的知识中筛选出课堂所要教授的知识，二是选择适合的教学方法——这是转化的最终指向。相比于理解，转化的过程中有着更多复杂的思维运转的痕迹。比如以教学为目的对文本进行查漏、补缺、判断、选择等批判性行为，以使之适应教学的需要，以及教师在选定具体教学内容以后，需要考虑运用何种方式呈现这些教学要点，使得它们能被学生理解和接受。教师根据筛选出的学科教学内容知识和学生群体与个体的特点进行教学表征方法的选择，例如类比、比喻、例证、示范、模仿等多种方法，有时也会根据具体的教学内容设计教学方法，此时该方法代表着一节课整体的主要表征方式，例如合作式学习法、互惠教学法、苏格拉底谈话法、发现教学法、项目学习法以及课外情境学习等。理解和转化不仅在时间上相连，且在逻辑上密不可分。教师在对教学内容进行转化性表征时，其教学方法的选择是否灵活多变，是否能满足学生的需要，往往取决于教师对于教学内容是否能够透彻清晰地理解。十分巧合的是，在后面的案例中，其中一位资深教师就尤其强调教师自己要充分透彻地学习教学知识点，但有趣的是，这位教师对学科教学知识这一理论一无所知。

综上所述，理解与转化是教师备课阶段的两个主要步骤。理解是教师在自身已有的知识基础上对教材最初的处理，转化牵扯的因素较为复杂，是教师根据一定的需要对内容知识与方法知识进行的筛选，是在理解基础上所进行的查漏、补缺、判断、选择以及表征。教师对以教材为主的各类知识的理解与转化是学科教学知识生产的第一阶段。

2. 上课

上课是教师教学活动的实施阶段,是将备课阶段的成果进行实际运用的阶段。如果说理解和转化是行动前的准备,那么第三步就是正式的教学行动。在这一步骤中,课堂中可观测的教学行为包括组织和管理课堂、呈现清晰的解释和生动的描述、布置作业和批改作业以及通过提问、探究、回答问题、反馈、表扬与批评等行为体现出的师生互动。[①] 课堂教学主要是教师的一种输出,是教师将前两步形成的教案付诸实践的阶段。但是课堂并不像工厂生产,学生也并不是零部件,可以任由教师随意组装。再完美的备课,再精密的设计,再全面的构思,都免不了几十颗活跃的大脑相互碰撞带来的不可预测性。学生是活生生的人,具有不同的经历和能力所塑造出的不同思想和观点,对教师的输出会展现出不同的反应、态度和接受程度,因此千变万化的课堂教学是最考验教师能力的场所,也是教学最富有魅力的所在。

课堂更是教师推理行为接受最大挑战的场所。它不像理解和转化阶段能给教师充分的时间和资源去计划和调整,反而是"计划赶不上变化"的忠实代表。教师要在极有限的时间内(通常在几秒之内)对学生的反应或回答给予合理的、有效的,最好是具有引导、总结或启发意义的反馈,此时教师所依凭的知识才是最为丰富与多变的。正如舒尔曼所说的:"教学推理并不随着教学活动的真正开始而终结。教学本身也是激发思考和行动的刺激因素。"[②]因此,本章第二节对"教师在课堂教学中究竟是如何生产学科教学知识的"所进行的分析是重点,更是难点,因为它所牵涉的教师知识种类最多,变化最大,最具有默会性,课堂是教师学科教学知识生产的核心场所之一。

3. 课后反思

课后反思是教师学科教学知识生产的第三个阶段,既是对教学过程的回顾,也是对教学经验的整合与升华,是基于过去、面向未来的重要生产阶段。舒

[①] 舒尔曼.实践智慧:论教学、学习与学会教学[M].王艳玲,等译.上海:华东师范大学出版社,2014:163.

[②] 舒尔曼.实践智慧:论教学、学习与学会教学[M].王艳玲,等译.上海:华东师范大学出版社,2014:163.

尔曼指出反思的对象通常是教学事件、教学中的情感以及教学所取得的成果;反思的方式是对反思对象进行回溯、重建、再现和重温,这些反思行为的发生可以是一个人,也可以是群体,可以凭借记忆,也可以利用录制设备;反思的本质是运用特定的分析性知识对教学过程进行改善;而反思的最终目的是依据最初的教学目标来评价教学的实施。① 本研究认为反思既是一种回溯性行为,也是一种重构性行为,主要包含两个步骤——反思性回顾与反思性重构。前者指向教学事件与教学过程,后者指向个体更广泛的经验的整合与建构。同时,反思看似是发生在教学实施以后,实质上却是下一次教学行为的开始,是教学过程不可或缺的一步,决定着一个教师能否持续进步,能否不断提升自我专业发展。备课、上课与课后反思形成了一条完整的教学行为链,尤其是个体通过反思所获得的新理解将成为开启下一次实践的重要环节。

4. 新理解

在经过了前面备课、上课与课后反思三个阶段以及其中包含的五个步骤后,理论上来说,教师就经历了一轮完整的教学实践,并获得了对于教学内容、教学目标、学生以及教学过程的新的理解。然而,舒尔曼指出教师所谓的新的理解如果只停留在顿悟阶段,并不能转化为真正的新的理解,必须经历一些特定的策略,例如记录、分析和讨论。② 这也就是说,在教学实践与课后反思中获得的灵感、顿悟、想法、理念、思想等不能仅仅停留在默会阶段,而要转化为显性的明确的表达;不能仅仅停留在个体的头脑之中,而要落在笔头或口头上;此处,本研究认为还应该再加一点,即不能仅仅停留在认识上,还要落实在行动中。因为,不管是顿悟,还是记录或者讨论,新的理解总是一种思想上的认识,而这种认识只有经历下一轮的教学实践,证明或有效或无效才算是真正成为教师的新理解。这同时也是教学反思的最终目的,也符合教学实践性的独特要求,也是教师学科教学知识生产的一次完整过程。舒尔曼将教师的推理与行动步骤以表格形式呈现,本研究认为其应当以一个循环前进的模式呈现,由理解

---

① 舒尔曼.实践智慧:论教学、学习与学会教学[M].王艳玲,等译.上海:华东师范大学出版社,2014:165.

② 舒尔曼.实践智慧:论教学、学习与学会教学[M].王艳玲,等译.上海:华东师范大学出版社,2014:165.

开始,经历转化、教学、反思,获得新的理解,而新的理解又将成为下一次理解的经验基础。每一次循环后个体的经验都在不断更新,个体的认知基础也在不断提高(见图 4-3)。

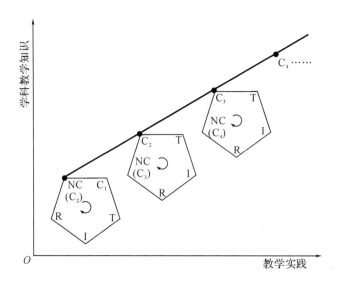

说明:C 代表理解(comprehension),C_1、C_2、C_3、C_4 代表教师学科教学知识随着教学推理与行动在不断发展更新,T 代表转化(transformation),I 代表教学(instruction),R 代表反思(reflection),NC 代表新理解(new comprehension)。

图 4-3　教师学科教学知识发展

资料来源:据舒尔曼教学推理与行动模型及笔者本人思考而得。

(二)生产内容与结果

上一部分我们论述了教师学科教学知识生产链中的主要阶段与步骤,本部分中将对每一步中参与知识生产的主要内容以及每一阶段的生产结果进行简要说明,以使生产链的结构与要素更加清晰。

1. 备课阶段中的生产内容与结果

备课阶段主要包含两个步骤:理解与转化。两个生产步骤中所牵涉的生产内容知识区别明显。同时,备课阶段将会生成一种学科教学知识——教案。

理解主要指向教材,即教师将要教授给学生的学科内容知识的出处。在理解教材内容的过程中,教师可能会遇到疑问或难点,从而求助于一些参考资料,例如学科专业著作、学术研究论文、教学辅助材料、试题、其他教师的案例等。

此外,舒尔曼还提出教师应当了解所教学科的结构,以及所教内容在学科内同其他内容的关系,甚至是该内容同学科外其他知识的联系。但整体来看,理解这一步主要围绕着教材进行,其他书本知识作为辅助材料根据不同教师的需要不定时出现。

转化最终指向的是教学方法,即在理解学科教学内容知识的基础上以学生能够理解的方式对特定知识进行表征。但转化过程中牵扯的生产内容非常复杂,学科教学知识具体内涵中的所有知识类型都有参与转化。内容知识中除教材之外,课程知识是教师用以筛选教材的参照,教师需要根据课标与课时等信息确定课堂所要教授的学科内容知识;学生知识是转化进行的重要参与内容,教师根据学生的疑难、学习特点、能力水平以及需要尽量将自己理解的知识转化为学生能够理解的知识;而教学方法知识则是转化的最终指向,是将知识进行表征的具体方法,这个方法既要符合具体学科内容知识的特点,也要迎合学生的学习特点;此外,情境知识也在转化过程中默默地影响着教师的选择,尤其是客观教育环境中的一些要素,例如考试,会不自觉地引导教师对教学节奏和方法的选择,教师自身具备的教育价值取向同样对转化起到至关重要的作用。

转化不仅需要学科教学知识成分的参与,同时也生成了教师的一种学科教学知识,即教案。教案是教师备课的结果,是教学推理中理解和转化这两步的成果。教案是显性的,是教师的明述知识,可供交流、批判与记录。教案是教师将各种知识汇集起来,经由大脑这个中转站,接受思维的处理以后,再输出为文字的结果。通过分析教案,可以在一定程度上了解教师的知识、思维方式、认知能力等。

2. 上课阶段中的生产内容与结果

上课阶段的主要步骤就是教学,教学是对教案的实施,是将计划付诸实践的一步。然而,"计划赶不上变化"是课堂教学最为突出的特点。课堂不是一潭死水,不是单向的知识输出,不是教师的独角戏。课堂教学最大的一个特点就是多变性,以及随之而来的不可预测性、不可控性等。因此,教学既是对计划的实施,也是在行动中识知,是一种即时的学科教学知识的生产。

学生不是一堆没有思想的木头人,学生之间的交流、师生之间的交流代表着不同背景、不同经历、不同认知水平的思维在相互碰撞,尤其是师生互动的过程,要求教师充分调动大量的储备概念,包括学科内容知识、教学方法知识、课堂管理知识、学生知识以及教师的价值观与教学目的取向知识等,只会比备课时转化所用到的知识类型多,不会少,因为教师无法事先预测课堂事件的发生,但又要即时做出反馈,因此,教师的所有储备知识时刻在为行动中识知发生时的学科教学知识生产准备着。"行动中的知识"来源于舍恩反思的实践者理论。实践者在情境中不断针对问题进行重新调整以使实践顺利进行,这一过程即教师的"行动中识知",所获得的认知便是行动中的知识。[①]

因而,上课阶段中的知识生产内容是教师所有的储备知识,而生产结果是一种行动知识,既表现为计划中的教学语言和行为,更包括教师即时的反馈行为与语言,以及可能暗含其中的转瞬即逝的灵感、顿悟与启发。

3. 课后反思阶段中的生产内容与结果

课后反思虽然不像上课时那样神经紧绷、时刻备战,但由于其是对教学活动的一次整体性、综合性的回溯思考,以及可能由课堂中的问题或灵感带来的经验重构,因而所调动的知识类型也非常全面。教材知识、教学法知识、学生疑难、情境知识这些在教学活动中最内围的知识类型是教师反思的主要对象,同时,根据不同的反思事件,更多知识类型可能会牵涉其中,例如课程知识、教学模式知识、教学理论知识、教学环境知识等。

课后反思阶段的生产结果表现为教师所获得的新的理解。新的理解是教师在经历了备课、上课以及课后反思阶段后得到的最为综合和全面的学科教学知识。它基于整个教学推理与行动过程,但往往直接来源于或者说取决于教师的课后反思。理想状态下,新的理解既是反思过程中对教学行动的查漏补缺,也是对教学经验的升华。查漏补缺的是在课堂教学中转瞬即逝的启发与灵感,升华的是教师对该次教学推理与行动的整体感受。

综上,明确了各阶段、步骤、内容以及结果等生产要素后,本研究建构了教师学科教学知识生产链模型(见图4-4),并在接下来的一节中对各要素之间如何动态运行,即教师究竟如何生产学科教学知识进行分析。

---

① 舍恩.培养反映的实践者:专业领域中关于教与学的一项全新设计[M].郝彩虹,等译.北京:教育科学出版社,2008:22-23.

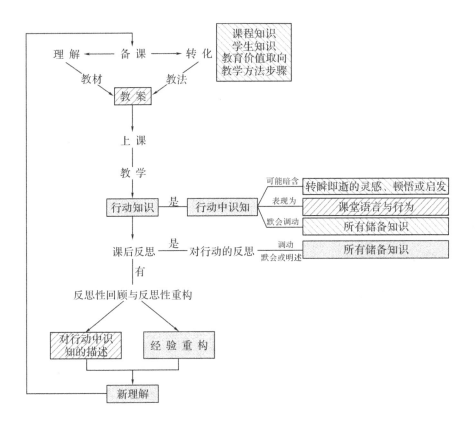

说明:左斜线框代表知识呈现明述属性;右斜线框代表知识呈现默会属性;阴影框代表知识在生产中可以以两种属性同时存在。

图 4-4 教师学科教学知识生产链理论模型

资料来源:据舒尔曼教学推理与行动模型、舍恩反思性实践理论、波兰尼默会知识论等相关理论研究及笔者本人思考而得。

第三节 教师学科教学知识(PCK)的内居式生产

上一节我们明确了教师学科教学知识生产中的主要阶段、步骤、内容与结果等静态要素,并搭建了教师知识生产机制。本节我们将基于波兰尼的内居认知理论,探究该机制的运作,以明晰在一定群体与教育生态环境中教师内居式知识生产的过程与产出等,发现教师内隐性智慧与技艺的增长。

一、内居式认知

内居(dwelling)是波兰尼认知理论的核心理念。"内居"强调个体只有介入认知对象中，才能获得对它们的认识。内居式认知是对西方传统认识论中主客体分离的消解，是对漠视身体在认知中的作用的挑战。我国学者张一兵认为波兰尼的内居式认知极富浪漫主义色彩。① 正如波兰尼在其著作中声称："当我们陷入沉思的时候，我们在我们沉思的对象中过上了与个人无关的生活(impersonal life)，而这些沉思对象本身则弥漫着梦想之光(visionary gleam)，给它们赋予了一种崭新、生动但却梦幻般的实在性(dreamlike reality)。"②

凯农的亲知理论呼应了波兰尼的内居认识论。"亲知"这一概念是凯农从波兰尼默会知识论中关于"地域—地图"的举例中发掘出的实践取向，对波兰尼理论中的"通过活动与行为获得认知"进行了更深刻的研究。凯农指出通过实地探索与通过阅读地图资料而获得的知识分属两种不同的类型。在这两种认知过程中，理解力发挥了核心整合作用，但不同的是，在实地探索中，理解力建立在对"外物的直接感知活动中"。凯农将其称为波兰尼默会知识论的亲知潜力，并提出"对实在的认知性接触"既区别于波兰尼指出的个体对辅助项的觉知，也不同于默会能力及其运用，应是波兰尼默会知识论的第三种含义。③ 亲知的默会属性体现为两点：一是亲知的直接性同波兰尼理论的核心——"通过内居而认知"，以及现象学的具身性理念异曲同工。"内居"强调个体必须介入认知对象中以获得对它们的认识。具身性认为我们的身体是我们所有认知活动的"根据地"，它为我们提供了一种最基本的辅助觉知，是心灵的寓居之所。"内居"与"具身性"是对西方传统认识论中主客体分离以及对于身体漠视的挑战。而亲知所强调的直接性接触正是一种"具身性内居"，在理论本质上属于默会知识论中的一支。二是这种通过"具身性寓居"的认知方式属于默会能力运作的整合性行为，理解力作为默会认知能力的基础要素在其中起到核心作用。

---

① 张一兵.爆燃与欢会神合：走向艺术的内居认识论：波兰尼《个人知识》解读[J].福建论坛(人文社会科学版)，2020(3):63-71.

② 波兰尼.个人知识：迈向后批判哲学[M].许泽民，译.贵阳：贵州人民出版社，2000:303.

③ CANNON. Construing Polanyi's tacit knowing as knowing by acquaintance rather than knowing by representation：Some implications [J]. Tradition & Discovery：The Polanyi Society Periodical，2002,29(2):26-43.

它在与实在的直接接触中，整合我们所获得的各类信息、线索与客观知识，并通过"from-to"认知结构指向认知焦点。

简而言之，内居式认知即认知主体直接接触认知客体，乃至融入认知客体，以达到物我合一的境界。对于知识生产而言，教师在内居认知中具有得天独厚的优势。相较于学科专家、课程专家、教材编写者、教育理论研究者、教育政策制定者等角色而言，教师的知识本源即实践，教师的学科教学知识本身就自带情境性，教师学科教学知识生产的任一步骤都需教师身心沉浸于教学实践中，而这一过程又具有强烈的内隐性。因此下一部分我们重点讨论教师学科教学知识的生产过程，并为其构建生产模型，同时着重分析教师学科教学知识所具有的内居式、默会性、整合性等生产特点，为广大读者展开一幅教师作为知识生产者的理论画卷。这将是本研究核心要点的直观透视，也是对"教师是知识生产者"命题的综合分析。

二、备课：先理解后转化，筛选生成教案

备课是教师学科教学知识生产的第一个阶段，包括理解与转化两个步骤。第一步理解主要针对教材，同时由于认知客体是静态物的书本，因此此时教师的知识交互与治理还停留在个人层面与静态层面。第二步转化则相对复杂，是以课程标准、学生知识、情境知识、教学方法知识等为筛子，筛选出相应的教学内容，并以学生能够理解的方式选定教法，组织知识，转化同时会产出结果，即教案。在转化的过程中，虽仍旧以个体为主导，但知识开始在群体间流转，受到来自其他教师、学生等主体的影响。而此类影响既有内隐性，也可能会外显于语言和文字中，在接受群体对知识的需求与规定的同时，也实现群体知识的共享，达到交互的默契与信任。

（一）理解的运行

上一节中我们简述了理解这一环节是教师教学活动的开始，理解的对象主要指向教材。教材中大大小小的知识点是教学最为直接的媒介。此外，教师在理解教材的过程中如果产生了疑惑、问题、模糊点等，则要向教材以外的文本知识进行求助，例如该学科的经典基础理论知识、最新的研究成果或其他人对该问题的解答等。这一点在笔者进行的教师访谈中体现得淋漓尽致。对所有接受访谈的教师，笔者都问了"备课时一般考虑哪些因素"这样一个问题，而所有

老师给出的第一个答案都是教材。而关于对教材产生的疑问,一般在新教师和老教师之间有着明显的不同。老教师对教学内容的疑问往往不来源于课本,因为他们对课本几乎可以说是了如指掌。他们的疑问通常来自题目所引发的知识点的模糊、遗漏,甚至是错误,这些往往促使他们进一步寻找更加专业的资料以加深对知识点的理解。而新手教师则在最初的几年倾向于全力掌握教材,他们聚焦于教材,同时也被教材限制,没有向外拓展或向内深挖,因而对教材知识点理解的程度也没有老教师深与广。

因此,在理解这一环节中,生产成分较为简单,主要是教师个体的理解力和教材,以及教师的知识基础。处在"from-to"认知结构焦点位置的是教材,处在工具位置的是教师的理解力与原有的知识基础(见图4-5)。作为人类认知的基础能力,理解力是人类最早形成的思维能力,它不仅是人类活动的基础,也是其他思维能力的先行者,万事万物都需要在理解的基础上再进行判断、选择、鉴别、分析、整合、批判等。因而,理解力作为最基本的认知工具,始终参与教学知识生产的每一步,并往往不被意识察觉,正如敲下文字的这一瞬间,除非刻意,否则作者不会意识到理解力的参与。而在"理解"这一步骤中,理解力尤其突出,但在接下来的步骤中会有更多认知能力加入其中。因此,在"from-to"这一结构中,教材知识忠实地履行了它本来的明述性,并扮演着认知焦点的角色。

图4-5 "理解"阶段的"from-to"认知结构

资料来源:据波兰尼"from-to"默会认知结构理论研究及笔者本人思考而得。

(二)转化的运行

也许理解与转化这两步在教师的头脑中仅仅相隔一瞬或者几息,但转化却比理解要复杂得多,一个重要的原因就是转化牵扯的因素非常多。在理解这一步中,只要是教师自己理解就算完成了这一步,但是转化是在此基础上更多考虑如何将教师自己的理解转化为学生能够理解的知识,为了达成这一目的,就要考虑课程目标、学科结构、学习目标、教学方法、学生特点等要素。具体到学科教学知识的组成成分来说,转化涉及教什么、怎么教、教给谁、为什么教这些学科教学知识的所有组成成分,原因在于转化是教师备课的核心环节,是教学推理与行动模型中最重要、最复杂的步骤之一,它是教学取向的、教学驱动的,也是最能体现出教师学科教学知识的教学性特点的一步。在转化这一大步中还包括好几小步,且在具体的每一小步中,参与其中的学科教学知识成分也是不同的。

1. 根据课程知识筛选教材

转化的第一步仍然是对教学内容知识的考虑。教学内容毕竟是教学的载体,是教学的工具,也是教学的对象。但是与第一步理解不同的是,在转化中,教师不仅要事无巨细地理解将要教授的文本内容,还要理解该部分的知识点在学科结构当中的地位,以及该节课所涉及的考点,当然还包括学期课时计划,这些要素可以统称为课程知识。课程知识是第一道筛子,帮助教师在该节课所有的文本知识中判断并选择哪些是重要的知识点,哪些是可以简要甚至可以略过的知识点,从而选择该节课的用时用量。教材与课标虽同属于内容知识,但二者各司其职。课标或考纲等课程知识提供了教学目标与教学重点,教材则是在课标的基础上由学科专家所编写,为其提供详细内容。例如,《普通高中生物学课程标准》中要求"阐明减数分裂产生染色体数量减半的精细胞或卵细胞",而为实现这一教学目标,在模块二的教材中则包含了染色体、染色单体、同源染色体、四分体、联会、交叉互换、减数分裂、精子、卵细胞、减数第一次分裂、减数第二次分裂、精子与卵细胞形成的异同、减数分裂与有丝分裂的异同、细胞分裂的图形等许多知识点,这些知识点是完成这一学习目标必备的重点知识,当然教材中还有一些次要的和拓展类的知识。教师为了更准确、更清晰、更深刻地理解这一个知识点,要翻看更多教材之外的教辅资料或学术资料与理论图书,获得较强的学科专业知识。这些知识在教师的脑海中经过理解、判断、选择等思维过程,最终转化为课堂上教师所准备呈现给学生的教学内容。

教师在这一步对课程知识的理解与筛选并不需要加入对学生的考量,比较现实的原因就是无论学生是什么能力、什么认知水平,都不能改变该节课要讲的知识点,这些是教学大纲所规定好的。而需要考虑学生的"用户体验"则在下一步对教学方法的选择上。

2. 运用学生知识与情景知识选择教学方法

转化的第二步以选择教学方法为主。在这一步中,教师将对上一步所选择的文本知识进行操作性的转化。这一步的转化是教师学科教学知识教学取向的核心体现,它要将已经确定的知识点以学生能够理解、能够接受、能够运用的方式进行表达。这说起来容易,做起来却牵涉非常多的元素。例如,学生的前知识、班级的学习风格、班级总体认知能力水平、个别学生的特殊需要等。此外,不仅学生的学情会影响教师对教学方法的选择,教师自身的价值取向、文化取向、道德取向等都会在无形中影响教师的选择,尤其是教师对"知识与能力""学生中心与教师中心"等一类教育领域热点议题的观点。因此,教师具备的学生知识、内在价值观和取向是第二道和第三道筛子。但教师在真正去思考如何表征知识的时候,很难有一个固定的模式或顺序去规定先考虑学生还是先考虑教学目的等要素。这样一个备课的关键环节用文字表达需要上千字,花费很多时间,但在教师的思维中,可能就是一瞬间的事情。在这一瞬间中,各种教师所认为必要的因素也许会同时涌入教师的认知,影响教师对知识点表征方法的选择。因此,在教师将自身理解的教学知识转化为学生理解的学习知识时,教师所具备的关于学生的知识,以及在一定的环境背景中教师的教学观点取向都会对教师选择用何种方式表达知识、何种方式组织课堂产生重要的影响,而这种影响是默会的,在教师做选择与决定时并不为意识察觉。

在转化这一步中,教师学科教学知识的组成成分全部参与其中,但承担着不同的角色。教材依然是认知的焦点,作为文本知识供教师进行理解与选择,是明述性的。课程知识所包含的课程标准、考试大纲、课程方案等扮演着"规章制度"的角色,是教师筛选教材知识的参考。虽然课程知识自身是文字型的明述知识,但是在教师选择实际教学内容时,它们作为教师已经具备的一种认识或思维习惯帮助教师对教学内容进行筛选而不被意识觉察。就如同文字、语法与阅读,我们已经认识了文字,对语法已经形成了思维习惯,我们关注的是文字和语法组成的阅读材料,而不是它们本身,我们在阅读的时候,意识并不会关注具体的文字和语法结构,除非碰到了不认识的字或者不熟悉的语句结构,我们才会停下来查字典或进行语句分析。这种特例同样存在于教师中:新手教师可能对考点、教学大纲、课时安排等课程知识不够熟练,以至于在进行教学内容备课的时候需要翻阅相关的资料,此时教师的意识焦点便成了课程知识,它即明述的。然而新手教师总是暂时的,他们总会成长为熟练教师或资深教师,因此,我们依旧将本环节的课程知识归结为处在认知辅助端的默会知识。教学技能所包含的教学方法、教学模式、教学管理方法等也会因为初任和资深教师的不同而产生不同的属性。根据本研究对默会知识的分类,教学技能属于技能型默会知识。技能型默会知识的最大特点在于它们拥有明述性质的操作规则或指南,但是却不能决定技能的掌握。技能的掌握取决于实践,而实践不仅仅是规则的参与,还有更多更重要却又无法用语言充分表述的要素,因而技能、技艺等知识往往又被称为实践知识,是默会属性的。熟练教师之所以熟练,正是因为他们在实践的过程中关注的是教学的整体性而不是组成教学的各种细节,各种细节并非被忽视,而是因为已经熟练地掌握,所以被意识自动划为辅助项,成为备课过程中默会的一员。但新手教师可能对于一些教学技能、技巧掌握得不够熟练,对教学模式的具体步骤不够清晰,因此在进行教学方法的选择时需要单独拿出来进行重温,以确定各种技能的步骤与目的是否符合教学需要。而一旦意识的焦点放在了技能上,它就从默会属性转化为明述性质,它的操作步骤等明述知识就会走到"台前",接受认知主体的"检阅"。同上文一样,新手教师总会成为熟练教师,生疏的教学技能也总会回归默会属性,成为教师个体所掌握的一项默会知识。

综上,在转化这步中,教师的学科教学知识成分全员参与,以内容知识和方法知识为主,学生知识和情境知识为辅,在运用这些学科教学知识成分的同时,也生成了一种学科教学知识,即教案,它是教师各种知识整合下的显性结果。从"from-to"认知结构来看,教材依旧是认知焦点;课程知识作为辅助项,承担筛选的责任;教学技能也是辅助项,承担表达的职能;学生知识与情境知识同样也是辅助项,承担着筛选教学表达方法与教学模式的角色(见图4-6)。而其中,课程知识与教学技能本质上虽然分属明述知识与默会知识,但是它们都存在可变性,随着教师熟练程度的变化而发生变化。因此,在具体案例分析时,应当根据教师的具体情况具体分析。

(三)教案的生成

教案是教师在备课阶段以教学为目标整合教学内容知识、课程知识、教学

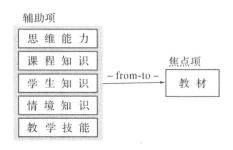

图 4-6　"转化"阶段的"from-to"认知结构

资料来源：据波兰尼"from-to"默会认知结构理论研究及笔者本人思考而得。

方法知识、学生知识、价值观知识等而形成的文本型学科教学知识，是教师在充足的时间、空间下，充分参考资料，经过个体独立的深思熟虑后得到的成果。各种各样的知识成分以命题知识的形态被教师的思维、认知结构、情感内化，也就是这些知识获得了教师主体的理解、接受与认可。同时，教师又以特定的教学目的，面向特定的一群学生，用其认为最合适的方法将其所内化了的各种知识重新进行外显表达，所输出的结果便是教师的教案。从参与其中的知识的角度看，它们经由认知个体的理解、整合后又被重新组织与表达；从知识的性质看，在这一过程中它们由明述变为默会，又从默会变为明述；从教师这一认知主体来看，教师经历了内隐化的思维和外显化的动作，最后输出文本结果，其中除了文本本身的含义外，还包含了教师的理解、思想、价值观。

三、上课：行动中识知，即时的反馈与直觉

上课是教师学科教学知识生产的第二阶段，主要步骤就是教学。由于生产场景具有多变性与不可预测性，因而所生产的知识具有动态特征，是一种行动知识，代表着教师根据教学情境的变化即时生成的教学调整、感知与反馈等。教学过程中蕴含着大量的群体知识交互，在交互中又蕴含着无穷的知识创造力与爆发力，而高质量的教学过程也必定会导致高度的群体信任、热情与默契。

（一）教学首先是一种输出

如图 4-7 所示，教学首先是一个输出的过程，是教师将前两步生成的教学计划付诸实践的过程，同时也是另一种学科教学知识生成的过程。如果说前两步是思维对一系列材料进行加工从而产生的文字结果，那么教学就是思维对一

些材料进行加工从而产生的语言结果。虽然语言与文字都是教师的一种输出,且都是明述性知识的生成,但是由于生成的客观环境不同,生成的结果也有区别。前者可以说是经过深思熟虑,材料丰沛,后者则是临场发挥,即时反应,因而后者生成的是行动中的知识,是实践知识,是教师动态的学科教学知识,体现出教师在行动中对各种教学元素的即时整合能力。

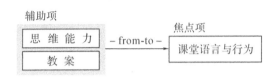

图 4-7　"教学"阶段"from-to"认知结构对教材的呈现

资料来源:据波兰尼"from-to"默会认知结构理论研究及笔者本人思考而得。

(二)教学更是行动中识知

理论上,课堂只是教师既定的教学计划实施的场所,实际上,教师在课堂中会产生很多计划外的问题、灵感、顿悟、启发、观点、想法、认识等。这些都是教师动态的学科教学知识,它们既来自教师已有的知识积累,也来自课堂教学环境的催化,两者缺一不可。舍恩指出行动中识知不仅要调动大量的储备概念,同时也可能会因为对实践情境的实时反思而获得新的认识。[1]

没有一定的积累,教师可能捉不住转瞬即逝的灵感,也不能灵活地做出反应,而没有催化的发生,课堂将是一潭死水,是单向的知识输出,是教师的"独角戏",这在实际的课堂中几乎是不可能的。因为课堂教学的最大特点就是教师与学生几十个不同背景、不同经历、不同认知水平的思维在相互交流与碰撞中产生的多变性、不可预测性以及不可控性等。"没有完美的备课",这是教师们统一的结论。本研究访谈的所有教师也无一例外地表示课堂中经常出现出乎意料的情况,即便是设计详细的公开课也不是教师能够完全把控的。因而,这些教学计划之外的状况既是教学的魅力所在,塑造了丰富多彩的教育现象,同时也是教师动态学科教学知识的生产环境,教师在与学生的互动中加深了对知识、对学生、对教学的理解,在教学实践中向着更高的专业水平发展。

---

[1]　舍恩.培养反映的实践者:专业领域中关于教与学的一项全新设计[M].郝彩虹,等译.北京:教育科学出版社,2008:26,35.

　　课堂教学的过程，不仅是教师教案执行的过程，更是行动中的学科教学知识生产的过程。为了应对复杂的教学过程，教师需要调动所有相关知识参与进来，无论是学生正向的还是反向的回应、积极的还是消极的参与，无论本质上是默会属性还是明述属性，教师在给出反馈的瞬间，其认知能力、思维模式、学科内容知识、教学方法知识、课堂管理知识、学生知识以及教师的价值观与教学目的取向知识等，都作为辅助工具，协助思维进行判断与整合，最终指向教师脱口而出的课堂话语。我们很难知道教师在做出即时反馈时头脑中发生了什么，但我们可以想象在认知结构的两端各有哪些因素参与。当教师面对学生的提问、质疑、猜想、想象、疑难等反应时，各种各样的相关知识便瞬间汇集于教师的认知中，经由思维这个中转站，最终形成教师给予学生的反馈。给予教师课堂反馈的思考时间非常有限，可能只有几秒钟，教师自己甚至来不及仔细考虑到底运用到了哪些知识，用得是否正确，几乎是仅凭一瞬间的意识和直觉就必须给出结果。

　　教师在课堂中给出的即时反馈既是在行动中识知，也是在行动中反思。在舍恩的反思性实践理论中，"行动中反思和行动中识知的区别十分微妙"[①]，笔者认为其共同内涵在于"即时调整"。"行动中识知"是在行动中知道怎么做，能够根据情境的变化随时调整自身的行为，使行动能够顺利完成，而"调整"就是行为者在"行动中反思"后做出的行为，舍恩将其描述为"在行动过程中进行反思而不中断行动，我们的思维可以重塑我们正在进行的行动"[②]。因此，动态的情境中所发生的不可预测的变化是行动中识知（反思）的催动元素，而"即时调整"是行动中识知（反思）的表现形态。但也有观点指出"行动中反应会使行动瘫痪"，指的是在行动发生的瞬间如果对行动的细节思考或反思，便会使整个行动失败。波兰尼也曾指出"当认知焦点放在细节上时，会让整体行动出现问题"。舍恩一方面承认有些行动发生的瞬间不能进行思考，否则会导致危险，另一方面针对"行动中反应会使行动瘫痪"这一观点进行了反驳。舍恩指出不能因为一些特殊情况的出现就否定更多"行动中思考""行动中反思"的存在。很

　　① 舍恩.培养反映的实践者：专业领域中关于教与学的一项全新设计[M].郝彩虹，等译.北京：教育科学出版社，2008：26.

　　② 舍恩.培养反映的实践者：专业领域中关于教与学的一项全新设计[M].郝彩虹，等译.北京：教育科学出版社，2008：27.

多行动发生的瞬间都存在着思考的痕迹。同时，舍恩指出"行动中"不仅仅指一个动作或一次行动，处在"相同情境"中的这段时间的行动都可称为"行动中"，如此，"行动中"的时间不限定，次数也不限定，只要情境不变，行动就是在"行动中"的、还未结束的，"行动中反思"自然是完全可以实现的。[①] 在本研究中，"行动中反思"专指课堂教学过程中的反思，反映了一种即时的、动态的反思行为，等同于行动中识知，突显出课堂教学的多变性、动态性、复杂性、交流性等特点，强调教师在课堂教学过程中的知识生产。结合"行动中反思"，教师教学过程中的学科教学知识生产的运行能够更加清晰。

行动中识知(反思)的对象自然是指课堂中能够引起教师反思的事件，虽不能涵盖所有，但大致上包括学生引起的和教师引起的两类。学生引起的反思主要来自学生对知识点的提问与学生的奇思妙想等行为，是正向积极的，还有一种负向的，就是学生被动消极的学习状态，甚至是学生对课堂纪律的破坏。然而无论正向、负向，都是教师无法预测的，需要教师在行动中给予回应与反馈，以保障课堂教学正常进行。教师自身引起的反思主要是教师对课堂实况的"若有所思"，既包括教师通过师生互动获得的灵感、启发、领悟等，也包括教师根据课堂实况对教学进度、教学方法等所做的即时调整，以及教师在教学过程中感受到或意识到的问题。行动中的反思是即时的、迅速的，没有太多时间留给教师仔细思量，更多依靠教师的直觉、反应力、判断力等思维认知能力。这些认知能力背后反映出教师经验是否丰富，知识是否广博，是否能够支持教师在电光石火之间给出最适合的课堂回应，完美地应对课堂中出现的多样状况。以舍恩的实践理论来说，行动中的反思是一种根据情境不断对问题进行重新框定以获得解决方法的行为，针对的是多变的、复杂的、不稳定的、不确定的实践环境，而课堂教学正是这样一种实践环境。决定实践者能够合理地重新框定问题的是实践者是否有足够的知识库和经验库帮助他们能够"相似地看待"与"相似地解决"。[②] 因此，在教师进行"行动中反思"时，教师具有的所有相关知识都会参与进来，需要根据不同的案例进行具体的分析。很难确定一系列固定参与的知识

---

① 舍恩.培养反映的实践者：专业领域中关于教与学的一项全新设计[M].郝彩虹，等译.北京：教育科学出版社，2008：27，219-225.

② 舍恩.反映的实践者：专业工作者如何在行动中思考[M].夏林清，译.北京：北京师范大学出版社，2018：116.

类型,但可以确定这些知识类型在认知结构中所处的位置。课堂中教师进行反思并做出回应的那一瞬间,相关知识被教师的意识与思维整合,承担认知辅助工具的责任而不被意识发现。教师没有时间仔细研究具体用到了哪些知识,是否运用恰当,所用知识的具体情况如何,教师只能在一瞬间依靠直觉,而这些知识则是所谓的直觉的来源。

尽管如此,正所谓"台上一分钟,台下十年功",教师的反馈是否合理贴切、是否能够准确回答学生的疑惑、是否能够恰当处理课堂的问题、是否能够引导学生思考等,同样取决于教师已经掌握的专业知识,形成的思维模式,具有的价值取向。因此,从课堂教学的结果来看,它是一个默会知识转化为语言表达的明述性行为过程,但从行为的本质来看,这是一个以思维为主导的,几乎没有文本知识参与的行为,甚至有时候行为主体自身都无法说清楚行为结果是如何产生的,因而,它更是一种默会行为,认知、知觉、思维起到主导作用(见图 4-8)。教师课堂是本研究第二种教师学科教学知识生产场所,通过观察与记录教师的课堂行为以及课后访谈,我们可以判断教师的动态学科教学知识生成情况,并试着探究教师的专业发展情况以及教学风格,这是从教师的备课中所了解不到的信息。动态学科教学知识生产的价值在于它是对教师已具有的、准备好的学科教学知识的锤炼和提升。

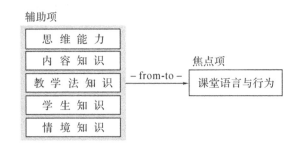

图 4-8　行动中识知的"from-to"认知结构

资料来源:据波兰尼"from-to"默会认知结构理论研究及笔者本人思考而得。

四、课后反思:对行动的反思、回顾与重构

课后反思是"对行动的反思",同"行动中反思"不同的是,其是一种可以"坐下来仔细回顾与思量"的静态的反思。舍恩将"对行动的反思"描述为"回想自

己的行动,在事后安静地进行反思"。^① 反思的对象一般包括行动的结果、行动的本身、隐含在行动中的直觉认识,以及它们之间的关系。反思的形式则包括个体反思与群体反思。群体反思是默会共享的典型代表。知识在群体反思中能够形成"原始默会知识—群体明述讨论—群体默会领悟—个体默会内化"的完整闭环。群体反思是教师个体与群体知识得以升华乃至创新的重要环节,也是欢会神契发展成为最高境界的"无言的信任"的关键活动。

然而,无论是个体反思,还是群体反思,触发课后反思的核心要素是问题,此问题代表着"不同"——与备课计划的不同,与原有认知的不同,既可表现为消极的"对教学的不满意",也可表现为积极的"在教学中获得的启发"。当教师意识到教学实践出现问题时,便会自动进入反思模式,回顾自己的教学过程,试图找出问题的根源,通过反思获得下一次实践的提升。那么教师又是如何意识到问题的存在的呢? 这便与教师对学生的评价和对自己的评价息息相关。

评价主要有三种情境。情境一是教师对学生课堂学习情况的过程性评价,教师通过与学生的互动、对学生表情与动作的观察判断学生的学习情况。情境二是教师对自己的评价,它来源于教师在教学过程中或教学结束后对本次实践效果的整体感觉或直觉,例如是否顺畅连贯,是否有缺漏,是否有对学生的学情误判而导致讲课滞涩,所实施的教学表征方法或课堂组织模式是否合适等情况。教师会针对这些感觉和直觉评价自己的课堂,进而进行反思。而这些感觉的参照物通常来自学生的现场反馈,或教师的教学期待、教学目标以及教学习惯等。情境三是教师通过一段时间学习对学生进行的总结性评价,通常以测验的形式进行,以分数进行判断。总结性评价可以对其他两种评价进行查漏补缺,如果教师在课堂中并未感觉到教学存在什么问题,也没有从学生的行为表现中发现什么,总结性测试也可以帮助教师针对学生在考试中的问题进行教学反思。

"对行动的反思"往往指向那些课堂中未充分解决以及来不及解决的问题、没有充分得到解释的学生提问、不够精彩的课堂管理技巧,或因为时间关系来不及仔细思考的灵感和启发等。此外,教师对本堂课的整体感受也常常引发教

---

① 舍恩.培养反映的实践者:专业领域中关于教与学的一项全新设计[M].郝彩虹,等译.北京:教育科学出版社,2008:27.

师在课后进行反思,尤其是一些不尽如人意的地方。当教师觉得自己这节课讲得不够好的时候,便会在课后进行课堂细节的回顾以及反思,从而获得一些修正,以期下堂课得到改善。此处的"不够好"存在各种各样的情况,包括教学表征、教学进度、纪律管理、师生互动等等。"不够好"也往往意味着教师工作总能带给你惊喜、惊讶与惊叹,意味着它并不是一成不变、单调乏味的。"不够好"也往往代表着教师专业的进步空间,因为有遗憾,所以要反思,而反思是提升专业能力的第一步。"不够好"同样也是教师行动知识生成的契机,它反映在课堂中各种各样的随机事件上,这些事件是教师备课时所预料不到的,考验教师的机智与综合能力,也往往伴随着启发的产生。另外,学生在总结性评价中的成绩也是教师进行课后反思的主要诱因之一。因此,同"行动中的反思"一样,"对行动的反思"可以归因于多种多样的问题,其过程中所参与的教师知识也很难有固定的模式。但可以肯定的是,相较于课堂中的反思,课后反思具有充沛的时间、充足的空间、充分的资料,教师反思的每一个对象都有可能在反思的过程中成为注意力的焦点,从而在默会与明述两种属性之间来回转化,并在"from-to"默会认知结构中承担不同的认知角色(见图 4-9)。弄清楚这一点,需要根据不同的案例进行具体分析。此外,评价与反思的结果就是该环节中教师学科教学知识的生成,它们既可以存在于教师的脑海中与意识中,也可以被教师明述为文字记录或语言交流。实际上,根据案例研究数据,大多数初任教师会详细记录反思的结果,而老教师则较少记录。

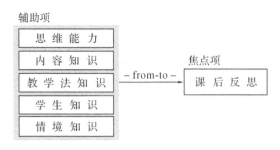

图 4-9　"反思"阶段的"from-to"认知结构

资料来源:据波兰尼"from-to"默会认知结构理论研究及笔者本人思考而得。

五、生产链的循环:承前启后的新理解

新的理解是一次教学实践的总结与成果,是将前五步串成一条连贯的线的

关键一环,是教师知识经过了个体与共同体的生产、流动、管理、创造等过程后的核心产出,同时也是开启下一次实践的第一步。

(一)承前启后的新理解

新理解的产生有多方面的意义。首先,新理解的产生意味着本次教学推理与行动过程的完满结束。其次,新理解的产生也是开启下一次教学推理与行动的铺垫。从认知结构来看,将本次推理看作一个宏观的"from-to"结构,那么前五步都属于"from"一端,而新理解就是"to"指向的知识生成。然而在下一次教学推理开始的时候,本次生成的新理解转而成为"from"一端的工具,作为教师具备的知识参与新知识的生产。另外,从建构主义观点出发,在教学与实践中获得的新理解是个体经过"同化"或"顺应"融入自己认知结构的知识,无论个体扩充还是改变了自身的知识图式,新的图式都是下一次认知的起点和基础。再次,新理解也是本次教学推理与行动的主要成果之一,它的获得将前五步串成一条连贯的线,是一系列步骤的意义所在。前面五步促成了新理解的生成,新理解也成就了前五步的意义。教师经过备课、上课与课后评价和反思,如果没有得到任何新的认识,就意味着教师在这次教学实践中并未生成个人学科教学知识,但这几乎是不可能的。原因前面也说过,教师与学生的交流互动不是一个人对着一堆木头人,而是一个思维对几十个活跃的思维,教师在这一过程中必定用到已具有的学科教学知识,也必定在复杂多变的教学环境中生产新的学科教学知识。如果没有,那极有可能是教师并没有很好地完成反思环节,例如放过一闪而过的灵感、忽略课堂出现的问题、忽视对教学结果的分析、没有实现行动中的识知等,从而导致一系列推理和行动无法连成一线,虎头蛇尾。

(二)综合全面的新理解

新理解的本质就是教师所生产的学科教学知识之一,是教师在一次教学实践中经历完整的教学环节,整合各类要素后所生产的最具综合性和全面性的学科教学知识,是教师宝贵的教学实践经验。

在教学推理与行动的前几步也同样生成有学科教学知识,即教师所备教案以及课堂中的语言与行为。前者是明述的静态的学科教学知识,后者是明述的动态的学科教学知识。与它们不同的是,新理解的存在形式既可以是明述的,也可以是默会的。尽管舒尔曼指出教师要形成新理解并不能止步于评价和反思,必须通过记录、分析或讨论等特定策略促成新理解的产生,但笔者认为新理解的产生不一定需要通过记录、分析或讨论等明述的途径,也可以只凭借头脑中的思维运转实现,毕竟无论是反思还是记录最终都要落实在个体的思考中。因而,新理解的存在形式有两种,一种是明述化了的文字记录或言语交流,另一种是保留在认知主体脑海中的认识。后者尤其常见于熟练教师和资深教师的教学行为中。在度过新手阶段后,教师便很少详细地记录课后反思的结果,但它们依旧是教师的经验、教师的智慧、教师的意识,只是储存的方式省略了明述过程,只以教师的默会知识存在,但它们同样会出现在下一次教学实践中,进一步为实践检验。资深教师不明述化反思结果的原因各不相同,本研究会在案例章节再次讨论这一问题。

第四节　颅内风暴:教师知识生产的激情、信念、顿悟

教师学科教学知识(PCK)的生产过程往往充满了激情、信念、顿悟、灵感、启发等。教师的教学机智是教师知识生产充满激情、热情与智慧爆燃的最佳标志。在充满不确定性的课堂中,教师无法同备课一般可以深思熟虑或查阅资料,必须根据课堂的实时情况进行瞬间的反应与回应。而回应是否恰当、是否精彩,甚至是否能够提高教师的权威,依赖于教师的知识储备与专业素质,这种灵活地、瞬间地、创造性地做出判断与决定的能力与智慧,是教师知识生产的颅内激情,教师时刻准备着接受这样的考验,也时刻准备着享受这种挑战性带来的乐趣与成就。教师作为知识生产者的信念则既是教师专业化发展前进的方向,也体现了新时期教师教育教学工作培养富有思辨能力、问题意识、创新精神的时代接班人的责任与使命。教师顿悟是教师知识生产的最高境界,波兰尼将顿悟称为"闪光点"(illumination),认为这是科学家沉浸于问题之中,越过了已知与未知的"逻辑鸿沟"(logical gap)时的颅内闪电。[①] 教师的顿悟必定会经过个体的沉思与反思、群体的交流与批判,以及理论的转化与实践,但这些并非顿悟的必要条件,因而顿悟的产生难能可贵,是教师知识生产的"理智的愉悦"。

---

① 波兰尼.个人知识:迈向后批判哲学[M].许泽民,译.贵阳:贵州人民出版社,2000:194.

一、默会知识主导，明述知识辅助

教师学科教学知识的生产本质上是以默会知识为主导、明述知识为辅助的默会性知识生产过程。具体来说，本部分通过分析不同类型的默会知识在生产过程中的角色与作用，以及它与明述知识之间的转化，论述为什么"教师的学科教学知识是一种默会知识"。

（一）默会知识的主导作用

1. 思维型默会知识起决定作用且参与全程

思维型默会知识在学科教学知识的生产过程中起决定性作用，且参与全程。波兰尼在《个人知识：朝向后批判哲学》中指出：言述总是不完全的，我们的言述行为绝不能完全取代而是必须继续依赖曾经与我们同样年龄的黑猩猩共同享有的那种缄默的智力行为。[①] 波兰尼以婴儿的学习能力为例指出人类非言述智力早在人类掌握语言之前便开始指导人类的行为，但非言述智力也同样在语言的学习与运用过程中不断获得提升。语言和符号的意义并不在其自身，而在于认知个体对它们的理解与解读。波兰尼以理解数学证明的推理公式为例，表达了"一个无法理解的证据不能让人信服；记住一个未能使我们信服的数学证明也并不能使我们的数学知识有所增加"[②]的观点。波兰尼还对诊断专家、分类学家等的工作中的默会性进行了论述：他们可以指出自己的线索，系统阐述自己的准则，但他们知道的东西比所说的多得多。这些细节的知识是不可表达的，并且根据这些细节来对一个判断进行思考就是一个无法表达的思维过程。[③] 知识生产理论指出社会性弥散的知识生产模式也体现了默会知识比明述知识重要，广泛的公众个体都是知识的生产者、消费者、接受者、传播者，人的能力逐渐超越了书本的地位，成为知识生产最重要的元素。

那么，回到教师学科教学知识的生产过程上来，以理解力与判断力为代表的思维认知能力是教学推理与行动的起点，同时也在生产的每一步中起到认知结构的辅助工具的作用。具体来说，教师在进行教学推理与行动的过程中主要涉及文本知识、教学方法、学生、教学情境等变量。理解文本、选择教学方法、理

---

① 波兰尼.个人知识：朝向后批判哲学[M].徐陶，译.上海：上海人民出版社，2017：82.
② 波兰尼.个人知识：朝向后批判哲学[M].徐陶，译.上海：上海人民出版社，2017：136.
③ 波兰尼.个人知识：朝向后批判哲学[M].徐陶，译.上海：上海人民出版社，2017：102.

解学生、判断学生对知识的掌握情况、理解学生的反馈信息以及理解具体的教学情境并进行下一步行动的判断、预测与选择等,这些都是教师的基本行为。这些基本行为的完成在根本上依赖教师的理解力、判断力、选择力、预测力、分析力、整合力、应用力等思维能力。文字、语言或符号是载体,是对象,是结果,但不是决定要素。例如,在第一步"理解"中,对理解文本知识起决定作用的不是文本知识自身,而是教师的理解力。在第二步"转化"中,教案的最终形成要经过课程大纲要求、学生学情、教师自身价值取向等好几道"筛子",几经筛选而出的教学内容与教学方法所依赖的不是文本知识或理论知识,而是对这些明述知识进行判断与选择的思维能力。在第三步"教学"中,更多的思维能力参与进来,以保证为学生提供及时的反馈,并充分地把握课堂的节奏。在第四步"评价"与第五步"反思"中,文本知识、评价结果、课堂对话等文字或语言类知识是反思的对象。第六步中"新理解"的获得是反思的表征,它们都是表面的、结论的、外在的,它们的生成真正依赖的是在背后掌控全局的理解、分析、判断、推理、选择、整合等思维型默会知识,是个体的认知能力,是个体的智力。因此,思维型默会知识在教师学科教学知识生产中贯穿全局且起到决定性作用。

2. 技能型默会知识起辅助作用

以教学方法与教学模式为代表的技能型知识在学科教学知识的生成过程中起到辅助作用。作为学科教学知识内涵的核心成分之一,教学方法是具体的行动步骤,是文本、思想、观点的行动载体。教师在理解和转化中所筛选的教学内容需要同教学表征方法以及教学模式相整合,按部就班地进行教学实践。如同航运,知识点是货物,教学表征方法是船,教学模式是航线,教师需要为不同的货物安排不同的船型,选择不同的航线,从而完成运输工作。作为教学行为的载体,教学表征方法与教学模式同样具有默会属性。一是技能型知识本身在波兰尼的默会理论中就是默会知识的一员,技能的获得不可言传。波兰尼在《个人知识:朝向后批判哲学》中指出:"技艺的规则可以是有用的,但这些规则并不决定这个技艺的实践。它们是行为准则,只有跟这个技艺的实践知识相结合时才能作为这个技艺的指导。"[①]同时,波兰尼又进一步对技能中默会成分与

---

① 波兰尼.个人知识:朝向后批判哲学[M].徐陶,译.上海:上海人民出版社,2017:59.

语言成分的关系进行了论述,指出语言的两种缺陷,即无法描述认知主体不知道的东西,以及无法描述认知主体对细节的理解和整合的过程。关于教学表征方法和模式的细节性知识虽然是明述的,但是对细节的理解、整合与实践是无法明述的思维过程。二是在认知结构中,教学方法通常作为教师已经具备的知识承担认知辅助工具的职责。在教学推理中,教学方法往往并不是认知的焦点,其被意识拿来即用而不被察觉,因而在理解、转化、教学、反思等生产步骤中是默会性的。而一旦教学方法成为焦点,教学推理势必会中断,这种情况往往出现在新手教师的备课过程中,是对步骤的不熟练或不明确而导致的,但最终都会因为不断地运用、调整甚至创新而成为教师所熟练掌握的知识之一。而这种运用、调整、创新的过程即波兰尼所说的行为认知过程,也是思维认知过程,难以通过技能的步骤说明技能的获得,由非言述智力起决定性作用。

3. 情感型默会知识起引领作用

情感型默会知识来源于波兰尼在《个人知识:朝向后批判哲学》中对"求知热情""欢会神契""寄托"等内容的论述,对教学推理与行动起着引领作用。波兰尼认为信念所代表的个人情感与个人知识以默会的形式决定着科学研究的开始、结束与传递。信念的表现形式主要包括群体共享的文化、个人的求知热情以及个人寄托。在"欢会神契"中,波兰尼指出群体共享的语言体系与技能以及理解它们所需要的默会因素都是一个社会的文化要素。默会共享与默会判断是群体交流的基础,而道德、习俗与法律共同构成了社会习俗,反映出人们的道德信念。此外,信念的另一种表现形式是波兰尼所说的科学热情。他认为科学不是冰冷的,而是始于研究者的情感因素,正是他们的求知热情、启发热情与说服热情催生了对科学研究的选择、创造的发生、科学知识的传播以及学派之间的争论。而这种科学热情本质上是科学家对某一理论、观点或派别的信念,就如波兰尼举例伽利略对日心说科学价值的满腔热情使他奋起反抗亚里士多德的科学权威。科学尚且如此,波兰尼指出在其他思维领域,个人情感因素在参与知识的生产与证实中更加强化。另外,波兰尼在为个人知识辩护时尤其强调了"寄托"的重要性。寄托本质上来说是个人信念的另一种表达方法,代表着一种"我选择,我相信"的东西,这种东西往往与个人无关,例如某一个理论、某种评价标准等。如果与个人有关,寄托则不是寄托,而仅仅是满足个人欲望的主观性。寄托指的是个人性，这种个人性的实现又需要在普遍性标准的支配下。因而在寄托的意义下，个人性与普遍性相互成就，并不矛盾。波兰尼对信念、寄托、热情、群体文化等内容的论述本意上是为科学知识生产中的个人参与进行辩护，实际上这些元素共同构成了一种不同于思维与技能的默会知识，即情感型默会知识，以文化、情感、信念、价值观等元素为代表对个体的认知行为起到选择、改变、传递等重要作用。这类个人具有的默会知识是个体性与普遍性的结合，是社会性与个人性的结合，既来源于社会群体的文化生活中，也成立于个体在社会背景下的个人成长史中。

将情感型默会知识嵌入教师学科教学知识的内涵，则情感型默会知识主要指代"为什么教"这一成分，是教师教学的情境知识，包括教师的教育哲学、教育价值观、学生观、课程观、道德观、信念以及教师对特定教育话题的观点等。其在学科教学知识生产过程中始终作为认知的辅助工具，在教师理解、筛选、判断、反馈、反思等行为中起到价值导向的作用，默会地对教师的行为取向与选择产生影响而不被当下的意识察觉。当然，情感型默会知识也可以作为认知焦点而获得反思。但当认知主体对自身所内居的文化、信仰的观念、遵循的道德准则、寄托的理论框架进行重新反思时，教学行动就会暂时中断。当认知焦点再次回到教学中来，则是主体在经过反思洗礼的文化情境下，汇集各方因素共同建构教学知识与行为，而此时文化情境仍旧作为默会元素影响着学科教学知识的生成。

4. 支架型默会知识起基础作用

支架型默会知识专指在认知结构中担任辅助工具项的明述知识。明述知识在认知过程中起作用的时候反倒是它作为默会知识的时候。支架型默会知识本身是明述性质的，本研究独辟蹊径地将明述知识列为一项默会知识，用意一是在于强调认知结构中担任默会角色的明述知识的存在，二是突显默会知识随着认知行为和情境的变化而转变自身属性的动态性。由此来看，明述知识真正在学科教学知识生产中起作用时就是它作为认知结构中的辅助项时，且辅助项中的明述知识不仅存在而且起到重要的作用。无论是学习一项新知识，还是整合已有的知识，都需要一定的基础知识作为前提。明述知识是认知辅助项中不可或缺的基础元素之一。所谓九层之台，起于累土，教师已具备的明述知识便是学科教学知识生产的基础。教学推理与行动的每一个阶段、教师的每一次认知行为都是对这些基础专业知识的筛选和整合,脱离了这些基础知识,再绝妙的思维或技能也难为无米之炊。而当主体掌握的明述知识作为认知的辅助项帮助新认知生成时,它们的性质就由明述性暂时转化为默会性,尤其是此一过程变得熟练时,更是变得日用而不知。

5. 实践是知识生产结果进一步内化的主要途径

学科教学知识生产的过程由思维型默会知识决定,由技能型默会知识辅助,由情感型默会知识引领,而学科教学知识的生产结果则通过实践进一步检验并内化为教师的教学经验。

上一节中分析了教师所生产的三种形式的学科教学知识,分别是教案、行动中识知以及新的理解。相应地,这三种学科教学知识生成于教学的三个阶段,分别是备课阶段、上课阶段以及课后阶段。抛开情境看本质,教案以文字进行表达,是明述的学科教学知识;行动中识知虽然瞬息万变,难以捕捉,但总归可分为"停留在意识中"与"表达于语言中"两种,前者往往以灵感、顿悟、体会、观念的形式存在,是默会属性的,后者宣之于口,作为课堂中教师对学生的反馈,是明述属性的;新的理解既可以以语言文字的形式表达,也可以只存在于教师的观点和意识中,因此既可以是明述的学科教学知识,也可以是默会的学科教学知识,这主要取决于教师是否将其语言化。

去情境化的三种认知结果既有明述性质的,也有默会性质的,但这些成果毕竟不能一直去情境化,其最终要运用到促进教师教学实践的发展中。例如,教案作为教学设计不能仅仅停留在文字上,最终是要通过课堂教学进行实现、批判、修改与再造。行动中识知更是如此。教师在同学生交流互动的过程中所获得的体悟与灵感如果不加以课后的探究分析,不形成个人经验,不应用于后续的实践中,则约等于零。新理解同行动中的识知相似,最终都要落实到新一轮的教学实践中才能成就它们存在的意义,即作为下一轮教学实践的知识基础,得到检验与应用。舒尔曼的教学推理与行动过程是一个循环过程,始于理解,又以新理解的产生作为"新的起点"连接下一次的教学推理与行动。新理解如果不运用,这一次的教学就算不上教师的经验,新理解在实践中不断获得锤炼使得教师的教学推理与行动过程循环式上升,教师的专业能力不断获得发展。

　　教师生产的三种知识都离不开实践,而实践本身就是默会性的。其一,实践是行动、行为、动作,在波兰尼的理论中就是人类默会知识的一种重要的表达方式,是默会知识存在的根本形式之一,有些知识必须通过实践才能获得(例如技能),有些知识必须通过实践才能证明其存在(例如思维),必须通过实践才能证明其作用(例如情感、思维、技能等)。当实践狭义地指代"做"与"操作"的含义时,技能是其中的核心,语言在此处具有显著的局限性。其二,实践通过"证实"与"运用"促进知识的性质在认知过程中转化为默会属性。在野中郁次郎的模型中,实践是明述知识转化为默会知识的主要途径。不论是命题性的明述知识,还是以思维、技能、情感价值为代表的默会知识,都是在实践运用中不断进行证明、证伪、修改、练习、批判、重构、补充与完善等。具体来说,课堂教学以运用的形式对教学技能进行默会化;课堂教学以证明的目的对思维模式进行默会化;课堂教学以程序性练习的方式对明述知识进行默会化。这种"默会化"有两种含义,一个是通过实践证实,另一个是通过实践熟练化。在实践中获得证实与熟练后的各种知识在以后的认知中都会根据情境的需要作为辅助工具,获得默会性。而这些知识经过实践的反复打磨,搭建了个体的基本知识框架,成为个体掌握的基本技能以及个体形成的思维模式,日用而不知,从而作为教师进行学科教学知识生产的基础,而不是目标,塑造了教师的风格与习惯。

　　综上所述,在学科教学知识生产的过程中,思维型默会知识起到决定性的作用,技能型默会知识起到辅助作用,情感型默会知识起到引领作用,支架型默会知识起到基础作用,实践是生产结果证实与熟练化的主要途径。因此,教师知识的生产,取决于思维,由技能辅助,基于命题,并受到情感价值观的引领,最后由实践内化与升华。在这一过程中,默会知识一直如影随形,并在整体上始终占据着主导与决定地位,因此,教师学科教学知识的生产本质上是一种默会性的知识生产。

(二)明述知识的辅助作用

　　上一部分从生产过程与生产结果出发,以默会知识的类别为基线分析了不同类型的默会知识代表的学科教学知识成分,以及在知识生产过程中所起到的不同作用,而实践是知识生产结果的最终归属,这些论点验证了教师学科教学知识生产的本质默会性,弥补了这一命题理论分析的缺失。然而尽管整体上是默会性的,其局部仍具有明述性,这主要体现在以下四点:其一,明述知识是基础也是目标;其二,实践与反思交织,明述与默会交替;其三,不熟练使得认知焦点转向;其四,外部要求认知主体必须进行言语或文字叙述。

1. 明述知识是基础也是目标

教师个体掌握的命题、概念、公式、手头的教材、课标、考纲、理论图书等明述性知识既是认知的基础,是工具,往往也是认知的目标。结合"格式塔式的默会知识论"以及"认知的局域主义论"中的观点,明述知识在一个认知情境中实际上可以分为三类:一类作为认知的焦点、认知的对象、认知的目标;一类是与这一认知目标相关的基础知识,或者说所需要的基础认知框架,以便对认知目标进行同化或者顺应;还有一类就是与此次认知情境虽不具备相关性但是是主体掌握的明述知识。

作为教师知识生产的目标,明述知识既处在认知结构的焦点位置,同时也是教师在一些生产步骤中的成果,例如教案、课堂中的反馈、反思的结果、同行交流等。作为教师知识生产的基础,明述知识主要指"教什么"与"教给谁"这两个成分。教师关于教学内容的知识与学生知识从本质上来说属于可以用语言明确描述的命题知识。教学内容知识主要包括教材、课程标准、课程大纲、教学参考书、学科专业知识等等。教师的学生知识则包括普遍与特殊两种。教师的普遍性学生知识主要指教师对学生在某一阶段的智力、心理、生理等成长情况一般性与普遍性特点的了解与掌握。这类知识往往以学术著作与论文的形式存在,是教师应当掌握的专业知识之一。而教师的特殊性学生知识则来源于教师日常对学生个体的观察、谈话以及从结果性评价中获得的信息。这些知识往往以语言和文字的形式存在,可供记录、查阅与批判。这两类知识共同构成教师对学生的较为全面的了解。教师的教学内容知识与学生知识构成了教师专业知识的基础,构成了教师对所教学科的初步理解,构成了教师学科知识的基本框架。无论教师对新知识进行同化还是顺应,都在这些知识的基础上进行。这些知识作为教师已经具备的明述知识,是教师进行学科教学知识生产的原料。

在教师学科教学知识生产中,不可能只有默会知识或明述知识,必定是两者相辅相成,在认知中担任不同的角色。各类默会知识有不同的分工,而各种明述性知识同样也是生产不可或缺的组成元素,是个体的知识基础,也是个体认知的目标与成果。

2. 实践与反思交织,明述与默会交替

本研究始终以舒尔曼的推理与行动模型为教师学科教学知识生产的程序与步骤。在理解、转化、教学、评价、反思、新理解这六步中,实践与反思交错前进。

根据野中郁次郎的知识转化模式,实践是明述知识内在化为默会知识的主要途径。通过"做中学",个体将文本知识、技术操作规则、心智模式、情感价值等以实践运用的方式内化为个人的默会知识。野中郁次郎指出:"扩大实际体验的范围是内在化的关键。"[①]在上述六步中,有一大一小两个实践。一次整体的教学推理与行动流程就是一次"大"实践,教师在推理与行动的过程中运用自身的心智模式、技能知识、文本知识、价值取向,面向教学内容与教学目标进行新的学科教学知识生产。而模式中的"教学"则是一次"小"实践——将新鲜出炉的教学理解与教学设计运用到实际课堂中进行验证,促进行为模式与心智模式的内化。同时,根据野中郁次郎的知识转化模型,反思和言语表达是默会知识转化为明述知识的主要途径,是知识创造过程的精髓。[②] 在教学推理与行动的六个步骤中,教师默会知识的外显化以极高的频率存在于每个步骤中。例如,"转化"阶段所生成的教案即将教师对教学内容知识、学生知识、教学目标知识等的理解表征为文字;"教学"步骤中的明述知识表现为教师的课堂语言与反馈;而"评价"与"反思"这两步更是一种典型的默会知识外显化,尤其当结果用语言或文字进行表述时,隐默在个体意识与思维中的观念与习惯等默会知识得以表达,形成明述知识。因此,在教学推理与行动的六个步骤中,实践与反思交替出现,明述知识与默会知识不断进行转化,共同完成教师学科教学知识的生产。

3. 不熟练使得认知焦点自发地转向

当认知发生时,除了作为意识焦点的认知对象外,所有相关元素都处于认

---

① 野中郁次郎,竹内弘高.创造知识的企业:日美企业持续创新的动力[M].李萌,高飞,译.北京:知识产权出版社,2006:82.

② 野中郁次郎,竹内弘高.创造知识的企业:日美企业持续创新的动力[M].李萌,高飞,译.北京:知识产权出版社,2006:74.

知的辅助端，如同脚手架共同构筑认知"大厦"。那么根据波兰尼的两种知觉理论，处在辅助项的各种担当工具的知识在当下并不被主体意识察觉，但如果意识刻意转向某个"支架"知识，那么它就会从众多"默默无闻者"中脱颖而出，受到瞩目。而在教师的学科教学知识生产过程中，"不熟练"往往是这种转移的原因。这种情况尤其常见于新手教师的教学备课与反思行为中。例如对课程标准的陌生、对教学表征技能掌握得不熟练、对教学模式的操作步骤模糊等往往会使教师暂停当下的教学推理行为，转向对工具知识的确认，从而打断教师的整体认知节奏，促使教师查阅、温故或反思。此外，当教学设计在实施中出现比较严重的偏差，效果不佳，教师也会对隐藏在自身意识中的教育哲学、价值取向、理论寄托、学生知识等元素进行反思，此时这些隐藏在教师行为背后的理念、命题知识、技能的操作规则等就会浮出水面，接受主体的再次审视、批判或更新，此时主体需要运用语言、文字或符号清晰表达这些知识，因而它们由认知的辅助项转化为焦点项，暂时成了明述知识。

4. 外部要求认知主体必须进行言语或文字叙述

来自外部的要求主要有：其一，学校要求教师上交的教案、报告、总结等文字性资料；其二，教研组进行共同备课、评课、讨论等交流互动中需要呈现的文字性资料以及语言表达。这些要求从外部督促教师有意识地将一些本可以保留默会属性的学科教学知识显性化以供交流与批评。例如，教师在课堂上与学生互动过程中获得的感悟，以及教师在反思以后得到的新理解，这些知识本身可以以"观点""经验""顿悟"等形式存在于教师的脑海中，指导教师的行为，不一定非要将其明述化，但由于外部的硬性规定，教师必须追溯自身脑海里的意识，并用文字或语言表达出来。这是教师有意识地进行反思，益处在于在清晰地明述化过程中也许会发现问题、缺漏，甚至更多的灵感，从而修正或更新已有的认知结构。此外明述化的结果通过交流、讨论与分享，也会获得来自其他人的批判与建议。

综上所述，教师学科教学知识的生产是一个由默会知识主导，明述知识辅助的生产过程。它的核心要素是默会知识，其中个体的心智能力起到决定性作用，其他类型的默会知识分别起到辅助、基础与引领作用。但在这一过程中，明述知识也会因为内部与外部的各种原因参与到知识生产中，并协同认知主体进行交流、批判与更新,促进认知框架与基础知识的不断完善。对教师学科教学知识的生产所进行的这一性质概括的意义在于,一是以默会知识为分析主线,说明不同类型的默会知识在生产过程中起到的不同作用,从而加强知识生产、默会知识与学科教学知识三大元素之间的联系;二是思维型默会知识的决定性作用也进一步呼应了教师作为知识生产主体的这一论点,内容知识、方法知识、学生知识以及情境知识这四大学科教学知识成分都是在"教师教"的整合作用下实现各自的意义;三是对现有文献中"教师知识具有默会性""教师知识是一种默会知识"等命题进行一个理论分析的补充,从具体步骤出发探究默会知识在教师知识中的地位、作用、角色等,为这一论点提供更多的论据。

二、静态沉思生产,动态直觉应变

除了"默会主导、明述辅助"的生产特征之外,教师学科教学知识生产也是一种动态与静态交织的生产过程。在备课、上课与课后反思三个阶段中分别产生了三种学科教学知识,即教案、行动知识与新的理解,这三种知识都具备教学性和整合性,但其在各自生产过程中所表现出的特点又呈现出静态沉思与动态应变的区别。

(一)静态沉思生产

备课阶段生成的教案与反思阶段收获的新理解是一种静态沉思式的知识生产。教案是行动前的准备,是教师在充足的时间、空间下,参考充分的资料,经过个体独立地深思熟虑后得到的成果;是教师以教学为目标整合教学内容知识、课程知识、教学方法知识、学生知识、价值观知识等而形成的文字性学科教学知识,是一种显性的、明述性的教师知识。新的理解是行动后的反思所得,是对行动的反思,舍恩将其描述为"回想自己的行动,在事后安静地进行反思"①。教师通过对整体过程的回顾、评价、分析、搜集资料、制订新计划等反思行为将本次教学过程升华为独特的个人教学经验,所获得的新理解也将成为下一次实践的知识基础。因此,新理解的生产环境同教案相似,都是教师在充足的时间、空间中,参考充分的资料,经过个体独立的深思熟虑后得到的成果。不同的是

---

① 舍恩.培养反映的实践者:专业领域中关于教与学的一项全新设计[M].郝彩虹,等译.北京:教育科学出版社,2008:27.

新的理解会加入更多对行动本身和行动结果的认识,而不仅仅是行动计划和预测。新理解的存在既可以是语言或文字类的明述知识的形式,也可以存在于教师的意识与认知中,仅作为个体的默会知识而存在。

(二)动态直觉应变

然而,上课阶段所生产的行动知识不是静态沉思,而是一种动态直觉应变。教师的行动知识来源于复杂多变的课堂教学实践,由不可预测的师生互动行为刺激产生,形成于教师主动进行的调整与适应。因此,课堂是教师行动知识的主要生产场所,由师生互动产生的提问、启发、感受、结果等是诱因。这些教师在备课时无法预测,也无法提前准备,因而需要教师根据这些变化进行"即时的"与"及时的"调整和应对。在此过程中,教师获得的认知就是行动知识。教师脑中进行了复杂的运算,但行为一目了然。可以参考电影拍摄的技巧想象一下教师行动中识知的发生:当教师的意识接收到一个意料之外的学生提问时,我们可以用慢镜头显示教师此时大脑在飞速运转,收集各种相关的信息与知识,经过分析与选择,然后通过语言或行为输出,最终表现在教师针对提问做出的反馈。此时我们再以正常镜头展示教师的行为,可以发现不管慢镜头中教师整合了多少信息,在正常镜头中教师都是迅速给予反应。而这个脱口而出的反馈则是教师针对问题进行即时反思得出的即时认知,这个认知推动着实践下一步的发展。因此,行动中知识的产生既符合学科教学知识的教学性,同时也是毋庸置疑的整合性知识。比较特殊的是,该学科教学知识生成于行动中,虽然以明述的语言或行为外显出来,但其过程具有极强的默会性,认知主体本身也难以充分描述,甚至有时无法描述,然而,并不能因为其默会性放弃对教师行动知识的研究。认知心理学通过行为探究心智的变化,同理,研究者需要通过观察教师的课堂行为、记录教师的课堂语言以及运用访谈挖掘隐藏在教师语言与行为背后的思想、观念、价值取向等方法来了解教师行动中识知的发生与行动中的知识的生成。

三、环环相扣,循环发展

上文中既分析了教师学科教学知识生产链模型的阶段、步骤、内容、结果等各部分组成要素以及要素之间的关系与运行,也分析了生产过程整体呈现出的默会主导、明述辅助、静态沉思与动态应变的核心生产特征,此部分将对生产链中呈现的环环相扣、循环发展的特征进行整体概括。

（一）生产链的循环发展

首先，从结构上来说，备课、上课与课后反思是一个线性发展过程，备课是教师制订教学计划，上课是教师实施教学计划，课后反思是教师对教学计划实施过程中出现的问题进行的回顾与再思考，如果问题严重或出现与教师认知存在较大差异的现象，教师的反思便不仅仅局限在课堂教学活动，而会辐射到备课阶段，甚至重新审视自己的教学价值观与取向，进而获得教学经验的重构。同时，正是由于课后反思的存在，教师能够就线性的教学过程获得一种新的理解，而新的理解不仅是这一次教学活动完满结束的标志，也会成为教师开启下一次学科教学知识生产的知识基础，成为支持下一次教师理解步骤的储备知识，从而将线性的生产过程转变为链状的循环模式，教师的知识生产活动首尾相接，教师的专业能力与教学经验循环上升，稳步发展。备课是教师的预判、计划，体现教师现有的知识基础与能力水平。上课是教师计划的实施、执行，但课堂的复杂性与不可预测性既使得计划往往赶不上变化，也是教师专业能力获得提升的重要契机与源泉，是教学最大魅力之所在。教师在与学生交流互动的过程中一方面经受"打击"，不断推翻计划，重构问题，另一方面也在经受"洗礼"，师生思想碰撞的火花往往为教师带来启发与顿悟以及对于教育、教学、课程、学生等相关要素的新认知。课后反思是有的放矢地、有序地、系统地对教学经验的回顾与重构，是对该次学科教学知识生产活动的升华，而每一次的知识生产都是在上一次的经验总结与重构的基础上进行的，三个阶段必不可少，互为基础，也相互成就。

（二）生产特征的交织共进

不仅生产阶段呈现出环环相扣、循环上升的态势，每一阶段的知识生产结果所表现出的特征也是相互交织，逐步深化的。

三种生产结果的知识属性划分主要依据其在不同阶段所呈现出的状态。一种停留在脑海中，成为教师独特的实践经验，是教师个人具有的默会知识，主要包括难以详细描述的"行动中识知"，以及教师通过反思获得的新理解，但新理解有两种存在属性，当教师愿意或者有意识地去表达反思的结果时，它也可以成为明述性学科教学知识。另一种通过语言或文字记录保留，实际上该类知识比默会性学科教学知识多了一步，即教师将脑海中生产出来的学科教学知识经过语言或文字表达出来，作为交流或传递之用，因而我们将其称为明述性学科教学知识，主要包括教案和被教师语言化或文字化的新理解。另外，课堂教学话语或行动也是明述性学科教学知识，它是教师"行动中识知"的外显表达，但"行动中识知"的本质依然是默会的学科教学知识。实际上，如上所述，教师学科教学知识的不同成分在不同的推理和行动阶段会因为担任不同的认知工具角色而产生属性上的变化，这也从侧面证明了学科教学知识分为默会性与明述性的合理性。同时，学科教学知识无论是默会的还是明述的，都塑造了教师的精神气质、教学风格、思维品格与价值取向，成为教师独特的实践经验，是教师具有的个人知识。

三种生产结果的动态与静态划分主要是从生产的过程出发，具有教学上的特点。动态学科教学知识指教师进行课堂教学活动期间所生产的学科教学知识，主要包括教师课堂教学过程与学生互动时的"行动中识知"；而静态学科教学知识指教师在非课堂教学活动中生产的知识，主要包括教师的备课与课后反思等行为过程中生成的教案与新理解。静态与动态的划分来自非课堂教学与课堂教学迥异的知识生产方式，考验教师不同的能力。前者是行动前的准备与行动后的反思，经过深思熟虑，教师有着充足的时间、空间与资料去理解、分析、选择与整合；而后者是行动中产生的知识，是根据多变的、复杂的、不确定的、不可预测的环境而不断生成的新认知，更加考验教师的反应力、灵活应变的能力，以及这些能力背后所体现的教师对教学内容、教学技能、学生知识的掌握情况，以及教师经验的多寡。备课、上课、课后反思分别呈现静态、动态、静态的知识生产特点，循序渐进、相互交织、逐步深化，是一种从计划到实施再到反思的过程，每前进一步都基于上一步的成果，包含着领悟、修改、反思，而最终都会落实在实践中，在教师的应用中获得巩固，并内化为教师的个人经验、个人知识，逐步建构起教师个人的认知框架。

综上，教师学科教学知识生产的结果呈现出迥异的生产阶段与生产特点，既有默会性与明述性的区分，也有动态与静态的区分(见表4-1)，且它们之间纵横交错(见图4-10)。属于默会性学科教学知识的"行动中识知"与新理解分别又是动态与静态的学科教学知识；属于明述性学科教学知识的教案、新理解、行动中识知的课堂反馈也同样分属静态与动态学科教学知识;属于动态学科教学知识的行动中识知的内容与行动中识知的课堂反馈,一个是默会的,一个是明述的;属于静态学科教学知识的教案和新理解,前者是明述的,后者既可以是明述的,也可以以默会形态存在。图 4-10 可以直观地表示四种学科教学知识类型之间相互联系、相互包含的关系。如果从学科教学知识的成分上来看,无论是哪种类型,在形成的过程中,都既有处在认知焦点的成分,又有承担辅助工具作用的成分。它们之间的纵横交错取决于复杂的教师教学过程。

表 4-1　三种学科教学知识生产结果的不同性质、生产特点与生产阶段

生产结果		对比元素		
		性质	状态	阶段
教案		明述性	静态	备课阶段
行动知识	行动中识知	默会性	动态	上课阶段
	课堂反馈	明述性	动态	
新理解		明述性或默会性	静态	课后阶段

资料来源:据相关理论及上述分析总结绘制。

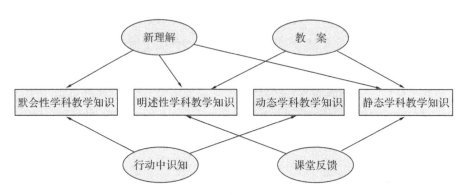

图 4-10　学科教学知识生产结果呈现的不同特征与关系

资料来源:据相关理论研究及笔者本人思考总结绘制。

在默会知识视域下,教师学科教学知识生产链模型呈现出一种既复杂又清晰的关联。复杂表现在细节上,步骤烦琐,情况多变,生产状态交织,知识性质也在不断地转化。而清晰表现在生产阶段分明,既是线性的按部就班、环环相扣,也是链式的首尾相接、循环上升。

第五章

教师知识生产案例研究

第一节　案例概况

一、研究思路与研究对象选择

据教师学科教学知识生产的主要阶段与步骤,本次案例研究从教师的备课、课堂教学与课后反思入手,主要运用课堂观察与课后访谈两种方法,辅以拍照、记录等手段开展研究。通过观察、记录课堂中关键事件的发生与发展收集教师上课时的学科教学知识生产过程,并根据研究目标预先设计访谈问题,以便有的放矢地收集教师备课与课后反思阶段中的学科教学知识生产过程。研究对象的选择遵循随机性与代表性原则,在年龄、教龄、性别、学历与专业水平上既存在共性也具有差异性,以保障研究的信度与效度。

(一)研究思路设计

课前阶段主要以访谈法进行资料的收集,了解教师在备课过程中考虑的要素,并记录所听课程的教案。课堂教学阶段则着重观察并记录关键事件,以其为突破口探究教师行动中生产的知识。关键事件的出现意味着教师的教学设计与实际情况之间出现冲突,但并非全是消极的,既可以是学生出现的学习困难,也可以是学生提出的奇思妙想,甚至是学生有意为之的插科打诨。事件也不拘于学生个体或班级,可以是个别学生对教师教学的反应,或者是全班同学出现的"滞涩"现象等。除了关键事件之外,本研究在观察的同时也会记录教师一些独特的课堂教学行为,以便在访谈中挖掘行为背后的逻辑和观念。而在课后阶段,信息的收集主要以访谈为主,包括针对研究者所参与的课堂教学的提问,也包括关于教师专业发展和教育理念与取向的提问,力图多方位了解教师行为背后的思想观点以及知识群落。在进行数据收集前,作者大致拟定以下几个维度进行观察与访谈:(1)备课考虑哪些要素?(2)如何处理课堂的"突发"事件?(3)课后反思的频率与成果若何? 在一步步深入课堂,一次次同任课教师进行沟通以后,这些维度都变得更加细致、清晰、明确,并且根据教师特点获得了一定程度上的拓展。尤其是千变万化的课堂使得访谈问题更加丰满真实,访谈过程的追问也使受访教师的画像更加细致入微。案例研究的魅力就在于数据的收集与分析交织,在收集的过程中分析,又因为分析而时刻更新收集的方法与对象,而当案例结束时,"单薄"的开始却成就了"丰满"的结果。

由此,本章将以观察、访谈、文献阅读与对比等方法为主,捕捉教师课前、课中、课后的各类相关事件,记录教师的现场反应以及行为背后的观点与看法,对每一位研究对象的生产步骤、阶段、要素与结果进行实证研究,总结他们各自的特点,找出他们之间的差异,分析差异的原因,在实际教学活动中探究一线教师学科教学知识生产概貌。

(二)研究对象选择

本研究选取来自 X 市三所普通高中的五位生物教师作为案例研究对象,研究对象供职于不同的学校,年龄分布在老、中、青三段,专业发展水平有资深教师、熟练教师与初任教师三种。这些教师在年龄、教龄、专业水平、性别和学历上存在的差别使得本案例研究虽然样本不多,但样本间蕴含较大差异,具有一定的代表性。研究对象的基本信息见表 5-1。

表 5-1 五位普通高中生物教师基本信息

姓名	年龄/岁	教龄/年	性别	学历
X 老师	58	36	男	本科
Z 老师	58	36	男	本科
C 老师	38	15	男	本科
L 老师	36	14	女	本科
Y 老师	32	7	女	研究生

从表 5-1 中可以看出,有两位教龄在三十五年以上的资深教师,两位教龄十几年的熟练教师,以及一位初任教师。不仅不同专业水平的教师之间可以进行对比,相同水平的教师也可以进行对比。另外,性别对教师教学的塑造也存在较大影响,因此,本研究选取的研究对象的性别结构也使得样本可信度增加。

总之,本研究所选取的五位教师在各个方面差异较大,可以为案例研究带来更多维的、更广泛的、更具代表性的信息。

此外,本研究的数据收集基于最能展现日常真实教学情境的常态课,以观察、记录、访谈为主,真实还原教师在课堂中的行为、动作、语言,真实记录教师的访谈过程。引用受访教师的原话,进行深度描写与案例分析和比较,尽量减少研究者对客观材料的改动。访谈的问题设置不带有引导性,访谈过程中的追问也尽量不带有引导性。本研究所收集到的数据也非常贴合研究目的与研究路径。教案、课堂记录、课后访谈的数据分别同课前、课中、课后这一研究路径相符,而教案、课堂记录、课后访谈中所包含的教师语言、行为、动作以及观点和思想正是本研究探索教师学科教学知识生产的主要媒介。因此,本案例研究具有较高的信度与效度。

二、材料收集与处理

本研究主要采用文献研究法、观察法、访谈法收集文字资料、录音资料以及图片资料等。

首先,文献分析法在本章主要用来处理听课笔记、教案、访谈录音的文字稿。从这些书面材料中抽取同本研究目标密切相关的教师行为、语言、思想等要素,并以本章的分析框架对这些数据进行整合与分析。

其次,本研究对 X 市三所普通高中的五位生物教师的十二节常态课进行非参与式的观察,并对课堂进行录音、拍照、记录,共转化为约九万字的文字资料(见表5-2)。如社会学家乔金森所说,"在现场经验和观察的基础上对所研究的问题进行不断的修正"[①]。在观察的过程中研究者也在对研究的问题不断地修正与细化,尤其是本研究将一项重要的教师知识生产过程定位在课堂教学中,而课堂教学具有动态性、多变性、不可预测性、独特性等,必须通过实地观察与记录其中的师生互动、关键事件以及教师的临场发挥、即时反馈、肢体动作、表情等对教师教学的特点、教师行为背后的原因、教师的教学习惯等进行提问。不经过课堂观察,是没有办法挖掘更多的细节问题,获得更丰富的信息,了解更加丰满的教师形象的。研究者在观察的同时也在不断地思考。

---

① 乔金森.参与观察法[M].龙筱红,张小山,译.重庆:重庆大学出版社,2009:8.

表 5-2　五位高中生物教师的十二节课堂录音文字稿字数统计

教师	课时	课堂录音记录字数/字
X 老师	新课:细胞工程的概念	8066
	抢答课	7205
	新课:植物细胞工程的实际应用	7727
Z 老师	新课:基因突变	6172
	练习课	8912
C 老师	新课:基因工程	9095
	新课:现代生物进化理论	9661
L 老师	练习课	2901
	一轮复习课 1:细胞中的元素与无机化合物	6763
	一轮复习课 2:蛋白质与核酸	8832
Y 老师	新课:基因重组	6979
	练习课	7285

最后,本研究对 X 市五位高中生物教师开展半结构式深度访谈,每位教师的访谈时间都在一个小时以上,访谈内容除基本信息之外,包括三个维度,以教师教学的三个主要阶段进行划分,分别对教师的备课、课中与课后反思行为进行提问,并最终整理为共五万多字的文字稿(见表 5-3)。每位教师的访谈问题列表都有一定的差别,主要源自对上课部分的提问以及访谈过程中的追问。前者的差异主要来自课堂的独特性与多变性,后者的差异主要来自教师个体的独特性。

访谈法通过对话挖掘研究者想要获得的信息。这些信息往往是默会的,隐匿在研究对象显性化的行为表征和语言表征中。访谈法能够弥补观察法的局限,同观察法相互补充,完整地呈现研究对象的行为与思想。这是质性研究的魅力所在,在研究者对被研究者进行访谈时,不仅研究者会依据被研究者的回答进行细致化或拓展化的追问,被研究者也会因为问题而进行反思。访谈成为一个契机,促使被研究者深入自己的思想,探究自己行为背后的理念与信仰,想日常不想之事,从而获得更深刻的自我认知。

表 5-3　五位高中生物教师访谈时长与录音文字稿字数整理

教师	访谈时长	访谈录音文字稿字数/字
X 老师	第一节课课后访谈,49 分钟 36 秒	6133
	综合访谈,1 小时 17 分钟零 7 秒	11066
Z 老师	综合访谈,1 小时 3 分钟 46 秒	8907
C 老师	综合访谈,44 分钟 19 秒	7561
L 老师	综合访谈,1 小时 17 分钟 40 秒	9632
Y 老师	综合访谈,59 分钟 52 秒	8699

第二节　教师知识生产案例探析

一、备课:教案中的知识生产

备课部分的资料来源主要有二,一是图像资料,二是访谈资料。两者的获得途径都是在征得受访教师的同意下对相关信息进行拍照和录音。图像资料的收集针对备课这一行为的结果,但教案所展示的只是知识生产的结果,而结果如何产生、用到哪些要素、要素之间的关系、如何整合要素等生产过程还需通过访谈获得。访谈资料的收集主要针对挖掘主体在备课过程中可能用到但当时却没有意识到的各种知识成分,例如备课时所考虑的教材与学生因素、教育理念、教育规律、教育价值观等。这些通常属于教师熟练掌握的默会知识,一般来说不会被教师特别注意,因而需要通过提问来让教师有意识地去探寻。访谈资料的收集同样也针对主体如何选择、排序、整合这些知识成分,然而,其中更多是一些尽管行为主体有意识去探究却也说不清楚的默会知识,例如思维的运作、意识、直觉以及复杂的、经过整合的经验,这些需要从教师的回答中挖掘。

在进行案例分析前,有一点需要说明的是,教师没有提及的不代表教师没有用到。例如,教师在访谈中对于"备课时一般考虑哪些要素"这一问题的回答(见表 5-4、表 5-5)彰显了教师认为最重要的几个点,但他们没有提及的要素不代表他们完全不考虑,只是可能那些要素不是他们备课时的重点。在访谈一问一答的环境下,他们会优先给出备课过程中最真实、最常用、最重点的考量要素,这些是他们有且意识到的,是他们所关注、所强调的。而访谈没有挖掘出的教师备课时所涉及的知识则存在两种情况,一种是教师用到却没有意识到的,一种是教师确实没有用到的。前者是程度较强的默会知识,例如教师意识不到生活的环境、社区文化、校园文化等情感型默会知识对自己教学行为的影响,即使研究者有意识地询问教师的教学价值取向与影响自身教学风格形成的因素这类问题,教师也没有意识到这类知识的作用。后者则可归因于教师专业能力还有待发展,例如五位教师在备课时都不关注学生的心理知识、四位教师不关注教学模式等。那么教师没有提及的知识是属于深度默会知识还是确实没有用到,则要根据知识类型本身和受访教师具体的回答来判断。

表 5-4　五位生物教师备课要素内容

教师	备课要素
X 老师	课本(教材)、学生、高考
Z 老师	考点、教材、学生
C 老师	备教材、备学生、备课堂(教法)
L 老师	复习大纲、复习进度
Y 老师	重难点、分主次、提问法

表 5-5　五位生物教师备课要素分布

教师	备课要素												
	教什么			怎么教		教给谁						为什么教	
	教材	课程标准	考试大纲	教学方法	教学模式	智力	心理	前知识	难点	班级风格	个体需要	价值观	背景
X 老师	√	√	√		√	√							√
Z 老师	√	√	√	√		√				√			√
C 老师	√	√	√	√		√		√	√				√
L 老师	√		√	√		√		√		√			√
Y 老师	√		√	√		√							√

第四章中的理论分析显示,影响教师备课的元素应当包括内容知识、方法知识、学生知识以及情境知识这四大类。其中,内容知识、方法知识是"主料",其他知识是"辅料",经过教师的整合最终形成以某种教学表征方法呈现某种教学内容的教案。换句话说,显性的教案显现出显性的教学内容知识与教学方法,其他元素则作为默会性质的辅助工具。然而,实际情况并不像理论分析中那么全面,也不像理论分析中那么局限,不同的教师或许会带来更多元的备课过程。表5-4与表5-5是研究者根据案例资料整理所得,可以更加直观地对五位生物教师的备课要素进行对比。表5-4将每位教师口述的备课要素简单罗列,表5-5则将每位教师提到的要素同所有应当包含的学科教学知识类型进行对比,不仅能够直观地看出每位教师运用了哪些要素,没有运用哪些要素,通过在教师之间进行对比,还能清楚地发现每种要素参与备课活动的频率,在要素之间进行对比。

整体而言,学科教学知识的四大成分都积极地参加了教师备课的环节,没有哪一部分是完全被忽略的。但仔细看每个成分中的细小元素,则会发现不同元素的参与度大相径庭,且每位教师的侧重点也不相同。

(一)对教材不同深度的理解

备课是教师学科教学知识生产的第一阶段,在这个阶段中包含了两步,即理解与转化,都涉及教材知识。前者以教师理解教材为主,后者参考课程知识对自己理解的教材进行筛选,将之转化为课堂教学内容。此时并不会加入对其他因素的考量,因为无论用什么方法呈现,无论学生能力如何,这些教学内容都是必须教授的。教材既为学科教学知识生产"打了头阵",也是其中一个不可或缺的要素。它是教师教学的核心内容与主要媒介,是教师备课的成果,是教师所输出的主要内容。教材就像巧妇手中的米,既是原料,是操作对象,同时也是目的,是成果。案例资料也证明了教材毋庸置疑的参与度,五位教师在备课阶段首要纳入考量中的要素即教材。

备课的话,首先就是"吃透"这堂课,就是书本上的知识。例如干热灭菌,需要2～3小时,湿热灭菌只要20～30分钟。如果你没有吃透,你就会跟学生讲:干热灭菌得2个多小时,湿热灭菌30分钟。这样讲本身也没有问题,书上就是这么讲的。但是,你要吃透了,就会知道为什么干热灭菌要2～3个小时,湿热灭菌只要半小时。这个问题实际很重要,你讲清楚就很重要。因为这个湿热灭菌依靠蒸气,蒸气对这个物质穿透力很强,所以很快就能灭菌。而干热灭菌虽然依靠高温,但是温度上升也慢,不容易穿透,不像蒸气"噌"的一下就上去了。所以,你这样一讲,穿透能力强灭菌快,讲为什么,比较一下,这样学生就记得很清楚了。"吃透"非常关键。很多老师不去弄透,他们就觉得书上讲的这个就是这个。我感觉,要想给学生讲清楚,你自己得先吃透书上的知识。(X老师)

……第二,是根据课标对教材的内容进行取舍……(Z老师)

这个很简单。一是备教材,看看要教什么。知识点怎么解释,哪个地方容易考,哪个地方容易错。现阶段是高一,如果时间来得及的话,可以梳理一下考纲,这个是很有指导性的。备教材,尤其是结合考试大纲和课程标准,去参照,聚焦。像我们这样教了很多年的,大体上都知道哪些是经常考到的,出题从哪些角度,讲到这里我就能知道。(C老师)

备课的话,一般情况下,像我们现在在做第一轮复习。我会先把复习的教案先做一遍,然后我会看一下涉及哪些考点,这些考点与我脑袋里面想到的考点是不是吻合,然后我会在教案罗列的考点里面做一些补充和删改。哪一些我认为重要的我会增加进去,哪一些我认为说得啰啰唆唆的我会删掉。基本上我们会以这个复习资料为框架,在这个框架的基础上进行删减。(L老师)

我觉得备课时首先确定这节课的重难点比较重要,尤其是遇上新课的时候。而且重难点千万不能跑偏了。我现在是这样的,这节课下来,我最低要求学生,书上也好,笔记本上也好,他们必须记哪些东西,留下哪些东西。然后我会告诉他们,你们这节课至少要把这些东西记

下来。这些最多也就花个十多分钟的时间。（Y老师）

　　尽管五位教师都首先提及备课要考虑教材，但五位教师对教材的重视程度和处理方法大相径庭，主要表现在教师对教材的思维深度不同，整合程度不同。从教师的言语中可以明显地看出有些老师只是照搬教材知识点，有些教师则对教材的理解着重陈述。例如，X老师运用例子详细地解释了教师为何以及如何深刻理解教材，其所强调的"吃透"教材就是不仅仅理解了教材表面提供的知识点，也要深挖知识点背后更深层次的原理或同其他知识点之间的联系，甚至是教材中出现的不准确或错误的地方，而不是仅仅停留在教材是什么就是什么的程度。L老师对教材的处理不是生搬硬套，而是自己首先把规定的考点梳理一遍，根据自己的理解对考点进行补充与删减。这两位老师对教材的理解和转化程度较其他老师来说较为深刻，都表明了"教师自己首先要透彻地吸收教学内容知识，经过自身的认知加工，再输出为课堂中所要教给学生的知识，此时这些教学知识便是经过了教师个人的理解、选择与整合作用后的产物，带有其个人的特点"的意义。

　　X老师与L老师在备教材这一部分都着墨较多，而其他三位教师对教材的处理都属于"明确提及，但一带而过"的状态。C老师和Z老师对教材的态度相似。Z老师言简意赅地指出"考什么讲什么"，C老师指出"一是备教材，看看要教什么，如果有时间的话，结合考纲和课标对教材进行聚焦"。Y老师则直接关注重难点，并无过多解释。教材对这三位教师来说更像是"储存教学内容的仓库"，他们对教材的态度都是根据考点拿来即用。因此，同样是备教材，但教师之间对教材有着不同程度的理解，有的老师从深度与广度上对教材上的知识点进行了额外的拓展与联系，有的老师将知识点同自己的理解进行了同化与顺应，而有的老师仅仅停留在知识点是什么就是什么的程度。

（二）对学生不同程度的关注

　　在第三章中我们分析了教师应当具备的学生知识，包括两大类。一类与教学知识直接相关，即学生的前知识、技能、学生可能会对所呈现的教学知识产生的误解、偏见、理解困难、期待、好奇心与求知欲等；另一类与学习行为直接相关，包括学生个体的特点与群体的关系，主要包括学生的认知能力、背景信息、观念取向、行为特点、伙伴关系、身心发展的一般规律等。在第四章，我们分析了学生知识是教师在转化步骤中的重要一环，教师要以学生能够理解的方式组织知识、表征知识，这就要求教师了解学生的兴趣、困惑、疑难以及个体和群体的学习风格，从而在转化步骤中能够以最适合学生学习的教学方法生成教案。但在本案例研究中，五位教师所展现出的学生知识比较单薄，且较为模糊，呈现一种直觉状态。

> ……第二，要考虑到学生的情况。好学生要讲得快一些，差学生要讲得慢一些，多注意重复。（X老师）

> ……第三，根据学生的情况。你带的这个班的孩子能听懂吗？你准备用哪些方法讲？正常听下来，你会发现我每堂课方法都不一样。但是大部分老师会讨巧，把课备得一样。而我会根据班级的不同，在讲课的方式、展现的方式上有所差别。比如10班有个学生特别会讲，那就让他展现，让他讲。还有一点，如果我让10班的那个学生讲，我也会根据其他学生的反应灵活调整。特别是当其他学生表示听不懂的时候，我就会接过来自己讲。（Z老师）

> ……二是备学生。所谓备学生就是要考虑对于学生来说哪个地方容易出问题，哪个地方是难点，哪个地方是重点。重点的地方，我花的时间肯定要多一些；难点难在什么地方，不备学生你就不知道。（C老师）

> 在我复习蛋白质的时候，关于蛋白质涉及多少个氨基、多少个羧基以及多少个肽键这些问题的引导，其实和新课里是一样的。如果是正常的复习课的话，我应该就直接告诉学生多少个肽键，但是对于很多学生而言，高一学的东西都忘完了，所以我还是要引导他们一点点去想，从简单到难，一点点深入，这一块和新授课的备课有些类似，都是通过引导式提问的方式一点点加深。另外就是，不同的班级学生状态不一样。比如说9班就特别活跃，跟老师跟得特别紧。你讲的时候

他们全神贯注,所以每次在 9 班我都讲得特别快,能够讲很多东西。但是呢 12 班就不这样。12 班的学生相对而言反应慢,做什么都慢,但是他们的好处在于你讲什么他们都能记住,他们就是执行力比较好,但是他们接受力不强。所以,不同的班级会略有差别。(L 老师)

……当然也有其他的一些知识,不是说不重要,而是有的同学有这个能力,有的同学没有这个能力,你只能说给他们分一个主次。比如生物中的一些计算题,一些比较简单的我会要求每个同学都要会,而稍微难一些的,如果做试卷的时候不会,你可以先放一放,或者说你放弃都可以,也就是那么 2~3 分的题,分个层次出来。(Y 老师)

从上述五位教师的话语中可以发现他们的学生知识通常表述为"根据学生情况",而细究"学生情况"后发现其普遍指向学生能力,或可称为学生水平、智力等,是比较模糊的一个指向。此外一些教师提到学生个体特点、学生的重难点以及班级风格这几个方面。例如,学生的前知识这一项目获得了 C 老师和 L 老师的关注。C 老师在表述其备课要素时指出备学生就是要考虑学生在理解这个知识点的时候具有的认知程度或基础知识掌握情况,并通过导学案(X 市现行的一种测试学生预习效果的方法)获得学生的前知识,据此选择突破点、选择教学方法。L 老师对学生前知识的判断主要体现在她认为高二学生虽进入复习阶段,但对于高一的知识存在着遗忘的普遍现象,因此在对一些重要考点进行复习时,L 老师选择了教授新课时采用的引导式提问法作为复习课的教学方法。其他三位老师均没有提及学生的前知识。在备课中考虑学生可能存在的难点和问题这一项目的教师只有 C 老师一个人,他指出"所谓备学生就是要考虑对于学生来说哪个地方容易出问题,哪个地方是难点,哪个地方是重点。重点的地方,我花的时间肯定要多一些;难点难在什么地方,不备学生你就不知道"。尽管 Y 老师指出备教材就是提取一节课的重难点,但是从她的后续描述中可以看出她所指的重难点主要是依据教材的重点知识,而不是基于对学生的了解而提取出来的学生可能存在疑问和难点的知识。而班级风格被 Z 老师和 L 老师划归备课要考虑的要素当中。Z 老师根据班级风格改变他的教学方法,对此他多有陈述,并举例说明。L 老师则根据班级风格调整她的教学进度。

总的来说,首先需要肯定的是,对学生能力的考量反映出教师在备课时对学生的重视。教师并非如外界所说只关注教学工具,不关注教学对象。相反地,学生能力如此统一地被五位教师作为备课必须考量的要素。只有真正进行教学的教师才知道教学的最终目的是让学生理解知识、记住知识、吸收知识以及运用知识。尽管这些行为在高中阶段清晰地指向考试,但考试与此并不矛盾。考试何尝不是知识运用的一种方式呢?且正是因为考试的存在,教师在这种刚性压力下更加需要详细了解学生能力发展水平,以便在此基础上选择合适的教学方法呈现教学知识,从而事半功倍。而所谓为了考试成绩不顾学生需求的说法实际上非常片面,造成这一现象的原因有可能是知识量不足,有可能是教师自身能力有限而导致的判断不准,也有可能是其他因素,但不会是教师不考虑学生能力发展而进行教学,因为无视学生能力水平去教学实在是一件费力不讨好的事。

除学生能力被所有老师作为备课要素之外,其他类型的学生知识获得的关注参差不齐,程度不一,每位教师都有各自的侧重点。在教师之间做一个横向对比则会发现,C 老师、L 老师和 Z 老师在备课过程中运用了较多的关于学生的知识,X 老师和 Y 老师则较少。X 老师是资深的老教师,Y 老师是初出茅庐的新手教师,两者对学生知识的关注都较少,研究者猜测背后的原因应该不同。老教师具备多年的教学经验,对学生整体情况的把握上手很快,心中有数。多年的经验使得老教师自有一套关于学生的知识,包括如何同学生相处,如何针对不同的学生提供相应的教学方法,如何管理班级。正因为熟练掌握了学生与教学之间的脉络,可以做到信手拈来,可以游刃有余地处理各种由学生引起的教学事件,因而学生知识不再成为 X 老师所要特别关注的对象,已成为他的直觉知识,他的注意力放在了更具难度和挑战的地方。而作为新手教师的 Y 老师忽略学生知识的原因同 X 老师不同。新手教师普遍更关注自身,重视自身是否能够正确地把握教学重难点、有效地传授教学内容、自身的教学技巧是否熟练、课堂气氛是否活跃、是否获得学生的认可和喜爱等,因而对教学对象往往欠缺关注。而当新手教师逐渐对教学内容知识与教学技能掌握熟练后,便会把注意力放到学生等其他教学要素上,也就进入 C 老师和 L 老师所代表的熟练教师的阶段。熟练教师会尽可能多地了解学生、满足学生的需要,将更多的学生要素整合进自己的教学中,呈现出一种成熟而全面的教学风格。而当教师从熟手进一步过渡到资深教师的阶段后,教师便会在自己丰富的经验之上找到自己所认为的教学中最重要的东西作为备课时必须考虑的因素,其他因素便成为教师有但却不会被特别注意的备课成分。资深教师的关注焦点已经不是熟练教师所追求的全面性和综合性了,而是他们所认为最有挑战、最具困难、最为重要的那些点,就如 X 老师把备课的重心放在"吃透教材"上,而 Z 老师把备课的重心放在教学方法上。

尽管如此,案例中的五位教师在学生知识的掌握方面仍旧值得关注。教师应当具备的关于学生的知识不仅仅是对学生思维能力的了解和判断,还应当包括学生的兴趣点、身心发展规律、前知识、难点或问题、背景、班级风格、班级管理等。对特定年龄段学生心理发展水平的认识有助于教师同学生建立良好的师生关系,辅助教师进行班级管理,协助教师制定更适合学生的教学策略。对学生的兴趣点和具备的前知识的了解有助于教师获得学生已经掌握的和想要学习的知识,更准确地为学生提供学习的起点,更准确地选择教学方法;对学生可能会出现的问题或难点进行预判,以便有的放矢地、精准地、集中地解决问题,促进学习,提高效率;对学生背景、班级风格的了解以及对班级管理知识的掌握有助于教师安排合适的教学模式、教学进度以及采取不同的教学风格,有助于教师同学生集体的相处,有助于教师处理班级集体或学生个人出现的问题等。然而,这些学生知识在实际备课中或多或少地被教师们忽视了,这一点值得研究者注意。

(三)教学形态与教学模式体现不充分

在第三章中本研究分析了教师的教学方法知识一般包括学科教学法、一般教学法以及教学模式。在备课阶段,学科教学知识的生产最终指向的便是教学方法的选择与转化,即以学生能够理解为取向选择适当的学科教学法对筛选出的教学内容知识进行表征,并通过一定的教学模式组织课堂教学活动。一般教学法主要是关于班级管理方面的知识,多用于课堂进行中的纪律管理和班级日常事务管理,在后续上课和课后反思中会出现,一般不用于对备课的考量。

从案例资料中发现除 X 老师之外,所有教师都把学科教学方法作为备课所要考量的重要元素之一,而同样除了 X 老师之外,没有其他老师提出教学模式这一名词。缺少对课堂教学活动的整体设计反映出教学模式的单一,进而影响了课堂教学形态的多样化呈现,使得课堂仍旧以教师讲授、学生接受为主。对这一部分的分析首先从区分教学模式与教学方法开始,然后对四位教师备课中的教学方法进行对比分析,最后简要叙述 X 老师的教学模式。

1. 教学方法与教学模式

多位著名学者对教学方法进行了定义。王策三认为教学方法是为达到教学目的、掌握教学内容、运用教学手段而进行的、由教学原则指导的、一整套方式组成的、师生相互作用的活动。[①] 李秉德提出教学方法是在教学过程中,教师和学生为实现教学目的、完成教学任务而采取的教与学相互作用的活动方式的总称。[②] 钟启泉和张华从教学方法的上位概念——方法出发,阐述了教学方法是指向特定课程和教学目标、受特定课程内容制约、为师生共同遵循的教与学的操作规范和步骤;教学方法是引导、调节教学过程的规范体系。[③] 吴立岗则在辨析"法""方式""教学方法"的过程中指出教学方法是由教学思想、师生关系及其在教学活动中的比例、教学组织形式、教学手段等诸要素组成的一种结构,其中不同要素的组合则产生不同的教学方法。[④] 这种教学方法更倾向于教学模式。具体来说,不同学者从不同的维度对教学方法进行了分类,但基本有如下一些教学方法,例如讲授法、讨论法、演示法、提问法、探究法、发现法等。《现代汉语词典》中把模式解释为"某种事物的标准形式或使人可以照着做的标准样式"。西方学术界通常把模式理解为经验和理论之间的一种知识系统,"不仅是一个实体,更是一种达到目的的手段"[⑤]。

教学模式是教师对课堂的组织方式,具有稳定的教学活动框架和程序,体现出课堂空间的整体性与时间的结构性。布鲁斯·乔伊斯是研究教学模式的专家,他指出:教学模式是一种媒介,教师通过教学模式获得多种成功的教学方

① 王策三.教学论稿[M].北京:人民教育出版社,1985:244.
② 李秉德.教学论[M].北京:人民教育出版社,2001:183.
③ 钟启泉,张华.课程与教学论[M].沈阳:辽宁大学出版社,2007:194.
④ 吴立岗.教学的原理、模式和活动[M].南宁:广西教育出版社,1998:176-179.
⑤ 罗慧生.现代科学哲学的"历史学派"[J].哲学研究,1981(11):37-45.

法,通过教学模式向学生传递学习模式,引导学生掌握学习的过程。[①] 吴立岗将教学模式定义为"依据教学思想和教学规律而形成的在教学过程中必须遵循的比较稳固的教学程序及其方法的策略体系,包括教学过程中诸要素的组合方式、教学程序及其相应的策略","教学模式是将教学方法、教学手段、教学组织形式融为一体的综合体系,它可以使教师明确教学应先做什么、后做什么、先怎样做、后怎样做等一系列具体问题,把比较抽象的理论化为具体的操作性策略,教师可以根据教学的实际需要选择运用"。[②] 教学模式侧重课堂流程的呈现,教学方法侧重知识的呈现。教学模式主要有传递—接受式、自学—辅导式、探究式、发现式、范例式、合作学习式等。一个教学模式中可以有多种教学方法。多样的教学模式反映出不同形态的课堂教学,例如活动课堂、智慧课堂、创新课堂、问题驱动课堂、翻转课堂、趣味课堂等。

2. 教有法而无定法

首先,对于教学方法和教学模式的选择并不像选择教学内容一样受到课标和考点这两种客观标准的限制。教师对于教学内容更多的是理解,并不需要过多考虑其他,因为无论如何,这些内容都是必须教授的,不需要考虑学生要素,只是理解的程度在教师间存在差异。而当理解的发生加入学生这一要素时,教师的自我提问就由"这个知识点是什么"转变为"我应该如何讲解这个知识点""我怎么讲学生更容易理解"等问题。教师思考的重心开始转移到教学方法和模式上。教学方法与教学模式多种多样,没有所谓最好的,只有最合适的,教有法而无定法。而所谓对合适的判断和选择则同学生、教学内容、教学目标、教师风格、教师观念、学校软硬条件等多重因素相关。说到底,备课最终要落到教学内容和教学方法上,其他学科教学知识成分则是"过滤器"。教学内容有课标和考点这个"过滤器",而教学方法的"过滤器"则与每个老师的判断和倾向强相关。根据访谈资料,本研究将四位教师关于教学方法的访谈原文以表格形式展现,并从每位教师的话语中提取出其使用的教学方法,以及影响其选择教学方法的关键因素(见表5-6)。

---

① 乔伊斯,韦尔,卡尔霍恩.教学模式(第八版)[M].兰英,等译.北京:中国人民大学出版社,2014:1-6.

② 吴立岗.教学的原理、模式和活动[M].南宁:广西教育出版社,1998:179.

表 5-6　四位教师的教学方法以及影响其选择的因素

教师	方法与原因			
	关于常用教学方法是什么的访谈原话	常用的教学方法	关于影响教学方法选择的要素的访谈原话	影响教学方法选择的因素
Z 老师	X 市的讲练法就算是一个。还有讨论法、展示法、讲授法。老师讲得多就是讲授法,学生讨论多了就是谈话法。再加上多媒体、课件的配合。	讲练法、讨论法、展示法、讲授法、谈话法	我要看情况的。比如下节课中会讲到的关注人类遗传病的内容,考点较少,我就直接用讲授法。但是基因重组就不一样,它虽然在书本上也就一到两页内容,但是你要是放在一节课讲,内容实际上会很多。我就会把主要考点提供给学生。根据教学内容的不同,这不就是不同的教学方法了吗?……特别是当其他学生表示听不懂的时候,我就会接过来自己讲。	教学内容、学生特点、学生反馈
C 老师	我要考虑从什么角度开始教学会对学生的理解有所帮助。比如我运用举例法、类比法、画图法等等。有可能使学生的理解比较直观。 你可以根据你需要他们学的内容来抛出几个问题让他们先自学,然后小组讨论,然后派代表上讲台说。	举例法、类比法、画图法、提问法、讨论法	根据学生出现错误的地方,我要去分析为什么你会错,我要考虑从什么角度开始教学会对学生的理解有帮助。在你讲的过程中,学生的反应并不理想,说明他们不太懂,就要临时改变教学策略,可能要换个角度进行解释。 教学方法可以根据教学的具体内容,或者是根据教学的具体情况而定。有些教学内容适合让学生自学的就让学生自学。但是需要解释的东西,你可以让他们先自学,然后让他们说,不会的你再给他们讲解,总结的时候你再补充或纠正,再带着学生们梳理一下就行。 学校实验课开得很少很少,原因是课时问题,拿不出时间做实验。	易错点、学生难点、教学内容、学生反馈、课时安排、教学目标

教师	方法与原因			影响教学方法选择的因素
	关于常用教学方法是什么的访谈原话	常用的教学方法	关于影响教学方法选择的要素的访谈原话	
L老师	一般我会给学生几个问题，让他们在书上找答案。找到了再集中探讨。再从书上没有的问题中拎出来几个比较容易错的，让学生一起讨论。这是一类方法。第二类方法就是找几个有争议的问题，让学生小组讨论、合作。结束后每个小组给出一个结果。然后我也会讲，并且得出一个统一的认识。	提问法、讨论法、讲授法	但是不会是一整堂课都讨论，这点我们无法做到，因为课时太少。只能是在课堂上分个小板块出来。这个板块我觉得可以的话，可以让你们讨论一下。时间也很少，最多5分钟。 但当我们的课时不够的情况下，我就不会让他们都说。因为这种讨论很浪费时间。我们达不到在短时间能够达到的同样的教学效果，所以就不能展开。	课时安排
Y老师	我觉得比较管用的有提问法，那种引导式的，问题串式的，一步一步加深的那种。还有就是比较先进的情境法，联系生活场景。现在必修还少一些，等到了选修，像一些什么发酵工程啊就比较有意思，可以给学生一个真实的场景，甚至动手去做。	讲授法、提问法、问题链、情境法、实验法	然后现在教育局要求是每节课最好都要设计一到两个学生活动。 有些知识是讲不出来的，尤其是生物中涉及的比较抽象的知识，例如减数分裂。你让学生讲，他们也说不出什么东西。那个就必须老师先引导，老师先说。 不过这种课也越来越少，说实在的也比较浪费时间。从准备到写实验报告至少要用两节课。而且我们一个班一周也就两节课，就等于是耽误了一个礼拜的课，所以是比较浪费时间的。像我们学校，条件有限，如果要上实验课全得自己准备，自己去买东西，自己弄那些器材。而且学生的层次还比较低，你让他们做可能还做不出来，你上课的时候还得再去教。	上级要求、课程内容、教学条件、学生能力

表 5-6 清晰地展示了四位教师常用的教学方法以及他们选择教学方法的理由。总体来看,出现频率最高的主要有讲授法、提问法以及讨论法。除此之外,C 老师提到举例、类比、画图等更具体的知识表征方法。而实验法、问题探究法等虽被提及,但是由于学校客观条件、学生能力、课时安排、教学效率等限制因素而被弃之不用。教学方法相对比较单一,且对活动探索类的教学方法的功用认识模糊,但教师教学方法的选择背后却有着丰富的考量,既包括知识点的特点、学生个体特点、能力发展水平、班级风格,也有学校设备条件、课时安排等客观限制,同时还会根据课堂中学生的即时反馈灵活调整教学方法,原因之丰富体现出教师备课阶段强有力的整合特征。

X 老师虽然在阐述自己的备课思路时没有提到教学方法,但是在对他的课进行录音转文字的整理时,研究者发现他比其他教师运用了更多的教学方法与教学技巧,例如启发式提问、链条式提问、联想记忆法、大声法、重复说明法、领读法等。且通过与 X 老师的对话,研究者发现他对这些教学方法和技巧的运用都有自己独特的理由,往往基于学情,指向学生学习。多种多样的教学方法固然是好,但更好的是教师清楚地知道自己为什么用这个教学方法,根据什么选择的教学方法,该教学方法是不是达到教学目标最好的途径,而不能仅仅图一个热闹的课堂。例如在 X 老师所教班级中,走神和犯困是教师要克服的两大难题,而大声法和领读法便是针对这一学情而运用的。因而,研究者认为 X 老师在备课中不考虑教学方法的原因在于他能够熟练地将教学内容与方法匹配,主观意识上不需要刻意去进行方法的选择,于是将注意力放在了教学模式上。

3. X 老师的教学模式

上述四位教师的注意力都放在了具体的教学方法上,然而 X 老师却把更多的思考分给了教学模式,从一个更具系统性、结构性和流畅性的维度考量自己的教学。接下来本研究简要分析 X 老师的教学模式。

在 X 老师第一次提到他的课型分为讲授课、练习课与抢答课三种时,研究者便感到非常新奇,且意识到其中的研究价值,从而设置了一系列的问题(见表 5-7),希望通过访谈获得 X 老师独特且珍贵的教学经验,挖掘其中蕴含的教学观、教学目标、价值取向等教学思想观念。结果也非常令人满意,研究者从与 X 老师的谈话中挖掘出非常丰富的教师学科教学知识。

表 5-7　教学模式结构与访谈问题

对应结构	问题
教学思想或教学理论	抢答活动的教育目的？背后反映着什么教育理念？
教学目标	抢答活动的教育目的？ 抢答课与日常讲授课有哪些显著的区别？
操作程序	如何设计这类课程？需要考虑哪些因素？ 抢答活动课的流程与规则？
教学策略	抢答课的题目来源？ 如何控制抢答活动所花费的时间？ 抢答课的效率？ 多次强调纪律问题，是不是这种活动课的缺陷？ 对于不抢答的学生的参与率怎么保障？ 为什么在正确选项后还要提问错误选项？
评价	抢答课的效果如何？怎么判断？

X 老师的教学模式被他称为单元学讲教学法，由讲授课、习题课与抢答课三种课型组成。讲授课是常规课，同其他教师的常态课一样，而习题课和抢答课则配套实施，尤其是抢答课，是 X 老师独特的教学设计。该教学模式的日常运行如下：

> 我现在用的是单元学讲教学法。把一个单元备成一个大课。我以一个单元为单位，简单的知识我就一带而过，重点的知识我稍微多讲讲。不过有时候我也会先让他们自己去看书本知识，把不会的写出来，交给我，我整理以后，一般有 20～30 个疑难点，我就专门讲这些学生的疑难点就行了。接下来就是让学生大量地作题与讨论，并统计学生们不会的题，以及分别有多少组同学不会。我会在备抢答课时确认哪些题我来讲，哪些题让学生抢答。而抢答课则采取积分奖励制度，充分调动学生的积极性。总的来说，讲基础知识的时候用的可能是启发式教学方法。做题、抢答这样的方法就叫作学讲教学法。很多人认为基础知识就在于老师讲，这是一种错误的看法。学生掌握基础知识并不在于老师多讲，学生多背，而在于学生多做题，多讨论题，再抢答题，通过这些题目巩固基础知识。（X 老师）

该教学模式具备完整的结构，充分整合了教学内容、教学方法、教学对象、教学思想与理论、教学目标、操作程序、教学策略以及评价等要素，是一次非常完整的学科教学知识生产过程，是 X 老师自身教学经验与他人教学经验相融合的产物，极具教师个人特色，是典型的教师学科教学知识。

首先，X 老师不怕烦琐地设计了这样一个教学模式，背后具有清晰的教学目标，蕴含了独具个人特色的教育思想，即充分调动学生的积极性，让学生成为课堂的主角，通过学生的自主思考和重复练习使知识掌握得更加牢固。

> 抢答课最能调动学生的积极性，学生容易对知识进行深度思考，记忆牢靠。抢答课是让学生讲，学生听，学生教学生。实在不会的时候，老师再补充。平时抢答的题，我会提前备得很透彻，不仅是正确答案，其他三个错误答案我也要备，要"吃得很透"。到时候让学生不仅回答为什么对，也回答为什么错。这样做的目的是使学生掌握的知识更加全面。调动积极性是抢答课的最主要目的。（X 老师）

X 老师的思路很清晰，知道所教学生处在什么水平，有什么特点——"学生在这种课上非常兴奋，平时听讲都没精打采地打盹，一到抢答，一个个都兴奋得不得了。"他也清醒地知道如何有效地巩固知识，提高学生成绩，所设置的每一步都具有明确的教学目标、充分的实践理由，对这种方法的优缺点也有准确的判断，因而能达到理想的教学成果。

> 抢答之前的铺垫很重要。抢答之前小组是不是要讨论，是不是要做题，你看，做一遍，小组讨论一遍，抢答一遍，有不全面的地方，老师又讲一遍。这些知识要经过思考和重复，这三四遍重复很重要，重复是记忆之母。通过这三四遍重复和思考，知识就记牢了……最大的区别就是学生思考的时间长短。提问课是问了马上就要回答，而抢答课的铺垫很长，学生要先做题，再讨论。这些题目已经经过学生的深度思考了，所以老师在讲这些题的时候已经不是浅层次地讲，而是深度挖掘了。（X 老师）

其次,X老师的单元学讲教学模式具有清晰的流程和详细的实施步骤,由讲授课、练习课、抢答课共同构成,一环接一环,相辅相成,步步为营,从讲授到运用,再到讨论与分析,逐步加深学生对知识的掌握、理解与思考。其中,最有特色的是抢答课的设计。抢答题来源于练习课中经过学生做题、小组讨论后仍旧不懂的题目,教师将这些题目收集并按照级别进行整理,从而确定下节课要抢答的题目。抢答采取积分制,并且有详细的规则。

> 积分制也是我的抢答课比较有特色的地方。每组抢答的学生都加1分,防止有一组抢了以后其他组不参与,调动每组的积极性。同时,第一个抢到的小组如果回答正确,加2分;回答错误,其他组各加1分,促使他们都要回答正确。为了防止不会的小组为了加分也举手,我会随机先给抢到的组直接加2分而不用他们回答,反而挑其他举手的组进行回答,这样就能知道举手的小组是真会还是假会。这就是流程。另外,我会把积分记录下来,每月末给积分最多的小组发奖品,有始有终。(X老师)

再次,抢答课虽然具有调动积极性、活跃课堂的作用,但它也有弊端。对此,研究者对抢答课的效率、学生参与度、纪律以及时间利用率进行了提问,而X老师对这些问题毫不迟疑地给出回答,也表明他在设计这类课型时考虑得较为全面。抢答课的效率主要依靠教师的课前设计,教师通过确定抢答的题目和时间以保障教学任务的完成。

> 研究者:那么如何控制抢答活动所耗费的时间?尤其是加分制度比较耗时。
>
> X老师:是的,肯定会出现这种问题,我是通过控制抢答的题量来控制时间的。比如我这节课要讲20个选择题,要是这节课时间不够,我自己讲得多一些,安排给学生抢答的数量少一些,不就可以了?通过我自己讲的多少来控制课堂的进度。而且那些简单的抢答(题),我速度很快就过去,那些复杂的、知识面广的抢答(题)才是重点。

关于纪律问题，X老师认为这是活动课不可避免的问题之一。我们要抓住这类课的优势，但也不必回避它的缺陷。参与率也是这类课型一个常常被质疑的点。X老师也意识到该类问题的存在，因此，他规定小组的每个人在讨论时都要发言，并在学生讨论时巡视与监督。且对于那些确实不爱发言的同学，X老师并没有听之任之，也没有逼迫他们一定要发言，而是根据他们的特点指出倾听也是一种有效的学习途径。

最后，在访谈过程中，研究者特意关注了一下X老师单元学讲教学法的教学效果。X老师了解学生的特点，了解教学的需要，选择了他所认为最有效果的教学模式，而不仅仅是为了营造表面热闹的课堂。X老师从学生学习特点出发，选择讲授、练习与抢答相结合的教学模式，意在充分调动学生的学习积极性。同时，它的层次性蕴含着"逐步引导学生加深对知识点的思考与理解，通过多种途径的重复加深记忆"这一教育理念。

在单元学讲教学模式中，教师扮演着设计者、引导者、补充者与监督者等多种角色，而学生随着课程的深入从接收者、聆听者逐渐成为主动的发言者、讨论者、提问者。完成这一模式需要教师做大量的准备工作、对每一步有清晰的目标，充分筹备资料，设计详尽的教学步骤，同时还要承担查漏补缺的责任，比普通的讲授和讨论课要烦琐得多。虽然X老师的教学模式并非独创，但他对教学目的、教学内容、教学方法的清晰的认识，以及选择合适的教学方式实现教学目的与教学内容的这种教学责任感，善于思考、乐于思考、不拘泥于单一的教学模式或方法的风格在这几位教师中独具一格，让人眼前一亮。从与X老师的谈话中能够清楚地感受到他对教学的热情与积极的思考。

（四）强力聚焦考点

情境知识是学科教学知识中一个重要的类别，包括教师自身因素与外在因素两种。前者包括人生价值观、教育价值观、职业价值观、生活经历、教育经历等，后者包括国家意志、社会文化、经济发展、社区环境、校园环境与设施、校本要求与文化、家校关系、同行交流等。情境知识往往承担着"领航员"的任务，默默地引导教师的知识生产。在对五位教师进行访谈以后，研究者有一个非常鲜明的感受，即高考可谓所有教师教学都颇为关注的一个基本点和出发点。其实，说颇为关注可能力度还不够，应该是强力聚焦。

高考是高中阶段教与学的核心和关键词，是独一无二的主题，是高中教与学的独特背景和情境，也是不可避免的关键话题。在回答"备课一般考虑哪些要素"这一问题时，五位教师统一提到考试大纲，令研究者印象深刻。例如：

> ……第三，这一点许多老师都不注意。备课要考虑最近三年 X 市统考与江苏省高考，要结合这些考试的题目。你自己找的题目不行，必须同这些题目结合去讲课。虽然有可能难，但是你也得去教……一开始教就要达到 X 市统考和江苏省高考的水平。你讲得再慢，学生再差，都得达到这个难度。不能因为成绩差，就降低难度。可能你自己出卷他能考好点，但高考还是白搭。所以教学题目必须有目的地选择统考和高考的题目。这是我原来当主任的时候推荐给几位老师使用的方法，结果他们班级的成绩全部都变好了。所以说，我备课主要考虑的，一是吃透书本上的知识，二是根据学情，三是结合 X 市统考与江苏省高考试题。（X 老师）

> 首先考虑课标。考哪里我讲哪里，考哪里我学哪里。书上的内容比课标更加宽泛一点。而且每年的考点也会有些微的改动。（Z 老师）

高考考点是五位教师对教学内容进行筛选的重要考量要素，"为高考教"成为影响教学内容与教学方法选择的重要因素之一，且是唯一出现在备课阶段的情景知识。X 老师将高考试题作为备课的三要素之一，尤其强调学生的日常练习应当以此为范本。Z 老师更是直白指出"考哪里我讲哪里，考哪里我学哪里"。L 老师正处在带领高二学生进入高考一轮复习的开端，相较于其他教师更是聚焦于高考考点。C 老师目前所带班级是高一，但在备课时仍指出"时间充裕的话要梳理考纲，考纲是非常具有指导性的"。Y 老师所备的重难点也是基于对考点的考量。因而，高考这一背景知识在背后影响着他们的教学取向，是教师备课的环境与背景要素。

然而根据情境知识中的成分来看，教师备课时用到的知识还应当包括更多，例如教师的教育价值观、职业价值观、生活经历、教育经历等，以及影响教师的外在因素,如社会文化、社区环境、校园环境与设施、校本要求与文化、家校关系、同行交流等。这些知识根植于教师的精神和品质中,镶嵌于教师的思想与追求中,不显山露水,却又默默地影响着教师所做的每一个决定、实施的每一个行为。但从教师们叙述自己备课的表现来看,这些知识是教师有却没有意识到的,它们真实地影响着教师,却又不被意识察觉,除非刻意去反思或追溯,它们往往深深藏在教师的意识深处,是教师的情感型默会知识。

综上所述,本研究对五位普通高中生物教师的备课进行了综合分析与对比,初步得出结论:在教师备课阶段,学科教学知识的四大成分都参与其中,但每个成分中更加具体的元素的参与度大相径庭,且每位教师的侧重点也各不相同。具体表现在,一是大多数教师缺乏对教材纵向或横向的挖掘或拓展,只停留在教材有什么就教什么的状态,缺乏对教材中知识点之间的联系、知识点背后更深层次的原理的思考和探索。二是对学生知识的关注呈现单薄与模糊的状态:单薄表现在所掌握的学生知识集中在学生能力、个体特点、学生的重难点以及班级风格上,很多重要的学生知识没有涉及,且对这些知识的关注参差不齐;模糊表现在教师对学生知识的考量通常表述为"根据学生情况",呈现出一种直觉状态。三是较少关注教学模式,多聚焦在教学方法上。四是强烈关注高考考点,以此为转化步骤中的一道重要的筛子,其他情境知识不在认知的焦点中。

二、课堂:教学中的知识生产

课堂是教师学科教学知识的重要生产场所。同教师的备课不同,课堂教学最大的特点便是即时性与不可预测性,因而该过程中教师所生产的学科教学知识是一种动态的学科教学知识,是教师根据教学情境的不断变化所做出的即时调整,这一调整便是教师在教学行动进行时所即时生成的行动知识,也可称为教师在课堂教学中的行动中认知。这类知识在行动中产生,无法同备课一般可以深思熟虑或查阅资料,而是由教师根据课堂的实时情况进行瞬间的回应。这需要教师调动自身所有储备知识。有时甚至教师自己都没意识到运用了哪些知识,回应便脱口而出。教师的行动知识反映了教师的教学机智,是教师对于复杂多变的教学情境灵活地、创造性地做出判断与决定的能力与智慧。行动知识是教师动态的学科教学知识,具有教学性、整合性、实践性、情境性以及个人性。它既可以以课堂语言和行为的显性化形式出现,也可以以感觉、灵感、启发、顿悟等默会形式存在。备课阶段所生产的学科教学知识主要指向教学内容及其表征方法,而上课阶段所生产的学科教学知识指向更加广泛,既可以指向学生,也可以指向课堂、教学内容与教师自身。

尽管教师课堂行动中识知发生于电光石火之间,但也不是无迹可寻。本研究关注课堂中的关键事件,或称不可预测的"突发"事件,或随机事件,并采取观察与访谈相结合的方法进行"突发"事件的数据收集与分析。这些关键事件有着一个共同的特征,那就是"突发"。越有矛盾,越有新的知识生成。如果教师什么都能预测,如果学生什么都能回答,一问一答、一板一眼、一来一回,那么课堂就是一潭死水。但真实的课堂绝不是这样的,它充满了矛盾和不确定性,充满了未知的乐趣,也充满了新的可能。"突发事件"代表了教师在备课过程中没有预料到的事件,这些事件引发教师行动中识知的发生,而对这些事件的处理能够反映出教师处理问题的方式。教师表现出来的语言和行为就是教师行动知识的生产,是教师动态的学科教学知识的生成,是明述性质的,而那些未表现出来的顿悟和灵感等也是教师的行动知识,但是默会性质的,很难通过观察获得,需要通过课后访谈进行挖掘。

本研究通过观察记录关键事件,通过访谈挖掘隐藏的细节,经过对所收集到的案例数据的整理与分析,发现:①引起教师行动知识生成的课堂事件主要有两大类五小项。两大类分别为教学知识点相关事件与课堂纪律相关事件,主要表现为学生疑问与课堂纪律扰乱。五小项分别为教学知识类下的"学生不答或答错""学生主动提问""学生发表观点",以及课堂纪律类下的"学生讲俏皮话""学生不听讲"。②教师针对课堂随机事件所做出的反馈主要包括三大类型:语言、态度以及动作。③教师行动知识生产背后所牵扯到的知识类型都包含以下几个要素:是不是重要知识点、课堂进度、学生特点(学生想法、理解程度、性格特点、班级风格)、教学效果、课堂纪律与氛围。这些是教师动态学科教学知识生成过程中所主要考量的要素,其中尤以"是不是重要知识点"与"课堂进度"为主。具体情况见表5-8。

表5-8 五位高中生物教师动态学科教学知识生产的事件类型、生产结果与参与成分

分析元素		教师					统计
		X老师	Z老师	C老师	L老师	Y老师	
课堂关键事件类型	学生不答或答错	3	2	3	2	1	11
	学生主动提问		3		1		4
	学生发表观点	3			2		5
	学生讲俏皮话	1	3		4	4	12
	学生不听讲	1		1			2
教师行动知识表现形式	语言	重新框定问题	2	2	3	1	1	9
		妙语应对	1			1		2
		普通应对		2		3	4	9
		严厉批评	1					1
	态度	允许	1	2		1		4
		不允许	2	3		3	4	12
		惩罚	1					1
	动作	眼神	1	1		1	1	4
		手势	1				1	2
		声调	1	1		1	1	4
行动知识默会考量	1.是不是重要知识点;2.课堂进度;3.学生特点与教学效果;4.课堂纪律与氛围						

注:表格中标出的数字指该项目出现的次数。

总之,教师行动知识的生产是动态的、灵活的、随机的、突发的、不可预知的。本研究聚焦于师生之间的课堂"突发"事件,从这些关键事件中提取教师的语言与行为、表情与动作、记录并提问,以此作为原始资料分析并判断教师行动知识的生产,并通过课后访谈挖掘这些知识生成时教师的想法,促进那些默会的生产元素浮出水面。接下来本研究将会根据五位教师课堂知识生产的具体事件详细分析行动知识生产所依托的事件类型、表现形式以及默会考量。

(一)课堂教学中的关键事件

能够称得上是课堂中所发生的教师无法预测的事件必须满足以下几个条件:在课堂教学进行中发生的、在教师与学生交流过程中发生的、教师是以完成课堂教学为目的的。这三个条件保证了教师行动知识生产的即时性与随机性,保证了其同教师课前备课与课后反思所生产的学科教学知识的不同——它由教师的行动中识知产生,是教师在行动中的即时思考,是教师根据交流对象的实时动态而进行的即时调整,是那些教师面对不可预测的教学事件的反馈与反应。

如前所述,从五位高中生物教师的教学行动知识生产过程来看,引起行动中识知发生的课堂事件主要有两大类,分别为学生疑问事件与纪律扰乱事件。前者又分为"学生不答或答错""学生主动提问""学生发表观点"三种事件,后者又分为"学生讲俏皮话"与"学生不听讲"两种事件。从表 5-8 的统计一栏中可以发现,"学生不答或答错"与"学生讲俏皮话"发生的频率最高,是每位教师的课堂中都会出现的随机事件,反映出课堂教学的核心是知识点,主导是教师,课堂氛围活跃,学生时不时会有一些俏皮话,师生之间有良好的互动,而严重破坏课堂纪律的行为极少。

1. 学生疑问事件

课堂终究是以教学为主要内容的活动,而课堂中随机事件的发生也主要集中在与教学知识点相关的内容上,研究者通过观察记录与访谈挖掘共获得二十个事件资料,经分析与统计,其中十一个事件是学生对教师的提问回答不出来或答错而引起的课堂随机事件,几乎占总数的一半,反映出学生并不会如教师预设的那般都能作答并回答正确,学生不回答或答错才是课堂教学中的常态。"没有完美的备课",教学计划再详细也无法准确预测学生的反应,而学生回答不上来或是答错最能体现出课堂的随机性与不可预测性。此外学生主动发表观点与主动提问事件分别有五个和四个,同样也反映出课堂中的师生交流互动以及其中蕴藏的多变性与复杂性。这样的事件尤其考验教师的教学机智。学生的观点和提问不一定是"老老实实"地紧贴课堂教学内容的,往往带有一定的泛化特点,表现出天马行空、奇思妙想的学生思维特点,而这样的交流互动一旦出现,非常考验教师的掌控与引导能力。教师能否在学生的想法、自己的教学设计以及教学内容内在的要求之间搭建桥梁,既满足学生的需要,又完成教学任务,是对教师"功力"的考验。从所搜集的案例资料来看,关于教学知识的课堂随机事件大体便分为这三种,其中以教师提问学生作答为随机事件发生的主要基础,学生主动发表观点和提问相对较少,反映出五位教师的课堂更偏向于以教师讲授和提问为主的方式开展师生间的交流、互动与学习。

(1)事件概览

在研究者所听的 X 老师的三堂课中,共挖掘出六个关于教学知识点的学生疑问事件,其中学生回答不出或答错的事件有三次。一次发生在讲授课的课堂导入时,教师试图通过"所有生物都是有寿命的,那么有没有什么方式能让这些可爱的小模样永远存留下来"这一问题引导学生得出"克隆"这一答案,从而顺理成章进入细胞工程的学习中。然而学生却给出了标本和照片的回答,出乎教师的意料,此为一次学生答错事件。另一次同样发生在这次讲授课中,是学生回答不出教师的提问。教师提供图片,希望学生可以根据图片对脱分化和再分化的概念进行解释,但出乎教师预料的,没有学生能够回答。第三次事件发生在抢答课中,是一次非常精彩的课堂突发事件,起因在于好几个小组的发言人相继回答错误,其他组自动加分,使得气氛很热烈,抢答进入白热化阶段。学生们既担心自己回答错误,使得其他小组自动加分,又希望挑战成功。而可以看出教师也被课堂气氛感染,临时对课堂活动进行了调整,让抢答持续下去,直到学生获得正确答案。另外三次学生疑问事件都属于"学生发表观点"这一类别。一次是 X 老师带领学生复习生殖的种类时提问:"为什么说无性生殖产生的新个体与母体性状基本一样,而不是完全一样?为什么是'基本'一样,而不是'完全'?"同学们都知道是环境因素导致母体和新个体并非完全一样,但有一个同学发表自己的观点,认为可能会存在一样的情况,对书本知识进行了挑战。另一次是 X 老师让学生解释"菌对尿素敏感"是什么意思。在生物学中,敏感就是对什么东西敏感就不能沾什么东西。"但是有的学生就说了:"X 老师,我觉得敏感不一定是这个意思,比如我说我对某个问题敏感就是指我对这个问题很有兴趣,这也是敏感,不一定是对我不好,或我烦的东西。我敏感的这个东西可能是我感兴趣的东西。"这是完全出乎教师意料的学生发表观点的课堂随机事件。还有一次是该老师在讲两个植物细胞可以融合从而被培养成一种新植物,例如甘蓝白菜,有同学提出动物细胞的融合,例如兔子和老鼠。这是学生一次天马行空的思维发散,对此,X 老师指出目前还没有这方面的研究,并鼓励学生说:"你们以后可以去研究,研究出来了,你们就是诺贝尔奖获得者。"

在研究者所听的 Z 老师的两节课中,同样挖掘出五个相关事件,两次属于学生的答案不符合教师要引出的知识点的事件,三次属于学生提问事件。例如,教师提问学生:"基因突变发生的时期,这个碱基对什么时候发生变化?"学生回答:"生物体发育的任何时期。"答案本身是没有错的,但是不够聚焦,没有给出教师需要的更具体的答案,教师只能继续引导。另外一次是教师首先运用幻灯片展示了基因突变的益处,又展示了害处,进而提问"基因突变的第四个特点是什么",而学生根据图片得出的"两面性"其实本身没有问题,是在看了利弊两种图片后得出的正常的反应,然而正确答案应该是"多害少利性"。教师在备课时没有充分考虑到学生看到图片可能会得出的观点,只考虑了图片是否符合已知的知识点,反映出教师的备课存在一定的疏漏。此外,在 Z 老师的两节课中发生了三次学生主动提问的事件,而其他四位教师的课堂并没有这一现象出现。第一次是教师在讲解镰刀形细胞贫血症发生的根本原因时,学生突然提问:"老师,遗传物质的变异通过什么?"Z 老师停顿了一下,直接回答他:"主要通过减数分裂,减数分裂形成生殖细胞。"而另两次对话则促使教师对知识点进行了复习。

研究者所听 C 老师的两节课分别是关于基因工程与生物进化的新课,师生间的互动交流也主要体现在教师提问与学生回答中。第一节课中 C 老师主要运用提问这一教学方法进行新课讲授,第二节课则比较丰富,教师提问与讲解,辅以学生自学、练习以及学生讲解。C 老师的两节课听下来是非常平稳的,虽然有学生回答不上来的提问,也有不够精准的回答,但总体来说研究者想要观察提取的"突发"事件比较少。研究者在该部分挖掘出三个相关事件,主要集中在学生对教师的提问答不出来或答错,其中既有对知识的复习,也有对新知识的理解。例如,当 C 老师试图通过举例引导学生获得对限制酶特点的认识时发现,学生对 DNA 分子链的反向平行结构这一重要知识点掌握不牢靠,因此只能临时改变教学节奏,对旧知识点进行再强调,C 老师指出:"不仅要让他们发现下面那条链是反着的,而且要通过问为什么让他们得出反向平行这个背后的原理知识,这才是重点。"另一事件表现为学生对重要知识点的遗忘现象,同样打乱了教师的计划。教师在讲授限制酶切割化学键时提问学生"当化学键断裂时,断的是什么",学生没有回答出来;教师试图运用比喻性的语言唤醒学生对这个知识点的记忆,然而学生仍旧一片茫然,教师只能另想方法将课堂进行下去。还有一个突发事件发生在 C 老师的第二节课上。在该事件中,教师本以为学生对于一定区域与同种生物能够很好地理解,但没想到在举例过程中学生不假思索地给出了错误回答。从教师的表情来看,他也是比较惊讶的,没有想到学生会在这里出错。学生的错误回答显示出他们对新知识点并没有理解透彻,所以 C 老师采取了不断反问的方式,直到第四遍终于有学生指出不是一个种群,而 C 老师这次没有掉以轻心,继续追问原因,学生回答正确,C 老师才最终给出准确的答案,并再次举例以达到举一反三的目的。

研究者听了 L 老师三节课,其中第二节和第三节课内容比较丰富,师生之间交流频繁,研究者从中提取的事件不仅数量多,类型也比较全面。在此部分共挖掘出五个课堂随机事件,两个属于学生回答不准确事件,两个属于学生发表观点事件,还有一个属于学生提问事件。在学生回答不准确事件中,一次表现为学生的解题思路虽然正确,但"绕路"了,不符合当下知识点的应用,另一次是教师需要不断追问才能引导学生获得对核心知识点的认知和重视。在学生发表观点事件中,一次是在教师让一位同学说明自己的解题思路时,另一位同学在他回答完后,直接表示反对,并提出另一种解题思路;另一次是学生在学习基因工程时关于人体冷冻的天马行空的想象。学生提问事件也是发生在基因工程课中,学生询问小番茄是否为转基因食品。

Y 老师是五位教师中最年轻的一位,教龄也比较短,仅七年,而前六年在 X 市某县(区)某中学工作,最近一年才刚刚入职 X 市某中学,"初任教师""新工作环境"应当是 Y 老师比较鲜明的标签。她既有自己独特的教学特点,也在普遍意义上存在着教学技术表现不成熟的情况。Y 老师的两节课,一节是关于基因重组的新课,一节是习题课,可以发现两节课的突发事件截然不同。第一节课主要表现在师生问答,第二节课主要表现在课堂管理。Y 老师的课堂以她的讲授为主,因而能够提取的有关学生疑问的突发事件较少。根据研究者的课堂记录,在 Y 老师的两节课中,只能提取出一次学生答不出或答错的事件,但比较特殊的是,当 Y 老师试图请学生回答问题时,学生首先问了一个问题,但是 Y 老师似乎没有明白她的意思,反复沟通以后才恍然大悟,明白了学生存在疑惑的点,并进而明白了为什么这道题所有学生都做错了。这反映出这样一个过程:当学生对知识存在错误理解时,教师首先应理解学生的错误观点是什么,才能发现它们和正确答案之间的差距在哪里,进而才能在两者之间架构联系,从学生的困惑处出发引导他们走向正确的理解。

（2）事件纵横对比

纵向来看，在"学生答不出或答错"的事件中，除了在 Y 老师的课堂出现次数较少外，其他四位教师的课堂都出现了两次或三次；"学生主动提问"事件的发生主要集中在 Z 老师的课堂中；"学生发表观点"事件主要发生在 X 老师与 L 老师的课堂中。横向来看，三种事件在每个老师课堂中发生的比例不尽相同。

综上，可以看出课堂随机事件的发生诱因很多，有些紧紧围绕着知识点，有些是学生发散出来的想法、天马行空的想象——X 老师指出这些随机事件的发生应当鼓励，说明学生不仅注意力集中，而且在积极思考。研究者认为上述课堂随机事件非常考验教师在学生观点、教学计划、课本知识之间建构桥梁的能力。实际上，当学生对于提问答不出来或回答错误时，主要考验的是教师对学生错误答案和知识点之间差距大小的判断，也即教师首先需要理解学生的答案，再同所要教授的知识点进行对比，根据具体情况在两者之间建立桥梁，将学生逐步引到正确的知识点中。同时，这些随机事件的发生也警示教师在备课时应当多站在学生的角度看问题、看材料、看答案，许多次学生回答错误的事件并不是学生没有认真思考，而是教师在设计教学问题或提供学习材料时只考虑了它们同正确答案之间的关系，没有考虑这些问题或材料经由学生的思维和认识加工以后可能会出现的情况，从而导致一些课堂随机事件的发生。此外，多联系生活实际，也有助于提升学生学习兴趣，提前把握学生观点，从容应对突发状况。

2. 扰乱课堂纪律事件

除与教学知识相关的学生疑问事件之外，扰乱课堂纪律的突发事件也是教师行动知识生产的另一大类关键事件。相比于学生疑问事件，这类事件更加考验教师的教学机智，考验教师知识的深度与广度，考验教师的一般教学方法知识，体现教师的性格特点，体现教师的教学管理手段，体现教师的处事风格，也体现教师更广泛意义上的教育价值观。这类事件更加难以预料，也难以提前准备，只能依靠教师已有的经验和临场应变能力，是教师行动中识知发生的重要载体之一，也是教学经验不断发展的"磨刀石"。同时，当教师回顾这类事件，想要对行动识知发生时的参与要素进行明述化时，会比反思如何处理学生疑问事件更加困难。其中牵涉的课堂和班级管理知识相对较为容易显性化,但对于那些巧妙的应对、那些精彩的反馈、那些流畅的过渡,行为主体也很难说清楚当时为什么会做出这样的反应。学生疑问事件毕竟是围绕着教学知识点的,教师如何处理、如何反馈都能有一定的明述化的内容和原则,而对于扰乱课堂纪律的处理,很多情况下类似于人与人之间的直觉型交往,很难说得清楚原因,通常由个体的经验加上性格特点逐渐形成一种风格,很难进行模仿。

通过对五位教师课堂的观察与记录,研究者共获得十四个有关纪律扰乱的事件,可以归类为学生讲俏皮话事件和学生不听讲事件,并以讲俏皮话事件为最多。

(1)事件概览

在 X 老师的三节课中共出现两次课堂纪律被扰乱的事件,一次是学生讲俏皮话,一次是学生不听讲。俏皮话事件发生在新课讲授过程中。教师提供图片,希望学生可以根据图片对脱分化和再分化的概念进行解释,学生不仅回答不出来,还要了一次小聪明说道:"只可意会不可言传。"引起班级同学大笑。不听讲事件发生在练习课上,某种程度上可以算是一次师生冲突事件,令人印象深刻。该冲突主要由学生在生物课上做语文作业、睡觉、不跟读等不良行为引起。从研究者的观察角度来看,教师从一开始便注意到这位学生的不良行为,并通过点名、走到身边、多次注视他这几种方法在讲课的过程中观察该学生的行为与反应,并多次出言提醒,语气非常严厉,甚至有几次是呵斥。直到已上课二十分钟左右,该学生仍屡教不改,教师便勒令这位学生去窗边站着听讲,并严厉告诉他罚站的理由。在研究者所听的十二堂课中,这次课堂纪律事件是最为严肃和严重的一次,虽未有大的师生矛盾冲突,但相对于其他纪律事件中的口头警告和批评,这次事件已经动用了语言、动作、表情、惩罚等多种教师行为。

在 Z 老师的两节课中,研究者观察并记录了三次学生外显的、轻微的影响课堂纪律的事件。三个事件都由学生讲俏皮话引起。一次是在 Z 老师的新课导入过程中,有个学生嘀咕了一句话,引起了周围几个学生的笑声,但由于 Z 老师并未理会,班级很快又安静下来。另一次是教师在提醒学生认真听讲时似乎喊错了学生的名字,因此发生了一次小小的"骚乱"。再一次是某学生将基因突变说成是基因变异,老师纠正他不要乱改科学家定好的专有名字以后,他狡辩了一句："我就是出生晚了。"引发其他同学的笑声。

C老师的两节课中只出现了一次非常小的、由纪律引发的课堂中断事件，是讲课过程中的一个小插曲，只有前后不到十秒钟的对话，也没有引起班级的骚乱。只是老师在讲台上看到一位学生有小动作，不专心听讲，从而特意停下教学，提醒这个学生。

在L老师的两节课中发生的扰乱纪律事件相对较多，研究者提取出四个事件，都由学生讲俏皮话引起。第一个事件发生在第一堂复习课中，教师首先进行了"战前动员"，为学生罗列出选修课等级为双C就能投档的本科院校名单，并提醒学生"这些三本院校由于本身资源好，又挂靠很好的大学，所以在二、三本合并以后，很受重视，相应地，分数也提高了，等级也提高了"。此时一位学生接话道："膨胀了。"接着，L老师的应对非常精彩，引起学生们的叫好鼓掌。还有三次事件都属于课堂纪律在轻微程度上被破坏的突发情况，是在课堂进行过程中，对于教师的提问故意说一些哗众取宠的话，例如"我没有，某某某有，某某某啥都有，要啥有啥""睡着啦"以及在教师强调用化学元素的读法念羧基的构成后故意以别的念法哗众取宠。

在Y老师的两堂课中，研究者同样提取出较多由学生讲俏皮话引起的课堂纪律事件。这些事件都发生在第二节课中，其所在班级较为活泼，教学流程经常被打断，学生思维异常活跃，主要表现在既能积极回答教师的提问，又很容易将注意力分散到与教学无关的事物上。以研究者的观察和记录来看，用一个不恰当的比喻，该班级就像一个"装满了火药的炸药桶"，一点火星都能将其点燃，炸得七零八落。而这些"火星"其实仅仅是最普通的教师课堂用语。研究者从中抽取了四个比较突出的事件，这些事件可以清晰展现课堂教学进程被打断的原因、次数以及教师的应对策略。最夸张的一个事件中出现了超过四次起哄，且仅仅在三分钟之内。例如老师仅仅说了"咱们上学期讲过的"这样一句话，便引起了将近一分钟的"癌细胞特征是哪位老师讲的"这样一阵七嘴八舌的起哄与玩笑。又如老师问还有哪位同学困吗，学生又是一阵七嘴八舌，有同学高喊老师我已经三天没有睡觉了，有同学说我上高一以来就没有睡过觉，有同学说我一睡觉就有人掐我。总之就是非常容易走偏到与教学无关的事情上去。

（2）事件对比

在五位教师的十二节课中，研究者共提取十四件有关于课堂纪律被扰乱的突发事件。这些事件主要表现在学生在教学过程中说一些俏皮话打断或打乱课堂的进度，以及学生不听讲。

纵向来看，根据研究者的课堂记录，学生讲俏皮话事件占大多数，有十二件，学生不听讲事件只有两件，相对较少，但其中一次学生不听讲现象引发了教师非常严肃和严厉的处理。横向来看，课堂纪律事件主要集中在两位女老师的课堂中。虽然 Z 老师的两次课中也出现了三次纪律事件，但其规模小、影响范围窄，属于三言两语便偃旗息鼓的突发事件。但在 Y 老师的课堂上，几次事件的规模都很大，影响范围广，常常是全班起哄、哄笑，且频率非常密集，对教学进度造成了比较严重的负面影响。L 老师的课堂上虽然也有多次学生讲俏皮话扰乱课堂纪律的事件，但对比 Y 老师的课堂，其可控性较强，有些甚至被教师顺水推舟用来活跃课堂气氛。

综上所述，研究者通过观察、记录、访谈五位普通高中生物教师的十二堂课后，共提取出三十四件引起教师行动中识知发生的课堂关键事件。经过整理与分析得出一些结论。从内容上来看，事件主要是关于教学知识点的学生疑问事件和关于课堂纪律的学生捣乱事件，前者共有二十件，后者共有十四件。前者又以学生回答不出或答错教师提问为主，以学生主动提问和发表观点为辅；后者又以学生在课堂进行中讲一些俏皮话为主，以学生不听讲为辅。从结构上来看，关于教学知识点的学生疑问事件多发于 X 老师、Z 老师、L 老师的课堂中，分别为六件、五件和五件，Y 老师最少，只有一件，而 C 老师居中，有三件。实际上，C 老师本人风趣幽默，其课堂也较为活泼，然而研究者所听的两节课正好赶上了"基因工程"与"现代生物进化理论"这两个拓展方面的课，知识点并不是非常重要，也不是非常难，因此课堂中可提取的随机事件总数相比其他老师较少。而 Y 老师作为初任教师，一方面她的课堂以讲授为主，且第一节课所在的班级比较沉稳，而第二节课所在的班级又异常活跃，导致两堂课中出现的学生关于教学知识点的随机事件非常少，但关于课堂纪律的事件非常多。扰乱课堂纪律的随机事件多集中在 L 老师和 Y 老师这两位女老师的课堂中，分别有四件。而 X 老师的三节课中虽然只有两次关于课堂纪律的随机事件，但其中有一件在某种意义上具有冲突性质,尤其表现在教师非常严肃又严厉的处理方法上,这是其他课堂中未出现的。

上述这些课堂随机事件是教师行动中识知发生的载体,是教师行动知识生产的依托。接下来,本研究将详细呈现这些随机事件,尤其是其中教师的反馈,通过整理、分析、分类、总结等研究方法得出五位普通高中生物教师在面对课堂突发事件时究竟如何应对、如何生产行动知识、生产的行动知识是什么等问题的答案,使得教师学科教学知识生产图像更加丰满。

（二）教师反馈的主要表征

上文对教师行动知识生产所依托的事件类型进行了呈现、分析与总结。本部分真正进入一线教师行动知识生产的具体过程,从师生之间的交流与互动出发,在一问一答之间寻找教师行动知识生产的痕迹。本研究在为教师学科教学知识生产建构理论上的生产链时便发现,教师在面对课堂随机事件时必然会生产的知识就是教师针对发生事件的即时反馈,这些反馈是看得见摸得着的明述性知识,可以通过课堂观察和记录获得。还有一类是可能生产出的知识,即随机事件给教师带来的感觉、灵感、顿悟或启发,这些不仅是教师的默会知识,同时也是发生在电光石火之间,教师当下来不及仔细思考,需要在课后进行的回顾性反思。同时,无论是显性化的即时反馈,还是默会化的顿悟与启发,其都在一瞬间生产出来,是教师面对不可预测的课堂随机事件时在头脑中调动大量的储备知识而获得的,因此要让这些默会考量也明述化必须挖掘针对随机事件的课后访谈。在本部分,我们首先关注显性化的即时反馈,其是教师行动知识中非常重要的一部分,是教师行动中识知发生的表征,展现了教师究竟是如何应对课堂突发事件的。

对收集到的资料进行整理与分析后发现,教师行动知识的表征主要有三种类型:语言、态度以及动作。语言反馈主要指教师以话语的方式处理课堂随机事件。对于学生不会或答错的提问,教师一般采取重新框定问题的方法进行引导与追问;对于学生的主动提问或发表观点,教师一般首先给予肯定,而后针对具体问题或观点进行回答和评价;对于学生讲俏皮话和不听讲的行为,情节不严重只是轻微影响课堂纪律的,教师往往采取"普通应对""温和提醒""妙语应对"这三种方式进行回应;而对于极少数的较为严重地影响课堂纪律的学生行为，教师则会严厉批评。态度反馈主要指教师对整件随机事件的态度和选择，即表现为针对学生的课堂行为选择"继续"还是"打断"。所谓"继续"就是教师"允许"该随机事件发展下去，例如鼓励抢答、允许学生讲明观点等行为。所谓"打断"就是教师"不允许"该随机事件进行下去，例如不再允许学生讲明观点、不再继续要求学生回答、不理会俏皮话、不解决无关问题、限定讨论时间等。除"允许"与"不允许"之外，研究者将"惩罚"这一教师行为单独列出来，其属于"不允许"一类，但由于出现频率较低，在研究者所听的十二节课中只出现了一次，且行为具有典型性，因而单独作为一类进行分析。动作反馈主要包括教师的眼神、手势和声调，且主要运用在课堂纪律管理中，尤其是教师的手势和眼神，往往不需要话语就能及时制止学生的一些不良行为。而教师声调出现明显的起伏在大多情况下是在强调知识点，引起学生注意。接下来通过呈现师生交流与互动的具体过程对五位教师的行动知识生产进行分析。

1. 语言类——以对问题的"重新框定"为主

据表 5-8 所示，研究者在对所观察与搜集到的课堂随机事件中教师的反馈进行分析后总结出，教师的语言类反馈包括四种——重新框定问题、妙语应对、普通应对以及严厉批评。其中，"重新框定问题"的教师行动知识生产方式主要针对有关教学知识点的学生疑问事件，占比最多；"普通应对""妙语应对""严厉批评"三种生产方式更多针对课堂纪律事件，其中普通应对居多，其余两种偶尔出现。

（1）教师对问题的重新框定

"对问题的重新框定"来源于舍恩反思行动理论，是专业工作者面对不可预测的随机事件时常用的解决问题的方法。重新框定问题指根据实践中的实时情况不断改变问题，直到解决。对于教师来说，学生的反应就是实践中不可预测的情况，在学生面对教学知识点出现疑问、困惑、难题、新见解、新问题时，教师便需要不断针对学生的反应对所提问题、所讲知识、教学进度、教学方法等做出即时的调整以解决学生碰到的困难。对于教师来说，重新框定问题意味着对学生错误答案和正确知识点之间差距的大小进行判断。需首先理解学生的观点，再同所要教授的知识点进行对比，发现其之间的鸿沟，之后才能着手搭建桥梁，在学生错误处与教材知识点之间建立联系，引领学生跨过鸿沟，将学生逐步引到正确的知识点中。课堂教学中最常见的随机事件便是关于知识的学生疑问事件,对这类事件教师既不能一笔带过,也不能不予理睬,因而重新框定问题,逐步引导学生从困惑走向理解,成为解决这类事件最常见的方法。在五位教师的课堂中都有多次明显的师生对话,接下来,本研究就从这些课堂对话出发呈现并分析每位教师如何通过重新框定问题进行行动知识的生产。

・X 老师对问题的重新框定

X 老师的第一节课是最常见的讲授课,教学步骤包括了新课导入、明确教学目标、温故、知新、小结、学生寻疑、小组讨论以及上交疑问这几个日常步骤。这节课中,研究者观察到的第一个师生之间的"交锋"是学生没有回答正确老师的导入型问题而引发的一段对话。

师:(新课导入,展示幻灯片)所有生物都是有寿命的,那么有没有什么方式能让这些可爱的小模样永远存留下来?

生 1:标本。(其他同学哄笑)

师:大家在初中时初步接触过这样一些问题,这应该是什么技术?

生 2:标本。(其他同学七嘴八舌讨论)

师:不是标本。存留下来的要是活生生的。注意听,我问的是让它们可爱的小模样留存下来的方法。

生 3:克隆。

生 4:照片。

师:刚才有一个同学说对了,不要胡说八道啊。我说的是活的。用什么技术?

生(异口同声):克隆。

这段对话是教师导入新课所设置的提问,然而当学生并没有如教师所想那样给出理想答案的时候,师生交锋开始。教师要临时调整策略,引导学生给出自己想要的答案,从而引入新课。这便是本研究要提取的第一个关键事件,即观察教师如何临场发挥,应对突发事件。从这段对话中可以看出,由于教师的提问限定模糊,因而学生最开始所回答的标本、照片这两个答案其实是符合问题要求的。教师为了引导学生得出克隆这个答案，对问题进行了重新定位，指出是初中时接触过的一种技术。而此时学生仍旧没有给出理想的反应，教师接着进一步明确问题，指出"活生生"这一定语。这时，有的学生反应过来了，说出是克隆技术，但仍旧有学生没有反应过来，给出了照片这个答案。教师随后既肯定了正确答案的出现，又再一次重申问题，并把"活生生"和"技术"这两个重新框定问题的关键词放在一起，此时，学生们才领悟过来，并异口同声说出"克隆"这一正确答案。

另一个例子是教师希望学生可以通过图片尝试解释什么是脱分化和再分化，然而在问了几遍以后都没有学生愿意尝试，于是教师以问题链的方式引导学生获得对该知识点的认识。

> 师：太难了是吧？其实很简单，一说就明白，注意听。我先问你们，这些离体的植物器官细胞分化了没有？离体的器官分化过没有？
>
> （有的学生说分化过了，有的说没有。）
>
> 师：如果植物已经形成组织器官了，分化没分化？其实分化过了，对吧？一团细胞形成不同的组织器官的过程就叫分化。所以说你拿来的这团植物器官分化了没有？大点声说。
>
> 生（异口同声）：分化过了。
>
> 师：你拿来的组织器官是分化过了的。如果不分化就不能叫作组织器官，一叫组织器官就是分化过的，所以说是分化过的。那么分化过的细胞还能再分裂吗？
>
> 生1：不能。
>
> 师：不能了对吧？正常情况下不能，但你把它放在培养基上，它能分裂吗？看图，分裂了吗？
>
> 生2：分裂了。
>
> 师：是不是分裂成为愈伤组织了？
>
> 生（一起）：对。
>
> 师：好的，这就来了，什么叫脱分化？不能分化的组织器官重新具有分裂能力就叫脱分化。

（老师领读脱分化概念。）

师：你们看图。它没有分化能力了，但放在培养基上一诱导，就分化成愈伤组织了，没有分裂能力的细胞重新具有分裂能力就叫脱分化。那再分化是什么？注意看。你看这个植物组织培养过程，这个地方分化了没有？

生1：分化了。

师：这个根茎分化了吗？这个根茎不也是器官？分化了的。你看这是第几次分化？

生（一起）：第二次分化。

师：第二次分化不就是叫再分化吗？听懂了吗？

由上述师生对话可以看出，教师通过问题在学生难点和知识点之间不断建立桥梁，唤醒学生的前知识，逐渐引出新知识，引导学生在回忆旧知识中领悟新知识，问题的不断变化体现出 X 老师根据学生的反应实时进行的重新框定。

· Z 老师对问题的重新框定

在所听的 Z 老师的两节课中多次出现学生回答不了教师提问的现象，Z 老师改变提问角度，重新框定问题，引导学生理解。来看两个例子。

【例1】

师：基因突变发生的时期，这个碱基对什么时候发生变化？你说。

生1：生物个体发育的任何时期。

师：哦，生物个体发育的任何时期。具体来说呢？以细胞发育周期来说，是哪个时期？

生1：有丝间期。

生2：或减一间期。

师：那就是说不管有丝分裂还是减一都是……？

生s：DNA 复制。

师：好，都是 DNA 复制。生物发育的任何时期，就比如你们现在在座的，都会发生细胞的分裂与复制。

【例 2】

师:好。看下一个。基因突变对生物来说是有害还是有利?

(教师描述青霉素、大豆、南瓜这些有利的基因突变。)

师:这些都是对人类……

生 s:有利的。

师:大家再看这些。(描述图片)这第四个是什么特点?

生:两面性。

师:两面性? 是不是? 某某某,什么特性? 哪种多? 是有利还是有害?

生:有害多。

师:有害多,记住啊,第四个叫多害少利性。

在例 1 中,学生的答案——"生物个体发育的任何时期"本身是没有错的,但是不够聚焦,没有给出教师需要的更具体的答案。为此,Z 老师重新将问题框定在了"细胞发育的周期",缩小问题的范围,引导学生迅速给出正确答案。在例 2 中,Z 老师首先运用幻灯片展示了基因突变的益处,又展示了害处,进而提问"基因突变的第四个特点是什么"。然而,学生在看了利弊两种图片后得出了"两面性"这一规律,这本身并没有错,但不是教师要教授给学生的知识点——"多害少利性"。教师从学生的回答也意识到了这一部分所备材料出现了问题,无法引导学生得出基因突变正确的特征,是教师备课的失误,因此,Z 老师急中生智地对提问进行重新框定,进一步在利弊的多少方面限定了问题,才引出正确答案。

· C 老师对问题的重新框定

在 C 老师的两节课中能够提取的事件虽然不多,但三次学生答不出来或答错的事件都是采取重新框定问题的办法进行教学的。

师:切,不是剪啊。是切啊。那么第二个特点是什么? 是只能在这个特定区域内的位置上进行切。不是说这段区域上任意一段位置都能切,来看一个例子。有一个限制酶能识别一种序列叫 GAATTC,

看图找一下上面有没有这个序列？

　　生 s:有。

　　师:下面呢？下面有没有？

　　生 1:有。

　　生 2:没有。

　　(学生议论纷纷。)

　　师:有同学说有,有同学说没有。谁说有的？同意的同学举手。

　　师:有没有？

　　生 3:反过来的。

　　师:哦,有的同学说是反过来的,我看见了。怎么反？从这儿往这儿,是这意思不？那能不能反着读？

　　(学生再一次议论,有说不能有说能。)

　　师:为什么？到底能是不能？

　　(学生议论纷纷。)

　　师:你要说能反着读,你得告诉我为什么呀？

　　生 4:它是倒过来的。

　　师:对,是倒过来的,但是为什么呢？当时是怎么说的？两条链什么关系？

　　(学生沉默。)

　　师:四个字。

　　生 5:反向平行。

　　师:哎,有些同学已经想起来了。当时我们介绍结构时就说了,两条链的结构关系是反向平行的,所以真正的顺序,上面是从左往右读,下面是从右往左读。能理解吧？所以它的序列都是 GAATTC。所以我们的限制酶识别的就是这个。

　　这段对话显示教师运用提示性提问,不断追问学生某种限制酶所识别的序列的上下两条线之间的关系,直到学生得出"反向平行"这个概念。这一事件中教师的行动中识知体现在当教师发现学生意料之外地对序列的两条链掌握不清时,便迅速地调整了教学进度,重新框定问题,根据学生回答的情况不断进行追问,例如:"下面有没有?""为什么? 到底能是不能?""两条链什么关系?"

这节课中的另一个显著的随机事件是教师在学生回答不出来时,采用了画图的教学方法。这也是一种对问题的重新框定,不同的是重新框定的办法不是语言,而是符号。

> 师:当化学键断裂时,断的是什么?
>
> (学生沉默。)
>
> 师:你们想想它断的位置是在像整个楼梯扶手一样的位置吧?
>
> (学生仍沉默。)
>
> 师(转而在黑板上画图):我们当时是这样讲的,这中间一竖一竖的是什么? 氢键是不是? 那氢键应该是碱基对之间的,是这里面的,那绿色的地方是什么? 是扶手,是通过磷酸二酯键把它连接起来的吧? 所以在这里我们说限制酶切割的或者说断裂的是什么?
>
> 生(齐):磷酸二酯键。

教师在讲授限制酶切割化学键时提问学生"当化学键断裂时,断的是什么",学生没有回答出来,教师试图运用比喻性的语言唤醒学生对这个知识点的记忆,然而学生仍旧一片茫然,第一次运用语言进行的重新框定失败了,教师此时必须另想方法将课堂进行下去。C老师选择了画图,直观地展现限制酶对化学键的切割。

> 师:这个概念中的要点有哪些? 哪些是对我们理解这个概念比较重要的?
>
> 生:一定区域。
>
> 师:对,一定区域。还有什么?
>
> 生:同种生物。
>
> 师:哎,对,同种生物,这才是一个种群。所以考试出题往往从这两点去考你们。比如说,一个池塘,这是不是一定区域?

生 s：是。

师：所有鱼，是不是一个种群？是，对吧？

生：对。

师：对吗？

生：对。

生：不对。

师：啊？到底是不是？

（学生们开始沉默。）

师：到底对不对？啊？是不是？

生：不是。

师：哦，不是，那为什么不是？

生：鱼有好多种。

师：哎，对，有同学刚刚就说了，鱼也有好多种。对不对？所以我们不能说所有鱼都是同一个种群，所有鱼怎么能是同一个种群呢？那么，如果这样改，一个池塘中所有的鲤鱼，那是不是一个种群？

生 s：是。

师：嗯，那就是。同样的道理，一个森林当中所有的蛇是一个种群，对不对？

生 s：不对。

师：对，所有的蛇也分为好多种。所以你们看，这些细节我们都要细说的。还有呢，比如说，这个内蒙古草原，区域特别大，南头有一群马，北头有一群马，这两个是一个种群吗？

生：不是。

师：实际上不是的啊，因为区域太大了。这两群马是见不到面的，所以不是一个种群。因此，对于概念要正确理解。

该事件中，教师本以为学生对于一定区域与同种生物能够很好理解，但没想到在举例过程中学生却不假思索地给出了错误回答。从教师的表情来看，他也是比较惊讶的，没有想到学生给出的直接回答会错。所以 C 老师便采取了不断反问的方式,学生们接收到了教师的暗示,也开始思考起来到底一个池塘中的所有鱼是不是一个种群。在教师问了四遍以后,终于有学生指出不是一个种群,而 C 老师这次没有掉以轻心,继续追问原因,学生回答正确,C 老师才最终给出准确的答案,并举一反三。教师对学生不断地反问和重新举例都是根据学生当下反应所做出的教学调整,如果学生在一开始便回答正确,便不会有这后续一大段对话,因此,重新框定问题是一种非常典型的教师行动知识。

• L 老师对问题的重新框定

教师行动知识生成主要体现在教师根据学生的回答给予即时的反馈与引导。这一过程中教师所问问题便是教师对教学的重新框定,是教师的行动知识生产结果,它们来自教师对知识点和学生学情的熟练掌握。

师:接下来,下一题,你来告诉我 A、C、D 分别错在什么地方?

生 1:A 人的细胞含量没有分干重和鲜重。

师:那如果是鲜重呢? 对不对?

生 1:如果是鲜重,那也不对。

师:好,有同学说了,它就是鲜重,那为什么它就是鲜重?

生 2:活性细胞。

师:很好! 有活性的细胞,是干重还是鲜重?

生 2:鲜重。

师:一定是鲜重。那是鲜重的话,氧氢氮对不对呢?

生(齐):那也不对。

师:不对是吧? 那应该是什么顺序?

生(齐):氧碳氢。

师:对,氧碳氢。对吧?

师:好。同学们把细胞液圈下来。谁能告诉我细胞液是哪里的液体?

生 1:细胞质,应该是细胞质。

师:是液泡。那下一个问题,你有没有液泡?

生(齐):没有!

师:如果没有液泡,水都集中在哪里呢?

生2:细胞质。

师:那肯定是细胞膜里面,细胞核外面。

生2:细胞质,细胞质。

师:这个部分叫细胞质基质。(有停顿强调)

生(齐):哦。(恍然大悟)

师:也就是说存在于细胞内的液体,如果不是植物,没有液泡的话,那么这些液体基本上都在细胞质基质中。只有植物有大液泡的,才叫细胞液。

上述师生间的对话能够反映出 L 老师实时地根据学生情况调整教学问题,它考验的是教师对学生回答和正确答案之间差距的判断,以及通过追问与引导式提问在这一鸿沟上即时搭建桥梁的能力。当然,前提是教师必须对知识点掌握得非常熟练。

· Y 老师对问题的重新框定

在 Y 老师的两节课中只提取到一个重新框定问题的事件,但相比于上述其他教师的案例,该事件也有其独特之处。

师:所以要我选的话,我首先排除 C。为什么,因为时间不对啊。配子形成核子是精卵细胞结合的时候,对吧? 所以这题应该选择什么? 你来说。

生1:老师,我有一个问题想问。

师:好,你问。

生1:我不太懂 3 号代表的过程是产生配子的过程,那是什么时候?

师:不是产生配子的时候,是配子在产生核子的过程,是精卵细胞在结合的过程中,是受精的时候。对吧?

生1:那是什么时候?

师:什么叫什么时候(笑)? 就是减数分裂已经完成的时候,形成了精子和卵细胞,那么它们作用到一块,完成了这个受精过程,就是 3 代表的过程。

(这位同学又将自己对选项的观点进行了表达。)

师:哦(恍然大悟),我明白这位同学的疑问了,就是感觉 1 和 2 是不能选的,怎么着都不能选 1 和 2。是不是很多同学也是这样想的?为什么不能选呢?原因是只有大 A 和小 a 的分离,没有什么自由组合,也没有交叉互换。但是你看这个题干,它说的是可以发生,没说一定发生。另外,听好了啊,它是不能发生自由组合,但它有没有可能发生交叉互换呢? 对吧,是不是有可能发生交叉互换? 同时这只是标出了一对等位基因,但是在这条染色体上不可能只有一对,基因的数量一定要大于染色体的数量。这样想能想通吧? 那么这题选什么?

生 1:选 A。

师:选 A,只能选 A。记清楚了啊。有没有一开始就选 A 的同学? 全军覆没了啊,这道题还是很典型的。

从这段师生对话中可以清晰地发现 Y 老师在学生表述自己对于选项 1 和 2 的观点时,也在努力尝试理解学生的意思,当教师明白了该同学为什么认为选项 1 和 2 是错误的时候,教师也为这道题的讲解打开了一个突破口,找到了没有同学选择 A 选项的原因。这段师生对话反映出问题的解决首先建立在学生表达和教师理解的基础上,教师只有了解了学生的观点,才能发现它们和正确答案之间的鸿沟在哪里,才能着手搭建桥梁,引领学生跨过鸿沟。在其他重新框定问题的事件中,我们更多看到的是重新框定后的结果,通过教师的提问表征出来,而在此处,教师"理解学生观点"这一步得到突显。

(2)教师妙语事件

"教师妙语"事件本质上是教师应对课堂纪律事件的结果,之所以将其单独列为一项,一是因为在这一类事件中教师生产的行动知识最具个人特点和默会性,很难挖掘出该类知识背后所依据的元素,尽管教师努力回忆该类事件如何发生,也很难说清楚这一类型的知识生产背后所蕴含的要素;二是因为这类知识生产出现频率低,研究者在所观察并记录到的十四次纪律事件中,仅有两次事件中教师的反馈十分精彩,可以称得上是妙语,这两次分别是 X 老师和 L 老师应对课堂中学生讲的俏皮话。

　　· X 老师的妙语事件

　　在 X 老师的第一节课上,出现了一次学生讲俏皮话事件,学生不仅没有回答问题,还插科打诨引得全班哄笑。

　　　　师:脱分化与再分化。注意听。看图中脱分化与再分化两边的内容,能不能说出什么是脱分化,什么是再分化? 怎么样? 看看图,能不能说出什么是脱分化,什么是再分化?

　　　　(无人回答。)

　　　　生 1:有点难。

　　　　师:这个问题有点难是吧? 有说的吗?

　　　　生 2(小声嘀咕):只可意会。

　　　　师:什么?

　　　　生 2:只可意会,不可言传。

　　　　(学生哄笑,老师也笑。)

　　　　师:那咱们上个档次,既可意会,又可言传,行吧? 或者先解释一下再分化,有同学吗?

　　首先,对于"只可意会"这样的俏皮话,教师不仅没有训斥学生,反而顺着学生的话说出"既可意会,又可言传"这样精彩的语句,不仅将学生的题外话平稳地重新带回到教学内容中来,也向学生展示了教师本人的教学智慧、临场反应速度,甚至是文学修养。这样的反馈不仅能够调节课堂气氛,也容易拉近与学生的关系,同时还能够在学生心目中树立博学多才的教师权威形象。有时候学生讲俏皮话也是对教师的试探与挑战,试探教师的水平,挑战教师的能力。师生之间不仅仅是教与学的关系,更有人际关系,教师不仅要平易近人,也要具有权威性。权威性从哪里来? 既要依靠强大的专业能力,也要依靠人格魅力。像 X 老师这样的反馈既能将学生拉回课堂,也能让学生感受到老师见招拆招的深厚"功力",可谓一举多得。研究者坐在教室后面听课,不仅在心里为 X 老师的这次临场发挥喝彩,同时也自问如果是自己在上课,碰到学生这样的回应,是否能给出如此精彩的反馈。这就突显出教师的素养和经验在这一类动态学科教学知识生产中的重要性。教师在电光石火之间做出回应,连自身都说不清楚那一瞬间究竟有哪些知识涌入他的脑海为他所用,但是可以从教师表述出的语言、动作或表情中对教师的知识进行判断和解读。教师的笑容说明他并不苛责学生,反而十分鼓励课堂上的活跃思考;教师的语言反映出他始终围绕教学内容,希望学生能对问题进行回答。因此,"既可意会,又可言传"这样的动态学科教学知识生成的瞬间,至少有教师的教学内容知识、教学技巧、学生知识以及教学风格在默默地起作用。但这些要素究竟如何在教师的头脑中汇集、运转和整合则无从得知。

• L 老师的妙语事件

在进入第一轮复习前,L 老师首先进行了"战前动员",对接下来的复习安排进行了说明,并强调了时间的紧迫性和进度的严峻性。该事件发生在教师为学生罗列出选修课等级为双 C 就能投档的本科院校名单时。

师:这些三本院校由于本身资源好,又挂靠很好的大学,所以在二、三本合并以后,很受重视,相应地,分数也提高了,等级也提高了。

生 1:膨胀了。

师(停顿两秒):人家有膨胀的理由,你有没有选择的权利?!

(学生们轰然起哄,纷纷叫好鼓掌!)

由于教师的一句"人家有膨胀的理由,你有没有选择的权利?!",班级气氛达到一个非常热烈的程度,而这句话本身不仅异常贴合当时的师生对话情境——既反驳了学生,又激励了学生,且听到教师如此反馈的瞬间,研究者不禁有一种站起来直呼"太精彩了"的冲动,而学生们也确实如此做了,他们大声叫好、鼓掌、欢呼。可以说在所听的十二节课中,可以称为"教师课堂妙语"的事件只有两个,一是 X 老师所反馈学生的"既可意会,又可言传",细细回味,只觉非常巧妙;二便是 L 老师的这次应变,在当时的语境下,真是令人拍案叫绝。而当针对这两次反应对两位老师进行访谈时,X 老师表示这与他平时的文学积累有关,L 老师则表示是由师生互动所激发的,但他们都不约而同地表示是"脱口而出的话,也说不清楚当时是怎么想到的"。由此看来,教师的课堂妙语往往连教师自己都无法准确捉住思维的"线头",也只能在事后接受访谈时回想一下,尽量进行归因。

> 研:"人家有膨胀的理由,你有没有选择的权利",这句话您当时是怎么想到的啊?
>
> 师:哦,那是我突然之间就冒出来的,也没有准备。就是忽然有个学生说它膨胀了,我就那么一说,就忽然之间灵光一现,我就来了这么一句。就是老师和学生互动的时候,学生说的和做的一些事情,有时候就会激发你的灵感,就是这样。

因此,这一类教师动态学科教学知识的生产最为复杂且神秘,同教学类事件不同,它甚至在事后归因时都很难说清楚。

(3)严厉批评事件

同教师妙语事件一样,教师严厉批评事件非常少,在研究者所听的十二节课中仅此一例,相对于其他"小打小闹"的纪律事件来看,这次事件可以算是"极端"案例了,教师在这类不可预测的课堂突发事件中所展现出的行动知识生产内容丰富,具有较高的研究价值。

> 师:我们今天来讲新课,眼睛朝黑板上看。(教师环视班级学生,发现有个学生低着头)某某某,你那翻的是什么。你把那个拿过来我看看你翻的是什么?(走下讲台,走到那个学生课桌边)你翻的是什么?你翻语文书干什么!把语文书放好。(学生把书放在一边)把书合上。(学生合上)上课该翻什么书你不知道?!(语气很严厉)(第2分钟)
>
> 师:好,我们来看一下啊,今天我们学习第二章的第二节,植物细胞工程的实际应用。我们先讲第一个知识点——植物组织培养技术的应用。注意听。第二个讲植物细胞培养技术的应用。我先把这两

个知识点之间微小的区别以及它们在考试中的说法给大家讲一下。

…………

（教师在讲课过程中时不时会观察一下那位学生。）

（第9分钟36秒）

师（厉声呵斥）：你干什么的你！你一到上课就开始做别的作业，现在又开始睡觉！把手拿下来！我就说你到生物课上的注意力有问题！到上课的时候早就应该把你其他作业停下来。到我站在讲台上你还在看那个！（批评完以后沉默又严厉地看着那个学生三秒左右）

…………

（接下来，教师在讲课的时候时不时走到该学生旁边，以此方式时刻提醒他注意听讲。）

（第15分钟17秒）

师：你再困你就到那里站着！

生：没困。

师：还没困！你不知道自己困得眼都睁不开了吗？还没困？你都搁这儿睡觉，还说自己没困！还争论什么的！你再困就到那里站！

…………

（第17分钟56秒）

师：你到那里站着去！你别叫我再说你了！你从上课到现在读也不跟着读，我一眼看不见你就搁那里睡觉！赶快到那里站着去！

生：我没睡。

师：你赶快去站！你还没睡！你没睡我能说你啊！（语气很严厉，并瞪视学生）……你要是没睡，你跟着大家好好读，我能说你吗？……一是你搁这儿眼睛一直闭，一是你嘴都不张，不跟读。你要是好好听，我能说你啊？！把书放好！

…………

（五分钟以后教师让这位同学回到位置上坐好。）

师（语气已经比较缓和了）：不困就去坐下来。不要再困了。你跟着老师说。我能看出来。老师叫你说什么你跟着说，我就知道你肯定没事。叫你读不读，叫你回答不回答，肯定是脑子没在课堂上。这还用说吗？

这几段话虽说几乎都是教师在说，不是师生间的语言交流，但属于师生间另一种形式的交流，即学生的课堂不良行为所引起的教师反馈，包括教师的语言、语气、动作、表情等。从上述几段话语中可以看出教师对学生不听讲的行为采取的措施是非常直接且严厉的，包括语言批评、动作提醒、眼神示意等，在学生屡教不改的情况下更是采用了罚站这一举措。但从教师话语的细节上又能够看出来教师虽然处在盛怒之中，却对为何罚站学生给出了清晰的理由：一是学生在生物课开始后仍旧在做语文题目，二是在老师要求学生们齐读的时候不开口，三是在课堂上睡觉却不承认。从观察者的角度看，有理有据，让学生知道受罚的原因，让其心服口服，无从争辩，减少课堂中更多不必要的冲突。此外，研究者在整理课堂笔记的时候也发现教师对这个学生的责罚是步步加深的，从口头警告到过程中的巡视、提醒，再到最终的罚站，而不是一开始就勒令他站着听讲，这反映教师对于这类事件的处理方式并不是疾风骤雨式的，而是给了学生很多次机会，在批评与提醒无用的情况下，才采取了罚站的措施。对于这种课堂管理策略，在课后访谈时 X 老师也阐明了他的道理。

研：一般应对像这位同学的这种情况，都是批评、警告，再罚站吗？

师：罚站其实很少，主要就是批评和表扬来回用。课后再单独辅导，让他知道你对他是关心的。主要就是无论怎么批评学生，都要让他知道你是关心他的，不是烦他、看不起他、对他跟别人不一样，这是绝对不行的。老师心里就应该对他和别人一样。你越批评他，你应该越多找他谈谈话。你让他知道无论老师是批评他还是表扬他，都是关心他。老师不能和学生僵持。老师也不能从心里烦学生。你批评他不是发泄你对他的不满，而是他真正有什么问题你去批评他。像这个学生生物十次考试有八次考倒数第一，是我的重点关注对象。课余我给他专门辅导，在他身上花的心血很多，但是他总是进步不大，主要问题就是上课注意力不集中。所以老师就得红脸、白脸都有，既有平时的关心，又得有严厉的批评。不能光给糖吃，也得给巴掌。但总体上来说，老师得有一个指导思想，就是无论是批评呵斥，还是辅导他，都是以关心他为出发点。虽然批评他，但是字里行间也是让他感受到你是关心他的。这就是为什么我让他站在窗户边上，没有让他去走廊站，因为他去走廊罚站就没有办法听课了。他也知道老师平时对他好。要是平时对他不好，你让他罚站，特别是像你这样来听课的在场，说不定他还不站呢，跟你反着来呢。如果你能让他知道你在关心他，这样你即使是批评他，他也能接受。

研：为什么最后才罚站？

师：当然啦，你得有个坡度，让他有个心理准备。他一开始翻语文，你就瞪他两眼，意思是别翻了。然后我讲课的时候该记录的他没有记录，我走到他那里敲敲桌子让他记录。再后来，我让记录，他又没有记录。他出一系列的问题，你已经给他警示了，他还没去做，你再严厉批评他，他就服了。如果一开始因为一点小事你就罚他，没有留一点心理余地，直接让他站，他会跟你反抗的。你开始犯一些小错，老师提醒你就算了，你只要改了就行。而提醒你三四次你还没改，老师不得叫你站吗？他自己就能接受了，不至于课堂上让老师下不来台。再加上老师平时还是关心他的，你叫他站他也知道是关心他的。

研：罚站的时候为什么要说明罚他的理由？

师：不讲很清楚怎么去罚？我得告诉你为什么罚你，有根有据。也是让其他同学知道我为什么罚这个同学，不是烦他，也不是给他小鞋穿，我是有道理的，他确实存在这些问题。

研：课堂中有没有碰到过学生过激的顶撞行为？怎么处理的？

师：没有，我教一辈子书没有。因为我不是一开始就让学生罚站。都是他们屡教不改的时候我才发脾气的。就是始终给学生一个缓冲的坡度。不是一开始就叫他罚站，而是语言提醒他、点点桌子、看他两眼，等他再出现问题才叫他站起来，严厉地批评几句，他就知道前面几次老师提醒都没有改，老师虽然很凶，但是他心里也能接受了。我一般都是给学生一个坡度。

对于这节课发生的这一主要矛盾，教师在接受访谈时也是感触颇多。从上面所展示的大段大段的回答来看，教师对于这种课堂事件的处理遵循着这样的方针，即"关心是前提，惩罚有坡度，附加一些道理和对学生个性的考量"。X 老师多次强调无论是批评还是表扬，背后的出发点都是对学生的关心，让他们感受到你虽然在批评他们，但是目的是为他们着想，而不是厌烦他们或看不起他们。此外，课堂惩罚的技巧是循序渐进的，不可以一开始便狂风暴雨，容易引起学生的反抗，也有悖于教师对学生教育和关心的本质出发点。而道理是跟随惩罚同时出现的，一是为了让学生清楚地明白自己错在哪里，二是教师有意地跳出事件之外传播一些做人做事的道理，提升学生的素养和心态。最后，学生的个性特点也是教师在进行课堂管理时需要考虑的要素，但从 X 老师的话语中可以看出这一点只是表面现象，最终仍旧是通过关心学生这一出发点征服无论是什么性格脾气的学生。

在这次事件中，X 老师与学生的"冲突"背后隐含着如此多的教学理念。可见一个小小的课堂惩罚措施牵扯到的不仅是教师与学生当堂的行为，还有教师的教育理念、学生观、管理技巧等等，这些因素汇聚在一起，共同帮助教师在面对同学生的矛盾时做出最合适与合理的反馈。在这种事件中，教师的所有反应都是教师的行动知识生产，无论语言、行为还是动作都比其他事件要丰富，但教师应对这类冲突事件所调动的储备知识也异常繁多，且这样的事件也是对教师能力和权威的严峻考验，同样地，教师也会在这种冲突性较大的事件中快速成长。所谓老教师的"控场能力"便是在这些事件中不断锻炼出来的。

（4）普通应对事件

在研究者所收集的十四个关于课堂纪律的事件中，除去上文的两个教师妙语事件和一个教师严厉批评事件之外，其他十一个纪律事件中教师的应对都比较普通，属日常之法，能够明显地反映出教师不同的风格以及对班级纪律和课堂进度不同的掌控能力。研究者所搜集到的学生扰乱纪律的事件主要集中在 L 老师和 Y 老师的课堂中，因此，以两位老师为典型，在分析她们应对这类事件时的行动知识生产的同时，也将两位教师进行对比，发现作为初任教师的 Y 老师在教学管理技巧方面有着明显的欠缺，对课堂"骚乱"的掌控力还有待加强，而 L 老师在这方面则表现出一种"一切尽在掌握"的自信和"收放自如，游刃有余"的能力。

·L老师的"游刃有余"

以下三个事件都属于 L 老师课堂中纪律在轻微程度上被破坏的突发情况,从 L 老师对这些事件的处理来看,她既能够收放自如地掌控课堂的走向,将对纪律的破坏控制在一定范围之内,也能够游刃有余地借力打力,利用学生的俏皮话来活跃课堂气氛,达到自己的目的。

事件 1 发生在教师讲解练习题时,学生对人体细胞中没有液泡这一知识点的错误回答引起了一次"骚乱"。

师:好,也在血液中,那如果是细胞内呢?人家问的是细胞内主要存在于哪里?

生:液泡。

师:液泡?

(学生哄笑。)

师(笑):来,我问你,你有液泡吗?

生:我没有,某某某有,某某某啥都有,要啥有啥。

(学生哄笑。)

师:好了,安静下来。同学们把细胞液圈下来。谁能告诉我细胞液是哪里的液体?

学生的错误答案引起了哄笑。从教师的神态和语气中可以看出,当教师反问这位学生"你有液泡吗"时,也是以一种幽默的方式活跃课堂气氛,并顺势回应学生的错误答案,无伤大雅。这种应对方法也是一种适当放松,教师有能力及时停止,因为当学生拿另一个学生开玩笑时,教师就不再接茬了,而是等哄笑过后,便把课堂拉回到知识点上。而这种应对便是以"无视"的方式控制破坏纪律的范围,教师放得出去也收得回来。事件 2 也是学生讲俏皮话。

师:打开练习册到第五页。我要开始讲了,请大家集中注意力。蛋白质这块是生物大分子中小小的难点,考点也比较多,我们高一的时候学得怎么样?

　　生:睡着啦!

　　(学生们哄笑,开始七嘴八舌。)

　　师:好了,不管你高一学得怎么样,你现在听完我的课,你一定会学好。好,抬头来看,第一个。

　　此处,从语句和语气上都能体会到 L 老师应对得从容且巧妙。某学生故意说"睡着了",为了吸引教师和同学的注意,哗众取宠。课堂纪律因此被破坏,同学哄笑,七嘴八舌。面对这种突发事件,L 老师没有生气,没有大声呼喝,而是很淡定从容地接过学生的话头,自信满满地指出在自己的课堂上一定能够学好,直接终结了这个引起热闹的话题,没有再给学生继续调皮的机会,将课堂拉回到正轨。试想,如果教师正面回应了学生,此次骚乱很大概率上会扩大,学生将会继续冒出更多俏皮话扰乱课堂纪律。而 L 老师这种"曲线救国"的方式便是她在当时即时生成的行动知识,能够比较好地应对这类事件,及时回归教学正轨。

　　事件 3 发生在一个较为活泼的班集体中,尤其其中有一个异常活泼的学生。而面对这样的班级和学生,L 老师也自有一套教学智慧。

　　师:接下来这里展示的是三种氨基酸。那么通过这三种氨基酸我们可以发现它们有几个相同的地方。比方说,都有这个基团。

　　生 1:羧基。

　　师:对。这个基团碳氧氧氢。

　　生 1:COOH(用英文字母的念法)。

　　师:碳氧氧氢! 不要念英文字母 COOH。你是学过化学的人。

　　其他学生(起哄):就是就是。

　　生 2:西圈圈。

　　师:虽然你们的化学已经考完了,但是生物依然需要化学,不要这么不专业啊。

　　生 2:西圈圈爱吃。(学生故意捣乱,教师没有理会)

师:碳氧氧氢,那么这个东西应该叫什么? 羧基。注意羧基的羧字是怎么写的。

又是一次关于课堂纪律的突发事件。不过不同的是,这次是由于教师纠正学生对羧基的读法引起的小骚乱。从教师所用语句和语气中也能听出教师故意借着纠正学生的机会活跃了一下课堂。但有一位学生借题发挥,在教师强调用化学元素的方法念羧基的构成以后,故意以别的念法哗众取宠,而明显地,教师并没有理会他,而是继续教学。

在这一事件中教师的行动中知识有二,一是教师的俏皮话——"你是学过化学的人",二是教师对另一位故意捣乱的学生的不予理睬的行为。通过访谈,研究者获知该行动识知背后的原因在于那位故意捣乱的学生是"惯犯"。面对这类性格的学生,教师越是接话,越是纠正他,他反而越是"来劲儿",最好的办法就是不予理睬,他便会觉得无趣而偃旗息鼓。教师的经验在事情发生的瞬间"告诉"教师不可以接话。这个所谓的"经验"便是存储于教师意识中的有关教学管理方法的知识,因熟练地掌握而成为教师的默会知识,当面对这类事件时,不需要"细想",意识便能直接调用这类知识指导教师行为,表现为一种直觉或下意识的举动,甚至不用经过理性的思考。

· Y 老师的"放任自流"

在 Y 老师的课堂中,班级纪律事件较多。一方面,由于所教班级较为活泼,学生思维异常活跃,很容易将注意力分散到与教学无关的事物上,有时候教师正常的教学用语都能引来一阵学生与教学无关的讨论。另一方面,研究者认为当这类事件异常多的时候(尤其夸张的是在一次纪律事件中仅仅在三分钟之内便出现了数次起哄),便不能仅仅归因于班级风格,而是与教师所掌握的一般教学方法有较大关系。接下来首先还原这次纪律事件中师生对话的真实场景。

【事件 1】

生:第二问,糖蛋白物质使得细胞间的黏着性减小。

师:不是,是因为癌细胞细胞膜上的糖蛋白减少,所以细胞间的黏着性减小。

生:这是什么?

师:这是癌细胞的特征,咱们上学期讲过的。

生 1(大声):讲过!

生 2(大声):某老师讲的!

生 3(大声):不对,某老师讲的!

生 4:上学期学的。

(底下又七嘴八舌地开始一轮新的关于癌细胞特征是哪位老师讲的起哄玩笑。将近一分钟的时间后,老师等到学生笑闹得差不多了再继续讲课。)

【事件 2】

师:你看你又在这儿趴着了,下午第一节课你就在这趴着,趴着趴着你就困了。尤其是明天如果有老师来听课……(话未说完)

生 1:现在不就有老师来听课吗?

师(无视这句话并问):咱们班明天上午是语文、英语课吧?

生 2:明天老师来就睡了。

师:啊?

生 3:明天老师来听课,老师就睡着了。

生 4:我们都习惯了。

(此处出现几秒钟的安静,但教师只是拿眼睛瞪学生,做出烦躁无奈的表情,并未从语言上制止,且表情也不是很严厉,因而紧接着学生又出现了一次七嘴八舌的说笑。)

师:行了。哪那么多话呢,哪那么多事呢。

(学生依旧七嘴八舌了几句。)

师:把嘴闭上。我们来看第八题。

(在教师读题目的时候,底下依然有学生小声嘀咕。)

【事件 3】

师:放射性物质致癌的原因是?

生1:DNA 中……

师:DNA 中碱基对的改变。所以世界卫生组织对这个香烟……

生2:千万不要吸烟。

生3:对,千万不要吸烟。

师:对,百害而无利。

生4:怎么搞的,都针对我!

师:没有人针对你。

(其他学生跟着起哄。)

生5:没有人抽烟啊。

生6:做贼心虚呢。

师(突然转头问旁边一个女生):你在干什么? 做手工吗?

生5:没有啊。

生7:她在卷烟。

(一阵哄笑。)

师:好了,第二题。

(学生没有停止笑闹。)

师:就这么能是吧? 有本事咱们生物期末考试的时候能考及格。

(学生又是一阵起哄。)

师:提前跟大家说一下,期末考试和期中考试的题型不一样了。期中考试是按照咱们学测的要求,就是 70 分选择题、30 分问答题。期末考试的时候 50 分选择题、50 分大题。

(学生又是一阵起哄。)

师:所以,对你们要求不高。某某某,你是不困了,又开始兴奋了。好了,不要讲话,第二题。

【事件 4】

生:矮秆的产量是不是少于高秆产量?

师:谁说的,矮秆产量应该高啊。

(学生七嘴八舌开始给这位提问的同学解答,声音盖过了老师的声音。)

师:有一个例子,不要讲话。因为咱们同学没有见过种棉花的……

生:我见过。

(下面学生又是一阵七嘴八舌的讨论。)

师:好了。那个棉花在长到差不多这么高的时候……(比画)

(学生又是一阵七嘴八舌的议论。一个学生大声说老师你这种的是棉花吗,另一个同学说老师你种的是南瓜。)

师:好了,好了。我想问问还有哪位同学困的吗?

(下面学生又是一阵七嘴八舌。有同学高喊老师我已经三天没有睡觉了,有同学说哪有困的,有同学说我上高一以来就没有睡过觉,有同学说我一睡觉就有人掐我。一阵起哄。)

师:好了。我告诉你们啊,那个棉花,如果你让它在大田里自然生长,它是能长很高的,那为什么我们在种棉花的时候不让它长那么高呢?

(学生们七嘴八舌,大声说出自己的想法。)

师:这与种果树是一样的。一方面,像刚刚同学说的,如果长太高,它的结实率会受到影响。另一方面,我们在大面积种植的时候,要考虑到比较容易出现感染,如果种那么高,需要爬个梯子才能够得到,你觉得方便吗? 包括一些果树也是这样,都需要定期修剪。

(学生稍微议论了一下。)

师:这个在我们生物学上,叫作顶端优势。

生:哦。

师:什么意思呢,就是你只要不去修剪它,它的顶芽永远是长得最快的,它一直要往上长。所以你要把它的顶芽给去掉,让它的侧枝生长。包括校园里的树也是经过修剪的。

生:为什么不让长高?

师:种在路边的树不能长太高,太高的话公交车一过……

生:哦,对。

师:好了,我们再看下一题。

(学生没有安静下来,依旧在七嘴八舌地讨论。)

师:有同学上课就是来找快乐的。

(学生笑。)

事件 1 中仅仅因为教师说了一句"咱们上学期讲过"便像捅了马蜂窝似的,学生开始七嘴八舌讨论起到底是哪位老师讲过这个知识点这个话题;事件 2 中教师仅一句提醒学生不要趴着容易困,便又引起了一次不小的"骚乱";事件 3 更是如此,教师刚提到香烟,甚至没有来得及说完,便被学生的骚动打断,而且该事件中,学生起哄不止一次;事件 4 是研究者在这节课中记录的最"乱"的一个事件,学生起哄、大声议论、将话题发散到与教学无关的事情上的次数竟然有数次之多!

通过对 Y 老师在这类事件中的反应和话语的整理和分析,"放任自流"是 Y 老师给研究者的整体感觉。教师一是没有及时采取管理措施,二是没有有力度的管理措施,三是没有巧妙的管理方法。Y 老师通常不会立刻制止学生的"骚乱"或"起哄",一般会在他们自己趋于安静的时候将话题拉回课堂。此外,Y 老师面对教学进度多次被打断的情况几乎没有严厉的批评。同时,研究者认为 Y 老师最明显的失误在于"接茬",这是一种非常不成熟的反应,甚至有几次事件的扩大化便是因为教师的"接茬"所导致的。在这种风格的班级中,教师如果主动带话题,可以想象场面会多么的不可收拾。

具体来看,如,事件 2 中 Y 老师一声"啊?"就像捅了马蜂窝,这声好奇的"啊"就像一个开关,瞬时引来各种俏皮话,学生就像得了"圣旨"一般争先恐后地为教师"解惑",无形中扩大了"骚乱"。而后教师询问学生明天教育局上午视察的课是不是语文和英语课,将"现在就有老师听课"扩大到了"明天有教育局来听课",而两个话题都与教学内容无关。研究者能够感受到教师想把话题引开的目的,但由于方法不当,反而使课堂纪律陷入更加混乱的局面。事件 3 中,当几位学生在就"香烟"这一话题插科打诨时,教师非但没有进行有效的管理,还突然转头点名另一位低着头的女生,直接造成更多人加入这次"骚乱"。事件 4 中教师在讲解题目时突然问了一句哪位同学还困,这句话就像打开潘多拉魔盒的钥匙,学生们再一次在瞬间沸腾,有同学高喊老师我已经三天没有睡觉了,有同学说我上高一以来就没有睡过觉,有同学说我一睡觉就有人掐我,一声比一声大,热闹极了。

从观察者的角度来看,如果当时教师换一种方式可能便不会引来一次又一次的学生起哄行为。如在事件 2 中,如果教师没有那么一声好奇的"啊";如在事件 3 中,教师通过动作提醒那个低着头的女生;如在事件 4 中,教师不去主动挑起话题"哪位同学还困",可能这几次课堂纪律事件不会那么令人印象深刻。同样是面对活泼的班级,L 老师能够做到收放自如,借力打力,对破坏课堂纪律的"惯犯"采取"无视"的态度,Y 老师却还没有找到一套有效的方法,缺乏管理技巧,以至于很难将课堂从题外话拉回到教学中,只能等待学生自行结束讨论,且有时候刻意地转移话题却无意中制造了新的话题,不仅没有将课堂带回到教学知识点,反而"扩大了动乱"。因此,掌握更多课堂管理技巧、增加对班级的掌控能力、树立教师威信是年轻教师在职初阶段所要关注的。

2. 态度类——"不允许"居多

对于"学生回答不出或答错"的课堂随机事件,教师一般采用重新框定问题的方法,而对于学生主动地提问和发表观点的随机事件,教师通常先给予鼓励和肯定,尤其对学生的一些奇思妙想,几位教师都表现出积极的态度。但在肯定之后,是否允许该事件持续进行便是见仁见智的事情了,而这也就是将要论述的通过教师态度表征的行动知识。

"允许"与"不允许"是教师面对课堂随机事件时两种主要的行为,代表着教师对事件的态度,也代表着教师的选择。"允许"意味着教师对突发事件持肯定的、积极的态度,允许事件继续发展,允许自己的教学计划被改变,例如鼓励抢答、允许学生讲明观点、临时展开讨论等;"不允许"意味着教师对突发事件持否定的、消极的态度,不允许事件继续发展,不允许事件打断自己的教学节奏,例如不再允许学生讲明观点、不再继续要求学生回答、不理会俏皮话、不解决无关问题、限定讨论时间等。纵观所提取的课堂关键事件,发现教师态度类的行动知识表征以"不允许"居多。换句话来说,教师们都尽量保持一定的教学节奏,尽量执行教学计划,尽量减少突发事件对教学计划的影响。

（1）"不允许"事件

在 X 老师的讲授课中出现了一次以学生提出观点为主的挑战事件，X 老师对该事件的态度在"不允许"事件中具有代表性。

> 师:在学习新知识前,我们来温习下旧知识,温故而知新。首先复习一下生殖的种类。为什么说无性生殖产生的新个体与母体性状基本一样,而不是完全一样? 为什么是基本一样,而不是完全?
>
> 生1:环境原因。
>
> 师:很好。母体与新个体的遗传物质一样吗?
>
> 生2:一样。
>
> 师:对,一样的。但是母体与新个体的生存环境一样不一样?
>
> 生3:有可能不一样。
>
> 师:但基本上不一样。比如,我们的父母同我们的生存环境能一样吗?
>
> 生(异口同声):不一样。
>
> 师:对,肯定不一样。环境的不一样造成性状的不一样,因为性状受到环境的影响。

之所以说这是一次学生挑战事件,是因为母体与新个体的生存环境肯定是不一样的。世界始终在变化运动中,下一秒与上一秒都不可能重复。古希腊哲学中的名言"人不能两次踏进同一条河流"强调的就是运动和变化。然而有学生却对此表示了质疑——"有可能不一样"背后隐含的意思就是"有可能一样"。学生的回答可以看作一次对真理的挑战。X 老师对这一来自学生观点的挑战的回应比较消极,不留余地地直接纠正,没有对学生的想法进行追问。而研究者认为虽然母体与新个体的生存环境确实不会完全一样,但是这也是一次了解学生观点的机会,且当学生举例失败后,也是一次从反面进行知识点强调的机会,一次失败的实践同样可以让学生印象深刻。

此外,对于学生天马行空的观点或者一些有关教学内容的奇思妙想,教师们一般也不会就此展开。例如 Z 老师表达说:"当然还有那种个别学生提出的老师解决不了的问题,这要看情况而定——如果是生物以外的问题,我一般不给解决……如果是太远了,是以后要学习的知识,那么我会说以后再讨论……如果是个别学生的个别问题,也会推到课后讲,不会因为一个学生影响整体的进度……如果学生挑战我给出的答案,我会说课后讨论……对于特别热闹的讨论,不能一味放开,讨论要限定时间。"C老师也指出:"像有些特别活跃的班级,学生都能给你带偏。他们就经常会问'老师,这是什么东西,那是什么东西',但是他们问的这些都不是你设置好的问题,也不是和教学内容相关的。只是他脑子里突然一活跃,想到他生活中的什么事,他就来问你。但是我们的上课时间是有限的,就需要你对课堂时间进行把控,对于无关的内容你必须得制止,说明和我们的课堂没有关系,如果有兴趣可以课后交流之类的。"L老师会根据学生提问的复杂性决定是否继续讨论:"……因为这个知识点如果要讲得很细,需要两节课到三节课才能说得清楚。所以我先大概让他们知道有这么一回事,我就会稍微往外拓展一点。"另外,在"不允许"事件中,还有一例既特殊也典型,那就是教师的惩罚行为。教师不允许随机事件继续发展下去,只是采取的措施更具体地表现为对学生的惩罚,例如上文中X老师罚站一位上课不听讲的学生,此处不再赘述。

总体而言,针对课堂纪律事件,教师通常持"不允许"态度,要么制止,要么不予理会。针对学生的提问和观点,尤其是那些奇思妙想,教师虽然持肯定与鼓励的态度,但往往并不会展开来讨论,更多注重的是本身设定好的教学内容和进度。因此,在面对课堂突发事件时,教师"不允许"的态度偏多,然而,也有一些比较精彩的"允许"事件。

(2)"允许"事件

在研究者所收集到的所有课堂关键事件中,X老师允许抢答继续与L老师允许一位学生打断另一位学生进行发言是比较典型的"允许"行为。

> 师:这样吧。谁能解释清楚这个D选项是错误的,就得2分。谁能解释这个D是怎么错的?我现在就告诉你这个D选项是错的。谁能解释?你们好好看。
>
> (学生小声讨论。)

师:有人讲吗? 好,你先举手的,你先说说吧。你说它怎么错的?注意听。别忙讲,等你们安静下来再讲。

生1:利用化学合成方法,对蛋白质进行修饰。

师:你说利用化学合成方法对蛋白质的某一个氨基酸进行修饰吗?

生1:我说的是对蛋白质。

师:利用化学合成方法对蛋白质的什么?

生:对基因。

师:化学合成方法为什么一定要对基因呢?

(学生沉默。)

师:化学合成方法什么都能合成。你可以合成蛋白质,你也能合成糖类。什么都能合成,也能合成基因,也能合成蛋白质。你说的化学合成方法能够合成很多很多东西。

生:获取,是获取。

师:利用化学合成方法获取? 哦,获取氨基酸。不对。你坐下吧。其他组被动得一分。你这个第六组不得分,其他组各加一分。再来一个学生解释,你来。

生2:利用物理化学或生物化学方法对蛋白质进行合成。

师:哦,你说利用物理化学或生物化学方法来合成蛋白质。坐下,也不对。其他组被动得分。今天被动得分的很多啊。呵呵。好! 又有同学举手了,你来回答。

生3:对蛋白质的一个或几个氨基酸进行修饰,用物理或化学方法,从而改变性能。

师:哦,你说是用化学合成方法对蛋白质(的)一个或者几个(氨基酸)进行修饰,而不是对某一个进行修饰。这个吧,关键点不是在这里。

(其他学生哄笑,并热热闹闹地讨论自动加分。)

(抢答的氛围进入一个高潮,或是说白热化阶段,甚至教师都全神投入其中。学生们全神期待下一个主动举手的同学是否能答对,这关系到其他组是否能自动得分,而教师的神态和语气也"出卖"了他,教师对学生答案采取了卖关子的"调皮"行为。)

师(一片嘈杂中,大声说):今天就争论(到底)了! 看谁能来解释清楚! 你来说!

生4:基因工程改变蛋白质性质。

师:啊? 你注意前面题干是蛋白质工程。你注意这个。利用化学合成方法对蛋白质的氨基酸进行修饰,为什么不是蛋白质工程,这个问题。

(学生七嘴八舌议论。)

师:你先坐下。哦,你知道,好! 等我加完分你再来说。

生5:题目是蛋白质工程,而D选项说的是改善蛋白质性质,它不是工程。

师:你把D选项看清楚,它是说利用化学合成方法对蛋白质进行修饰以改善蛋白质功能,它为什么不叫蛋白质工程?

生5:D选项说的是改变蛋白质,不是改变基因。蛋白质工程改变的是基因,不是……

师:对了! 关键是蛋白质工程的实质是什么? 是基因工程。必须先改变什么?

生(齐):基因。

师:对! 必须先改变基因,再改变蛋白质。你直接改变蛋白质算不算?

生(齐):不算。

师:听懂了吗都? 蛋白质工程的实质是不是基因工程啊? 你必须先改变基因,然后再改变蛋白质才行,你直接改变蛋白质不行,必须先改变基因,由基因再改变蛋白质。听懂没有? 蛋白质工程必须先改变什么?

生(齐):基因。

师:对。你直接改变蛋白质不行。

在这一段长对话中可以看出教师在一开始并没有准备对这道题打一场"持久战"，而是打算在第一位同学回答错误以后再找第二位同学回答，然而当第二位同学依旧回答错误的时候，又有第三位同学主动举手回答，教师并没有阻止，而是让学生继续。在第三位同学依旧答错的情况下，课堂已经超乎教师意料地进入了一个非常热烈的抢答氛围，教师不仅没有中断这种嘈杂的讨论，反而也被带入这个氛围，不仅对学生的回答卖了一个关子（根据教师说"这个吧，关键点不对"这句话的时候的表情和语气判断），而且大声鼓励学生们加入对这道题的思考——"今天就争论（到底）了！看谁能来解释清楚！"这将气氛推向了又一个高潮。X老师根据这一课堂突发事件临时改变了自己的教学进度，让抢答持续进行。

除此之外，在L老师的课堂中同样有一次允许事件。该事件发生在L老师让一位同学说明自己的解题思路时，另一位同学还未等该同学回答完便直接表示反对，并提出另一种解题思路。

师：典例二，某某某，你的思路是什么？

生1：先把1、2、3、4标好，再选。

生2：什么啊，根本不需要那么麻烦。

师：好，不需要那么麻烦，那你说。

生：2肯定是占鲜重比例最多的，水，直接选A。

师：非常好！是不是这样的？我只要能把2排除，剩下所有东西都出来了，一定是水和氧。很好，接下来，下一题，你来告诉我A、C、D分别错在什么地方？

一个学生对另一个学生给出的解题思路进行反驳，这一情况教师是不可能提前预料的。面对这一突发状况，L老师的反应是允许那位提出反驳的学生表达自己的观点。从教师对两位同学的答案的评价来看，第一位同学的解题方法确实绕了弯路，因而可以合理推测出即便没有第二位学生指出第一位学生的方法太过麻烦，教师应该也会在第一位学生说完以后，以另一种方式找出简便的方法，例如引导这位同学继续思考、询问其他同学有没有不同的观点，或自己直接指出来。但既然有学生先指出了，教师便"顺水推舟"。

另外，在 Z 老师的课堂中，也出现过两例较为简单的"允许"态度。Z 老师在发现学生们对一个以往学习过的知识点面露困惑时，没有选择略过，而是暂停下来对这个知识点进行复习。

师：好，第五个疑难解决了吧？现在我们把刚刚讲过的一个再说一下，我把它画出来了。你们看这条染色体上本来有一个大 A 基因，通过复制，一个着丝点就有两个什么？两个染色单体。好，它一突变以后，大 A 变成小 a 了，也就是说这一突变以后变成它的什么基因了？

生：隐性。

师：是隐性基因吗？叫什么？是它原来基因的等位基因。这种突变叫什么突变？显性还是隐性？

学生有的回答显性，有的回答隐性。

师：看，还有同学不明白的。显性基因变为隐性基因叫……

生 s：隐性突变。

师：那么隐性突变的话，它的性状当年就能体现出来吗？

生 s：不能。

师：为什么？这两个表现是显性性状，它呢？

生 s：隐性。

师：好，记住。一个基因突变后形成它的等位基因。我发现个别同学对等位基因的概念还是比较茫然，所以我们巩固一下。懂这个意思了吧。

另一次事件则是在新课结束以后，离下课还有大约五分钟的时间，教师便让学生做课后练习题，此时一位学生提出自己对体细胞有丝分裂和生殖细胞减数分裂的知识点仍旧不明白，Z 老师便在全班范围内对这一知识点再次进行了讲解。

整体来看，对课堂突发事件的"允许"态度较少，取决于不同教师的酌情考量。X 老师表现为被课堂热烈的抢答气氛吸引,L 老师目的为顺水推舟表达出简便的解题方法,Z 老师目的为强调重点的知识点和解决学生对于新知识点的困惑。

3. 动作类——眼神、手势与声调

除了语言与行为,教师的一些教学动作也是行动知识的表征。主要包括眼神、手势和声调。教师的手势和眼神主要运用在课堂纪律管理中,往往不需要话语就能及时制止学生的一些不良行为。教师声调出现明显的起伏一种情况下是在批评学生,还有一种常被忽略的情况就是在强调知识点,引起学生的注意。整体来说,相比于语言类和行动类,动作类的表征出现频率不高,研究者现将捕捉到的比较明显的几次呈现如下。

首先是眼神和手势。在 X 老师的课堂中那次学生不听讲事件里,X 老师就以明显的手势和眼神代表他对学生课堂不良行为的反馈,例如严厉的眼神、走到身边的动作以及轻敲桌子提醒的动作。Z 老师也指出:"比如学生调皮了,影响纪律了,那就要看轻重。要是影响大家的话,就得停下来了,要是影响不大,只是他个人的话,老师就盯着他,或者戒尺指一下他。实际上,我讲课时候的手势有时是为了讲知识点,有时就是为了提醒学生,指他一下。这样他自己知道,别的同学不知道。这样影响也小一点。"L 老师对此也持相同的看法:"如果他只是调皮一下,我一般不追究他,如果他没完没了,或者交头接耳,我才会严厉制止他或者眼神示意。"而 Y 老师虽然在管理课堂纪律上还有待加强,但她也指出:"对于那些'活跃分子'就是给点儿信号啦,例如敲敲黑板、敲敲桌子,或者大声地说两句,反正总之要给他们一个信号告诉他们现在要安静了,要做什么了。"且在 Y 老师的课堂中,研究者也捕捉到一次"眼神"事件,即在学生借题发挥,吵吵闹闹时,教师拿眼睛瞪学生,做出烦躁无奈的表情,但并未有其他举动,只是如此等待学生自己安静下来。

声调的变化,几位老师的课堂也都有出现。X 老师不仅在强调知识点时会刻意大声,同时也会有意地让学生大声朗读和回答问题,主要目的是突出重点知识,并且防止学生犯困。Z 老师说他自己本身就是大嗓门,研究者在其课堂中也时常感受到声调的变化,大多是在强调重点知识。L 老师和 Y 老师声调出现明显的变化时通常是课堂纪律出现问题时,教师转变为严厉的语气批评或警告扰乱课堂纪律的学生。

综上所述,虽然动作类的教师行动知识出现频率较少,但是一旦出现还是非常容易捕捉到的,不仅因为引发该类表征的事件常常与课堂纪律被破坏相关,且教师在做手势和眼神示意时也常常有明显的停顿,声调的起伏变化更是容易发现。因此,将这一类行动知识的表征单列出来,突显出教师面对课堂各类突发事件时具有的丰富的行动知识生产。

（三）教师反馈的默会考量

教师面对不可预测的课堂随机事件时所进行的学科教学知识生产是一种行动知识的生产,其知识在一瞬间产生,由语言、行为、动作进行表征,展现为课堂中教师的各类反馈。反馈看似是明述性的,能够被观察和记录,然而,这些知识在一瞬间由课堂突发事件激发,涌入教师的头脑中,由教师的思维进行理解、分析、判断、选择、整合、表达等,其中具体发生了什么有时教师自己都不得而知,无从下手,只能归因于直觉和经验,实际上这背后隐藏了大量的默会知识,使得教师行动知识的生产在学科教学知识生产的三个主要阶段中最具有默会性。要想挖掘教师行动知识生产"背后的秘密",只从教师语言与行为表征着手还不够,还需要通过课后访谈有针对性地了解在课堂随机事件发生时教师做出反馈背后的考量。尽管教师自己在回顾时有时都说不清楚那时为什么会有这样的行为或话语,但通过访谈还是能够最大化地挖掘教师意识到的知识参与,能够促使默会知识显性化,促使教师行动知识生产机制更加明晰。

经过对五位教师有针对性的课后访谈记录的整理,教师行动知识生产背后所考量到的知识成分非常统一地包含以下几个要素:知识点是不是重点、课堂进度、学生特点(学生想法、理解程度、性格特点、班级风格)、教学效果、课堂纪律与氛围。这些是教师动态学科教学知识生成过程中主要考量的要素,尤其是"知识是不是教学重点"与"课堂进度"这两个要素,是每位教师在被访谈到课堂行为背后的原因时一定且首先提到的考量成分。其次是学生特点、班级风格与教学效果,教师的现场反馈也会因为这几个要素的不同而有所差别。最后,课堂气氛这一要素也比较常见,五位教师都倾向于活跃的课堂氛围,对学生无伤大雅的俏皮话往往采取宽容的态度,因为希望通过宽松、活跃、热闹的课堂氛围防止学生犯困,使其保持兴趣与注意力的集中。接下来,通过呈现针对课堂事件的教师与研究者之间的课后访谈对话,进一步解析教师行动知识生产背后的这几种主要默会考量。

1. 是否为重要知识点与课堂进度

"是否为重要知识点"是五位生物教师面对课堂中随机的学生疑问事件与课堂纪律事件所采取的行动背后非常统一的默会考量,这一行动目的并不显性地表现在课堂教师的行为中,但默会地存在于教师的认知中,影响着其课堂行为的发生。尤其当教师面对学生层出不穷的奇思妙想时,"是否为重要知识点"成为教师是否进行课堂拓展的重要依据。同时,教师也会根据这一考量用不同的行动知识解决学生对教学知识点的疑问。此外,课堂进度也常常与是否为重要知识点一同出现,作为教师行动知识生产中另一项出现频率极高的默会考量。下面以 X 老师、Z 老师、C 老师为例。

(1)X 老师

在学生对"母体与新个体的生存环境不一样"这一知识点提出挑战时,X 老师没有给予学生机会讲明自己的观点,只是强调了该知识点。对此,研究者在课后访谈时同教师进行了讨论。

研:对母体与新个体生存环境不一样的回答,有一个学生说"可能不一样",他言外之意似乎指可能有一样的情况,那么在这种情况下是否要追问一下这个学生?

师:这个不需要追问,肯定不一样,因为比如说父母的生活环境跟子女是绝对不一样的。

研:但是学生既然提出这样的想法……

师:就是叫他举一个例子是吧?

研:是的。并且如果学生举不出来例子,也是对于"环境不一样"的一种侧面强调。

师:是的,也可以问一下。但是所有的这些问都要注意时间,不能问太多,因为这个课堂要讲新知识。

从访谈中可以发现,教师处理学生本次挑战的理由,一是知识点本身,即母体与新个体的生存环境绝对不一样这一客观真理,不存在其他可能性。二是课堂进度问题。X 老师强调交流本身是可以的,让学生表达观点也是可以的,但前提是完成本堂课的教学内容,如果学生的观点和教学内容息息相关,那就必须表达和交流,但该类事件没有讨论的余地和价值,因而可以取消追问,教师要关注所有学生,而不仅仅是一个学生的一个看法。因此,在该事件中,教师对学生的挑战采取了直接纠正的策略,主要目的是在不涉及教学核心内容的情况下完成教学进度。该事件中教师的应对便是他行动中学科教学知识的生产,它来源于教师对知识点本身和课堂教学进度的综合考量。

在学生无法作答的事件中,X 老师采取问题链的方式唤醒学生过去学过的知识,并逐渐引出新知识,引导学生在回忆旧知识中领悟新知识。对此研究者也对 X 老师进行了访谈。

　　研:在您要求学生根据图解释什么是脱分化与再分化时,没有学生能够说出一言半语。那么在设计这个问题时,您是预计学生可以答得出来的是吗?

　　师:我在设置这个问题的时候觉得学生应该能答出来一个。我没想到一个都没有答出来。

　　研:碰到这种跟自己的预想不一样的情况应该怎么办?

　　师:如果有时间的话,学生不举手也没有关系,可以叫一个学生试着说一说。关键是这个课知识都堆积在那里,不能太过耽误时间。所以我自己就讲了。我讲了以后学生也就懂了。

出乎 X 老师意料,没有学生能够回答出这一问题。对此,X 老师也并没有运用什么技巧,而是选择自己用提问的方法进行新知识的传授。对此,X 老师也在访谈中说明了这样做的原因:一是考虑保障课堂进度,二是这里是较为重点的知识之一,学生很难全部自己讲出来,主要依靠教师的引导与讲授。此外,对于是否拓展学生在课堂中提出的一些观点和想法,X 老师也认为应当以“是否为重要知识点”这一标准进行判断:“课堂上拓不拓展就看是不是重点。是重点、难点就拓展,不是就不拓展。因为你重点、难点拓展有利于他们巩固。还有一些学生问的问题是没法拓展的，问的问题是还没有研究出来的。"

（2）Z老师

在Z老师的课堂中出现了两次学生课堂提问事件，Z老师的应对是都将相关知识点重新讲解了一遍，对此，研究者在课后访谈时也询问了这两个行为背后的原因。

> 研：对于这两次学生提问，您当时决定把知识点重新讲解一遍，这不会耽误教学进度吗？
>
> 师：我根据当时的进度来看是来得及的，（是）能够完成教学内容的。而且学生问的这两个问题是重要的知识点，既然他们提出来了，就必须详细讲解，讲到懂，就算完不成当堂的教学进度也必须讲的。这个要看是不是重点知识，如果不是重点，那么我可能就下课单独讨论，不会耽误大家的时间。

从Z老师的回答来看，对于学生当堂提问的反馈主要考虑两点，一是提问的内容是否为重点知识，二是课程进度，其中是否为重点知识更为重要。此外，Z老师鼓励学生在课堂中发表观点，但教师一定要把握学生发言的内容同教学知识点的相关性以及课堂进度问题。

> 研：有没有碰到过学生给出的答案完全出乎意料的情况？
>
> 师：也有的。一般这种情况不会影响纪律的，我就让学生说。但是也要把握住时间，感觉他说得差不多了，就截止，并表扬他说得很不错，下次可以再说。
>
> 研：那会不会根据他说的内容进行拓展？
>
> 师：那可以的。如果他说的确实跟生物有关，我就可以拓展，这个要靠老师自己把握。要是差别太大我就不拓展，表扬他一下，就让他坐下了。总之，你得根据情况。这一切都来自教学需要。

（3）C 老师

同其他教师一样，C 老师面对学生回答不出来的课堂随机事件时的反应有时呈现出"引导"的态势，有时则会直接把答案告诉学生，这两种不同的课堂语言反馈背后的根本原因如 C 老师所说是"看这个知识点的重要程度"。

研：我注意到碰到学生回答不出来的时候，您有时会自己给出答案，例如在问学生基因工程是对什么进行操作时，学生们都愣住了，您等了几秒钟后便自问自答说"DNA 嘛，你的操作对象不就是 DNA 吗，我要对这个 DNA 进行操作"，而有时您又会执着地追问直到学生回答出来，例如那个限制酶所识别的序列中上下两条链的关系。为什么同样是学生回答不出来，您采取不同的措施呢？

师：这个要看情况。像那个 DNA，没有什么可以引导的，要么就反复问，要么我就直接说，而且它太简单了，我就不会浪费时间去反复问。我说出来了，学生们也会记住的，他们没有回答出来也许也是一时间没有反应过来，（那）本身就是一个简单的知识点。但是像那个序列，是比较重要的知识点，反复强调，我没想到他们还答不出来。所以我得追问他们，越追问越发现他们掌握得很差，所以我就不仅要让他们发现下面那条链是反着的，而且要通过问为什么让他们得出反向平行这个背后的原理知识，这才是重点。如果我直接告诉他们这个应该就是上下反向平行，肯定没有通过我不断问，他们进行紧张思考得出来答案的效果好。有一个同学反应过来，其他同学也会恍然大悟，要是他们还没有来得及思考我就说出答案，就不会加深记忆。此外，还有一个气氛的催动在里面，你比如说老师问，没人回答，再问，还是没人回答，提示问，哦，有回答的，但回答错了，这个时候就有一种箭在弦上不得不发的感觉，你老师就觉得这个点一定要这么问下去，让学生获得正确答案。但仔细一想，根本原因还是要看这个知识点的重要程度吧。你别说，这个问题我自己还真没想过，大多数都是靠现场的感觉来。

此外,对于是否对学生课堂发言进行拓展,C老师也是根据知识点与课堂进度来进行即时判断:"比如说他提的问题和你讲的内容息息相关,或对你想解释的下一个知识点有作用,那你可以借着这个机会把这个话题揽过来,或进行适当拓展。但是要适当,不能无边无际,你要能放得出去,也要能收得回来。简单几句话以后就收回来。你要是拓展得太过,你自己讲得热情高涨,但和你主要的教学目标偏了,你就完不成你的教学任务。"

2. 学生特点与教学效果

除重点知识与课堂进度之外,学生要素与教学效果也是五位生物老师行动知识生产所重点考量的指标。学生要素主要包括学生观点、想法、能力水平、个性特点、群体特点等,教学效果的获得一般要运用考试与考查等评价方法,但课堂中教师会根据学生的反应,例如语言、眼神、表情等,进行即时的判断,从而调整教学的内容、进度与方法等。在不同的课堂随机事件中,教师会根据当下事件中不同的组成元素进行反馈,例如教师有时仅考虑学生个体的性格特点,有时又兼顾到班级风格特点,有时需要通过学生的回答进行教学效果的判断,有时又仅仅通过学生表情便能了解教学效果。因此,接下来具体呈现几位教师是如何通过考量学生特点和教学效果生成行动知识的。

(1)X老师

在X老师的课堂中有一次令人印象深刻的"冲突"事件,在上文中研究者也对这一事件进行了较为详细的呈现和分析,此处针对当时教师一系列的举动进行课后访谈,并提取教师行为背后的默会知识。

> 研:那您为什么选择这样一系列班级管理和教育方法? 为什么不选择别的方法?
>
> 师:别的方法? 冷处理? 不闻不问吗? 这个其实也要根据学生。这堂课的这位学生性子比较缓,你让他罚站他就站。有些学生,你要是让他罚站就得慎重,他那个火暴脾气。你就得课后找他慢慢谈心。万一学生当堂跟你顶嘴,你得能讲得过他。我碰到过这种情况,一般几句话就被我讲得无话可说了。例如,有一次我正上课,有个学生就睡觉。我把他叫起来他就烦了,犟嘴说他没睡,他在听讲。我就说你

刚才趴在桌子上都打呼噜了，全班都听到了，你说你听了吗？他还说他听了。我说你打呼噜在睡梦当中还能听啊，你听谁给你讲课的啊，别在这犟了，强词夺理。这个学生就没有话说了。然后我又说，什么叫一个有自信的人，你既能知道自己的优点，又能知道自己的不足，而不是把自己的缺点也当成优点，那是绝对没有自信的人。你看你睡觉，你承认你睡觉了就是，接下来不睡不就可以了吗？自己睡觉还不承认，这不是一个自信的人。敢于承认错误才是自信的。我就既批评他们，又和他们讲道理。

研：那您是怎么想出来这一段话的呢？

师：这一是长期从事教育工作的经验，二是我爱看教育一类的书籍，自己也写文章，写书，平时的积累吧。这些话也是帮助学生提高心理素质。

从上述对话中能够发现 X 老师在面对较为严重的课堂纪律事件时，其行动知识的生产明显地受到教师所掌握的学生个体性格特点的影响，这一类学生知识的掌握默会地辅助教师选择最为合适的学生管理方法。

（2）Z 老师

在 Z 老师的两节课中，研究者观察并记录了三次学生轻微地影响课堂纪律的事件。Z 老师对这些事件的处理除了考虑课堂进度之外，也非常注意学生个体的性格特点。

研：课堂中有几次出现了学生说一些俏皮话吸引大家注意的事情，我观察到您有时候不予理睬，有时候会接一下他们的话，但是也不会让对话过长，能够分享一下这类经验吗？

师：这个要根据情况来看。有些能够活跃课堂气氛的，你接一下话也行，让学生都精神一下，但是不能耽误太多时间，尤其不能没完没了地说，你得自己根据情况把控。也跟学生有关，有些学生你可以不回应他，有些你就得能够说服他，让他无话去调皮。这种情况课堂中经常有，你以后见多了就自然而然知道怎么应对了。主要是看课堂进度,不能耽误时间。

由此看来,课堂进度是 Z 老师首先考虑的要素,而学生个体的特点与课堂气氛的需要也会影响教师采取不同的回应方式。同时,面对学生疑问类的随机事件,Z 老师往往也考虑到学生的认知能力,进而做出反馈,例如在学生回答不出教师提问时,Z 老师有时采取引导的方法,有时采取不断重复提问的方法,这一不同行为背后除了与知识点有关之外,还有一个重要的因素便是 Z 老师对学生知识掌握程度的判断。

> 研:当学生回答不出来时,我注意到您有时是采取变换问题引导(的方式),有时是多次重复问题,这些不同的反应是为什么?
>
> 师:这个啊,主要是当时一瞬间的反应。我想想啊。就是有时候,特别是新课的时候,对还没有学过的知识,我会通过引导式提问,让学生结合之前的知识获得新知识。在习题课的时候我觉得他们应该是掌握了的,因此我看他们不回答的时候,就多问几遍,一是我认为他们应该是能够回答出来的,二是多问几遍也给他们一个反应的时间。

从 Z 老师的回答可以得出当学生没有如他意料的那样回答正确时,知识点本身和对学生的判断是他进行反馈的主要因素。

(3)L 老师与 Y 老师

在研究者所听的 L 老师与 Y 老师的课中,班级纪律事件相较于其他老师稍多,因而其对学生个体特点和班级整体风格的考量就十分明显了。

> 研:这个班级里有个学生异常活跃,几次试图哗众取宠都没有成功,您一般都是这样处理他对课堂纪律的影响的吗?
>
> L 老师(笑):是的,某某某就是这个样子,我也是比较了解的,就是不理他就好。他也不会一直在破坏,就是逮着机会了。其实老师都是知道学生这种行为的,就是吸引注意嘛,不理他他就觉得无趣了,也不会一直说。

研：那如果不理他，他这种行为会不会影响其他同学？

L老师：这个我会看情况的。如果他只是调皮一下，我一般不追究他，如果他没完没了，或者交头接耳，我才会严厉制止他或者眼神示意。主要看影响的大小。不光是他一个人。对整个班级也是这样的，你看我讲肽键那部分的时候，他们也是故意把这两个字大声说，也嘻嘻哈哈的。这个时候我就是不理他们，你越理他们，他们越活泼，说不定还蹦出来更多玩笑话。反而我继续讲这个知识点，他们自然而然也就不再闹腾了。就是有时候越是说他们，反而会把这个骚乱扩大。特别是活泼的班级，你不用指望他们安安静静地，只要不是很影响课堂纪律，他们时不时活泼一下也是可以的。

但是碰到故意捣乱的课堂行为，尤其是不合时宜的话题，L老师从学生行为背后的心理因素出发，采取不予理睬的策略。

研：碰到上课时故意捣乱的孩子您是怎么处理的？

L老师：有一些孩子上课时候是故意的，就是为了吸引注意，他故意的。他们有时候会说一些特别难听的话，或者说一些特别敏感的话题。遇到这样的情况，其实他们就等着你接他的话，你接了他的话，他就很兴奋，就很得意。就是这样的，如果他们说的话确实和课堂有关，而且很有趣，我就会去引导一下，但是如果他是这种故意的孩子，压根儿我就不理他。我就继续讲我的课，就好像我什么都没有听见一样。这样的话他就不会再往那个方向上去说。

Y老师也是如此："其实关键就是有那么一两个带头的，你把那几个揪住，或把他们摁下去就行了。而且怎么说吧，其实学生也是看人来的，一般像年轻的女老师，他们可能就会更肆无忌惮一些，你看要是某老师（男性老教师）的课上，一般他们就不太敢。在三四十岁啊，五六十岁的男老师的课上，他们一般就不太敢。你看具体情况，有些我们这样'小老师'、年轻女老师的课上，也是摁都摁不住……对活泼一点的班级，不能失控，他们闹得如果太过了，肯定要压一下的。至少课堂的时间和节奏一定要老师来掌控。"

除学生要素之外,教学效果也是教师常常考量的要素,例如 X 老师选择改变课堂进度,让学生们尽情抢答,直到找到问题的正确答案为止。为此,X 老师指出:"知识点本身是值得且有必要花费时间让学生多思考多参与的,我也觉得他们能够正确回答……"C 老师则将对教学效果的考虑描述为:"……如果我直接告诉他们这个应该就是上下反向平行,肯定没有通过我不断提问,他们进行紧张思考得出来答案的效果好。有一个同学反应过来,其他同学也会恍然大悟,要是他们还没有来得及思考我就说出答案,就不会加深记忆……"

3. 课堂纪律与氛围

五位老师的每节课中都或多或少、或重或轻地出现过学生扰乱课堂纪律的行为,因而,"维持课堂纪律,营造活跃氛围"也是教师在面对纪律类的突发事件时所主要参考的"指标"。整体来看,教师们都不会过于苛责学生的调皮行为,但也会将其控制在一定的程度之内,行为的背后反映出"在完成教学任务的基础上,通过宽松、活跃、热闹的课堂氛围防止学生犯困,使其保持兴趣与注意力的集中"这一默会认知。

在 X 老师的一堂新课导入部分,由于问题设置得不够严谨,尽管教师在不断重新框定问题引导学生,但他们的答案仍是花样百出,有说"照片"的,有说"标本"的,对此,X 老师认为:"学生的这种走偏我们是应该鼓励的。一个是因为这说明学生的思维更加发散,再一个可以使课堂的氛围更加有趣一些……你对于学生提的这些问题不能烦,他们提的这些问题对自己来说是好的经验,另外就是发散思维,对调节课堂气氛都有好处。"对于学生的奇思妙想,X 老师在访谈中说道:"每次我碰上这种都是对学生给予肯定,这是必须的,不能打击他们。我遇到这样的情况很高兴,说明这些学生在思考,我都是很肯定他们。如果我能回答出来我就回答,不能回答出来我确实还得课后找资料。有些学生提的问题确实非常好。"

Z 老师的课堂中突发事件也是层出不穷。有正面的,如学生的奇思妙想,也有负面的,如学生对课堂纪律的破坏。多种状况也考验着教师的临场应变能力,催生了教师的行动知识的生产。对课堂纪律事件影响大小的判断左右着 Z 老师相关的行动知识生产:如果严重影响了其他同学的学习,则要严肃处理,及时管控;如果轻微影响,要么置之不理,学生自然偃旗息鼓,要么借此活跃一下课堂气氛。"视情况而定"是 Z 老师行动的准则。

研:如果碰到那种特别活泼的班级怎么管理?

师:碰到特别活泼的班级,老师自己要及时管控,该严厉也得严厉,对吧? 你得保障正常的教学秩序。不能一味地放开,讨论要限定时间。在我给你讨论的时间中,你们可以放开讨论,怎么大声都没关系。但讨论时间一到,就得恢复纪律,你教师自己要控制住。

研究者所听 C 老师的两节课中纪律事件不多,仅提取到一个"小插曲"事件,表现如下:

师:第三个特征,通过遗传与变异产生了这么多的个体,但是生存的空间和资源是有限的,所以生物要想生存下来,为了争夺有限的空间、资源甚至是配偶,必然要进行什么? 要进行斗争。对不对?

(这时有个同学引起了老师的注意。)

师:你有事吗?

生:没有。

师:要困就去洗把脸去。

生:不用了。

师:生物在生存过程中,必然会产生一定的生存斗争,当然这个斗争不仅仅是同种个体,也和其他的生物相斗争,比如有东西要来捕食你,你要不要跑?

生(齐):要。

这是讲课过程中的一个小插曲,前后不到十秒钟的对话,也没有引起班级的骚乱。而教师却特意停下教学,为此研究者针对这个事件询问了教师当时的想法。

研:为什么要停下来特意提醒这个学生?

师:我就在讲台上看得清楚,他有小动作,不专心听讲了,我以"困了去洗脸"为借口提醒他专心听讲,不要打扰其他同学,也是给他留面子。为什么没有严厉批评呢?因为行为还没有到很过分的程度,如果太严厉容易把小小的走神闹大,反而更加影响课堂的纪律和节奏,所以我稍微提点他一下就好。置之不理也不行,他有可能会影响到周围的同学。

C老师的处理方式更多地考虑了学生个体以及课堂整体纪律,一方面C老师要保障所有学生专心听课,另一方面也要将课堂纪律事件控制在一定范围和程度之内,考虑到这两点,尽管当下这位学生并没有比较过分的行为,但C老师仍旧选择停下进度,对他进行提醒。而对于学生的奇思妙想或者学生对感兴趣的知识点所进行的讨论,C老师则会根据教学内容与课堂进度进行"收"与"放",既不能打消学生的积极性,也不会任由课堂无限拓展。

从研究者所观察到的几次纪律方面的突发事件中能看出L老师的课堂掌控力还是很强的。她并非不允许课堂中出现轻微破坏纪律的行为,而是能够在学生活跃后稳稳地把课堂拉回教学。研究者认为"顺应"与"无视"应该是L老师管理这类班级的诀窍,即顺应活泼班级出现的纪律问题,无视过分的哗众取宠。有时,L老师也会"借机"主动活跃课堂气氛。同时,对于学生天马行空的奇思妙想,L老师往往会顺着学生说一两句题外话,让课堂气氛放松一下,活跃一下,稍稍解除学习带来的乏味单调感。

研:对于这种哄笑的事情,课堂中也是出现过几次的,您一般怎么看待和处理这种情况?

师:无伤大雅的就让他们热闹一下,有些班级风格就是比较活泼的,你一味压制也压不住,而且没必要,偶尔有活泼的学生讲一两句俏皮话带动一下课堂气氛也是可以的。但是要注意的是我一定会把这种热闹控制在一定时间和范围内,不能撒出圈收不回,那是不行的。

Y 老师的课堂中出现的纪律问题不仅次数多,且在研究者看来这些事件在频率和程度上都影响到了教师正常的课堂教学进度。为此,研究者同 Y 老师进行了交流,发现该老师虽然在班级纪律管理方面仍有很大进步空间,但有时她是故意"放任"学生讨论一些与教学无关的话题。

　　研:通过上次听四班的课,他们虽然能积极回应老师的问题,但常常起哄和学习无关的事,一般您怎么处理?

　　师:我觉得吧,这看具体情况。如果真的是内容比较多的话,扯两句就得抓紧扯回来。如果是下午第一节课,学生都比较困,这时候通过一些其他的话题能把这个课堂气氛带起来,或者说能让一些同学不犯困了,那扯两句也就扯两句吧。一般我就是看课堂的具体情况。

从这段对话可以发现,在某些情况下,Y 老师是有意识地允许下午第一节课学生活泼一下,课堂气氛热闹一些,目的是防止学生犯困,因此对课堂纪律的要求放松了一些。

通过上文中对每一位教师的每一堂课进行关键事件的整理、提取与分析,研究者可以粗略总结出一个教师行动知识生产的一般模式,该模式包括教师行动知识生产所依托的关键事件类型、表现形式以及默会考量。这些要素来源于事后教师对行动的回顾和描述,它们可能不全面,也可能不准确,甚至有些要素参与了,但教师根本没有意识到。但这些回顾和描述是研究者所能获得的关于教师如何进行行动中识知的最全面的显性符号(见图5-1)。

实际上,教师行动中的识知,即教师的动态学科教学知识可以以多种形态存在,例如语言、动作、行为、表情。也可以因为针对的事件不同而以多种目的存在,例如保持课堂教学进度、课堂管理、与学生交流、树立权威。也可以根据时间划分,例如当堂的话语、课后的总结。然而从明述知识与默会知识的角度来看,研究者在课堂中所观察到的教师行为与动作、记录到的教师语言以及访谈中所挖掘出的这些行为与语言背后的理由以及教师由此获得的顿悟、理念、灵感等都是明述性质的动态学科教学知识,因为本质上它们能够被教师主体清晰地表达,被研究者清晰地记录下来。然而,这并不是教师动态学科教学知识

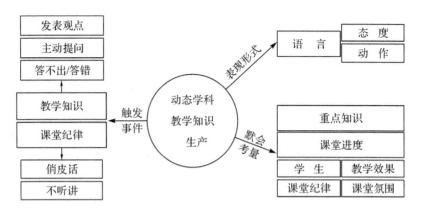

图 5-1　教师动态学科教学知识生产的一般模式

资料来源:笔者根据听课记录绘制。

的全部,研究者不能保证所获得的资料能够代表教师的所有,况且还有教师自己没有意识到的知识。研究者只能尽力挖掘教师日常潜伏在意识中的知识,并通过这些显露出来的知识尽力推测出教师行动中识知的全貌。

　　课堂事件既是触发因素,也是生产环境,在各类事件中,出现频率最多的便是关于教学知识与纪律的事件。学生回答不出或回答错误教师的提问是最常见的关于教学知识点的课堂随机事件,而纪律相关事件中,以轻微影响课堂秩序的学生讲俏皮话事件为主要触发事件。教师在上述课堂随机事件中生产的行动知识主要以语言形式进行表征,辅以态度和动作形式的知识。而在语言中又以教师对问题的重新框定为主,以教师妙语事件为"巧"(教师的妙语是一种巧妙的对课堂突发问题的重新框定),其精彩性和难以归因性在教师行动知识的生成中独树一帜。最后,行动知识生产背后的默会考量来源于教师在回溯事件时首先意识到的知识成分,其中尤以"是否为重要知识点"和"课堂进度"为主,也即教师在面对各种课堂随机事件时所做出的反应背后所首先考量的便是教学的重点和教学的进度。这些元素共同作用,促使教师可以迅速给出最佳反馈。这些反馈便是教师在行动中生成的学科教学知识。它们主要以语言形式表征出来,却也在不知名的地方作为教师的教学经验积累着,影响着教师对教学、课堂、学生等要素的理解,最终成为教师教学风格的一部分。当面对访谈、同辈交流、评课等活动时,这些行动中知识便被教师从脑海中提取出来,成为明述的学科教学知识,以供交流、分享与评价。

实际上，行动中识知所依赖的是教师在过往教学实践中所积累起来的经验，这些经验在帮助教师面对未知的突发事件时能够迅速做出最合理、最合适的反应。这些经验不是凭空而来，而是要靠教师的经历与反思获得。教师在课堂中遇到一个新情况时，当下做出的反应是教师的行动知识，是教师的经历，但这个经历一定要由教师在课后进行回溯与反思。如果反馈得当则总结当时的所思所想，下一次遇到相同的情况可以重复运用，就如舍恩在《培养反映的实践者：专业领域中关于教与学的一项全新设计》中所说的"相似的解决"；如果在事情发生的当下没有给予最恰当的反馈，则更应该反思，学习、总结出更好的办法，以便下次运用。因此反思与行动中识知是相辅相成的两个学科教学知识生产步骤。研究者针对各种课堂随机事件对教师进行访谈便是一种促使教师回溯自身教学经历的行为。除此之外，研究者也设置了综合性的问题，不限于课堂随机事件，而是在更广的范围内促使教师反思，挖掘其背后包含的更多宝贵的教师知识。接下来，本研究就通过所搜集到的资料探究五位教师的课后反思情况。

三、课后：反思中的知识生产

教师的反思一般发生在一系列教学活动之后，且常常同问题挂钩。此"问题"代表着"不同"——与备课计划的不同、与原有认知的不同等，既可表现为消极的"对教学效果的不满意"，也可表现为积极的"在教学中获得的启发"。也就是说，如果教师从备课到上课一帆风顺，没有出现任何计划之外的事情，也没有产生任何新想法，那么反思一般不会出现。但这种情况对于课堂这种特殊的实践情境来说几乎是不可能的。一是因为即便是在准备再周详的示范课中，教师也极难预测到课堂中将会发生的所有事情，二是因为课堂是几十个活跃的大脑进行思维碰撞的场所，学生在接收来自教师和同学的新信息，教师作为课堂的主导者，以一对多，角色多样，接收的信息则更为复杂，更容易产生新的想法，获得新的体验，激发新的灵感。当教师意识到教学实践出现问题时，便会自动进入反思模式，回顾自己的教学过程，试图找出问题的根源，通过反思获得下一次实践的提升。因而，从理论上来说，这些课堂中随机碰到的问题和随机产生的新想法都是教师进行反思活动的契机。但契机毕竟只是契机，还需教师的主观意愿去把握，真正抓住反思的机会生产知识，提升能力，总结经验。

　　教师反思的场景往往也不限于课堂,还包括备课、同行交流、阅读、培训、汇报,甚至是日常生活等情境;反思的对象也不仅仅是课堂中的问题或想法,也包括对自身教学理念、教学方法等要素的反思;反思的目标也不仅仅是外在问题的解决和专业能力的提升,也包括教师个体内在的自我认知的逐步发展。教育观念、价值、追求是教师自发的,不是外在要求的,它们可以来源于外在,但一定是教师自身接受认可并整合后的成果。教师的教育价值取向与教师的个人生活经历、教育经历密切相关,教师走过的路、读过的书、见过的人,都体现在了教师的教育哲学取向中,包括教师的课程观、学生观、教学观、教学管理观等教师对于教学诸要素的观点与看法。通常,教师的教育价值取向并不直接外显,甚至教师自己都意识不到。这些观念深深根植在教师的思想中,体现在教师所做的每一个决定、施行的每一个行为中,需要刻意去挖掘才能将这些沉在水面下的"意识形态"显现出来,而反思正是一种重要的"挖掘"手段。通过反思,教师追溯与回顾教学事件;通过反思,教师进行对比;通过反思,教师挖掘自身的教学思想,挖掘自身行为背后的原因;通过反思,教师不断总结经验,改进教学实践。因此,反思由问题引起,追溯过去,面向未来。

　　在对教师课后反思这一部分的资料收集过程中,本研究主要设置了如下几个问题:教学中碰到什么事情需要反思? 主要反思什么? 反思的频率怎样? 如果要胜任教学,您觉得教师应当具备哪些知识? 您一般从哪些方面提升自己的专业水平? 概括一下您的教学风格和教学特点。描述一下您对教育的理解。您认为哪些因素帮助您塑造了这样的教学风格和教育观点? 这些问题可以划分为三类,分别为对课堂教学事件的反思、对专业提升的反思以及对教学风格与教育价值取向的反思。第一类问题主要针对课堂事件,包括:教学中碰到什么事情需要反思? 主要反思什么? 反思的频率怎样? 这些问题以了解教师的反思习惯以及反思对象为主要目标。通过询问引起反思的事件、反思的主要对象、反思频率以及反思结果的记录等问题获得相关信息,大致把握受访教师的反思情况。第二类问题以探寻教师对于专业发展的思考为目标,包括:如果要胜任教学,您觉得教师应当具备哪些知识? 您一般从哪些方面提升自己的专业水平? 通过提问知识类型与专业提升获得教师对于自身职业发展的认识,提问的背景不再局限在课堂或教学,而是基于第一类问题扩大到教师专业整体。第三类问题以引导教师进行经验总结、自我认知为主要目标,包括:概括一下您的教学风格和教学特点。描述一下您对教育的理解。您认为哪些因素帮助您塑造了这样的教学风格和教育观点? 通过对教学风格和教育价值观的问题回答,教师对自我进行了一次概括性的反思,并通过归因对反思进行再反思,探寻教学风格与教育哲学取向形成背后的原因,而研究者则从中收获受访教师丰富的情感型默会知识。三类访谈问题整理见表5-9。

表 5-9 关于反思的访谈问题分类

对课堂教学事件的反思	1. 教学中碰到什么事情需要反思? 2. 主要反思什么? 3. 反思的频率怎样?
对专业提升的反思	1. 如果要胜任教学,您觉得教师应当具备哪些知识? 2. 您一般从哪些方面提升自己的专业水平?
对教学风格与教育价值观的反思	1. 概括一下您的教学风格和教学特点。 2. 描述一下您对教育的理解。 3. 您认为哪些因素帮助您塑造了这样的教学风格和教育观点?

通过这些访谈问题,研究者由部分到整体地、有层次地挖掘隐含在教师行为背后的这些认知与思想。例如,关于教师专业发展方面的问题一是能够促进受访教师关于知识成分认知的外显化,二是促进教师结合教学经验反思自身的专业发展。关于教学风格的问题促使教师从整体上通过反思总结出并显性化自身的教学特征。也许教师在自我总结之前并没有意识到自身的教学风格或教学特点具体是什么,而在显性化后,这些特征又能够反过来帮助教师查漏补缺,助力教师塑造具有个人特色的教学风格。关于教师对于教育教学的理解的问题则挖掘出教师的教育价值观与教学取向,了解哪些因素在教师的行为背后起到指导与引领的作用。最后一个问题启发教师自己去探寻认知形成背后的支持因素,促使教师对认知进行再认知,即提升教师的元认知能力。

这些问题引导教师将深藏于教育习惯中的理念、价值观、追求、目标、个人生活和教育经历、教学难点与困惑、教学风格、性格特点、教学步骤、启发与灵感等默会知识显性化。而实际上,这些要素有些本身即为非常强的默会知识,有些则是明述性的知识,但在教师的日常教学中统统由于习惯而成了教学的默会知识,在教师意识的背后支撑着他们每一个行为、每一个决定、每一次选择。然而当研究者通过提问将它们挖掘出来时,它们又集体转变成了明述性知识。通过回答研究者的提问,教师在这一过程中反思自我、提问自我、审视自我,将那些平时"淹没"在显性的教学行为下的隐性的东西放到自己和研究者之间的"桌面"上,是教师对自身经验的一次整理,也是教师自己和研究者共同审视与批判的一次机会,甚至在这一交流的过程中教师和研究者都有可能获得更多的启发。

通过整理,将五位生物教师回答中的关键点整理为表 5-10,并以对课堂教学事件的反思、对专业提升的反思以及对教学风格与教育价值取向的反思这三个主题具体呈现五位一线教师的课后反思情况。

表 5-10 五位高中生物教师反思情况关键词整理

教师	提问类型							
	诱发反思的事件	反思频率	反思内容	知识类型	专业提升	教学风格	教育哲学观	原因自析
X 老师	我对这节课不满意,我觉得这节课有问题	每节课。且每三节课进行一次深刻的反思	1.透彻地理解知识点 2.简单易懂的讲解	1.深厚的专业知识 2.综合的课外知识	1.深透地理解教材知识点 2.提升自己的综合能力	1.综合性 2.深入浅出 3.严谨、活泼、有针对性、求强、不断学习	学会做人,即心理调节能力与不断追求进步	1.性格 2.综合能力 3.不断探索
Z 老师	这节课我满不满意,学生的表情是什么	每节课。但不喜欢公开课带来的强制性反思	1.学生 2.自身 3.教学方法 4.教学节奏 5.教学内容	1.透彻掌握教材 2.多样的教学方法 3.课标 4.学生层次	1.吃透教材 2.灵活掌握多种教学方法 3.多反思,多写论文	1.肢体语言丰富 2.声音洪亮	讲良心,即一切以学生学习为先	1.人生经历 2.性格

续表

教师	提问类型							
	诱发反思的事件	反思频率	反思内容	知识类型	专业提升	教学风格	教育哲学观	原因自析
C老师	为什么我这样处理知识点,有没有其他处理方法;心理不满意;觉得学生没有听懂	每节课(作为初任教师时)。遇到新的问题才会反思(现在)	教学方法	从做题中多角度理解知识点,尤其是考察该知识点的角度和题型	1.主动思考,主动尝试 2.参加听课和研讨形式的培训 3.拓展知识面	充满互动的课堂	1.学会做人,即遵守规矩 2.引导式活动教学	1.性格 2.经验的积累会带来有限的一些改变
L老师	三个班课时进度不统一;一节课教学过程不完整;我讲得透不透,学生爱不爱听	每节课	1.课时进度 2.课堂教学流程 3.教学方法	1.扎实的学科知识(包括体系) 2.充分的学生知识 3.多种教学方法 4.生物学科的最新发展成果	1.多听课与模仿 2.主动尝试并做出选择	引导型的,哄孩子型的(没有认真思考过)	1.对学生负责,讲良心,即提高学生成绩,引导学生形成科学的思维方式 2.实用主义取向,即教育改革要落地	1.职初阶段的师傅 2.自己的思考 3.看过的书 4.听过的课
Y老师	把知识点讲难了;学生活动到底有多大的帮助;是否能引导学生深层次地思考	非每节课,阶段性反思	1.是否有简单易懂的讲解方法 2.有吸引力的课堂导入 3.如何让学生快速且直接地获得一节课的重点 4.学生活动到底能够起到多大的作用	1.熟悉教材 2.熟悉课程标准 3.抓住重难点 4.搜集相关拓展类知识	1.多听课,多尝试,多反思 2.多学习一些发达地区的教学方法	1.平淡,缺乏幽默性,课堂气氛较沉闷 2.问题引导型	1.首先要应试 2.能力和素养 3.做人,即学习态度要端正	1.职初阶段的师傅 2.听课过程中获得的别人的理念和教学方法

（一）对课堂教学事件的反思

对课堂教学事件的反思是教师对行动的反思,是教师对行动中识知的描述,包括引起反思的事件、反思频率以及反思内容。教师通过对事件的回顾性反思,能够对已有的教学经验进行审视、批判与重构,获得新理解,为下一次教学事件积累更多的经验。从五位老师的回答来看,对课堂教学的反思表现为以下特点:反思多由对课堂教学的不满意触发,反思频率比较高,反思的内容多为教学方法的改进。接下来便通过呈现研究者与受访教师的对话内容具体分析这三个主要特点。

1."不满意"触发反思

对五位教师的回答进行整理与分析可以发现诱发反思的事件通常表现为对教学的"不满意"。此"不满意"有着非常明显的来源,一是教师的感受,二是学生当堂所表现出来的反馈,通过语言、表情、眼神等传达给教师。教师的感受则表现为在一些教学过程中所产生的困惑、无处施力、不得劲、不顺畅等,主要来源于教学过程与效果同教师的计划、预设、期待之间存在的差异。

例如 X 老师将他的"不满意"描述为:

> 不满意的地方一般是,怎么说呢,就是备课的时候,有些地方你觉得备得很深透了,但还是没有跟上,学生觉得有些题,或者是你自己感觉到课堂上讲得不深透,或者怎么样的,出现点小问题了。总之,我觉得每三节课就会出现一个很值得我深刻反思的地方。

对于 Z 老师来说,反思的"导火索"是教师对一节课的整体感觉,感觉讲得不好时就该反思。而所谓"不好",其来源之一是教师自己的感觉,来源之二是学生的表情。Z 老师这样描述道:

> 教学当中需要反思的事情不少。一个是你自己上完课以后自己感觉,这节课我满意吗?学生的表情,你自己就能感觉出来。比如说这节课的时间对吗?重点你抓住了吗?节奏合理吗?哪些地方耽误事了?哪些地方你没有讲清楚?还有很多的。教材与课标抓住的话,

这节课你上得满意不满意,从学生的脸色上就能看得出来。

C老师用"自己不舒服"和"学生听不懂"来形容触发反思的事件:"……哎,这个知识点我为什么这样处理,那个老师为什么那样处理? 我讲完之后为什么老是觉得心里不舒服? 老是觉得个别学生总是听不懂? 这就需要反思很多。"

L老师同样也提到了"不满意",但她的反思行为还有另一个触发要素,即所教三个班级的课堂进度是否保持一致。L老师如是说:

> 一般我最常反思的就是课时进度。因为我带三个班,我的备课本上就得写上这个班讲到哪里,那个班讲到哪里。然后我就会想,比方说,这个知识点处理得太慢了,我就会有反思。或者说,我让学生做题的时间太长了,会耽误进度。或者说,一堂课不完整的话,就是讲到最后没有时间做题了,或者离下课还有五分钟,给下一堂课开头又不好开头,给这堂课结尾吧又没有什么特别的需要结尾,碰到这个方面我会反思得比较多。还有就是课堂效果需要反思。就是我讲一个知识点,我讲得透不透,学生是不是爱听。有的时候,你讲得很无聊的时候,学生会打瞌睡,如果有一两个学生打瞌睡了,那好办,但是如果有三分之一的学生打瞌睡了,你就会觉得特无趣。然后我就会去反思我这个方法可能不太好,我需要改进一下。就是这些方面需要反思。

触发Y老师对课堂进行反思的事件虽然最终也能归咎于"不满意",但她对"不满意"的思考偏向于生物学科本身以及自身如何才能更加简单地呈现知识点上面,而不是同其他教师那样明显地强调学生的反馈。Y老师的表达如下:

> 有时候这个生物讲着讲着就讲难了,有时候比较抽象,也比较难,我就在想能不能找到一个比较好的方法,一个学生比较容易去理解的方法,同时我也比较好讲,比较好引入的方法,来简化这个事情。

整体而言，"不满意"是诱发教师去反思的直接原因。虽然这一结论非常明显，但同研究者的假设还是存在差别，即没有教师提到过自己因为课堂中所获得的灵感、顿悟或启发而在课后进行反思。据此推测，要么是因为教师很少在课堂中获得过这些，要么是获得的灵感、顿悟或启发不足以给教师留下深刻的印象。这同本章第二节第二部分中收集到的关于"学生所提问题是教师没有想到的，以及学生能够拓展课堂的奇思妙想"方面的信息相一致，后者有，但是很少。这说明学生在课堂中主要以听讲和接受知识为主，主动提问或积极思考的行为较少，"遵守规矩"的课堂是常态，因而同教师的交流相应较少，所产生的思维碰撞、灵感的火花自然也不多。

2. 反思频率比较高

整体来看，五位生物老师反思的频率比较高。X老师、Z老师与L老师都做到了每节课后反思。自我评价是他们的固定步骤，问一问自己对这节课是否满意，哪里还能继续改进是他们课后反思的起点。同时，几位老师也会根据学生的表情和反应判断有可能出现问题的地方。除了这三位教师之外，C老师与Y老师的反思频率稍有特殊。

C老师将自己的课后反思分为两个阶段，新手教师阶段和当下的熟练教师阶段，并呈现出前期频繁、后期减少的特点。在职业的前六年，C老师表示他每节课后都会反思，并对反思结果进行详细的记录。但在成为熟练教师以后，由于对课堂可能会出现的问题事件有了相对完善的应对措施，对学生不同学情也有了比较全面的把握，C老师的反思频率降低，并明确地表示只有在出现新的情况时才会去反思。研究者认为是熟练与丰富的教学经验减弱了C老师反思的敏感度。

> 前期的时候反思比较多，特别是第一轮和第二轮的时候。在那段时间每一节课都要去反思……但是当教过很多轮了，什么样的情况你基本上都见过了，你后面反思得就少了，除非是有一些新的情况。

而Y老师作为五位教师中唯一一位初任教师，在反思方面同其他老师差距较大，没有做到每节课都反思，只是进行阶段性的反思。

　　反思这块我可能做得还不够,因为有时候不能及时地去思考这节

课到底出了什么问题。但是阶段性地去想的话,我就会想……

　　然而作为年轻教师,更应该积极进行课后反思,把课堂中令自己困惑的、为
难的、不知所措的、新奇的情况记录下来,分析原因,寻找方法,并通过请教资深
教师,不断学习、试验、思考,最终找到最适合自己的一套模式。另外,Y老师所
进行的阶段性反思主要针对的是如何进行生动有趣的课堂导入、找到简单易懂
的讲授方法、如何引导学生进行深层次思考以及思考学生课堂活动的作用等。
研究者认为这些问题都需要有一定的实践经验积累才能够尝试去解决的,且这
些问题离不开课堂、学生和教学知识点。Y老师与其思考"大"问题,不如把目
光集中在课堂事件、学生问题、各种教学方法以及教学知识点的把握这些"小
的""落地的"元素上。没有具体的教学实例,很难获得答案。应当重视从小事
开始反思,解决小问题,慢慢积累经验,进而逐渐获得更深层次的认识。

　　3. 反思的内容多为教学方法的改进

　　五位教师反思的内容按照出现频率的多少依次是教学方法、教学内容、学
生、教学节奏、教学流程完整性(见图5-2)。

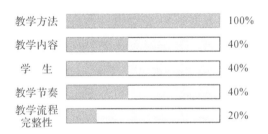

图 5-2　五位高中生物教师主要反思内容的不同占比

资料来源:笔者根据访谈结果绘制。

(1)教学方法

教学方法出现频率最高,是每位教师都会去反思的。尤其当学生没有如同
教师预期的那样对知识点做出回应时,教师通常会对教学方法进行反思,例如:

　　比如反思这节课你在教育学生的方式上可能出问题了,你得下节

课改一下,或者单独谈话……有时候也会对教学方法进行反思,特别

是这个教学方法不太好,学生经常困,你就得换一个方法,让他们讨论,学生一讨论就不困,抢答,他们也不困……(X老师)

主要反思自己的教学方法。我采取什么方法去突破这个重难点,去讲解这一部分的知识点。是直接一、二、三、四地讲,还是让学生先自学,然后他们再讲,我最后总结。这些需要你自己去实践一下,看看哪种方法比较好。(C老师)

我一般会反思我的教学流程有没有问题。比方说,有一个内容比较艰难晦涩,我一开始是从头讲到尾,我可能也举了一些生活中的例子,但是它本身不太好理解,所以学生听着就打瞌睡,那么可能我下一次的时候就得改进一下。我可能先提几个简单的问题,让他们自己看书,在书上找答案,这样至少他们不会犯困。然后我再提问,提问完以后,我再把这部分问题分为两小块。我先讲第一小块,讲第一小块的时候我再提几个问题,让学生讨论。第二小块提几个问题,再讨论。紧接着做几个练习。这样一个流程可能比我一直自己哇啦哇啦地讲效果要好。(L老师)

此外,尽管比较笼统,Z老师和Y老师也表达了对反思教学方法的重视。Z老师认为要追寻多样的教学方法,以便在学生出现理解障碍时可以换不同的方法应对,Y老师则关注更有趣的课堂导入方法、更简便的教授方法以及能够促进学生深度思考的教学方法。

(2)教学内容

教学内容也是经常被教师们反思的重要元素,但其没有如同教学方法一样被每一位教师提及,只有X老师和Z老师在回答"您一般主要反思什么"这一问题时首先指出对教学内容的反思。

你感觉这节课可能哪个知识点讲的时候不像你想的那样深透,那你课后得就这个知识点再去查资料,再去怎么样的把它弄深透,而且下节课你还要再把这个知识点讲深透,防止上节课的问题再出现……如果上课学生纪律乱,背后还是老师对知识理解得不深透,讲解得不简练,学生听不懂,他们就会乱。所以我还是主要反思知识点我自己有没有弄透彻,我是不是讲得非常简练,让学生都听得懂。我的目的就是再深奥的知识,我以浅显的讲法让学生都懂,我往往反思的就是这个。这主要属于对教学内容的反思。(X 老师)

重点你抓住了吗?哪些地方你没有讲清楚?有没有遗漏的地方?教材与课标抓住了吗?(Z 老师)

能够看出 X 老师反思的是自己对某个学生出现理解困难的知识点钻研得是否深刻,教学内容是否弄得深透,是否能给学生讲得简练而透彻等方面的问题,而 Z 老师反思的主要是自己在一节课中是否有抓住教学重点。其他三位教师在回答该问题时并没有提及教学内容,尽管如此,并不代表教学内容对他们来说不重要,只是不是这几位老师反思的对象。而巧的是,两位反思教学内容的教师都是教龄超过三十年的、具有丰富经验的资深教师,这可能给予了青年教师一些启示:也许当我们自认为理解了教材的时候,实际上只是浅显的理解、片面的理解,我们没有掌握"一桶水",自然不足以传递给学生"一杯水"。也许当我们能够透彻地理解知识点的时候,我们便能发现更多帮助学生掌握知识的角度,自然而然地找到更多教学方法。在教学法知识被广泛讨论的当下,对教学内容深入的、批判的、理论性的思考和学习也不能被忽视。学科内容知识是教学的基础、材料和媒介,对学科知识的深挖与拓展不仅能够帮助教师从多角度理解知识,且能有效地促进学生学习。两位资深教师对教学内容反思的重视似乎也反驳了"教学内容知识对教师教学的影响是间接的"这一观点。

(3)其他要素

除教学方法和教学内容之外,学生课堂活动、教学节奏、教学流程完整性等反思对象出现在了个别教师的反思"清单"里。Y 老师与 Z 老师反思课堂中的学生。不同的是,前者反思课堂中设置的学生活动到底会对学生学习知识产生多大的作用,后者反思学生在课堂上的表现,以此通过学生在课堂中的提问或反应来反思自己的知识点有没有讲清楚,以及备课过程中是否有遗漏,本质上是对教学内容的反思。Z 老师和 L 老师都对课堂教学节奏进行反思。前者反思课堂节奏的把握是否完成了教学任务,哪里讲得过快或过慢;后者不仅反课堂进度的快慢是否能够完整地完成教学流程,不出现空白或不足的情况,也反思所带的三个班级课时进度是否能够基本保持一致。

综上所述,所访谈的教师基本都能保持每节课后都反思的较高频率,而反思的首要对象是教学方法,教学内容、学生与教学节奏次之。而需要注意的是就算反思的是同一个要素,不同的教师反思的角度也不同。另外,在理解教学知识点方面,青年教师的反思可能还比较欠缺。教师对教学知识点的理解是教学的起点和根本,教师对知识达到深层次和多角度的理解,才能够在学生出现困难时迅速而灵活地采取多样的教学方法进行引导。

(二)对如何进行专业提升的反思

该部分所探究的教师课后反思从课堂扩展到更多日常工作,从教学实践扩展到专业发展,从"行动中"扩展到"行动后"。不仅仅是对行动中识知的描述,更由于反思范围的扩大而由回顾性反思逐渐向重构性反思倾斜。在回答"教师应当具备哪些知识"与"从哪些方面提升自己的专业水平"这两个问题时,教师不仅要回顾过往的经验,还要在提升专业能力的问题情境下进行思考,超越具体的事例,面向未来发展,从"是什么"转变为"要是什么"。这一方面的反思更多是以提升专业能力为目的的经验重构。

1. 教师应当掌握的知识类型

在第三章中研究者分析了教师学科教学知识理论上应当蕴含的具体成分,而此部分则通过一对一的访谈挖掘教师本人对自身应当具备哪些知识的观点与看法。总体来看,教师们首先统一认为必须牢固掌握教材知识,其次是应该在学科内外拓展自身的知识面,再次,学生知识、课程标准等也获得了较多关注(见图 5-3)。下面具体来看每一位教师的观点。

图 5-3　五位教师所强调的教师必须掌握的不同专业知识占比

资料来源:笔者根据访谈结果绘制。

（1）X 老师

X 老师反复强调教师对教学专业知识的掌握要深刻且透彻，另外，还要掌握综合性知识，丰富课堂，树立威信。X 老师所说的综合知识包括文学、音乐、朗诵、体育等多个方面的知识，这些知识能够丰富自己的教学，并与学生建立多边联系，在课堂内外增加与学生的互动。

首先专业知识不用说就要比较深厚。其次，知识越综合越好。但是综合知识的多少与爱好也有关系，老师们一般不会刻意去掌握。他喜欢文学就会去讲文学，喜欢音乐讲音乐，除了教的生物。因为如果不是爱好，老师很少去钻研其他门类的知识。还有德育知识，你怎么去教育学生树立正确的世界观、人生观、价值观。管理方法也要学，怎么管理才能管住学生。管理方法、教育方法是必须去学的，必须去摸索的。（X 老师）

（2）Z 老师

Z 老师所认为教师应当掌握的知识类型同他的反思对象较为一致，主要是教学内容、课标、学生知识，包括观察学生的行为与表情、把握学生动态、主动和学生谈话等。

这个的话，首先必须把教材吃透，教材吃透不容易。我教一年又一年，都要准备，不是说我教过一遍就不用准备了。曾经有一次，我教初中的时候，校长来查我，问我怎么不备课。我说备什么课，字在哪一页，图在哪一页，我都知道。校长就说别吹牛，当场拿书出来考我，我就能说这个是在哪一页，那个是在哪一页。这就是把教材吃得很透了。教材讲了什么，哪些内容在哪里，哪些内容融在一起，该讲哪些，顺序是什么，知识点是什么，都摸得一清二楚。到了高中，更复杂了，更不容易。高中题型变化太大，同一个知识点涉及方方面面，不像初中说什么就是什么。所以高中你要想教好，必须把握住教材。课标要求考什么，你必须把教学方法也弄清楚。为了完成教学任务，方法也必须选好。这也是一个摸索的过程,找到最能把知识点给学生讲清楚的教学方法,比如说那个染色体交叉互换,我用彩色图画出来,效果就很好。还有就是学生的层次。学生的层次主要依靠对学生的了解,对学生知识的积累的了解。尽量了解每一个学生,但你要说完全了解每一个学生不太实际,只能是普遍意义上尽量了解每一个学生。另外还要善于发现学生在思想上存在的问题,要主动去找他们。(Z老师)

从上述Z老师的话中可以发现,Z老师同样强调了对教学内容的"吃透"。但不同的是,Z老师所强调的吃透教材更多指向对课标和教材知识点的熟练与全面的把握。Z老师以他自身的例子强调要熟练到字、词、句、图在哪一页都了如指掌。此外,掌握多样的教学方法也是Z老师所关注的,这同他的备课理念相呼应。

(3)C老师

C老师在回答这个问题时主要站在了初任教师的角度,认为新教师对基础知识的掌握并不牢靠,其同学生一样需要通过不断做题加深对知识点的理解。不同的是,新手教师通过做题关注的是对知识点的理解、出题角度、解读角度等。

> 研:如果要很好地胜任教学任务,您认为需要具备哪些知识?
>
> 师:基础知识。当然一开始你只能做到这些基础知识会,但是理解程度也不是很高。这个需要靠时间去积累。你在教学过程中做题,看人家题目当中是怎么考查这个知识点的,从什么角度考,以什么样的题型考。这些你去做,有些知识点我也不是一开始就知道的。所以在一开始,对于一些题目,你都有可能做错。你做错以后,你看人家是怎么解释这个题的。你做的题多了,你对这个知识点的理解自然会越来越深。你就会知道原来这个知识点还可以从这个角度去理解,或者从那个角度去解读。

（4）L 老师

L 老师对教师应当具备的知识类型有着丰富而明确的认知,包括了涵盖教材和学科知识体系的学科内容知识、多种教学方法知识、学生的反馈、每个学生的学习特点、学生群体的水平等。

研:如果要胜任教学任务,您认为教师应当具备哪些类型的知识?

师:第一,得有扎实的课本知识。对学科知识体系得了解得很清楚才行。第二呢,我觉得你还得会动脑子。比方说如果我想让学生的成绩提升,就得想办法找到学生的问题在哪里。怎么找呢? 要么通过课堂提问,要么通过做练习。看考试的成绩、上课的状态。另外你还得想怎么做才能把一堂课都抓住。比如说我怎么提高课堂效果,那么我就不能猛灌,我得灌一点,让他们做一点,或者我利用一点时间让他们当堂做两个填空题,检查一下听课效果。或者说我讲完了几节内容之后,让学生做一份小练习。就是说看学生的反馈。反馈很重要。反馈是提高课堂效果非常重要的一个途径。而且你反馈的方式也很重要。一般反馈的方式有提问,而且提问也不是我随随便便就提问。像我刚开始说的那样,你得了解学生的特点,是成绩好,还是成绩差,是好睡觉,还是懒,根据他们的特点给他们提不同的问题,这样就能达到你想了解学生程度的目的了。

研:那您要了解每一个学生的特点吗?

师:了解一部分吧,不是每个。基本上,你把学生的考试成绩拿过来一看,"出挑"的就是那几个,特别好的是哪几个,中间的都比较稳定。或者说有突然成绩下滑的,那么下一段时间的教学我可能就会重点关注他们。肯定不会像班主任那样每个孩子都了解得很清楚,但是重点的还是要了解。你得保障班级这一艘整体的船往前走。整体往前走并不是说让每一个人都怎么样,而是说让一些同学起到带头作用,一些掉队的同学跟上。我对中等的学生(放的)注意力会少一些,尤其是中等的女孩子。因为像生物这一门课,一般认真的女孩子基本上都没有问题。但是她们也不会太冒尖。因为特别认真的女孩子大多有一个特点,就是不爱思考。她们喜欢老师给答案,而不是说自己去想这个问题是什么。所以对于我们这个科目来说,这样的孩子能够考到一个中等的分数。甚至考到 B+ 水平,接近 A 都有可能,因为生物并不是一个特别考查逻辑能力的学科。但是如果你想考到 A 或 A+,那还是需要一些独立思考的。课后需要问问题,但有很多女孩子不愿意问问题。但这些孩子是很稳定的一批孩子,她们可能学物理、学数学不出色,但对于生物这一科目,还是很适合的,非常好的。

从 L 老师的这一段回答中可以看出她具有强烈的学科意识和学生意识,不仅对学生个体的学情有所了解,也对不同水平的学生群体的特点了如指掌,且能够同生物学科特点相结合,因而在一定程度上实践了因材施教。例如,L 老师在访谈中提到的针对不同的学生提不同的问题以达到了解他们学习情况的目的,以及在生物学科的教与学特点下对快、中、慢三个群体的学生给予不同的关注度和期待值。相较于其他几位教师,L 老师所掌握的知识类型比较多,尤其是学生知识较为详细。

(5)Y 老师

教材和课标是 Y 老师的首选。通过课标在教材中找到重难点是 Y 老师认为的一位教师要胜任教学任务首先必须具备的知识。此外,在重难点找到以后,搜集相关知识点的拓展资料也是她所关注的。对教材、课标和重难点的关注体现出 Y 老师作为初任教师的特点,以教材为核心,止于"找到"和"找全"重难点,对理解和多角度讲解的追求远远不够,是新手教师力求不出错、不遗漏的特点。

首先要熟悉教材。但是光看教材还不够,我们还有一个课程标准,相当于以前的考试大纲。对照课程标准在教材上找这节课的重难点。确定了重难点分别是什么以后,你得想怎么突破它们。然后就去搜集资料,生物的周边相关的资料还是相当多的。比如我讲这个遗传病,那资料就太多了。如果想让课堂比较生动的话,可以让学生课前去做调查。因为你肯定不能光用课本讲知识,肯定还是要有一些拓展的。(Y 老师)

通过整理上述五位教师对于该问题的回答,可以初步得出"掌握教材"在这一部分成为五位教师的共识。然而,每个人对"掌握教材"的理解不尽相同。例如,X老师认为要深挖知识点,达到深刻理解的程度;Z老师认为要对教材中的字、词、句、图了如指掌;C老师认为要从考点和题型出发,多角度理解;L老师认为要有扎实的教材知识,并对学科知识体系了解清楚;Y老师认为要熟悉教材,能够对照课标在教材中找到重难点。除教材之外,其他知识类型或多或少在不同的教师反思清单中出现。例如,Z老师和L老师指出要具备学生知识,了解个体和群体的学生层次,掌握多样的教学方法;Z老师和Y老师都提及了课标;而X老师、L老师以及Y老师都指出教师要掌握更多拓展类知识。不同的是,X老师所提出的综合知识与综合能力不局限在生物学科领域,而另外两位教师则主要指向学科发展前沿。

2. 教师专业能力的提升途径

对"从哪些方面提升自身的专业能力"这一问题的回答展现出教师已有经验、当下实践以及未来走向的整合,是对经验的回顾与重构,即代表着教师对以往教学经验的总结,也展示着他们由表及里、去伪存真、去粗取精的结果,他们在经验中所收获的、认同的、肯定的东西将会进一步指导个体未来的发展。通过整理五位教师的回答,研究者发现"吃透教材"与"综合知识"仍旧是X老师提升自身专业水平的主要途径。

　　吃透教材,你别看就这一句话,可不容易。要吃透教材,有时候你得翻翻大学的书,有时你得看看生物教学杂志之类的,还要大量的百度搜索问题的资料。但你也不能完全相信百度出来的答案,得广泛地收集资料。我有时候弄一个小问题得两天才能弄懂。最低最低一个小问题也要弄一个上午才弄懂。就是通过对这些问题的研究来提升自己。第二个,我自己感觉我之所以讲课别人都超不过我,也并不是因为我生物水平有多高,关键是我有文学水平,比如说"平时是考试,考试是平时"。春天来了,我也会用文学的语言给学生描绘。你随便来一些这样的语言,学生就会觉得很新颖,学生就觉得你很厉害,不光生物厉害,对你产生一种敬佩,你就好办了。另外我还会跟学生一起打球,我还会唱歌,这就是综合能力,有利于提升威信,有利于教学。
(X老师)

而Z老师则基于其自身职业发展历程,站在青年教师的角度提供了另一种思路,认为撰写论文是青年教师提高专业能力的"利器",鼓励青年教师经常反思,经常记录,经常写作。

> 反思的东西记下来可以用来写文章。尤其是文采还不错的话,每节课的反思,都有东西可以写。说起来,我刚开始工作有十二年是迷茫时期,不想当老师,天天玩。但真干这一行、爱这一行的,自然有伯乐发现你,你自然也能干出成果来。你反思,你写东西,你围绕着孩子上课肯定能上得好,大家都能看得到。后来我度过这个迷茫期,好好干,仅仅三年就把材料准备好,评上了高级教师。作为年轻老师的话,就是要反思,要写。(Z老师)

而三位青年教师则非常一致地认为主动思考、主动尝试、多听课、多向其他老师学习是提高自身专业能力的有效途径。C老师将自身专业能力的提升分为两个关键词,一是主动思考,二是知识面。主动思考、主动尝试、主动改进是C老师认为提升专业能力最实用、最有效、最朴实的方法。至于提升的内容,C老师则把注意力放在了增加知识面上,认为丰富的知识面既可以帮助教师多角度理解专业知识,又能够在学生中树立威信。这一点和X老师的理念比较相像,不同的是X老师指出的知识面偏向教师的综合能力,指向通过文学、艺术、体育拉近与学生的距离,指导学生的思想。

> 师:咱说最实用的就是你在不断的教学实践中主动去思考,主动去尝试,有意识地进行一些自我提升。那些被动性的、一些"高大上"的培训和讲座形式很多,但我还是觉得以听课和研讨的方式比较好。单纯地听讲座,作用小。
> 研:那么自己自发地提升时,一般都注重哪些方面?

师：主要是老师的知识面。因为在有些知识点的讲解过程中，我觉得啊，你知道得多，学生会觉得这个老师懂很多啊，学生会比较信服你。你在解释一些问题的时候，你自己知道得多的话，你自己理解起来会比较顺畅，你给学生解读的时候相对会更好一点。知识面不局限于生物这个学科，因为你给学生举例的时候不一定只是生物的例子。

L老师的回答展现了一种"师徒制"式的专业成长轨迹，从"懵懂无知"的初任教师到具有个人风格的熟练教师，"师傅""模仿""选择"是L老师专业发展过程中的几个关键词。

我一开始上班不会讲课的，什么都不会讲。一开始就听课。听一节，讲一节。别的老师怎么讲的，在哪里提问，布置什么作业，我就完全跟着学，就从模仿开始。我模仿了一个学期，才慢慢形成了自己的教学方法。刚开始的时候根本就不是我自己在教学，实际上我是别人的影子，与那个老师基本一致。因为当时对我来说所有的知识都是新的，该怎么切入，哪个是重点，哪个是难点，我根本就不知道，我就得这样学，完全是影子一样地学。半年以后，我才基本知道课堂该怎么安排。还有就是做练习，练习上出现的东西基本上都是重点，这些要补充到课堂上去。（L老师）

在模仿了一个学期以后，L老师对于教学重难点、教学方法、作业等教学元素有了比较清晰的了解，通过不断地尝试从中选择最适合自己的一套方法，进而慢慢形成自己的特点。

先看别人，听别人的课，然后再自己思考，我得想一想，放到我自己身上好不好用，然后我就尝试各种方法，我都用过，看看哪一种我用得比较顺手。这样慢慢地积累下来，就形成了比较固定的自己的风格。（L老师）

此外,L 老师在度过了最初的新手时期以后,在专业提升方面也比较注重生物学科当下的发展情况。

> 我比较注重专业方面的(知识),关注生物这个学科最近有什么新的进展,或者说学科的发展方向。这些我觉得比较有用。(L 老师)

在专业提升方面,Y 老师也同样非常重视从各种不同的老师那里汲取"营养",例如课堂的导入方法、课堂活动安排等,同时她自己也在不断地将听到或看到的教育方法在自己的课堂中进行试验,并结合自己的思考,试图找出最适合的教学方法。总之,用 Y 老师的话来说,一切都仍在摸索前进中。作为新手,广泛学习其他教师的教育思想、教学方法、教态等仍旧是 Y 老师目前的专业发展状态和路径。

> 研:我发现您从其他老师那里学习到不少的经验。
>
> 师:是啊,就是听课的过程中学习来的。因为我也是刚来这个学校的,属于新手教师。也是在听课,在学,特别是方法。像我之前还是以自己讲为主,讲得有点儿多,现在咱们市的要求是尽量少讲。但是少讲要真正做到的话也比较难,尤其是学生讲不出来的时候,还是要老师讲。
>
> 研:别的教师那里学来的经验和方法您会用在自己的课堂中吗?
>
> 师:会尝试去用一下。把我认为好的方法试着用一下,就这样慢慢摸索。之前有一个老师就说教学还是挺有艺术性的,是原创的,因为每个老师的风格都不一样,就算是同一个师傅带出来的也不可能是完全一模一样的,对吧? 所以时间长了就形成个人风格了。但是我现在做得还不够,我还没找到一种最适合自己的方法。就像之前一个老师听我的课,然后就说我上课的时候语气有些过于平缓,就是平铺直叙地说话,学生容易犯困。我可能就要学习其他老师,上课的时候更加生动一些。但是一个人的风格也不是说改就改的,所以我在想能不能换一种其他的方式,比如多找一些学生感兴趣的资料、图片什么的,

增加课堂的吸引力。或者设计更多学生活动。

整体来看,在专业提升路径方面,新老教师之间存在着比较明显的差异,老教师更聚焦某一点,强调"做大做强",新教师偏向于"全面",注重向他人学习,自身尝试,积极思考,以求探索出自己的一条路。他们以已有的实践经验为基础,也在当下的实践过程中不断摸索、不断试验、不断选择。课后反思给予教师一次契机,将这些经验和思考进行回顾、整合与重构,以专业提升为目的将发展路径明述化,使这些经验与思想越来越清晰。这些经验与思考是教师通过课后反思所获得的一部分新理解,在语言化的同时,也更加坚定了教师的信念,将于日后进一步指导教学实践。

(三)对教学风格与教育价值取向的反思

对受访教师教学风格、教育价值取向以及成因的访谈关注教师行为背后那些起到重要甚至是决定作用的要素。

教学风格是教师在教育教学实践过程中逐渐形成的个人的东西。教师的观点、性格、学识、技术等多种要素都参与到教学风格的塑造过程中,因而教学风格很难全然相同,在大的风格分类下每个教师都有各自的特色,自然也很难模仿。教学风格的形成是一个教师在教学艺术上趋于成熟的标志。① 教学风格最能反映一个教师的性格特点与精神品质,也对处理问题的方式有着重要的影响,因而它是教师的情感类默会知识,由语言和行为表现出来。教学风格可以被感受到,也可以形容出来,但无法做出准确的定义。对教学风格或特点的总结代表着教师的自我认知是否清晰,而清晰的自我认知是课后反思重要的一环,是教师的自我总结,也许在此之前教师并没有刻意去思考过自身的教学风格或特点,但在显性化地总结后,这些特征能够反过来帮助教师查漏补缺,促使教师塑造具有个人特色的教学风格。

教师的教育价值取向是教师情感类默会知识中重要的一员,影响着教师行为的方方面面,尤其对教育目标与教学方法的选择有着至关重要的引领作用,因为教师的教育价值取向代表着教师对"培养什么样的学生"这一问题的回答。

---

① 李如密.教学风格的内涵及载体[J].上海教育科研,2002(4):41-44.

教师所形成的教育价值取向从时间上来看既来源于过去的经历，也在当下的实践变化中不断得到磨砺；从空间上来看，不仅形成于工作场所，也受到生活情境的影响；从具体内容上来看则更加丰富，包括教师学习的理论知识、师徒制带来的影响、培训课程、自身教学实践、教育界的动向、生活中某一情境的刺激等等。研究者从所收集到的资料中发现一个有趣的现象，即尽管各位老师用同一个词表达自己的教学价值取向，但他们对这个词的解释却天差地别。此外，在该部分研究者设置了一个归因问题，即"您认为哪些因素帮助您塑造了这样的风格和取向"，该问题启发教师对认知进行再认知，对反思进行再反思，探寻教学风格与教育哲学取向形成背后的原因，研究者则从中收获受访教师丰富的情感型默会知识。

1. 教师对教学风格的自我认知

从收集到的数据看，所访谈的五位生物教师教学风格各异。毫无疑问，每种风格都是独特的，没有好坏高低之分。本研究对风格的关注并不是为了评价，而是要了解教师是否对自己的教学风格有着清晰明确的认知。在访谈过程中，对于教学风格问题不同教师表现出不同的反应，有些人的回答脱口而出，有些人思考的时间较长，有些人从缺点出发，有些人从优点出发，有些人表述得很详细，有些人又表述得很简练。接下来对五位老师的教学风格作具体呈现。

（1）X 老师——教学的综合性

X 老师认为自己教学最大的特点便是综合性，认为自己的教学风格具有严谨、活泼、有针对性、求强、不断学习这几个特点。此时再回头看为何 X 老师处在一般意义上的职业退休期还能保持旺盛的反思频率，答案不言自明。

> 研：请概括一下您的教学风格。
>
> 师（花了较长的时间思考）：我觉得我教学的最大特点是上课的综合性。上课时我会展示自己的文学知识或者音乐才能，有时候我会给他们唱两句，下课和他们一起打球。这样偶尔展示自己全方位的才华，让学生对自己产生敬佩感，这是我教学的特点之一。除此之外，吃透教材，以最浅显的方式讲给学生，也是我教学最大的特点之一……我觉得我的教学风格一是严谨，二是活泼。有时候我严谨会故意说

一些笑话。另外,我对不同的学生有不同的方法,比如学习上较差的学生,我会专门准备一些题单独辅导他们。就是有针对性。还有就是求强,我始终追求的是我的成绩(我教的学生的成绩)要是比较好的,不甘人后。再有一个特点的话就是学习,就是活到老,学到老,别人优秀的东西我都会去学习。

(2) Z 老师——由缺点催生的教学风格

Z 老师对自身教学风格的回答非常有特色,他从自己的"字难看,有口音"的缺点出发,认为自己的教学风格具有"多肢体语言"与"声音洪亮"的特点。丰富的肢体语言是 Z 老师多样的教学方法中重要的一分子,正因为有意地减少板书,Z 老师才有意地增加肢体语言以提供更加直观的教学。

研:请您总结一下自己的教学风格。

师:教学风格啊。我先说一下我的缺点。我的缺点是,最大的短板吧,板书不行,字太难看。所以我尽量减少板书,多说,多肢体语言。还有一个问题就是我说话带着家乡口音,而且本身说话还不太清楚,所以我会把声音放洪亮。

(3) C 老师——尽力打造师生互动的活跃课堂

C 老师对自己的教学风格认知非常清晰,就是尽力打造师生互动的活跃课堂。他认为师生互动不仅有利于学生,对教师的状态同样起到促进的作用。在后续访谈中,C 老师也表示这和他自身的性格息息相关。

研:请您概括一下自己的教学风格。

师:我的教学风格啊,其实刚刚都有涉及。我不喜欢沉闷的课堂,我喜欢跟学生有互动,跟学生有互动之后会让我的表现欲望得到提升,我的状态会比较好。如果学生跟我没有互动,课堂太沉闷的话,我可能就只是条条框框地讲,就枯燥,没有激情了。一有互动的话,我可能就会有一些拓展,举例啊,学生听的时候也会感觉到比较有趣,接受起来也会更顺畅。我跟学生也会说，你们跟老师就是要有互动，但是互动也要把握度，太吵太闹，老师照样会批评你们。

（4）L 老师——哄孩子型的风格

L 老师表示自己并没有细想过自己是什么样的教学风格，感觉上应该是哄孩子型的，因而她的回答比较笼统。

研：您的教学风格是什么呢？

师：我自己是什么风格？我也不知道，我想想啊。我觉得我应该是引导型的教学风格，哄孩子型的吧（笑）。我这人性格是这样，我训人不太有力度，不像有些老师一进教室就不怒自威。我曾经也试过批评学生，学生还没怎么样呢，我自己先气个半死。我就知道我不适合用这种方法，我就改变策略，我就哄他们。所以你看我一般上课的时候都是哄他们，哄完了，他们愿意听，夸他们乖乖的，我的目的也就达到了。不过，偶尔也会训他们。而且这几年也锻炼了，就是我训他们的时候我自己也不太生气了。但是我会严格要求他们。

（5）Y 老师——平淡寡味的教学风格

Y 老师认为自己的教学风格如同其他教师给予她的评价一样是比较平淡寡味的，因而，她试图让课堂活跃，让学生集中精神，让学生对课堂感兴趣，从其他教师那里学习更多的教学方法、教态、语气等。

研：请您总结一下自己的教学风格。

师：我的教学风格吧，说好听点是比较知性，说难听点是过于平淡了。我觉得我的课知识性对学生来说是可以的，但是幽默性还差很多。因为我也做过实验这样的活动，生物方面比较前沿的知识我也会渗透在课堂中，但就是课堂的气氛掌握得比较欠缺，比如说在学生都昏昏欲睡的时候，我找不到一个特别好的办法把他们都调动起来，毕竟学习还是挺枯燥乏味的。另外，我比较喜欢用问题引导法，以问题串的形式。

整体来看,五位教师对自己的教学风格都有着较为清晰明确的认知,X老师偏重于运用自己具备的综合知识教书育人,Z老师从自己的缺点出发总结自己的风格为"多肢体语言"与"声音洪亮",C老师致力于营造活泼的教学与活跃的课堂,L老师结合自身性格特点采取温和的教学风格,Y老师意识到自己的教学有些平淡寡味,因而在努力寻找一些既适合自己个性又能使课堂更加活跃的教学方法。

2. 教师对自身教育价值取向的反思

通过整理与分析访谈记录,五位教师中的四位都将"德育"作为自己教育价值取向的首选元素,但每位教师对"德育"的解释又大相径庭。另一位教师则在知识与能力之间摇摆。

(1) 育人先于授业

X老师不假思索地指出教学生做人是首要的,包括良好的心理调节能力、不断追求进步的学习作风、注重人生价值的实现、强调为社会与祖国做出贡献的理想。在教会学生做人以后,才是教会学生知识。X老师看重成绩,但更看重学生的身心健康、学生的目标追求、学生的思想境界。X老师的这种教育哲学观是他教学行为的出发点,是隐含在行为背后的风向标,他的一切教学决定、选择、行动都在履行着他的教育哲学价值观。

> 对教育的理解,我首先认为对学生的培养是要做人,这是第一位的。在教学过程中,你既要教会知识,又要教会他们如何做人,在社会上如何做人。很多老师不强调做人,我是很重视的。在做人这一方面,我很注重心理调节和追求进步。不管是成绩好的还是差的学生,你进步你就是最棒的。注重人生目标,为将来奋斗,为祖国奋斗。虽然有人说这个很假,但我并不认为假。你通过认真学习,对得起自己生命的价值,对得起父母,能为祖国做贡献。我对教育的理解就是这样,既教会知识,又教会做人,就是教书育人。(X老师)

(2) 最朴素的师德就是良心

"良心"是Z老师所秉持的教育哲学,他认为一切的教师责任、认真态度、师德等背后的本质就是凭良心做事。作为教师,这个"良心"指的就是一切为了学生的学习。

> 我认为做事要凭良心。什么是良心?就是你是为教学吗?你是为学生吗?家长把孩子送到你这里来,你就得负责任。孩子毕竟是未成年人,哪怕我再生气,面对学生,我还是为着他们好。你有良心,有师德,那么就会迸发出无穷的动力来。有人说我认真,实际上我不是认真,就是(秉持)良心(做事)。良心转化为认真,认真转化为教学和管理。所谓师德,最朴素的就是良心。(Z老师)

(3) 不以规矩,不能成方圆

教会学生做人,这是C老师的教育价值观。同X老师一样,C老师也将德育放在了教育的首位。但不同的是,C老师对德育的理解更多是指学生要有规矩,这同他追求活跃的课堂氛围有着很大的关系。一方面他希望与学生有充分的师生互动,打造热烈、活泼、幽默的课堂氛围;另一方面他深知课堂纪律的重要性与课堂教学任务的艰巨性,完全放开是很不现实的。为了在二者之间寻求平衡,"放得开,收得住"成为C老师的"撒手锏",而做到"收得住"的关键方法就是"不以规矩,不能成方圆",因此,立规矩也逐步成为他的教育哲学,同他的教学实践密切相关。在访谈中,C老师也明确建议班主任和任课教师为自己的课堂"立规矩",明确指出哪些事可以做,哪些事不可以做。

> 其实我觉得教育的话,第一要教会学生做人。学生先成人,后成才。"人"都不是,你成什么才?对不对?你就算成才也是对社会很危险的。所以说学生要先成人。成人的话,主要是对我们学校这一块,像班主任和任课老师第一要让学生学会规矩。到什么地方遵守什么地方的规矩。在课堂上哪些事不能做,哪些事可以做,这些都要班主任和任课老师给学生明确下来的。(C老师)

除了"规矩"之外,"引导"是C老师的另一个教育价值取向。该取向在背后支持着他不断探寻多样的教学方法、拓展知识面、主动思考、营造活跃的课堂风格等一系列教学行动。

> 其次,我觉得教育就是要引导。以前我们都是填鸭式的,现在其实也有很多是满堂灌的。但实际上灌这种对以前的社会发展特点——比较慢,比较传统,是管用的。但现代社会,科技发展,学生信息量增加,我觉得更好的方法是引导。通过提问,通过一些特殊的教学方法(来引导)。像我上课的时候都是能说就让学生说,只要我的课时长能够允许,我尽量让学生多说。(C老师)

(4)对学生负责,对教育讲良心

L老师指出对学生负责、对教育讲良心是她教学行为的出发点,也是她的教育价值观。"对学生负责、对教育讲良心"的具体内涵一是让学生喜爱学习,提高学生的成绩;二是引导学生养成科学的思维方式,在信息爆炸的社会中学会运用批判性思维看问题。

> 我觉得第一点应该是来源于对学生的负责吧。我们做老师的关键就是讲良心。你这么上是一天课,那么上也是一天课,反正学校都给我发那么多工资。但是从另外一个角度讲,你能把你的学生培养好,他们爱听你的课,愿意接受你讲的知识,你就会想要改变,你就想要去做各种尝试,慢慢地你心里面就形成了大概的价值观。这个价值观就进一步驱使你往前走。我想让我的学生喜欢我的课,我想让我的学生成绩有所提高。另外就是,我的学生还是孩子,他们的人生观还没有完全塑造起来,那么我在讲课的同时,我要往这个方向去引导他们,就是你要有科学的思维方式,不能什么事情都人云亦云,你做事情的时候要学会找到它们的根源所在。别人的谣言从哪里来的?我们学的知识能不能否定他们的谣言?这其实算是科学素养吧。有时候我就给他们讲生活中的例子,例如网上的"喷子",你们就要学会用已有的知识去思考。这就是出于对学生的负责。当你说的一些话能够

影响一些人的时候,那你就觉得自己做了一件很了不起的事情,而且你会觉得自己责任重大,你不能把他们往其他方向引导,你得把他们引导到一个正向的、健康的、理性的世界观里。要对他们以后有所影响,那么你就会规范自己的言行,上课的时候就不能说一些乱七八糟的话,衣着也不能太随意,各个方面。我觉得关键一点还是出于对学生的负责。(L老师)

(5)高考、能力与德育

应对高考是 Y 老师首要的教育价值取向。其次,她认为考题的千变万化从另一个方面要求教师培养学生的能力和素养,以不变应万变。最后,德育也是 Y 老师所关注的。根据 Y 老师的回答,她对德育的理解主要指向学习态度,即无论成绩如何,学生首先要端正自己的学习态度,努力学习,这是最基本的一个有用的人应该做的事情。

当前高考模式不改的话,我觉得还是得以应试为主。学校跟你要升学率和成绩,肯定还是得以考试为核心。把考试大纲研究透了,你要知道这个知识点一般怎么考。但是呢,现在又对能力和素养的要求比较高,你也不能光是去教知识,因为考试题目可以变来变去,变出非常多的花样,所以还是要教一些本质(的东西),教一些核心的东西,或者以后还能够受用的东西。尤其是我现在当班主任,对于一些实在学不好的学生来说,他最起码要先做一个基本的、对家庭和社会有用的人,然后才是知识方面。最起码我一节课的最低要求你要能保证学进去了。一百分的试卷,我不要求你考七十分、八十分,但你最起码要及格。这是每个人通过自己的努力能够达到的。但是如果你考个二十分、三十分,那就太过分了。我觉得那就不是能力的问题了,是态度的问题了。(Y老师)

Y 老师对教育的理解充分地反映了应试教育和素质教育的冲突和矛盾仍在当前教育领域中激荡着。但明显的是,教师对学生能力和素养的培养意识已经越来越强烈了,与二十年前素质教育刚刚登上历史舞台时已经截然不同了。从最初的怀疑、试探、争论其合理性到现在肯定其价值和必要性,探讨其具体内容和培养方法,素质教育在人们心目中的地位稳稳地攀升,从一棵小苗成长到可以同人们心目中高山一样的应试教育相抗衡,两者无法相互取代,只能共存。然而由于还没有有效的教学方法可以解决素质教育中效率、课时和学生参与的主要难题,同时又能兼顾考试成绩需求,在一线教师心里二者时常相互倾轧。但相互融合是两者必然的趋势。值得庆幸的是,教育实践者和教育研究者都在积极地寻找着这条康庄大道。

在教育价值取向或者说教师的个人教育哲学、教育追求方面,除了处在职初阶段的 Y 老师以应试为首要关注点之外,其他四位教师都以德育为第一要务。但是,每位老师对德育的理解,或者说他们要求学生具备的具体品德是有所不同的。例如,X 老师的德育主要指引导学生进行心理调节,保持身心健康,树立理想,不断追求人生价值的实现;Z 老师的德育是他的"讲良心",是一切以学生的学习为出发点,是他对学生、对家长的责任心使然;C 老师的德育则是指"规矩",即学生要遵守老师课堂上所设定的规矩,哪些事情可以做,哪些事情不可以做;L 老师的德育主要来源于对学生负责以及职业良心,具体来说指让学生喜爱学习、提高学生的成绩以及引导学生形成科学的思维方式;Y 老师虽然以应试为教学价值的第一取向,但她也指出能力和素养的培养同样重要。

3. 教师的自我归因

教师的自我归因是最后一个访谈问题,要求教师对自己之所以形成如此的教学风格和教育理念进行归因,是教师对反思进行的再反思。从教师的回答中能够获得更多教师对于知识的认知,以及教师所意识到的情感型默会知识。从所收集的资料来看,研究者发现三位男老师都归因于自身的性格,而两位女老师都归因于职初时带领自己入门的师傅,以及后期在听课、交流中学习到的他人的经验。除此之外,还有一些具有个人特色的因素,具体如下。

在归因教学风格与教学价值观的形成时,X 老师将性格作为首选,认为自身的性格造就了自己追求严谨和不断探索的教学风格。其次,X 老师依旧强调综合知识的重要性。广泛的知识类型为他带来了多角度看问题的可能性。最后,不断地探索与学习让 X 老师紧跟时代的步伐,更新教育教学观点,不断调整以获得最适合的教学实践。

对于这样的价值追求的根源，Z老师将其归因于过去的人生经历与性格。从农村考上大学、进入城市工作、十二年的迷茫期、三年评上高级教师、始终奋斗在教学岗位的人生经历、宁折不弯的性格以及"刺儿头"般的处世风格共同造就了Z老师的教育价值取向。在他的教育词典中，"一切为了学生的学习"是第一位的，这一理念指导着他的所有教学行动与教学选择。

C老师将自己教学风格与教育价值观的形成归因于性格。他指出尽管在漫长的教育实践中有些因素会因为实践经验的积累而改变，但是性格仍旧是根本原因，在教学风格的形成和教育理念的选择中起到关键作用。

L老师也指出入职之初师傅对她的影响，以及后来自己所看的书、所听的课等都对她目前的教学观和教学风格的形成有着一定的支持作用。此外，L老师前后两次强调教师要学会思考、多思考，无论是课堂中的教学问题，还是日常生活中看到的社会现象，教师都应该积极思考，将之转化为自己的教学行为和教育价值观。

Y老师作为五位研究对象中最年轻的一位教师，具备不同于其他几位教师的、鲜明的新手特征：其教学目标定位尚浅、教学方法还在摸索、教学风格不够清晰、教育智慧尚不完善。正因为如此，其他教师的教学方法和教学理念目前是影响Y老师最主要的因素。在访谈中，Y老师也表示自己仍旧在摸索一套最适合自己的教学方法，无论是教学理念、教学风格，还是具体的新课导入方法、课堂管理方法等，她都在广泛听取其他教师，尤其是带自己的"师傅"对她的评价和意见。

除此之外，五位老师也表现出一些个性的反思。例如X老师始终强调他的综合知识和综合能力，并将该元素以及不断探索与追求的精神品质作为自己教学风格和教育观背后的成因。Z老师比较执着于他的人生经历，尤其是那迷惘的十二年对他职业发展的影响。L老师提出自己的思考对塑造风格和形成价值观很重要，教师的勤于思考、善于思考最终决定教师的选择，此外她还提到了所阅读过的教育理论也有一定的影响。

综上所述，五位教师在课后反思方面既有个性也有共性。作为一名教龄三十六年的资深教师，X老师始终保持着非常高的反思频率，并将反思的重点放在自身有没有透彻地理解知识点,有没有简练易懂地呈现知识点上,对综合知识的强调也反映了他的个人知识。Z老师对其自身人生经历以及教学风格的描述同样非常具有个人特色。C老师任教十五年,由新手教师发展到熟练教师,形成了一定的个人教学风格,能够胜任教学任务,积累了丰富的教学经验,具有相对完善的专业素质,其一方面向上寻求更广阔的专业发展,不断学习新知识,另一方面也在不断从过去的经验中总结成功的要素,因此C老师的回答常常带有明显的分阶段的特征。如果要从L老师的一系列回答中对她进行一个整体描述的话,研究者的直观感受就是"分镜"与"宝藏"。隐喻一代表了L老师在回答问题时习惯详细描述自己的教学步骤、教学媒介、学生、活动等要素,如同电影中的分镜一样。隐喻二代表了当谈到具体的教学问题与教育现象时,L老师展现出非常丰富而独特的观点和看法,体现的是她实用主义的价值取向。Y老师在课后反思频率和反思内容上相对不够成熟,关注学生"接收"而不是"接受",对其他教师的模仿和学习还处于"形"的层次,关注显性的课堂导入方法或课堂活跃方法,而忽略了最先该被审视的是自己的教学目标,以及对知识点深刻和全面的理解,而不是仅仅停留在找出重难点让学生"接收"。

同时,五位教师课后反思的共性则表现在以下几点:引起教师们反思的事件通常表现为课堂教学中出现的、感觉到的"不满意"情况;五位教师反思的频率整体来看比较高,其中三位保持着每节课后都反思的习惯;反思的内容集中在教学方法上;透彻、全面、熟练把握教材知识是教师们均重视的教师知识;掌握教材、掌握多种教学方法、主动思考、主动尝试、向其他教师学习是主要的专业能力提升途径;教师们对自己的教学风格都有清晰而明确的认知和总结;他们普遍以德育为教育的第一价值取向,虽然具体内涵各有侧重;教师通过再反思将教学风格和教育价值观的形成主要归因于性格和学习他人经验。

第三节　对案例考察结果的思考

上文对五位高中生物教师在备课阶段、上课阶段与课后反思三个阶段中的知识生产情况进行了细致的分析与对比,对一线教师的真实学科教学知识生产情况具有了一定程度的了解与认识。在此基础上参照教师知识生产链理论模型可以发现，教师们在具体步骤、所用知识、如何运转等方面存在着一定的共性，而共性中既包括了一般生产特点，也反映出教师们共同存在的问题。

一、一线教师学科教学知识生产的一般特征

教师的学科教学知识生产虽然具有强烈的个人性、默会性，难以全然模仿和复制，但在各个生产阶段仍旧存在较为明显的共性，且五位教师在生产过程中所运用的学科教学知识成分也具有一般特征。

（一）生产阶段中的一般特征

教师学科教学知识生产前三个阶段是备课阶段、上课阶段与课后反思阶段。三个阶段中五位生物教师的知识生产具有明显的共性。

首先，在备课阶段，"理解"这一步骤并不明显，主要体现在对教材的处理上。教材作为最主要的教学内容毋庸置疑地成为五位教师备课的首要元素，但每位教师对教材的重视程度和处理方法却大相径庭，主要表现在教师对教材的思维深度不同，整合程度不同，有些教师只是照搬教材知识点，有些教师则对教材的理解着重下功夫。而在"转化"这步中，具体涉及的知识种类与教师的运用和整合呈现以下共性。学生能力、学科教学方法、高考是五位教师所共同关注的三个要素。对学生能力的关注反映出教师在备课时对学生学习所得与教学效果的重视。学科教学方法被多数教师关注与强调，是转化过程中重要的一环，仅一位教师不曾提及，但该教师却在教学模式上有着独特的见解。高考作为高中阶段独特的教学背景，获得全体教师的重视，考试大纲是教师备课的必备要素，对教学目标、教学内容、教学方法的选择有着关键影响。

其次，在上课阶段，教师行动知识生产的触发事件、知识表征形式以及参与生产的默会知识都具有明显的一般特征。与教学知识点相关的学生疑问事件与有关课堂纪律的事件是触发教师动态学科教学知识生产的主要课堂随机事件。而五位教师所生产的行动知识主要以语言、态度、动作三种形式存在。此外，教师通过回顾动态知识产生的过程所挖掘出的默会知识比较统一地包括了知识点是不是重点、课堂进度、学生特点（学生想法、理解程度、性格特点、班级风格）、教学效果、课堂纪律与氛围。

最后，在课后反思阶段，教师们的反思性回顾（具体包括触发因素、反思频率、反思内容）与反思性重构（具体包括对专业知识与专业能力提升的反思、对

教学风格与价值观的反思以及对其成因的再反思)都在一定程度上表现出共同特征。触发教师反思的往往是课堂教学过程中的"不满意";反思频率普遍较高,能够达到每节课后都反思;反思的内容主要是学科教学方法的改进;教材成为教师知识类型中最重要的一员;在专业能力提升方面,新老教师之间存在着比较明显的差异,老教师更聚焦某一点,强调"做大做强",新教师偏向于"全面",注重向他人学习;五位教师对自身的教学风格基本都有较为清晰明确的认知;德育是教师们反思自身教育价值观方面的主要落脚点;而对教学风格和价值观形成背后原因的再反思则主要集中在性格和他人带来的影响上。

(二)教师知识类型中的一般特征

除了基于生产链模型中的不同生产阶段所具有的共性之外,依据上文对教师学科教学知识具体内涵的分析来看,五位教师在知识生产中所涉及的、能够被主体意识到的、能够明述化的知识成分也存在明显的共同特征。在第三章中,本研究对教师学科教学知识的具体成分进行了分析,对比来看,五位教师在学科教学知识生产中所运用到的知识成分主要集中在教材、考试大纲、学科教学方法、学生能力知识以及教育情境知识上。

第一,在教学内容知识维度,教师的知识运用相对来说是比较全的,不仅有教材——五位老师都指出其重要性,也有课标和考纲,还有跟课程方案有关的教学进度,另外 X 老师、L 老师以及 Y 老师都指出教师要掌握更多拓展类知识,L 老师与 Y 老师关注学科发展前沿,而 X 老师关注教师知识的综合性,鼓励多才多艺。

第二,在教学过程与方法维度,学科教学法尤其是五位教师关注的焦点。无论是在备课阶段、上课阶段,还是课后反思阶段,都有学科教学法的一席之地。例如,五位教师中的四位都指出一定要备教学方法;面对课堂随机事件的发生,对问题的重新框定也是一种基于教学方法的随机应变;而在课后反思阶段,针对课堂中存在的问题,五位教师都指出自己会首先反思所运用的教学方法是否合适。但相对地,对教学模式和一般教学法的反思较为欠缺。五位教师中仅 X 老师比较重视教学模式,并基于教学目的、内容与学情设计了一套完整的教学模式,这通常出现在 X 老师的备课过程中。一般教学方法很少出现在备课阶段中。而在上课阶段中,当教师对课堂即时反馈背后的要素进行回顾时，能够发现每位教师都有属于自己的一套班级管理方法，但在课后反思中，仅初任教师会对一般教学方法进行比较多的反思。这主要由于一般教学方法关系课堂管理、班级纪律等，年轻教师在这方面常常会碰到问题。例如，五位教师中的 Y 老师就是一位初任教师，她在教学方法维度的课后反思中涉及了一般教学方法，具体表现在她苦恼于缺乏一些适合自己的、有效的课堂气氛调节方法，以及面对过于活泼的班级和学生如何掌握管理的度的问题。其他四位老师已经形成了独属于自身的班级管理风格和方法，对如何与各个类型的学生相处也做到了心中有数，例如 X 老师的坡度惩罚法和 C 老师的规矩下的活泼互动风格。因而，在一般教学法所覆盖的范围内，教师较少出现问题，反思相应地也会较少。

第三，在学生知识维度，学生学习能力与水平是五位教师备课时的重点参考要素，学生性格特点与班级整体风格是教师在处理课堂纪律事件时常常参考的要素，其他学生知识较少出现在教师的知识生产中。尽管教师们意识到学生知识是教师必备的知识类型之一，但实际上在课后反思阶段，没有数据表明哪一位教师直接把学生作为反思对象去反思学生的前知识、疑难点、性格、能力、伙伴关系等知识成分。因而，整体来说，学生知识在教师的学科教学知识生产过程中较为匮乏，教师很少反思自己所掌握的学生知识是不是有问题，是不是不全面，而是更多把目光放在教材和教法上。

第四，在情境知识维度，高考和德育是两个非常鲜明的关键词。高考是高中阶段教与学独一无二的主题，是高中阶段独特的教育背景，也是不可避免的关键话题，因而在备课阶段是五位教师公认的重要参考之一。如果说高考是外在的、客观环境中的要素，那么教师们在课后反思阶段对自身教育价值观的认知便是内在的、主观的取向，其中以德育为主。大多数教师都认为育人先于教书，但教师们对德育也都有各自不同的解读，代表更具体的价值取向和要求。这也能够说明教师并不是教书的机器，学生也并不是学习的机器。除此之外，人生经历与性格方面的情境知识也被某些教师提及。但相对于其他教学情境知识来说，教师们的关注并不充分，尤其是对外在环境中的文化因素关注很少，且自身的价值取向也少有更新。教师们能够做到清楚明确地描述自己的教学价值取向，但少有教师提到自己会时常反思，时常更新。而班级文化与校园文化对教育教学的影响也是比较直接的,教师如能将目光从课堂教学中拓展开来,定期反思班级文化,时常思考校园文化建设,关注社区与社会的变化与发展,也会为教学带来积极的影响。

综上所述,虽然教师学科教学知识的生产具有较强的默会性和个人性,但无论从教师学科教学知识生产的阶段还是生产中参与的主要知识成分来看,五位教师都表现出一定程度上的共性,同时,这些共性中也反映出普遍存在的几个问题。接下来便对这几个主要问题进行分析与思考,并将其作为促进教师学科教学知识生产的切入点。

二、一线教师学科教学知识生产的主要问题

从五位生物教师的学科教学知识生产情况来看,问题主要有三点:一是对教材的思索不够充分与深刻,二是对学生的需要关注较少,三是对顿悟与成功经验的反思较匮乏。这三点是将教师实际生产情况同生产链模型所做对比而得出的实践与理论之间的沟壑,解决这三点问题对促进教学实践发展有着重要意义。

(一)对教材的思索不够充分与深刻

教材作为教学的主要内容、工具、媒介,并没有获得足够的重视,这主要表现在五位教师中三位都不曾提及对教材进行深度理解。尽管在备课、上课与课后反思阶段,教材从未缺席,但对教学内容的思考质既不够,量也不够。例如,五位教师同样将教材作为备课的首要元素,但每位教师对教材的重视程度和处理方法都大相径庭,其中三位老师只是照搬教材知识点,对教材的研究仅限于明确考点、重点和难点,教材对于这三位教师来说更像是"储存教学内容的仓库",他们对教材的态度都是根据考点拿来即用,更多的重心则放在了教学方法上。而另两位教师对教材的理解颇下功夫,其中一位教师尤其强调"吃透"教材,即不仅仅理解教材表面提供的知识点,也要深挖知识点背后更深层次的原理或同其他知识点之间的联系,甚至是教材中出现的不准确或错误,而不是仅仅停留在教材是什么就是什么的程度。因此,无论从深度还是广度上来说,教师们对教材的思考都有待加强。

教学内容是教学的起点,是教学的媒介,也是教学的工具。教师只重视获得多样的教学方法,忽略对知识点的钻研,可能会越来越吃力。教师对教学内

容知识的"深"和"广"的理解,伴随着多元化与多角度的发展,自然而然会以更加丰富的形式为学生呈现知识,为教学带来新的突破。所谓深刻理解教学内容,不仅仅是熟练掌握教材,而是要向内挖掘教材中知识点背后深层的原因、知识点之间的关系,同时向外拓展知识点,不囿于教材。青年教师通常止步于熟练掌握教材,转而寻求更多样的教学表征方法,殊不知深挖教材可以事半功倍。

(二)对学生的需要关注较少

教师们的学生知识比较单一,教师很少去研究学生的需求,相比于关注"考试的人",教师们更关注"考试"。这种失衡在备课、上课、课后反思不同阶段都有明显的表现。例如在备课阶段,从教师们的话语中能够明显地发觉尽管"学生"与"高考"这两个名词都在备课所虑之中,但相较学生知识来说,考点获得的关注更多,也即教师备课时更多研究的不是学生,而是考点。又如在上课阶段,面对学生疑问事件,之所以"不允许"的处理态度偏多,便是因为教师们更多考虑的是是否围绕核心知识点,是否能够完成教学任务。在课后反思阶段同样如此,教师们针对课堂中所出现的问题更多是去反思教学方法和考点知识,而非个人所掌握的学生知识。同时,从学生知识具体成分来说,教师实际掌握的和理论上应当掌握的相去甚远。因此,教师对学生需要的关注较少表现有二:一是教师所掌握的学生知识类型较单一。教师只关注学生当下的疑难点,却忽略了更多的学生知识,例如学生的偏见、期待、好奇心、兴趣点、认知能力水平、家庭背景、观念、性格、同伴关系等。二是教师在知识生产各个阶段的考量并不以学生为主要对象,然而学生是学习的主体,学生是教学的对象,学生所得是教学的目标,更多地了解学生,才能更精准地设置教学目标、规划学习策略,有的放矢地促进学生群体和个体的充分发展。

(三)对顿悟与成功经验的反思较匮乏

在第四章第二节对生产链的阐述中研究者就曾指出触发课后反思的核心要素是问题。此问题代表着"不同",既可表现为消极的"对教学的不满意",也可表现为积极的"在教学中获得的启发"。当教师意识到教学实践出现问题时,便会自动进入反思模式,回顾自己的教学过程,试图找出问题的根源,通过反思获得下一次实践的提升。然而,通过对五位一线教师的访谈却发现,"不满意"是诱发教师去反思的直接原因,但没有教师提到过自己因为课堂中所获得的灵感、顿悟或启发而在课后进行反思。然而这些是师生交流互动的课堂所带来的宝贵的财富,其中蕴含着学生、教学行动、教师等元素,是多维度元素碰撞的结果,是教师很难通过静坐深思获得的。把握住课堂灵感、顿悟与启发,在课后进行深度思考,是教师进步的重要契机,也是教师获得对教育教学新理解的重要契机。

成功经验是另一种重要的反思对象。在关于课后反思的访谈中,教师们对课堂中"不好"的地方感觉敏锐,反思积极,但却很少注视到"好"的地方,很少去细致地反思这些成功经验,很少探究其背后起到关键作用的要素有哪些。在课后反思的相关访谈中,尽管五位教师对个人的教学风格、习惯、专业提升途径有着较为清晰的认知,但五位教师中仅一位教师的回答能够看出其对于自身的优势和成功经验有所总结,给予较强烈的关注和强调,其他老师要么从其他方面进行回答,要么仅是泛泛而谈,没有切中要害,也没有引例佐证。根据舍恩"相似地看待"与"相似地解决"理论[1],成功的经验作为个人实践"知识库"中重要的一员,可以帮助教师在面对相似的问题时举一反三,甚至能够更精妙地解决,其前提便是对这些成功经验进行研究、进行反思、进行总结,找到事件过程中的本质因素,不使其沦落成为一种偶然或巧合。

综上,五位高中生物教师的知识生产面临的问题主要存在于:对教材的思索不够充分与深刻,对学生需求的关注还不够,对顿悟与成功经验的反思较匮乏。针对这些问题,本研究在接下来的章节中选取几位著名的特级教师,从他们的教学智慧中汲取营养,试着从他们的学科教学知识生产中寻找方法,为促进普通一线教师知识生产提供一些新的思路。本研究选取的三位特级教师都是语文老师,虽然学科不同,但不同学科的教学之间存在着共性的东西,同样具有借鉴意义与价值。此外,与特级教师的教学智慧同样重要的是普通教师的实践智慧,虽然他们有很多的不完善,但他们在多年的教学工作中总结出的"本土"经验与形成的个人风格都是非常有意义的教育智慧。

本节探究一线教师在真实的日常教学情境中所进行的学科教学知识生产。基于备课、上课、课后反思三个阶段,对每一位研究对象的生产步骤、要素与结

---

① 舍恩:反映的实践者:专业工作者如何在行动中思考[M].夏林清,译.北京:北京师范大学出版社,2018:116.

果进行案例研究,总结他们各自的特点,找出他们之间的异同,分析原因,得出一线教师学科教学知识生产的概貌。笔者在整理案例的过程中最大的感受在于:每位老师都具有丰富的学科教学知识,有着个人对教育教学的独特理解。他们虽然对理论比较陌生,但是他们的一言一行都从实践上体现了理论所具有的高度,甚至生成一些理论所不能概括的、个人的、独特的知识。细致地整理访谈,笔者为每位老师精彩的教学观点、教学方法、教学取向激动不已,这是笔者本次案例研究最大的收获。

首先,在备课阶段,教师生产的学科教学知识表现为教案。在教案的生产过程中学科教学知识的四大成分都参与其中,但每个成分中更加具体的元素的参与度大相径庭,且每位教师的侧重点也各不相同。具体表现在:一是大多数教师缺乏对教材纵向或横向的挖掘或拓展,只停留在教材有什么就教什么的状态,缺乏对教材中知识点之间的联系、知识点背后更深层次的原理的思考和探索。二是对学生知识的关注呈现单薄与模糊的状态,单薄表现在所掌握的学生知识集中在学生能力、个体特点、学生的重难点以及班级风格上,很多重要的学生知识没有涉及,且对这些知识的关注参差不齐;模糊表现在教师对学生知识的考量通常表述为"根据学生情况",呈现出一种直觉状态。三是较少关注教学模式,多聚焦在教学方法上。四是强烈关注高考考点,以此为转化步骤中的一道重要的筛子,其他情境知识不在认知的焦点中。

其次,在课堂教学过程中,教师所生产的学科教学知识是一种行动知识,最大的特点便是即时性与不可预测性,反映了教师的教学机智,是教师对于复杂多变的教学情境灵活地、创造性地做出判断与决定的能力与智慧。通过对每一位教师的每一堂课进行关键事件的整理、提取与分析,研究者可以粗略总结出一个教师行动知识生产的一般模式,该模式包括教师行动知识生产所依托的关键事件类型、表现形式以及默会考量。课堂关键事件既是触发因素,也是生产环境。在各类事件中,出现频次最多的便是有关教学知识与纪律的事件。学生回答不出或回答错误教师的提问是最常见的有关教学知识点的课堂随机事件,而纪律相关事件中,以轻微影响课堂秩序的学生讲俏皮话事件为主要触发事件。教师在上述课堂随机事件中生产的行动知识主要以语言形式进行表征,辅以态度和动作形式的知识。而在语言中又以教师对问题的重新框定为主,以教师妙语事件为"巧",其精彩性和难以归因性在教师行动知识的生成中独树一帜。而行动知识生产背后的默会考量来源于教师在回溯事件时首先意识到的知识成分,其中尤以"是否为重要知识点"和"课堂进度"为主,也即教师在面对各种课堂随机事件时,首先考量的便是教学的重点和教学的进度,这些元素共同作用,促使教师迅速给出最佳反馈。这些反馈便是教师在行动中生成的学科教学知识。它们主要以语言形式表征出来,却也在不知名的地方为教师的教学经验积累着,影响着教师对教学、课堂、学生等要素的理解,最终成为教师教学风格的一部分。

最后,在课后反思阶段,本研究设置了三类八个问题探究教师们的反思型知识生产情况,主要针对课堂事件、教师对专业发展的思考、教师的经验总结与自我认知等。这些问题引导教师将深藏于教育习惯中的理念、价值观、追求、目标、个人生活和教育经历、教学难点与困惑、教学风格、性格特点、教学步骤、启发与灵感等默会知识显性化。通过对回答的整理与分析,本研究得出以下主要结论:引起教师们反思的事件通常是课堂教学中出现的、教师感觉到"不满意"的情况;五位教师反思的频率整体来看比较高,其中四位保持着每节课后都反思的习惯;反思的内容集中在教学方法上;透彻、全面、熟练把握教材知识是教师们共同重视的教师知识;掌握教材、掌握多种教学方法、主动思考、主动尝试、向其他教师学习是主要的专业能力提升途径;教师们对自己的风格都有清晰而明确的认知和总结;教师们普遍以德育为教育的第一价值取向,虽然具体内涵各有侧重;教师们通过再反思将教学风格和教育价值观的形成主要归因于性格和学习他人经验。

第四节　推动一线教师知识生产的可能路径

本节以解决"怎样促进教师的学科教学知识生产"这一问题为研究目标。上一节中,我们发现了一线教师在知识生产过程中存在着一些共同的问题,而在这些问题中我们能够发现群体的交流与互动对教师知识生产的影响力较弱,大部分教师擅于"单打独斗",独立性较强。但实际上,作为拥有极强默会属性的实践知识的教师,充分运用观察、交流、深度思考、模仿与内化等方法是提高专业素养的有效途径。

一、群体知识流通与创新

在上一部分中我们收集、整理并分析了五位高中生物教师的学科教学知识生产实况,既展现了教师们不同的生产特征,也寻得一些共性,更发现了三个普遍存在的问题。本节将针对这些问题,选择于漪、程红兵、李镇西三位著名特级教师,从他们的教学实践与经验中汲取营养,以呼吁更多教师关注专家型教师的思维、精神与态度。同时,选取本研究所观察与访谈的五位教师中较为突出的个人教学特征,不忘普通教师在平凡当中闪烁的智慧光芒。无论是通过群体阅读,还是面对面的交流,我们都希望更多教师专业发展的共同体得以建立,使得优秀的经验能够被更多人理解、转化与创新。

(一)来自特级教师的高屋建瓴

于漪老师长期躬耕于中学语文教育事业,其教育思想有着强大的先进性和生命力,始终坚持育人为本,从学生的实际出发,将情操熏陶和智力开发融入语文教学,为我国基础教育改革做出了突出贡献,是全国首批特级教师之一,并获得"人民教育家"国家荣誉称号。程红兵老师同样也是中学语文特级教师,享受国务院政府特殊津贴,在多家刊物发表论文百余篇,出版著作九部,在全国开展过一百多场专题报告和示范课,对教育有着独特的理解,并致力于推动教育综合改革,探索教育国际化,带领深圳明德实验学校发展现代化办学模式,被称为"书生校长"。李镇西老师,四川省中学语文特级教师,全国优秀语文教师,享受成都市人民政府专家特殊津贴,开展讲座数百场,发表文章数百篇,出版著作十多部,多次获得国家级图书大奖,有着个人独特鲜明的教育理念,是民主教育思想的践行者,追求以学生心灵自由为根本目标的语文教育,致力于培养个性鲜明并具有民主素养和创造精神的公民。

三位特级教师建树颇深,对教育都有着独到的见解,并各自形成独特的教育理念与价值取向,对其教学实践的研究能够为普通教师提供宝贵的经验与新思路。

1. 于浅层处沉思

备课的要素一般都离不开教学目标、教材、教学方法与学生等,但如何组合,孰重孰轻便是见仁见智了。五位普通教师多以教学方法和考点为备课的主要对象,但从三位特级教师的实践中来看,"深入研究教材"这一点从未脱离过他们的焦点。从默会知识生产的角度来说,教师在深入研究教材的过程中,能够锻炼自身分析、对比、综合等思维能力,并不断扩大知识与文化储备,既增加自身的默会知识,也能反过来更加促进对教材的深入理解,逐渐成为学习型教师。

(1)于漪——沉入教材,突出重点

于漪对教材的深入研究体现在她"沉入教材"并"突出重点"的教学智慧与宝贵经验中。

在《让课堂充满生命活力》一文中,于漪列出了教师应当具有的课前准备,包括:教师要沉到教材里;把握教材个性,自己要对教材有真切的感受;根据学生的实际明确学习目标;教学思路要清晰,线索分明;此外,语言、情趣、情意是让课堂更加精彩的教学技巧。[①] 其中,于漪非常强调教师对教材的研究,而这正是很多一线普通教师所忽视的地方。在《备课笔记——读〈香山红叶〉》一文中,于漪对课文做了大量的前期工作,写下自己对文体、结构、人与物、写作特点、作者、时代背景、课外拓展阅读等多方位、多角度的解读,本身便宛若一篇优美的散文,践行了"教给学生一杯水,教师要有一桶水"的教学理念,突显出教师在备课时对教学内容的理解应当是高于课标的,是丰满的、丰富的,是加入教师思想、情感、知识、判断的教学目标。此外,在《记叙文教材初探》一文中,于漪同样强调了钻研教材是教师受教育的过程,不能放过似懂非懂的问题,也不能就文论文,要"精",要"深",才能深入浅出。[②]

"突出重点,不平均施力"是于漪另一独特的个人备课经验,用于处理教学重难点。一节课要波澜起伏,时缓时急,高低错落,切忌一马平川,切忌居高不下,前者会让学习者索然无味,后者则会迅速消耗掉学习者有限的注意力和精力。这一宝贵经验对初任教师的意义比较大。初任教师往往容易"眉毛胡子一把抓",看什么都是重点,看什么都想传授给学生,反而没能突出真正的重点。例如 Y 老师在自我总结时便认为自己的课过于平淡,似乎难以抓住学生的注意力,甚至常常要"借用"某些学生的俏皮话来活跃课堂。于漪强调处理教学内

---

① 于漪.于漪全集 6:课堂教学卷[M].上海:上海教育出版社,2018:233.
② 于漪.于漪全集 6:课堂教学卷[M].上海:上海教育出版社,2018:13-18.

容应当"层层解决、步步拎清,降低难点难度,抓住关键,节奏快慢结合,切忌平铺直叙"。这一点在《于漪全集6:课堂教学卷》中可以多次看到,是来自她自己多年对教学经验的总结,是在体会到"什么都想教给学生,什么都想讲到最细"所带来的弊端后总结的经验教训。① 对于 Y 老师来说,除了语言、语音、语调等教学技艺可以适当做一些调整之外,"不平均施力"这一点非常值得借鉴。要舍得放掉一些非重点的知识点,全力攻克重点知识,在教学设计之初便可以通过指出矛盾、提高难度、新旧结合以吸引学生的注意力,提高学生学习的兴趣,引发学生积极思考。更重要的是以较强、较清晰的逻辑思维组织课程内容,将重难点知识拆解开来,一步步引导学生理解知识,获取知识。

(2)程红兵——宏观把握,综合比较

"宏观把握学科教学内容知识、以比较的眼光研究教材"是程红兵作品中曾反复出现的有关教师备课的重要观点之一。

程红兵指出教学有三个维度,即事实层面、技术层面以及价值层面,并提出多数教师过于重视"怎么教"的教学技术,而忽视了"教什么"所代表的课程内容以及"为什么教"所代表的教育文化、道德以及价值观。② 而对当下教师的备课,程红兵也指出很多教师备课只关注当前的这堂课,好一点的教师能够关注一个单元,且教师对教材的掌握做不到滚瓜烂熟,更不用提以比较的眼光研究不同版本的教材。③ 针对这些问题,程红兵从课程标准和教材两个方面出发对教师备课进行了要求:第一,对于学科教学内容,教师应当根据国家课程标准进行宏观的、立体的把握——既知本年级的课程内容,也知前一年级和后一年级的课程内容;既知高中的内容,也知初中学过的内容,在不同年级与学段之间建立纵向立体联系。第二,程红兵指出教师熟练掌握教材应当有两种含义:一是对教材的内容烂熟于心,甚至做到背诵的程度;二是对不同版本的教材进行对比研究,截取各家之长为己所用。在本研究案例部分的五位老师中,只有 Z 老师提到过他对教材的熟悉程度达到了"指哪背哪"的水准,但无一人提到过曾经对各种不同版本的教材进行对比研究。程老师指出仅仅掌握教学技巧、技术和

---

① 于漪.于漪全集6:课堂教学卷[M].上海:上海教育出版社,2018:4,22,32,50,122.
② 程红兵.听程红兵老师说课评课[M].武汉:长江文艺出版社,2017:186.
③ 程红兵.听程红兵老师说课评课[M].武汉:长江文艺出版社,2017:51-55.

管理方法是不够的,教师应当具有深厚的教育修养和学科修养,这要求教师具有深厚的知识积淀和批判性思维。[①]普通教师与特级教师的差别,往往体现在一些独特的小细节上。

（3）李镇西——举重若轻,行云流水

虽然李镇西在作品中对备课的具体内容诠释不多,但他精辟地指出了自己备课的理念——举重若轻,行云流水,即在满足基本的教学大纲、课程标准、教材要求后,深入钻研教材,挖掘文本的精神内核,结合课标中对字、词、句、篇的要求,寻找最合适的表征方法,不断扩大教师自身的知识与文化储备,从而实现深入浅出、开放自由、行云流水的课堂教学。[②]在研究者看来,李老师寥寥几笔的课前准备才是功夫最深的部分。可能已经不能用"备课"来限制这一部分的工作,因为它不仅仅发生在课前,也不仅仅指向某一节课,它贯穿在教师的整个职业生涯中,指向高中三年的语文教学,更指向学生受益终身的思维品质、审美、情感态度与价值观。因此,全局观也是李镇西备课的特征之一。在其著作中,李镇西也多次提到:"我们要着眼于整个三年,给学生一生有用的语文素养——知识、能力、思想、情感、习惯、信念、价值观等,而不是某一堂课的面面俱到。"[③]

综上所述,三位特级教师在备课时都非常注重对教材的钻研。于漪的备课强调对教材的沉入式研究,突出重点,波澜起伏,情感丰富。程红兵强调对教材的研究不仅要具有全局观——全面把握不同年级与不同阶段的课标,更要有比较观——比较不同教材,博采众长。李镇西的备课讲究的是"举重若轻,行云流水"——"重"要深入钻研教材,挖掘文本的精神内核,同时也要结合课标中对字、词、句、篇的要求;"轻"要灵活多变,不囿于计划和流程,在深刻把握教学内容的基础上,从全局出发关注素养教育。

由此能够看出特级教师与普通教师在对待教材时的不同。在本研究所访谈的五位教师中,仅 X 老师反复强调"吃透教材""深挖教材""深入浅出",这同特级教师具有相同的关注点,其他老师则没有提过要对教材进行深刻而批判的

---

①　程红兵.听程红兵老师说课评课[M].武汉:长江文艺出版社,2017:35-36.
②　李镇西.李镇西:我的语文课堂(上)[M].北京:光明日报出版社,2013:2.
③　李镇西.李镇西:我的语文课堂(上)[M].北京:光明日报出版社,2013:3,256.

理解，只停留在浅层面上，同考点相结合进行筛选，没有深入教材，沉入教材。且当教学过程中出现问题时，他们一致表现为反思教学方法，提高教学技能的多样性，而非审视自身对教学内容的理解是否存在提升和深入的空间。正如程红兵所说，多数教师更关注教学方法，而忽略了对教材和教学目标的研究。深入研究教材意在教师对教材获得自己的理解、感知、鉴赏、判断以及拓展，只有在这一步中做到精，做到深，才能根据不同的教学目标进行取舍、组织与呈现，才能在下一步中将教材知识更好地转化为学生的学习内容，并以学生能够理解的方式进行输出。三位特级教师对吃透教材、深挖教材的多次强调也为广大教师的专业发展提供了一条可供借鉴的道路。尽管他们对教材的深入解读具有一定的语文学科特点，但也同样适用于生物等其他学科，不同之处在于探究的点不一样，如生物学科中，教师对教材内容的深挖表现在知识的准确性、学科结构、学科前沿研究等方面。

2. 于诉求处停驻

对学生的需求关注较少是上一章案例研究中五位教师集中暴露出的又一主要问题，表现在教师对学生知识的掌握不够全面，且当面临选择时，偏重教学内容而忽视学生要求，教师更多关注的是由考点而来的教学内容，教师的行为、选择、判断等都以是否为重要考点为参考。而在三位特级教师的教学实践中，却是以学生需要为基准，以掌握更多学生知识为要求，以学生思维发展为目标。这一理念已经成为三位特级教师默会的教育价值取向，每当面临选择和判断时，育人为本的教育理念便自然而然指导他们的教学行为，默会地引领他们教学实践的发展。

（1）于漪——掀起思维的波澜

于漪的备课阶段和上课阶段都能够鲜明地展现出以学生思维、学生所得为核心的取向。

"掀起学生情感和思维的波澜"是于漪教学中非常值得普通一线教师学习的宝贵智慧。所谓"掀起学生情感的波澜"就是教师对教学内容的讲解最好能够触动学生的心，引起情感的共鸣；所谓"掀起学生思维的波澜"就是引发学生思考、开动脑筋、活跃思维。① 在这一点上，本研究所观察与访谈的五位生物教师的实践都不尽如人意，无论是在课堂观察还是在课后访谈中研究者都极少观察到教师与学生之间存在着思维和情感上的波澜。也正因如此，对于"引起教师反思的事件"这一问题的调查结果才同研究者在研究开始前的假设大相径庭。

在访谈之前，研究者预测引起教师反思的事件主要有二：一是教学过程中出现的"不满意"，例如学生回答不出提问、学生不理解教师的讲解、教学进度受到阻碍、个别学生出现纪律问题等。二是教学过程中教师通过与学生的交流而获得的灵感、启发、顿悟或感触等，这是思维碰撞所激起的火花，抓住这一瞬间的思维"闪电"，课后详细分析背后的原因与意义，总结经验，甚至联系理论，这将提升教师下一步的实践行动，促进教师对教育的理解，更新教育教学理念与价值观。然而，在对一线教师的观察与访谈进行整理以后却发现这一部分缺失了。研究者也曾为这一现象苦苦思索，直到阅读到于漪"掀起学生思维上的波澜，引起学生情感上的共鸣"这一教学指导思想时，研究者才恍然大悟：只有课堂上的几十个学生思维活跃起来，相互碰撞，相互影响，才能激发每一个学生思维的跳动，产生波澜！这应当就是五位一线普通教师甚少在教学过程中获得启发与顿悟的原因之一，即课堂中教师与学生在情感和思维上的交流偏少，思维活跃度低，情感波动幅度小。为此，于漪也提出了几点备课的建议以充分调动学生的思考，即抓住课文中的主要矛盾、适当增加一些难度、利用学生的旧知识。② 对于掀起学生情感上的波澜，语文教学凭着人文性在引发学生情感的共鸣时有着得天独厚的优势，而情感因素应用在生物等理科学科中，更多倾向于激发学生的好奇心、兴趣、求知欲以及对科学的探索精神。其中，生物学科中蕴含的有关环境、生态、技术、伦理等的知识可以作为切入点组织学生进行人文与社会层面上的思考与讨论。

此外，在于漪的课堂教学阶段，对学生的关注也如影随形。于漪对课堂的随机性与多变性认识颇深，在她的作品中常常能够看到她对学生积极思维的肯定，对教海无涯的感慨。"我教了一辈子的语文，上了一辈子遗憾的课，没有一

---

① 于漪.于漪全集 6：课堂教学卷[M].上海：上海教育出版社，2018：33-34.

② 于漪.于漪全集 6：课堂教学卷[M].上海：上海教育出版社，2018：33-34.

节课是十全十美的"①,所谓遗憾往往与学生的反应密切相关,或许是学生的困惑,或许是来自学生的挑战,或许是学生的奇思妙想。例如在《拂面清风催我醒》一文中,于漪提到一次课堂突发事件。一位同学在课堂即将结束时突然说道:"老师你讲错了。"于漪万分惊讶,一时之间也不知道自己错在哪里,便请这位同学说明,该同学指出了于漪用波浪线表达主人翁的趋炎附势时没有考虑到情境中主人翁情绪的起伏,并提出应当以波浪线的密集程度展现这一变化。听到这里,于漪表示自己被这位同学的见解折服,并当堂感谢她的指点。② 又如在《改弦更张,因树为屋》一文中,于漪也提到了学生对知识的不理解打乱了最初的教学设计,并指出:"虽来不及完全改弦更张,但也要相机行事,因树为屋。"对此她做了实时的调整,增加了提问,增加了重复,通过问题链引导学生学到细处,加深印象。③ 又如在《如鱼饮水,冷暖自知》一文中,于漪提到了又一种课堂随机事件,即有个学生的提问引起了群体的争议,教师便临时改变教学计划,允许学生们就此问题展开讨论,该课的课时也顺延到下一节课中。④ 这是一次比较大的课堂计划变动,影响到课时与进度,但于漪却毫不犹豫地给予学生各抒己见的机会,依托的便是教师对学生学习本身的重视。在本研究的案例研究中也有过一个类似的事件。

从上述诸多课堂事件中可以明显地发现于漪对待课堂随机事件的态度首先便是积极的,鼓励学生提出自己的想法,肯定学生的观点,为学生思维的活跃感到欣慰。

(2)程红兵——激活学生思维,增加师生思维流量

"以提高课堂中师生的思维流量为主要目标、以切实的态度了解学生的需要与问题",这是程红兵作品中曾反复出现的有关教师备课的观点,其中蕴含着程红兵对学生思维能力培养的重视。这不是一句空话,程红兵将其实践在了教学的方方面面。同样作为高中教师,"考点"这类词几乎没有出现在他的教学思想中,同本研究中五位生物教师在备课、上课、反思各阶段反复以考点为标尺的做法完全不同。对于教师备课普遍存在的"眼中没有学生,对学生的需求与问

① 于漪.于漪全集 6:课堂教学卷[M].上海:上海教育出版社,2018:334.
② 于漪.于漪全集 6:课堂教学卷[M].上海:上海教育出版社,2018:149-151.
③ 于漪.于漪全集 6:课堂教学卷[M].上海:上海教育出版社,2018:222-226.
④ 于漪.于漪全集 6:课堂教学卷[M].上海:上海教育出版社,2018:229-230.

题不了解,只传递,无沟通"的问题,程红兵则从教学目标和教学方法着手,强调要以学生行为度量教学目标的设置,在充分了解学生需求和问题的情况下运用教学方法。

"教学目标要明确",程老师给出了三个具体的标准:要有学生具体行为能够呈现出来教学目标的达成、学生具体行为的产生需要借助的具体条件以及更具体的时间花费、行为数量与行为质量。同时为了兼顾学生情感、心理、能力的获得和变化,对教学目标的设置除了看得见的行为之外,还应当包括考察学生的情感、态度与价值观的变化。[①] 对明确的教学目标的强调,尤其以学生行为度量教学目标,强调可看见的教学改变,高频率地出现在程老师的说课与评课过程中。[②] 此外,教学方法要超越一般规则,以实际需求进行整合。所谓实际需求,一指具体的教学内容,二指学生。程红兵非常强调基于学生进行教学设计,尤其要给予学生充分的发言机会与时间,透彻了解学生存在的问题。对于如何了解"学生情况",程老师给出五个具体的思路去收集学生的需求和问题,即学生已经懂的、学生看了教材会懂的、学生通过讨论才能懂的、必须由老师讲的、必须通过实践才能懂的。[③] 在上一章的研究中,五位教师初步做到了根据学生能力水平设计教学,但如果说到更多学生要素,则有明显的缺漏现象。

程红兵的备课阶段尤其强调教学目标要能够激活学生的思维,增加课堂中的思维流量,最好能够使教学目标可视化,有具体的行动能够看得到学生在知识、能力、情感上的变化。而激活学生思维的有效方法便是真正了解学生的需求与问题,并以此为起点,于无向处指向,于无路处指路,于无疑处生疑,于无助处支助,于无光处点灯,于止步处鞭策。[④]

程老师在课后反思阶段也非常强调在教育价值层面上的反思,即以学生发展为本,尊重学生。教学内容的选择、教育目标的设置、教学方法的选择都应当以学生的发展、以学生价值的实现为取向。尤其是在教学目标与教学方法的选择上,不能以牺牲学生的身心健康为代价去获取分数,而应当把学生的兴趣、道德、精神、能力以及对未来的理想与追求放在首位。语文教育最根本的价值就

---

①　程红兵.听程红兵老师说课评课[M].武汉:长江文艺出版社,2017:58-62.

②　程红兵.听程红兵老师说课评课[M].武汉:长江文艺出版社,2017:91.

③　程红兵.听程红兵老师说课评课[M].武汉:长江文艺出版社,2017:69-70.

④　程红兵.听程红兵老师说课评课[M].武汉:长江文艺出版社,2017:150-151.

在于培养能够为社会服务的人才、有健康人格的人才，语文需要与人格结合起来。在这三个层面的反思中，程红兵指出技术层面在广大教师中获得的关注最多，但实际上更应该重视对教学内容与教学目标全面而深刻的把握，以在应对学生可能出现的各种问题和观点的同时将课堂的核心知识不动声色地传递出去。①

（3）李镇西——以学生的心灵为起点，预留充分的灵活变动空间

"预留充分的灵活变动空间"是李镇西备课阶段的最大特点，这一特点同样也蔓延至他的上课和课后反思。学生在他的课堂中享有充分的自由，因而可以说他的行动知识生产最为丰富。是否将课堂充分地交给学生也成为李镇西课后反思的出发点。而这种种教学行为背后反映出的本质是他的民主教学观。

首先，在备课阶段，李镇西强调对教学环节的设置要有弹性，要预留灵活变动的空间。这一"空间"便是为了学生的即时变化而预留的。② 此外，备课要以"学生的心灵为起点"。③ 李镇西对"学生的心灵"的理解包括三个内涵——学生的前知识、设身处地预设学生可能会有的兴奋点和疑难点以及学生对课文的第一印象。④ 备课时以此三种学生知识为出发点，才能够使教学更加贴近学生的心灵。⑤ 但这种自由的课堂空间意味着前期要做大量的准备工作，才能在以一对多的课堂师生交流过程中行云流水地进行教学工作，才能使师生交流富有意义，才能在不动声色中引导学生有所建构，有所收获。如若教师不能从学生的自由发言中理解学生的观点，抽取有价值的信息并给予有效的反馈和引导的话，所谓自由的课堂只会剩下表面的热闹和自说自话，而偏离了师生平等交流的核心理念。如同佐藤学所说的，教师在课堂中的主要任务是倾听，不仅倾听言语表面的意思，最重要的是找出言语内在的联系，尤其是学生的发言同教材之间有怎样的关联、与其他学生的发言之间有怎样的关联、与自身之前的思考和发言有怎样的关联。⑥

---

① 程红兵.直面教育现场：书生校长的教育反思[M].上海：华东师范大学出版社，2012：60.
② 李镇西.我的教学笔记：李镇西30年课堂教学精华[M].桂林：漓江出版社，2012：47.
③ 李镇西.李镇西：我的语文课堂（下）[M].北京：光明日报出版社，2013：37.
④ 李镇西.我的教学笔记：李镇西30年课堂教学精华[M].桂林：漓江出版社，2012：236.
⑤ 李镇西.我的教学笔记：李镇西30年课堂教学精华[M].桂林：漓江出版社，2012：63.
⑥ 佐藤学.教师花传书：专家型教师的成长[M].陈静静，译.上海：华东师范大学出版社，2016：30.

其次,在上课阶段,尽管李镇西也指出预设是必不可少的,但他更看重的是灵活可变的课堂流程以及学生的现场生成。[①] 教师的教和学生的学自然而然,于无形中融合,是李镇西所追求的课堂最佳状态。因而,李镇西明确地强调课堂中应当给予学生充分的自由。他的课堂更加开放,更加灵活多变,更加随机,学生自由而充分地表达他们的观点,提出他们的疑惑。

> 在上《我的小桃树》这一课时,我先让学生朗读课文,然后自由发表意见,可以提问题,可以谈感想,可以就某一点进行分析。学生问的第一个问题是:"为什么中间作者要写自己脾性一天天坏了,心境似蒙上了一层暮气?"这个问题既不是我设计的教学起点,也不是教学的重点和难点。但对于学生来说这个问题就是她的重难点。于是我顺应学生,让他们讨论,学生们便纷纷发表自己的观点。引发了后面一个又一个问题,一种又一种多姿多彩的理解。虽然这些都不是我预设的,但是我从中感受到了学生们自己在用心灵去感受作品,而不是我的解说,我的灌输。[②]

普通老师很少能够做到任学生在课堂中讨论非重难点知识,通常以课后探讨为由将课堂拉回到教师准备好的轨道上。而李镇西是真正将课堂交给学生,尊重他们的想法,给予充分的发言自由。正因为学生享受着如此自由的空间,这样的课堂案例几乎存在于他的每一节课上,学生层出不穷的发言时常会打乱李镇西的教学安排,但他并不会为了课堂的完整性而打断学生、阻止学生,因而他的行动知识生产丰富而频繁。李镇西不仅不为此而苦恼,反而异常地欣赏和鼓励。他自己也在书中说道:"……但正是在处理这些意想不到的问题时,这堂课显示出了来自学生心灵的真正活力,我也由此发现自己应对课堂'突发情况'的潜力。"[③]他对"给学生充分自由的空间"的强调超过了他对课堂的宏观预设,即学生讨论的内容如果不是本节课的教学重点,或打乱他的教学设计,或影响

① 李镇西.我的教学笔记:李镇西30年课堂教学精华[M].桂林:漓江出版社,2012:235.
② 李镇西.我的教学笔记:李镇西30年课堂教学精华[M].桂林:漓江出版社,2012:120-121.
③ 李镇西.李镇西:我的语文课堂(上)[M].北京:光明日报出版社,2013:34.

课堂的完成度,他也不会制止,依旧由学生"尽兴"。这一点其他老师很难做到,因为普通教师讲究的是对学生的发挥要能够"收放自如",不会在非重点知识上花费时间。由此也能看出不同教师在进行动态知识生产时的出发点不一样,更多老师以知识点为基准,而李镇西切实以学生为基准。这是李镇西行动知识生产过程中的最大特点,也最能体现出他以学生为本的民主教育思想。

最后,在课后反思阶段,李镇西反思的方向通常是这节课有没有给学生自由的空间,有没有给学生充分表达观点的机会,有没有尊重学生的多元思想,以及自己的"教"和学生的"学"有没有自然地融合等,因而他对自身对学生的控制行为非常敏感。

例如,在回顾自己在《孔乙己》一课中的教学行为时,李镇西深刻地反思了自己对于学生的把控不仅体现在教学设计上,更隐含在当时的教育理念中,所以对那一节课的评价是——看似是学生自由地讨论与表达,实际上背后是老师严密的操控;在《荷塘月色》一课中,李镇西反思了自己的一个教学步骤,认为自己在课堂教学快结束时抛出自己对文本写法的理解和对作者的介绍是非常生硬和突兀的,打乱了原本流畅的课堂,背后反映出自己仍旧没有完全摆脱"把教师自己的想法传递给学生"的理念或习惯,在教与学的融合道路上仍任重而道远;在《致女儿的信》一课的课后反思中,李镇西对某听课老师的评价非常认可,同样也认识到了自己在处理"写作上的问题、写法上的特点"时比较生硬和突兀,打断了学生正在用心灵阅读、感悟与思考文本的节奏,硬生生地把"语文"拉到同学们的面前,似乎是必须完成这部分的预设一般;在《荷花淀》一课中,李镇西反思了自己因在课堂教学过程中突有所感而要求同学们讨论"该小说不讲人性"的这一说法是否合理的教学行为是这节课最大的败笔,打断了教学流畅性,干扰了学生的思维;而在杜郎口中学所上的一节公开课(《一碗清汤荞麦面》)中,李镇西更是深深地反思了自己在"把课堂还给学生"这一理念下的实践还有很大的提升空间,尤其课后学生的直言不讳让他意识到"自己讲得还是太多了";对于文言文的教学,李镇西也借由《师说》一课整体地剖析了自己的缺点——由于担心学生对古文文化内涵理解困难而将教学重点放在疏通字、词、句的解释与翻译上，无论是自己还是学生对文言文教学的感受都不尽如人意。[①]

　　上述这些本质上反映的是李镇西的民主教育观，追求师生之间的交流对话，心灵的沟通，尊重学生的思想、观点与情感。所以在他的课堂中学生可以自由发挥的空间非常大，学生与老师共同主导着课堂的节奏和内容，学生能够充分表达自己的观点。[②]

　　要实现自由而高效的课堂并不容易。所谓"以学生的心灵为起点"要求教师充分了解学生的知识、困惑、难点、相应年龄和性别的特点等。正向来说是为了了解学生。反过来想，为什么要了解这些呢？因为老师如果想要接住学生的"观点"进行评论或延伸，也需要学生"说进"老师的心灵，让老师产生共鸣或分歧，从而对学生的观点进行赞扬、批判或延展。但是作为对话的双方，一方不可能要求另一方一定能够说进自己的心里。那么怎么办呢？这就需要对话的双方有共同的知识圈，有一定的了解度，有共同的文化与价值观，那么教师就需要更多走进学生的知识世界、心灵世界、情感世界，多从学生的角度看问题，拉近与学生的距离，尽量了解与理解学生的观点以及观点背后所反映的知识面、情感、能力等因素，从而有的放矢地引导。如果从学科教学知识的成分出发去看李镇西的备课，则他的天平同样是向学生大幅度地倾斜的，且比其他教师有着更加清晰而明确的学生观，即建立民主平等的课堂，给予学生充分的语言与思想自由，在课程、教材、教法、教学管理、教学观念等方面的工作都是以此为出发点和基准的。

　　综上所述，在"对学生知识的掌握与对学生需要的关注"这一方面，本案例研究中的五位普通高中生物教师的表现同三位特级教师相差较远。基于本研究的案例数据，普通教师最关注的备课要素是考点的把握和教学方法的多样，其出发点是高考，课堂中也以考点的讲授为主。而当研究者询问是否培养能力和思维时，几位老师都稍有犹豫之后，便强调还是以抓基础知识点为主，可以说也是很坦率的。而通过上述分析，三位特级教师的出发点主要是学生的思维、

---

①　李镇西.李镇西:我的语文课堂（上）[M].北京:光明日报出版社,2013:13,88,255;李镇西.李镇西:我的语文课堂（下）[M].北京:光明日报出版社,2013:85,155,107.

②　李镇西.我的教学笔记:李镇西30年课堂教学精华[M].桂林:漓江出版社,2012:74.

需求、困惑等,特别强调的是教师要能够通过问题引导学生深度思考,例如对比、总结、批判等,而不是停留在表层的思考,不是停留在表面现象,更不是回答书上有既定答案的无效问题。几位普通高中教师尽管在教学方法上也呈现出多样化,但确实是以让学生掌握基础知识点为目标,并没有像于漪所说的"掀起思维的波澜"、程红兵所说的"增加思维流量"以及李镇西所说的"自由的思维与心灵"那样引导学生深度思考。所运用的问答启发教学法也是为了让学生说出既定的知识点。实际上,他们对学生能力的培养也有一定的认识与认可,但在实践中却认为很难做到。从他们的话语中还是能够看出他们所说的能力依旧以考题为出发点,他们所说的能力地位依旧低于知识点。考题中如果能够考察思维能力,那么他们的教学便能够涉及思维能力。然而,三位特级教师将培养学生思维与能力真正践行于自己的教学实践中,不是一句空话,不是一个标语。同样面对升学压力,这一点难能可贵。但特级教师毕竟是少数,那么全国大部分的普通教师是否如本研究中的五位普通高中生物教师一样有着相似的学科教学知识呢? 他们和特级教师的学科教学知识之间有着如此宽阔鸿沟的原因又有哪些呢?

普通教师面对高考的客观要求,以抓基础知识为主,以求稳为主,无可厚非,不能被苛责,否则极其容易引发反弹,让教师实践与理论追求之间的鸿沟愈发扩大。而特级教师是走在教育改革前列的人,他们的思想和实践方法非常有学习的价值。但由于环绕在教学周围的各种因素的影响,教师的教学经验又无法被完全复制,使得"大部队的脚程"会相对慢一些。其实普通教师并非不知道特级教师的教学实践,或教育理论的要求,或教育改革的方向,但他们为何依旧无法突破固有的教学理念和习惯呢? 本研究虽然从教师学科教学知识成分的角度找到元素之间比例的不同,但仍旧很难解释这个问题,这也是今后研究的方向。需要指出的一点是,李镇西将原因归咎于教师的思想与理念,指出"许多老师急于学习那些优秀语文教师的教学方法,但往往画虎成猫,不得要领",认为教师没有抓住问题的主要矛盾,没有把握住现象的本质,并强调"科学的教育方法不过是民主教育思想的体现……教育者确立了这样的思想,具体的教学方法以至流派完全可以也应该不拘一格乃至百花齐放"。[①] 同时,李镇西指出广

---

① 李镇西.我的教学笔记:李镇西 30 年课堂教学精华[M].桂林:漓江出版社,2012:74.

大普通教师民主教育思想还未达标,表现在"其所允许的教学个性空间实在是太狭窄了"①。

　　总之,在教师学科教学知识生产中,普通教师与特级教师在学生知识部分差距较大,主要表现在普通教师对学生知识的掌握多少、对学生需求的关注多少、对学生所得的侧重方向同特级教师之间差距颇大。普通教师向"以考点为核心的教学内容"倾斜——强烈关注课标与考点,特级教师向"学生本身"倾斜——强烈关注学生的思维能力、实际需要与学习所得(见图 5-4)。借鉴特级教师的实践经验,普通一线教师应当更加注意"于学生的诉求处停驻",以学生思维为起点,将这一理念充分运用到备课、上课、课后反思中,让这一理念成为指导教学的默会性价值取向,在教学实践中践行"育人为本"的教育目标,逐渐成为创新型教师。

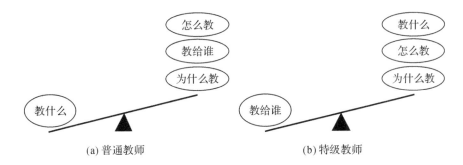

图 5-4　学科教学知识构成成分比重在普通教师与特级教师之间的不同

资料来源:笔者通过对比五位普通教师和三位特级教师绘制。

3. 于成功处喝彩

　　诱发五位普通高中生物教师课后反思的直接事件主要表现为课堂教学过程中出现的"不满意",既来源于学生反馈,也来源于教师的感觉,却没有哪位教师明确提到对顿悟与教学的成功之处进行反思,但这一点鲜明地体现在三位特级教师的教学实践中,尤其是于漪,她对课后反思有一套独特的见解。

　　于漪的课后反思既包括所得,也包括所失,既反思自己,也反思学生。这一智慧对本研究有着极大的价值,为本研究中假设与数据之间的差异提供了一个

<hr />

①　李镇西.我的教学笔记:李镇西 30 年课堂教学精华[M].桂林:漓江出版社,2012:119.

非常有意义的解释。在本研究第四章的理论建构中，研究者预设了教师反思的对象应当有两种，一种是课堂中出现的问题事件，一种是备课、上课、师生交流或同行交流时产生的灵感、顿悟与启发。课堂节奏紧凑，很难有时间留给教师详细思考在这一过程中所获得的感触，因而需要课后回顾与整理，且课堂的所得所感是实践中的收获，对它们进行再思考，是教师将理论与实践相结合的绝佳契机，很大程度上既能帮助教师总结有用的经验，促进教学实践的提升，也有助于教师理论知识的发展，甚至更新教师的教育教学观点与理念。但本研究的案例数据却显示教师往往集中于反思课堂的"所失"，即课堂中不完美的地方、课堂中的问题，而忽视"所得"。X老师有一句话最为直接地印证了这一情况："有时候你这节课讲得很好，那就没什么要反思的，比如你这节课讲得很高兴，连一点儿问题都没有。"根据舍恩的反思性实践理论，专业工作者具备丰富的个人"资料库"有助于他们"相似地看待问题"以及"相似地解决问题"。[1] 那么作为特级教师的于漪是如何进行课后反思的呢？

在《一步一陟一回顾》一文中，于漪对课后总结应当写些什么的问题给予了回答。于漪提出"记教""记学""记得""记失"。所谓"记教"指记自己对教材的理解深浅、正误和处理得恰当与否，记对教学方法的选择与运用；所谓"记学"指记学生学习中的障碍和思想上的火花；所谓"记得"是记课堂教学过程中的收获，例如某种教学方法的益处；所谓"记失"指记上课中遇到的出乎预料之处、与备课相悖之处。[2] 在《如鱼饮水，冷暖自知》一文中，于漪进一步提出了教师课后反思的三个对象，即"记自己的一孔之见""记教学中的疏漏失误""记学生学习中闪亮的光点"。[3] 明显地，五位生物教师所显现出的反思对象只有"记教学中的疏漏失误"，另外两个被忽视了。于漪的课后反思最大的特点便在于既反思所得，也反思所失，既反思自己，也反思学生。这样一种反思模式为普通教师的专业提升开辟了新的空间。

从程红兵听课评课的记录来看，这节课上得怎么样，即教学效果，是教学反

① 舍恩.培养反映的实践者：专业领域中关于教与学的一项全新设计[M].郝彩虹，等译.北京：教育科学出版社，2008：60-63.
② 于漪.于漪全集6：课堂教学卷[M].上海：上海教育出版社，2018：89-91.
③ 于漪.于漪全集6：课堂教学卷[M].上海：上海教育出版社，2018：227-229.

思的起点。教学效果要看学生学得怎么样,认知上获得了什么,情感上有何改变。① 好,好在哪里;不好,不好在哪里。由此引出对教学内容、教学目标、教学方法、教学价值取向的反思。李镇西课后反思的方向之一便是"这节课的成功之处在哪里"。例如,他在《冬天》一课课后反思中指出了自己认为这节课成功的原因在于"我不追求我讲了多少,而追求我引导学生自己悟出了多少";在《再别康桥》中他将成功的原因归于对朗读的重视;在《赞美》一课中,他认为闪光点是语文教学生活化,即打通文本与生活之间的联系,促使学生借助文本寻找生命体现,进而深入文中;在《装在套子里的人》一课中,他认为"为什么别里科夫会辖制大家"这一问题的提出是这节课的点睛之处,因为这个问题可以将学生对文章的思考引入一个更加深刻的层次。②

总之,"既反思成功之处,也反思问题之处"是三位特级老师在课后反思中的共同点。这节课成功在哪里,失败在哪里,有什么闪光点,有什么困惑,有什么收获,获得了什么启发和灵感等都是教师应当反思的对象。反思不能仅仅局限在失败之处,对成功的总结与对失败的反思一样重要。成功的经验可以丰富个人知识库,增加自信心,从而在下一次实践中充分运用成功的经验,甚至在反思的过程中进一步改进以获得提升。于漪在其著作中非常清晰地指出既反思所得,也反思所失,既反思自己,也反思学生;程红兵指出从教学效果入手对教学内容、方法、价值取向进行反思,好,好在哪里,不好,不好在哪里,都要想清楚,说明白;李镇西几乎在每次课后都会对这节课的成功之处进行反思,总结出实现其民主教学思想的关键步骤、引导学生深度思考的提问、助力学生课堂生成的教学方法等。特级教师对成功之处的反思正是普通教师所忽略的地方,因而非常值得广大普通教师学习,从而丰富自己反思的对象,扩大提升的空间,尤其不要放过同学生对话交流过程中所获得的启发与顿悟,这很可能是更新观念、提升理论、丰富实践的最佳契机。同时,反思顿悟与成功之处,也是积累成功经验,能够丰富自身的"智库",让它们逐步转变为对教学有益的默会知识,帮助自身"相似地看待与解决问题",逐渐成长为学者型教师。

---

① 程红兵.直面教育现场:书生校长的教育反思[M].上海:华东师范大学出版社,2012:61-62.
② 李镇西.李镇西:我的语文课堂(上)[M].北京:光明日报出版社,2013:103,189,236;李镇西.李镇西:我的语文课堂(下)[M].北京:光明日报出版社,2013:49.

（二）来自普通教师的实践智慧

上一部分针对"对教材的思索不够充分与深刻、对学生的需要关注较少、对顿悟与成功经验的反思较匮乏"这三个主要问题,求索于三位特级教师,从他们的教学实践中获得启发与提升的路径。本部分将展现本研究案例中的两位高中生物教师（X 老师与 L 老师）富有个人特色的学科教学知识。在短短的几节课中,研究者深深感受到两位教师对教学富有个人魅力的思考,他们言语中展现出来的自信与坚定使研究者意识到对普通教师的学科教学知识的研究不能仅仅局限在生产的成分、默会的属性、存在什么不足,也可以诗意地概括。这些知识虽然未像特级教师的学科教学知识获得广泛的、高度的传播与认可,却展现了普通教师的实践智慧,展现出不同教师极具个人特色的教育思想、追求与风格。

1. 吃透教材,综合教学

X 老师,教龄 36 年,曾经获得过"全国煤炭教育系统基础学科带头人""X 州市优秀青年教师""X 州市关心下一代先进个人""X 州市优秀班主任"等荣誉,近期所带班级也以压线分的初始水平在 2019 年 X 州市学业水平测试一质检中获得全市第三名,是一位有着丰富教育教学经验的资深教师。该教师基于自身教学工作总结出一套独特的教学体系和教育理念。通过与该教师的交谈,研究者发现他是一位非常有思想,非常善于思考,也非常有责任心的教师。他的很多观点让研究者眼前一亮。最难能可贵的是,该教师对自身有清晰明确的自我认知,对教学有自己独到的见解,形成了独具魅力的教学认知风格。通过与该教师的谈话,可以强烈感受到他的教学经历中有着非常丰富的宝藏可以挖掘,让人深思的话语经常出现,也引导着研究者不断地进行追问。

（1）"吃透教材,浅显易懂"

"教师要吃透教材,以浅显易懂的方式讲给学生"是 X 老师在访谈中多次强调的教学理念。这一理念在 X 老师的备课与反思中多次出现,既是该老师对自己备课的首要要求,也是他反思的第一对象。

X 老师指出备课时吃透教材意味着:"不能看到教材说什么就是什么,还要去探索知识点背后的原因、联系,只有这样带给学生的才不是干巴巴的一句话,而是丰满的、有着前因后果的知识网,才能促进学生充分理解并牢固记忆知识。"X老师对于吃透教材的执着和强调还表现在他的课后反思中。当课堂的运行同计划之间出现较大偏差，或让他有一种"不得劲"的感觉，或出现纪律问题时，他都会将反思的重点放在自己对知识点的理解是否透彻、是否有更加通俗易懂的讲法上。

> 你感觉这节课可能哪个知识点讲的时候不像你想的那样深透，那你课后得就这个知识点再去查资料，再去怎么样地把它弄深透，而且下节课你还要再把这个知识点讲深透，防止上节课的问题再出现。如果上课学生纪律乱，背后还是老师对知识理解得不深透，讲解得不简练，学生听不懂，他们就会乱。（X老师）

因此，X老师指出："所以我主要反思的是知识点我自己有没有弄透彻，我是不是讲得非常简练，让学生都听得懂。我的目的就是再深奥的知识，我以浅显的讲法让学生都懂，我往往反思的就是这个。"

对于如何才能做到"吃透教材"，X老师也给出了他的个人经验：

> 有时候碰到一个你讲解不清楚的题，得去翻大学教材、运用搜索引擎、查找最新学科进展。最重要的是有自己的思考，不能轻信别人的答案。有时候为了弄懂一个问题，可能要花费两三天的时间持续地思考和查资料。最少最少也要花费一个上午。通过对这些问题的研究深透地掌握知识。（X老师）

在"吃透教材"的基础上，还要以最为浅显易懂的方式讲给学生：

> 吃透教材还意味着要把复杂的知识简单化，尽量讲到每一个学生都懂……自己先说服自己，自己把自己讲懂才行。你想培养学生的理解力、记忆力等思维能力，你老师自己要先理解透彻知识。无论多么深奥的知识，你用浅显易懂的方式表达出来，这就能帮助学生理解。（X老师）

先吃透教材,再把复杂的问题用最简单的方法讲出来,这就是 X 老师所追求的教学。比喻、画图、举例等都是为了以最简单的方法讲解知识。

(2)惩罚的坡度

在研究者所听的第三节课中,有一位男同学频繁走神、犯困、不听讲,X 老师从提醒、批评到严厉批评,再到罚站,对他进行了惩罚。课后访谈中研究者根据这一课堂事件询问了 X 老师的班级纪律管理方法,挖掘出他的又一教学智慧,即"惩罚的坡度",指惩罚学生要从轻到重,让他们有心理准备,多大的错对应多大的惩罚,不可以因为小错误而重惩罚。

> 他一开始翻语文,你就瞪他两眼,意思是别翻了。然后我讲课的时候该记录的他没有记录,我走到他那里敲敲桌子让他记录。再后来,我让记录,他又没有记录。他出一系列的问题,你已经给他警示了,他还没去做,你再严厉批评他,他就服了。如果一开始因为一点小事你就罚他,没有留一点心理余地,直接让他站,他会跟你反抗的。你开始犯一些小错,老师提醒你就算了,你只要改了就行。而提醒你三四次你还没改,老师不得叫你站吗?他自己就能接受了,不至于课堂上让老师下不来台。再加上老师平时还是关心他的,你叫他站他也知道是关心他的。我一般都是给学生一个坡度。(X 老师)

同时,在惩罚时也要说明理由,惩罚不是目的,让学生意识到自己的错误才能达到教育的目的。惩罚代表了班级这样一个小型社会团体的规矩,教师对学生的关心则是人与人之间的爱、温暖和道德,惩罚和关心一样都不能少。

> 必须告诉学生为什么批评你,有根有据。也是让其他同学知道我为什么批评这个同学,不是烦他,也不是给他小鞋穿,我是有道理的,他确实存在这些问题……老师得有一个指导思想就是无论怎么批评呵斥,还是辅导他,都是以关心他为出发点。你越批评他,你应该越多找他谈谈话。(X 老师)

如果能够在批评的过程中抓住机会延伸到做人做事的道理上,则更好。

　　有一次我正上课,有个学生就睡觉。我把他叫起来他就烦了,犟嘴说他没睡,他在听讲。我就说你刚才趴在桌子上都打呼噜了,全班都听到了,你说你听了吗?他还说他听了。我说你打呼噜在睡梦当中还能听啊,你听谁给你讲课的啊,别在这犟了,强词夺理。这个学生就没有话说了。然后我又说,什么叫一个有自信的人,你既能知道自己的优点,又能知道自己的不足,而不是把自己的缺点也当成优点,那是绝对没有自信的人。你看你睡觉,你承认你睡觉了就是,接下来不睡不就可以了吗?自己睡觉还不承认,这不是一个自信的人。敢于承认错误才是自信的。我就既批评他们,又和他们讲道理。(X老师)

(3)综合知识拉近与学生的距离,培养学生做人做事的本领

X老师自我评价其自身具备的综合知识是最主要的教学风格,而培养学生做人做事的本领则是其首要的教育价值观。以文学知识育人、用体育运动拉近与学生的距离、用歌声与朗诵展示自己,这是X老师除教材教学之外同学生之间丰富多彩的互动。

　　上课的时候我会通过自己的文学知识对学生进行心理调节,尤其当他们沮丧、失望、犯错误时,也会运用文学知识鼓励他们追求更好的人生价值,做一个对家人、社会和国家更有用的人。有时候我会给他们唱两句歌,下课和他们一起打球。这样偶尔展示自己全方位的才华,让学生对自己产生敬佩感,这是我教学的特点之一。(X老师)

X老师认为知识越综合越好,不仅能够拉近自己与学生的关系,还能提升教师的威信力,使学生对自己更加认可、敬佩与喜爱,这些从侧面利于提高教学效率和效果。

上述三点是X老师最为突出的个人教学智慧,这些知识都以促进教学为目标,整合各类教师知识成分,并在一定的教学实践情境中不断得到生成与发

展,是 X 老师所具备的富有个人独特魅力的学科教学知识。它们生于实践,用于实践,指向实践,也在实践中不断得到改进。除此之外,X 老师在引导学生理解和记忆知识点方面颇具心得与方法,例如联想记忆法、复述记忆法、原因分析法、练习与抢答法等。尽管在访谈中 X 老师说这些都是为了促进学生对知识点的记忆,尤其强调重复是记忆的关键,但实际上从他的话语中可以明显地发现他以学生理解为前提,强调在理解的基础上才能够记住知识。对于如何让学生记住如此之多的知识点,X 老师不是一句干巴巴的"这些知识都要记住啊",而是想方设法帮助学生找到窍门。

例如这个哈里森开创先河,通过"河水孕育森林"的联想记忆知识点。(用)这种方法记忆,一记住就不会忘了。实际上,老师教学生主要就是教学生怎么想,但是有很多老师讲完以后不教学生怎么想,学生确实不好记。你光说谁谁发现了什么,例如高特利特,拼音字母 G 跟 C 相似,而 C 又是细胞单词(cell)的首字母,如果教师光讲高特利特发现植物细胞培养,没教学生怎么记,学生就不好记。

很多人认为基础知识就在于老师讲,这个是错误的看法。不是老师多讲学生多背就能掌握基础知识的,更多是该靠学生做题、讨论题、抢答题,通过题目巩固基础。只靠背知识点是不能牢靠掌握的。应该先做题,在做题的过程中遇到了问题再去从基础知识中找答案。

很多老师光顾着自己讲,没有考虑到学生是不是能听懂,是不是听到脑子里去了,有没有反应的时间。(X 老师)

此外,还有一些"防困小妙招"等。这些在特级教师的课堂或著作中不曾出现,却是普通教师的课堂中常常面临的问题,对这些事件的处理方法同样代表着一个教师的个人学科教学知识,这些平凡的、微小的、具体的知识背后闪耀着普通教师的智慧之光。

2. 实用主义教学取向

(1)"题目上要留下思考的痕迹"

"题目上要留下思考的痕迹",这是 L 老师对学生的一个要求,在研究者所听的三节课中曾多次出现,印象深刻。这一学科教学知识主要指向学生的学习,为了敦促学生从理解的层面运用知识点,而不单单是记忆的层面,更是避免"蒙对题"的出现。L 老师对这一理念进行了解释:

> 好多学生做题,只满足于把 A、B、C、D 选出来了,但这个 A、B、C、D 是不是他真正选出来的,我们也不知道。有的孩子是蒙的,有的孩子是猜的。但是等到我们讲题目的时候,他蒙对了或猜对了,他就不会再听了,很多孩子都是这样的,满足于只要对了,我就不听了。他也不关心这个 A 到底是我蒙对的 A,还是我会做的 A,他不会去区分。所以,我就要求他们在题目上写清楚对为什么对,错为什么错,这样的话,这个题目做得才有意义。不这样的话,这些学生一看答案对了,就高枕无忧了,然后就不听了,那么这个题就浪费了。所以必须有思考的痕迹在上面。而这个痕迹可以是你把你认为这个选项错的地方圈出来,不知道哪里错的话就打个问号。上课的时候我也会让学生来讲,讲为什么对,为什么错。而且他们在题目上的痕迹也能让我判断他们学的程度,为他们集中出现错误的知识点提供信息。(L 老师)

(2)"遇到不懂的先记住,再理解"

"遇到不懂的先记住,再理解"这一理念在两次课中都有提到,一度令研究者比较困惑,为什么遇到不懂的不是让学生先理解后记忆,而是先记忆后理解?通过课后交流,研究者发觉 L 老师的这一教学理念蕴含着对生物学科特点、高考复习规律、学生学习特点的综合考量,是其较为独特的个人教学智慧。

> 因为我们现在开始的一轮复习,选择的题都是综合性的,涉猎很广的。题目来源要么是高考题,要么是模拟考的题。但这种题默认的是你整个高中阶段的知识都是知道的。比如一道题虽然考的是蛋白

质,但是可能会涉及磷脂、核酸、分裂之类的知识点。但是很多学生在一轮复习开始的时候很多高一、高二学过的知识都忘记了。那么当他遇到这些还没有复习到的知识时,他就不会做题了。这个时候如果我给他们讲得很细,比方说涉及蛋白质的合成,如果我再把蛋白质的合成给他们讲一遍,那复习课就会被打乱。所以遇到这样的题目时,我就会让他们先记住,你记住了之后,背下来再说,先不要探究,等后面我们复习到这部分的知识点的时候再把这个题拿出来探究。高考的题都是比较综合的,不会说考蛋白质就只考蛋白质,它一定涉及其他的知识点。但生物学科的知识点又比较散,比较碎,很多学生都是学了后面忘前面,复习了前面忘后面,因此会比较吃力。(L老师)

(3)掌握详细的学生知识

在本研究所观察与访谈的五位生物教师中,L老师相对来说具备比较全面的学生知识,在教学中能够结合学生群体、学生个体的特点进行提问、指导、管理以及调节班级整体的教学进度和难度。对学生特点的重视来源自L老师对课堂效率与教学效果的追求,也就是说为了了解学生的反馈,并对此进行再反馈,教师需要了解学生个体的学习习惯、特点、性别以及学生群体的发展水平,才能够有的放矢地进行教学反馈,提高课堂效率。例如,L老师指出以最常用的提问法去了解学生的学习情况也不是随随便便发问的,"你得了解学生的特点,是成绩好,还是成绩差,是好睡觉,还是懒,根据他们的特点给他们提不同的问题,这样就能达到你想了解学生程度的目的了"。对于班级群体,尤其是对不同水平学生的学习特点与优劣势,L老师也能做到心中有数。L老师会根据学生的学习情况将他们分为快、中、慢三个群体,这种划分不是为了定性学生,而是"你得保障班级这一艘整体的船往前走。整体往前走并不是说让每一个人都怎么样,而是说让一些同学起到带头作用,一些掉队的同学跟上"。对于进步比较慢的群体或者成绩突然下滑的学生,L老师会重点关注。而对于处在班级中等水平、成绩比较稳定的一批学生,尤其是女生,L老师坦言会关注得少一些,因为:

我对于中等的学生的注意力会少一些，尤其是中等的女孩子。因为像生物这一门课，一般认真的女孩子基本上都没有问题。但是她们也不会太冒尖。因为特别认真的女孩子大多有一个特点，就是不爱思考。她们喜欢老师给答案，而不是说自己去想这个问题是什么。所以对于我们这个科目来说，这样的孩子能够考到一个中等的分数。甚至考到 B＋水平，接近 A 都有可能，因为生物并不是一个特别考查逻辑能力的学科。但是，如果你想考到 A 或 A＋，那还是需要一些独立思考的。课后需要问问题，但有很多女孩子不愿意问问题。但这些孩子是很稳定的一批孩子，他们可能学物理、学数学不出色，但对于生物这一科目，还是很适合的，非常好的。（L 老师）

两位教师各有一些独特的、个性的学科教学知识，这些"接地气"的知识背后是普通教师在日常实践中的积累、领悟、修正、总结，最后成为本研究所挖掘出的教师学科教学知识。当然，仍然有更多的教师的个人智慧等待着多元角度的自我反思、意识察觉以及交流。注重教师个人知识生产的同时，也必须重视教师群体智慧的挖掘、流动与沟通，以推动教师队伍整体的知识创新与专业发展。对于这一问题，将在下一章节单独论述。

二、个体知识反思与融通

（一）教学行动的反思与改进

基于本研究的主题——教师是知识的生产者，教师首先要反思自身的角色，充分意识到并肯定自身知识生产者的角色，其后，在这一角色认同下，教师才能够具备知识生产者的意识、意愿和热情，有意识地关注自身知识生产过程与结果。在此基础上持续性地在实践中反思，在反思中升华，并将经验不断运用于新的实践，由此循环往复，以上升发展之态进行知识的生产，成为知识的主人。

1. 唤醒教师的知识主人翁意识

长久以来，在知识领域，教师的地位或角色往往同"搬运""传递""使用""消费"等词相联系，如同批判教育学派的代表人物之一吉鲁所论："在当下许多教育改革的讨论中，教师的一些角色被忽略了，例如教师承担着的培养具有批判性思维的公民的职责,以及教师自身所具备的智慧、判断以及经验。尽管在一些讨论中出现了教师的身影,他们的作用也仅限于作为教育研究者的研究对象,被看作技术人员,执行来自专家的命令或预先决定好的教学目标。"① 为此,吉鲁强烈呼吁为教师赋权增能,提高教师组织的效率,同时也促进教师成为反思型的实践者。

外界的呼吁最终仍要落于教师个体内在的意志与追求。教师自身首先应当具有知识主人翁的意识与信念,不甘于仅仅作为教材的传递者,应当意识到自身学科教学知识的价值,意识到自身同教育理论研究者一样可以成为知识的生产者。斯滕伯格呼吁教师应当成为研究者(teachers as researchers),肯定教师实践知识的价值。但作为研究者的知识生产,对研究的时间、地点、对象、主题、结果等都有一定的要求,可能会妨碍一些教师的研究积极性。但教师的学科教学知识生产于教学过程的各个阶段,也就是说教师在日常工作中其实无时无刻不在生产着独属于个人的教学知识。相较于研究者,教师学科教学知识的生产范围更广,限制更少,更具灵活性。因此,教师首先要意识到自己是知识的生产者,日常教学工作中的备课、上课、课后反思所生成的教案,处理课堂即时问题的方法,课后反思的结果等都是自身所生产的知识。这些知识不仅对于自身的教学实践具有重要的价值,且通过明述化和一定的整理与分享,对同行与教育研究者同样具有重要的意义。因此,提升教师学科教学知识的生产首先要从教师的自我认知出发,教师只有意识到自己日常的教学文字、思想、观点、方法、顿悟等都是自我知识生产,都具有重要价值以后,才能够更加富有热情地、有意识地在日常教学工作中积极主动地以教学、学生为取向整合各类相关知识,而不仅仅是"搬运"和"执行"。

此外,总体上要格外注意教育理念、教育价值观等精神层面知识的更新与发展。这类知识具有极强的默会性,往往不能够被意识察觉,但又在教师知识生产过程中起到重要的引领作用,因此需要教师有意识地审视个人的价值取向、理念追求、人格品质、生命意义以及对时代精神与核心素养的践行,不断更新个人的德性知识,在教学活动中有所表率,潜移默化地陶染学生的一言一行。

---

① GIROUX. Teachers as intellectuals: Toward a critical pedagogy of learning[M]. Connecticut: Greenwood Publishing Group, 1988:121.

2. 反思与实践——重构与再运用式的知识生产

教师知识的生产过程呈现出一种循环的链结构，每一次循环都是一种经验的增长与升华，教师在准备与实施过程中的所思、所想、所感、所悟、所期待的、所失望的、所有的了然于心、所有的猝不及防都在课后反思这一环节中进行回顾、整理、重构，并且应用于下一次教学实践。教师课后阶段的知识生产承前启后，与下一阶段的备课相连，彰显了教师知识生产的循环上升特点，是一种重构与再运用式的知识生产。因此，基于循环式链结构，教师首先应当注重反思与实践。

首先讲反思。美国心理学家波斯纳提出教师成长公式为：成长＝经验＋反思。舍恩提出的教师应作为反思性实践者的观点也得到广泛的认同与支持。由此看来，反思同实践一样是教师提升学科教学知识生产的核心步骤，不可或缺。以舍恩的反思性实践者为理论基础，结合学科教学知识生产的主要阶段，教师应当既"在行动中反思"，又"对行动进行反思"，也即教师既要实时反思，也要事后反思。实时反思发生在教师备课和上课时，事后反思指代教师的课后反思。

根据实践情境的多变性而随时重新框定问题是"行动中反思"的精髓。在教师的备课和上课中，尤其是课堂进行时，常常会遇到意料之外的状况，如学生的疑难和学生对问题的奇思妙想，教师要根据这些状况随时调整教学内容、教学提问，甚至是教学进度。教师尤其应透彻理解教学内容，掌握多种多样的教学方法，才能在学生出现疑难时有能力从不同的角度、运用不同的表征方法对教学内容不断地重新框定，直到学生能够理解为止。在备课过程中，虽然是教师与"静物"的交流，但是教师的思维在此时也是异常的活跃与专注，对"如何有效地向学生教授知识"的思考将使各种想法纷至沓来，这种不确定性也为教师的备课带来更多的可能性。因此，对教材的思考、对学生的疑惑、对教学方法的选择、对同行经验的判断以及上一次实践中所获得的经验都应当在备课时成为教师行动中反思的对象。教师"对行动的反思"主要发生在课后。教师应当对该堂课中出现的问题与闪现的灵感具有高度的敏感性，它们既是教师"对行动的反思"的对象，也是教师提升专业能力的源泉。尤其是同学生交流与合作过程中由思维之间的"交响乐"带来的对教育与教学的新想法、新体悟、新理解，教师要紧紧抓住课堂中出现的问题与灵感，不可放过。对问题的反思可以帮助教师对下一次实践中可能会碰到的相似问题有所准备，能够"相似地解决"。对灵感的反思可以帮助教师批判、更新，甚至重构自己的知识体系和认知结构，促进教师知识不断发展。

其次讲实践。实践与反思总是"焦不离孟，孟不离焦"。教师知识最有价值之处也在于其来源于也成熟于教学实践。正如学科教学知识，它的独特性便在于它是一种面向学生、以教学为目标、在一定的教学情境下整合各类知识的教师专业化知识。这种知识所具有的教学性与实践性是其他教育相关工作者生产的知识所不具备的，就算是学校中的其他教学工作者，如果不直面课堂，其所拥有的知识也不是教师的学科教学知识。教师的知识产生于教学实践中，指向教学实践，最终也要回归教学实践。因此，无论教师从何种途径得来的何种知识，最终还是应当放到教学实践中检验。例如，教师学习到的理论知识、教学方法知识、由师徒制而获得的教学技艺、同学生交流获得的启发、他人的成功经验、自身实践中的总结等等，这些知识被教师理解与接受以后，只有在教学实践中运用一番才算是真正进入教师的知识结构，被教师内化。以默会知识与明述知识的相互转化为例，实践是明述性知识内化为默会知识的主要途径，也是默会知识本身获得提升的主要途径。再以舒尔曼的教学推理和行动模型为例，新的理解产生以后将作为教师已有的知识参与下一轮的理解、转化、教学、评价、反思，进而再次产生新的理解，不断循环上升。并且，教师所获得的知识或启发只有付诸自己的教学实践，才能明确是否适合自己，是否适合自己所教的学生，是否适合所在的工作环境等，才能有所取舍，有所改进。因此，无论是从教师知识的本质特点出发，还是从知识习得的过程来看，实践都是提升教师学科教学知识生产的核心步骤之一，不可或缺。

（二）教师知识的融通

从生产链模型角度来看，备课阶段呈现出知识转化式的生产。掌握越多的理论知识，越能够在更广、更深的水平上理解教材，理解学生，从而能够更好、更高效地将教材知识、课程知识同教学方法知识结合，并转化为学生课堂所学习的知识，帮助学生更深入、更扎实、更容易地理解该知识并达到举一反三的水平。上课阶段更多呈现出一种行动知识的生产，考验教师的应变力、灵活性、熟练度,甚至性格特点等要素,这些代表了教师的教学机智。教学机智的提升仅仅依靠理论知识学习是不够的,更多需要教师在生活中积累,有意识地进行思维训练,以及在合作交流中有意识地多听、多看、多思、多用。因此,总体来说,除了实践与反思之外,教师知识的开源也是促进知识生产的重要策略之一。作为"原材料"的知识需有丰富的来源和充足的储备才能够满足教师知识生产的需求。教师的知识来源一般包括专业与非专业两种途径。专业途径主要包括师范教育、职后培训、师徒制学习等;非专业途径主要指教师在日常生活中的个人积累,例如教师的兴趣爱好、阅读量、人际交往、生活环境等为教师带来的观察与思考。因此,从理论学习到生活积累,配合思维训练与合作交流是为教师知识开源,是促进教师学科教学知识生产不可或缺的步骤。

1. 以理论学习为基础

对教师实践的日益强调使得教师理论学习愈发被忽视。教育理论与教育实践之间的鸿沟似乎加宽了,尤其当一些教育理论的受众不是指向教师,而是指向同行学者时,教育理论便更加被教师忽视与排斥。

在重视教学实践、方法、技术、操作的同时,不应当忽视对教育理论知识的学习。理论知识的价值在于:能够转变自身的教育理念,为教师反思教学实践提供参考与标准;[1]可以帮助教师对教学成功或失败的原因进行深度思考与总结,从而对教育教学获得更加深刻的认识;[2]运用理论知识指导实践,在实践中检验理论,可以激发教师的研究兴趣,引领教师成为研究者;帮助教师树立教学信念,坚守职业道德伦理。[3] 因此,在重视教育实践的同时,教师不能忽视理论知识的持续性学习与丰富。理论与实践本来就是不可分割、相辅相成的。没有理论,实践永远只能囿于单纯的技能模仿、操作训练;没有实践,理论也永远只能是空中楼阁,无法得到证实或证伪。

佐藤学认为教师应当既是"匠人"又是"专家"。"匠人"依靠熟练的技能、经验、直觉和秘诀生存,并通过模仿与练习来获得技艺;"专家"依靠科学的专业知

---

① 张向众.教育理论与教师发展:从教师的生命之维来看[J].教师教育研究,2005(6):12-16.

② 王艳霞.教育实践中忽视理论的倾向与矫正[J].中国教育学刊,2017(2):30-34.

③ 吴义昌.教师理论学习的自我价值探析[J].教育科学研究,2019(1):81-84.

识、反思与创造性探究生存,并通过反思与研究来学习。[①] 教师的这两种身份缺一不可,如果不具备实践的技艺与智慧,无法胜任教学工作,同样地,如果缺乏专业的知识和理论、反思与判断,教师将被传统教学或狭隘的经验束缚,难以更新与突破。[②] 佐藤学也承认业界对教师"匠人"身份的关注一直多于"专家"。[③] 他提出作为"专家"的教师应当具备三种素养,即一般性素养、学问素养以及教职素养,并呼吁教师从多读一本书开始,逐渐成为"学"的专家。[④]

回顾案例,五位高中生物教师中的四位都颇为强调教学方法的准备、多样化以及反思,却很少将注意力放在对教材的钻研与探究上。教材对于他们的意义在于根据考点从中摘取课堂教学内容,却甚少深入地思考既定的知识点背后的原理、同其他知识点之间的联系以及该知识点在整个学习阶段所处的位置。而在三位特级教师那里,情况则完全不同。"吃透教材""深入研究教材""教材的全局观"等是他们第一时间强调的要素。这是其中之一种理论知识学习的方式,即基于教材对相关的学科内容、学科原理、学科背景、相关拓展材料所进行的学习。将其置于佐藤学所分的专家教师三种素养之一,这仅仅是"学问素养",还有更多的一般教育教学知识、职业道德伦理知识等有待教师进一步学习。然而仅仅是学问知识,很多教师都无法做到,他们的案头堆得最多的便是考题与教法类图书,少有原理类、心理类、哲学类图书。这些教育理论知识看似同日常实践关系不大,实际上却能为教学实践源源不断地注入新鲜的养料,帮助教师充实知识库、紧跟教育领域的发展、深刻认识现象背后的本质与原理,指导实践、提高效率、增加话语权。因此,教师在重视实践与反思经验的同时,应当不断学习新的、深的理论知识,武装自己,更新自己,深化自己。

2. 以生活积累为辅助

除了教师教育、职后培训、教学实践之外,教师的日常生活也是其知识的重要来源之一。兴趣爱好、对社会现象的思考、情操陶冶、道德观察、人际关系、家庭生活、体育运动等都是教师的知识来源,它们属于教师所拥有的生活知识,同

① 佐藤学.教师花传书:专家型教师的成长[M].陈静静,译.上海:华东师范大学出版社,2016:4.
② 佐藤学.教师花传书:专家型教师的成长[M].陈静静,译.上海:华东师范大学出版社,2016:33.
③ 佐藤学.教师花传书:专家型教师的成长[M].陈静静,译.上海:华东师范大学出版社,2016:34.
④ 佐藤学.教师花传书:专家型教师的成长[M].陈静静,译.上海:华东师范大学出版社,2016:48.

受教育知识和实践知识一起作用于教师的教学活动。不同的是,教师的生活知识塑造着教师的性格特点、处世方法、观念、取向、习惯、爱好等,侧面地、隐性地影响着教师的教学实践,其中尤以社会、道德、家庭为重。

回顾案例研究,L老师曾说她在碰到一些社会现象时常常会反思到自己的教育中来,借着这些案例向学生传播一些正向的思想与行为方式:

> 别人的谣言从哪里来的,我们学的知识能不能否定他们的谣言,我们要学会用已有的知识去思考,这就是科学素养……我看到一些社会现象的时候我也会想,如果这里面有我的学生,他们不能成为这样的人。(L老师)

因此,除教师专业领域的理论知识与实践知识之外,教师个人生活中的点滴都可以作为教育的素材,影响教师对问题的看法、教师的教育理念与追求。因此教师要做一个有心人,将各种生活知识融入教学实践,将教学与生活、教学与社会、教学与文化广泛地联系与融合。更重要的是,教师要有意识地扩大自己和世界的接触面积——扩大对所生活的区域的认知、对公共资源的运用(音乐剧、戏剧、博物馆、展览馆等都是既有意思又有意义的文化活动或文化场所)、拓展兴趣爱好、不断尝试新鲜事物,并将这些同自己的课堂相联系、相结合。一个阅历丰富、兴趣广泛、内涵深厚的教师才能使自己的课堂更加丰满、鲜活、亮丽、充实。一个有趣的老师才能创造一个有趣的课堂。

3. 以思维训练为驱动

思维和语言是人类独有的武器,其中语言外显化,思维内隐化。一个人的思维水平从他的语言、行为方式中体现出来。而教师就是语言和行为的艺术家,教师同学生的互动与交流也主要通过语言与行为。在波兰尼的默会知识理论中,思维是默会知识的代表,是认知的决定性因素,自婴幼儿起人类就有思维,是超越语言的存在。因此,教师如何组织知识、表达知识、处理班级事务、应对课堂突发事件,如何排疑解难,是否能多角度看待事物,是否能恰当地处理与学生、与同事、与领导、与家长之间的人际关系都反映出教师的思维方式与思维习惯。思维是行为背后的"指挥官",让这位"指挥官"不断升级同样是教师专业提升的核心途径之一。此外，我们常说教师自己都不具备批判性思维，那又如何教会学生掌握批判思维呢？如果教师有意识地训练自己的思维能力，相应地，学生必然也会从中获益。尤其当思维的默会性表现在教师的行为举止与精神意志上时，对学生来说也是一种潜移默化的影响，学生会不自觉地模仿教师对待问题的观点和处理方式，进而逐渐获得同样的思维能力与意志品质。

思维有三种基本形式：逻辑思维、形象思维以及灵感思维。其中，逻辑思维主要包括判断、推理、比较、分析、综合、抽象、概括等思维方法。在布鲁姆的教育认知目标分类学中，记忆、理解、应用、分析、综合、评价六个层次，逻辑思维能力应属于高级认知目标的层次。在21世纪技能中，批判性思维、问题解决能力、推理能力、分析能力、理解力、整合能力等思维方式占据重要地位。要胜任学生逻辑思维能力的培养工作，教师自身首先需要拥有熟练而成熟的逻辑思维意识和相应敏感度，具备相应的能力并了解培养方法。

以批判性思维的训练或培养为例。获得批判性思维需要三个方面——对关键问题的意识、提出和回答关键问题的能力以及运用关键问题的强烈意愿。简单来说，就是对关键问题的意识、意愿和能力。① 意识的获得从提问开始。提问便是思考的起点。对于如何批判性地提问，布朗和基利给出了两种方式，一是海绵式思维，一是淘金式思维。前者在阅读时倾向于提出"本文的核心观点是什么""本文的主要论点有哪几个""本文的重点是什么"等类型的问题，主要运用理解、概括、总结等思维能力；而后者在阅读时则倾向于提出"作者为什么这样说""数据来源可靠吗""数据完整吗""作者是如何界定核心概念或关键词的"等类型的问题，始终将自己置于同材料对话和辩论的位置，不满足于直接接受或概括文本的观点，而是运用分析、判断、比较、推理、评价等高阶思维能力。②

因此，在教师的日常工作中，对教材的思考不能停留在海绵式思维——只问"是什么"，而要尽量有意识地向淘金式思维靠近。在问自己"为什么""怎么样""有什么相同或不同""时间或地点条件"时，教师自身便会在教材的知识点中发现联系、条件以及原因。如同X老师所举的一个案例——干热灭菌和湿

---

① 布朗，基利.学会提问(原书第10版)[M].吴礼敬，译.北京：机械工业出版社，2013:3.

② 布朗，基利.学会提问(原书第10版)[M].吴礼敬，译.北京：机械工业出版社，2013:4-5.

热灭菌时间不同,如果教师在备课时不进一步问自己这一知识点背后蕴含的原因,那么很大可能他在课堂上也仅仅会让学生记住干热灭菌需要 2～3 个小时,而湿热灭菌仅需要半小时,而不会通过"为什么两种灭菌方法所需时间不一样"或"运用所学的知识猜想两种灭菌方法背后的原理"等类似的问题启发学生思考。因此,教师自身在日常工作中有意识、有意愿地进行批判式自我提问训练,将有利于促进自身思维能力的发展,进而也会自觉或不自觉地将这些问题转化为教学问题,引导学生推理、分析与创造。

4. 以合作交流为契机

教师促进自身的学科教学知识发展离不开合作与交流,比如与学生、同事、同行、家长、理论研究者以及各类工作生活中所要接触的人和组织。合作与交流在当今社会是个体发展必不可少的技能,同思维能力一样被列为 21 世纪技能与核心素养,是每一个社会人都不可避免的。合作与交流为教师的知识生产带来更多视角、更多启发、更多创新的可能性。

同他人的交流与合作可以为个体带来更多视角。对于同一件事物,每个人所站角度不一样,所得出的看法便不一样,又因为每个人的生活背景和受教育经历各不相同,因而视角便一定会丰富多彩,也就是所谓的"一千个人眼中有一千个哈姆雷特"。因此在同他人交流与共事的过程中,有心的教师可以获得不同人对同一件事的各种观点,从而扩大自己的视角和视野。并且,根据教育领域近年来的发展趋势,教师具有的学生知识越多越好,越全面越好,且了解学生的观点、看法、问题、难点等也成为一名优秀教师所必不可少的知识。学习共同体是近年来教育界的热词,佐藤学认为其不仅是学生共同合作学习的场所,也是作为教育专家的教师共同合作学习的场所,同时,家长与市民也参加学习,共同发展。① 这就是一个教育的相关者交流与合作的场所,在这个场所中佐藤学非常强调"倾听",学生之间的相互倾听、师生之间的相互倾听,而倾听的内容除了话语本身之外,更重要的是背后隐含的心情与想法。② 教师通过倾听获得更

---

① 佐藤学.静悄悄的革命:课堂改变,学校就会改变[M].李季湄,译.北京:教育科学出版社,2014:116.

② 佐藤学.教师的挑战:宁静的课堂革命[M].钟启泉,译.上海:华东师范大学出版社,2012:15-30;佐藤学.静悄悄的革命:课堂改变,学校就会改变[M].李季湄,译.北京:教育科学出版社,2014:23,59-60.

多信息,了解学生,走近学生,关心学生,以便能够站在学生的角度理解问题,从而真正实现对学生的尊重,实现从每一个学生出发进行教学的目标。

同他人的交流与合作可以为个体带来更多启发。如同佐藤学致力于构建的"交响乐"课堂,"各种看法和想象相互碰撞激荡,回响共鸣"[①]。同他人交流就是与各种不同的、活跃的思想相碰撞,极易产生思想的火花,突现思想的启发。他人看待事物的方式可以为我们带来不同角度的观点,有些与自己的观点产生共鸣,有些产生争论,有些甚至可以点亮长久困扰我们的黑暗,有些则能够激发出我们更深层次的、还未完全意识到的默会知识。同读书不同,在交流的过程中,每个人的头脑都在飞速地运转,几方的思想随着交流的深入都可能随时随地地变化并通过语言显性化。在交流的过程中,为了更好地理解,我们也在不断地转变着自己看问题的角度,不断地更新我们的知识结构。在合作的过程中,我们也可以通过观察与模仿体会不同的个体做事情的方式与习惯,领悟行为背后的精神与品质。这是交流与合作的独特魅力。教师同教育相关各方的交流与合作可以帮助教师从多种角度看问题,激发思维的碰撞,增加获得启发、灵感、顿悟的可能性,同时合作的过程也能为教师提供获得更多默会知识交流的机会,尤其是那些特级教师、研究者、领导者独特的技艺、精神、品质、热情与信念,这些是阅读所无法获得的,需要教师同他人在相处和共事中获得。

同他人的交流与合作可以为个体带来更多创新的可能性。创新的本质即不同,不同的方法、不同的思维、不同的角度。同他人的交流与合作所带来的多视角,以及其中可能产生的灵感与启发是创新的起点。教师的创新是其知识生产的一种,可以很小,小到运用一种新的方法解决了课堂中长期存在的一个小问题;可以很大,比如特级教师引领的一种全新的教学模式。教师的创新可以是基于自身教学的创新,也可以是基于教育领域的创新,只是后者不仅需要教师作为教育实践者,也需要他们作为教育的研究者。而广大普通教师的日常小创新,虽然影响面有限,可能只影响了自己或周围的同事,但也同样具有重要的意义。因此,交流与合作既是教师拓展知识的重要途径,也是创新的催化剂和助推器。

---

① 佐藤学.静悄悄的革命:课堂改变,学校就会改变[M].李季湄,译.北京:教育科学出版社,2014:35.

三、教师专业赋权增能

反思、实践、知识开源是向"内"要求教师自身在日常教学活动中勤于反思，乐于实践，注重理论学习，在生活中做个有心人，有意识地进行思维训练，积极同他人合作交流，而本节的教师赋权增能是向"外"提出要求，为教师教学的自主权争取更多外部支持，同时也呼吁外界更加关注教师专业化发展，为教师打开更广阔的时间与空间。

（一）赋予教师自主权

赋权增能是率先出现在组织与管理学界的概念，是针对过度专门化所带来的消极怠工现象而生的策略，意在赋予员工一定的参与与工作相关的管理与决策的权力，以提升积极性与主动性。[①]

赋权增能在教育领域中是伴随着教师专业化的呼声而生的。学界从多个角度解读对教师的赋权增能。教师的赋权增能具有内、外两个维度，外部即学校是否赋予教师拥有和使用权力的机会，内部来自教师自己对权力的意识。[②]也有学者从"权"和"能"方面解读该概念，将其分为"有权有能型""有权无能型""无权有能型""无权无能型"四种，强调教师赋权增能的实现既要给予权力，又要增进能力。[③] 佐藤学关于给予教师充分的自由活动空间与时间的说法——解放教师的时间，减少冗余的学校行政事务，[④]说明了教师的赋权增能并非参与学校的所有事务，而是主要通过赋予教师一定的专业工作自主权与学校事务管理参与权和决策权这两个方面为教师增加自我效能感，肯定自身工作的专业性与不可替代的价值感。许多学者都为教师的赋权增能提供了可行的策略，主要有教师培养和管理放权两大维度。前者又分专业能力的培养与主动意愿的

①　操太圣,卢乃桂.教师赋权增能:内涵、意义与策略[J].课程・教材・教法,2006(10):78-81.

②　刘胜男,赵敏.教师增权赋能的实现机制:分布式领导活动中的要素及作用机理[J].教育发展研究,2011,31(12):16-20.

③　蔡进雄.授权抑或授权赋能? 论校长如何运用授权赋能领导[J].人文及社会科学教学通讯,2003,13(5):62-79.

④　佐藤学.静悄悄的革命:课堂改变,学校就会改变[M].李季湄,译.北京:教育科学出版社,2014:61-66.

增强,后者主要是学校管理模式和层级制度的改进。①

在本研究中,基于赋权增能,以外部保障促进教师学科教学知识生产即指在教师最有发言权的领域赋予其充分的自由与权力。学校科层管理制度的改进不是让教师参与学校所有事务的决策,而是选择那些同教师专业发展相关性高的、同教师权利与义务相关性高的事务,既不增加教师教学之外的负担,也实行了民主决策,主要包括教师在课程、教学、学生评价、教师评价、奖惩制度等方面的决策权与自主权。由此,针对教师教学自主权的来自学校的外部支持措施主要有以下几点:①参与决定教学用书;②自主选择教学方法,不规定统一的教学方法;③自由设计教学活动;④享有充分地建立学生评价标准的权力;⑤决定职后培训项目或课程;⑥学校支持教师教研与合作共同体的建立和开展;⑦学校从精神和设备两方面支持教师教学方面的措施改进或尝试;⑧让教师在学校发展方向、路线等决策中占据一席之地;⑨参与教师评价标准的制定;⑩薪资的讨论;⑪从定位、实施、管理培训、制度制定等方面切实履行和发挥学校教职工代表大会的职能和作用;⑫建构开放、民主、和谐、宽容、尊重的校园文化环境;⑬实现学校管理组织扁平化。②

这些赋权增能的措施既有针对教学的,也有针对教师自身的,更有针对学校发展的。同时这些外部支持中有些是教师所在的学校应当给予的自主权,例如让教师参与教学用书的决定,允许教师自主选择教学方法,不规定统一的教学方法,鼓励教师自由设计教学活动,参与决定学生评价,设计多种评价方法等。除学校内部授予教师更多的教学自主权、参与权与决策权之外,地区教育部门也应根据当地实际情况,统筹发展,认真规划教师能够享有的自主权范围,例如鼓励教师参与职后培训项目的选择,广泛收集教师的意见和意愿,组织同级校际交流与合作,以及基础教育与高等教育之间的交流与合作等,鼓励教师参与区域教育发展研讨等。教育部则应从更加宏观的层面引领教师的赋权增

① 曾文婕,黄甫全.美国教师"赋权增能"的动因、涵义、策略及启示[J].课程·教材·教法,2006(12):75-79;李茂森.教师专业自主:何以可能与如何可能[J].教育发展研究,2008(2):48-51;宋宏福.论教师专业自主权[J].中小学教师培训,2004(3):3-5;田莉.教师赋权增能视野下的学校改进:内涵及策略[J].教育理论与实践,2014,34(11):3-5.

② 张颖.教师赋权背景下教师参与学校管理存在的问题及对策[J].教育评论,2016(4):72-75;容翠.教师课程权力运行的困境及其救赎[J].教育理论与实践,2017,37(2):28-30;郑楚楚、姜勇.幼儿园教师赋权增能发展现状与影响因素[J].学前教育研究,2019(1):62-73.

能,提高教师地位,唤醒教师教学主人翁意识,自上而下地支持教师专业化发展,赋予教师充分的专业自主权。

（二）解放教师的时间与空间

教师的学科教学知识以其教学性而有别于其他教育工作者所持有的知识,它的生产主要围绕课堂进行,产生于教师的备课——为了课堂,教师的上课——在课堂中,以及教师的课后反思——向着课堂。尽管如此,学科教学知识的生产不能囿于课堂。如果教师只把视野限制在教室这一方小小的天地,会在很大程度上面临学科教学知识越来越狭窄,以至于仅仅涉及教材和课标的困境。因此,教师应当解放自己的时间和空间,在更广阔的时空中接触、寻找、探索、挖掘更丰富的内容。在上一章的访谈中,两位高中教师对此也有着自己的看法。X 老师总结他最大的教学特点便是综合性,体现在他运用文学知识对学生进行思想道德教育,运用朗诵与音乐获得学生喜爱,运用体育运动拉近与学生的距离。同时,X 老师也指出是否具有综合知识依赖于教师的个人兴趣,很少有教师会专门去学这些。此外,C 老师也指出扩大知识面是拉近与学生的距离、树立教师权威的有效方法。因此,教师在更广阔的时空中接触更丰富的知识可以从侧面帮助教师促进学科教学知识的生产。

解放教师的时间,让教师能够有更多的机会丰富个人生活、发展兴趣爱好、休息与休闲、思考与记录。学校在工作时间安排方面应当十分注意一天中有多少时间是教师自己的,一周中又有几天是教师可以自由支配的。如果教师始终被"圈"在校园、"圈"在办公室、"圈"在教室,那么教师将很少有时间去学习教材和课标之外的知识。如果工作任务繁重、校园事务冗杂,教师即使有心也将无力。佐藤学在《静悄悄的革命:课堂改变,学校就会改变》中曾指出尽量精简学校组织和机构,使教师更加专注于教研活动。[1] 而此处,本研究认为除了让教师专注于教研事务之外,也应当解放教师的时间,保障教师在完成教学任务、处理学校事宜之余能够有更多的时间发展自身能力,例如进行理论学习、兴趣阅读以及发展爱好特长,促进教师综合实力的提升,避免教师囿于书本、囿于课堂。

---

[1]　佐藤学.静悄悄的革命:课堂改变,学校就会改变[M].李季湄,译.北京:教育科学出版社,2014:61-66.

　　同时,解放教师的空间,让教师能够在校园、办公室和教室之外的更多场所进行与教育相关的活动。学校应为教师提供更多活动场地,如剧院、影院、艺术馆、博物馆、科技馆、健身馆、公园、景区等,给予教师相应的福利,丰富教师的课余生活,扩大教师的活动领域,组织教师集体活动,或为丰富教师个人活动提供更多有教育意义和价值的选择,让教师在更加广阔的天地间获得更加丰富的认知,促进教师精神的独立、思想的自由。生活远比课堂和学校丰富,教师在个人生活中所获得的知识和思考也会被教师带入课堂,成为学科教学知识的有力"助手"。兴趣广泛、学识丰富、生活精彩、思想自由、精神富足的老师才能带来灵感涌动、思维活跃、妙趣横生的课堂,才有能力既传播知识,也培养能力,同时还能影响学生的情感、精神与价值观,培养具有批判意识与能力、有民主自由思想、有创造创新能力的新世纪人才,才能满足不同学生个体的需要,有助于每一个学生最大化的发展。

　　综上,于浅层处沉思、于诉求处停驻、于成功处喝彩是我们在三位特级教师教学经验中的所思所得。专家型教师的魅力与高屋建瓴的实践智慧是广大教师应看齐的方向。此外,无论是自身还是周围的同事,个体闪耀的智慧之光都应汇聚于群体之中。优秀的经验应该被更多人理解、转化与创新。向外学习与向内自省是不断进步的两个抓手,教师更多时候是个人在进行知识生产。这种内隐的思维与实践活动需要以理论学习为基础,以生活积累为辅助,以思维训练为驱动,以合作交流为契机。最后,教师专业知识生产离不开良好的教育生态环境,为教师赋权增能、解放教师的时间与空间是创造良好的知识生产环境的重要举措。

第六章

教师专业的内涵式发展：知识生产者的知识治理

在教育学中,批判教育学派代表吉鲁提出教师应当成为变革型知识分子,摆脱技术人员的定位,从被动的执行者变为主动的思考者。在统计学中,安德森的"长尾理论"指出创新不是少数精英的特权,而是多数社会民众集体智慧的成果。在知识管理学中,量子力学的"波粒二象性"也被认为是知识的应然属性,揭示了知识具有静态实体性与动态过程性的综合属性。基于此,本章将融通教育学与管理学,在"教师是知识生产者"这一命题下,探索教师群体知识治理及其对教师专业化内涵式发展的重要意义。

第一节　教师专业的内涵式发展

内涵式发展是以事物的内部因素作为动力和资源的发展模式。对于教师专业化发展来说,在众多影响因素中,教师自身的知识积淀、认知能力、知识互动以及知识创新创造能力等应是专业化内涵式发展的根本源泉与不竭动力。同时,内涵式发展也离不开良好的外部生态环境。当前,增强教师的领导力、减少教师冗杂的行政事务、提升教师的自主权、扩大教师时间与空间的自由度等各类举措,是对教师的赋权增能,是为教师专业化发展孕育良好的"土壤与环境",而这需与教师专业化发展的内在需要相结合才能有的放矢地形成内外联动、螺旋循环、横纵贯通的发展机制。而在此之前,我们还需首先解决"什么知识最有价值""教师专业化发展面临何种困境""教师专业化发展的根本力量来源于何处"等本源性与方向性问题,方能够更加清晰地认识知识生产者对教师的专业化发展的意义与价值。

一、时代之问:"什么知识最有价值?"

1859 年,英国哲学家、社会学家赫伯特·斯宾塞提出了一个著名问题:"什么知识最有价值?"这一问题犹如一颗石子投向平静的水面。知识承载着教育理念与教育目标，它的价值关乎教育事业全局。斯宾塞的一问激起了教育领域各方向的热烈讨论。时至今日，对这一问题的讨论仍未停歇，也不会停歇。不同的时代背景会对这一问题给出不同的答案，而这一问题也将成为教育从始至终自问、自答、自洽、自治的元问题。

一百多年前，斯宾塞认为教育的目的是为"完满的生活"做准备。同时，他将人类生活的主要活动分为五大类：①直接有助于自我保全的活动；②获得生活必需品而间接有助于自我保全的活动；③抚养和教育子女的活动；④与维持正常的社会和政治关系有关的活动；⑤在生活中的闲暇时间用于满足爱好和感情的各种活动。斯宾塞认为完成这些活动即达成了完满的、幸福的生活的目标，而实现这一目标需依赖于科学知识。

这一答案在当下社会看来并不是一个很好的答案，而在当时的社会背景条件下则十分贴切。彼时，蒸汽革命已近尾声，新的电气工业革命即将爆发，科学技术真正成为第一生产力，极大地改变着人们的世俗生活以及人们认识世界的方式。因此，在当时的经济、政治、社会、文化背景下，科学知识具有绝对的权威性与决定性，是最有价值的知识。直到当前，科学知识仍旧推动着人类社会的发展，是极具价值的知识，但已经不是最有价值的知识，或者说不是唯一的最有价值的知识。

20世纪上半叶，整个世界动荡不安。短短五十年，爆发了两次世界大战，将人类社会摧搅得千疮百孔。西方资本主义经济在此期间也先后经历了垄断组织出现、经济大萧条、经济复苏等一系列的重要阶段。20世纪初，人类的第三次工业革命——信息技术革命在酝酿、发展，并在40年代迎来了爆发。信息技术极大地推动了生产力的发展，成为衡量各国实力与地位的核心要素，对"科技理性"与"科学主义"的崇尚发展至巅峰。但20世纪60年代后，科技自身开始暴露出一系列问题，并对伦理、环境、生态等领域产生消极作用。政治、经济与科技的快速变化，同样给人们的思维、文化精神与物质生活方式带来了极大的冲击。这动荡不安的半个世纪既是破坏也是重生，混乱如同波浪一般前赴后继地催生出了新思想并促使其发展与繁荣，代表着生活在当时的人们不断地为生存与发展找寻方法。

首先，科学知识自身的逻辑缺陷使其建立的权威统治从内部开始瓦解。波普尔与费耶阿本德是这一类呼声中的领军人物。波普尔认为科学知识是一种"猜测性的知识"，并不是全然客观的、可证实的、对世界的终极解释，而是需要不断进行修正和反驳的知识，因此他指出科学知识不可证实，但可证伪。[①] 此外，波普尔认为科学知识宣称的客观普遍性同样制造了权威主义，所谓的民主与公民的决定权只存在于掌握科技的那一类人手中，普通民众的知识与权力被悄然地淹没了。[②] 费耶阿本德认为"科学知识对于普遍性和固定性的追求牺牲了我们的人性，且忽略了影响科学变革的复杂性与历史条件"[③]。

其次，科学知识对人文知识、地方知识、个人知识的排斥导致社会价值失衡以及生存环境的失态。所谓"知识爆炸"也只是科学知识的"爆炸"，历史知识、形而上学知识、道德知识、艺术知识等人文学科被科学技术的权威排挤，由于长期无法获得充足的研究资金而极度萎缩，发育不良，进而导致科学技术高歌猛进，社会财富滚滚而来的同时，社会价值观、道德观、人生的追求与意义反而呈现出减退、模糊甚至是沦丧的状态。人文知识的缺失不仅在个人与社会层面造成了不良影响，也给生存环境带来了许多不可逆转的伤害，如人口剧增、过度开采、盲目开发、环境污染、生态破坏等。[④]

最后，知识从来离不开其生产和应用的社会环境。社会性是其毋庸置疑的本质属性之一。科学知识所崇尚的绝对客观性、普遍性与中立性站不住脚。舍勒从"我们"与"我"出发，指出"我们"总是先于"我"存在，无论是外部世界还是内部世界。"我们"拥有的外部世界和内部世界是"我"的外部知识和内部思想形成的基础、条件和环境。[⑤] "我"本不是抽象的、纯粹的认知主体，"我"生产的科学知识又怎么会是抽象的、中立的呢？曼海姆指出个体从出生起便生活在某个已经具备一套思维模式和行为模式的社会环境中，这种社会环境使个体在看待事物时本身就自带一种特定的"视角"，又何来中立、客观之说？[⑥]

---

① 石中英.知识转型与教育改革[M].北京：教育科学出版社，2001：72-73.

② 石中英.知识转型与教育改革[M].北京：教育科学出版社，2001：73-74.

③ FEYERABEND. Against method：Outline of an anarchistic theory of knowledge[M]. Atlantic Highlands, NJ and London：Humanities Press，1975：296.

④ 石中英.知识转型与教育改革[M].北京：教育科学出版社，2001：69.

⑤ 石中英.知识转型与教育改革[M].北京：教育科学出版社，2001：71.

⑥ MANNHEIM. Ideology and utopia：An introduction to the sociology of knowledge[M]. London：Routledge and Kegan Paul，1936：3.

由此,在科学技术知识内部与外部共同的作用下,其权威被打破、统治被瓦解。科技知识的"神化"逐渐消解,取而代之的"最有价值的知识"必定是多元化的,科学知识、人文知识、形而上学知识、实践知识、地方性知识、个人知识等都是合理合法的知识,没有哪一种知识型是真理,是统治者,是唯一的。①

对于"什么知识最有价值"的回答始终随着时代的变迁不断地被解构与重构。当前,我们普遍认为信息化、智能化的知识具有重要的价值,是人们普遍应拥有的素养。然而,几十年后,或一百年以后,这些知识也许就会像古典人文知识、科学知识等一步一步走出人们的认知焦点。

现在,我们把目光投回到教师。教师作为教育教学中的中坚力量、决定力量、关键力量,应当对"什么知识最有价值"这一问题有自己的观点。而这一观点受到教师个人的教育哲学的指导,同时也受到其所处环境对教育和教师要求的深刻影响。19世纪的教师可能普遍认为既定的、命题性的、书本的知识是最有价值的知识,也是从事教师职业所应当具备的根本能力;20世纪的教师可能普遍认为讲课的能力、班级管理的能力、教学方法的掌控力等是最有价值的知识,是从事教师职业所应当具备的关键知识;21世纪的教师可能普遍认为如何让学生学会学习是教师最有价值的知识。

在本研究中,基于"教师是知识生产者"的命题,我们认为教师最有价值的知识应当是教师生产的知识。这种知识从地位上来说,是奠定教师专业化发展的根基;从本质意蕴上来说,是教师个人知、能、情、意的综合体现;从表现形式上来说,既可以显性地体现在文本和语言上,也可以隐性地存在于教师的启发、顿悟、行为等方面;从功能上来说,其存在于教师教学的前、中、后全阶段,是教师得以顺利进行教育教学的根本依靠。因此,我们认为,教师应当重新审视自身的认知能力,重新框定自身的专业角色,重新理解自身的知识价值,从依赖、被动、机械的接收者,转变为具有独立自主意愿、主动能动能力、灵活动态智慧的知识生产者!

二、时代之困:工具理性的桎梏

工具理性源于马克斯·韦伯的合理性思想。韦伯将合理性划分为价值理

---

① 石中英.知识转型与教育改革[M].北京:教育科学出版社,2001:79.

性与工具理性。价值理性的行为以追求伦理、道德、价值的合理为核心，而工具理性行为以追求效率和效果为核心。俗话说，万物皆有尺度。在一定程度内，工具理性是推动人类社会发展必不可少的组成部分。人类的活动需要先保证效率，才能谈公平，没有效率的公平只能是空中楼阁。而人类历史上也不乏此类理想主义的公平。然而，当工具理性超过一定的程度，就开始消解人存在的价值。在极端的工具理性统治中，人被物质异化，成为实现目的的工具。而康德呼喊的"人是目的，不是工具"则被置若罔闻。工具理性忽视了人应当具有的情感与本性，否定了人的力量与价值，分裂了事物的主体与客体。过分重视目的的达成，而忽视了对目的是否合理、手段是否恰当等的审视。在这种思维模式下，人的发展逐渐扭曲、麻木、冷漠、极端，逐渐丧失了全面发展与个性发展的可能。

工具理性在教育中的主要表现之一即对分数的过分追求。在相当长的一段时间里，教师和学生沦为分数的奴隶。教师的教与学生的学都被分数所左右，所禁锢，所捆绑，遮蔽了教书育人的本质价值，阻碍了学生的全面发展，抑制了学生多元智能的综合开发，同时也窄化了教师专业化发展道路。分数与教师职称、绩效、荣誉等元素之间的高利害关系也使得广大教师的注意力都放在了提高学生分数上面，教师的学习资料窄化为各类教学辅导用书、各类考试资料、各种考试题型等。这种功利性的学习使得教师反而忽略更广大的知识空间，例如学生的身心特点、学生的兴趣需求、自身的灵感与顿悟、自身的兴趣拓展、自身教学方法的改进与创新、前沿理论研究的进展等等。俗话说，什么样的教师教出什么样的学生。毫无创造力的老师教不出具有创新素质的学生，生活枯燥的老师教不出爱好广泛的学生，刻板威严的老师带不出"活蹦乱跳"的班风，墨守成规的老师教不出批判善辩的学生。因此，追求分数的桎梏不仅消极影响着教师的专业发展，更加窄化了教书育人的根本职责。

同时，在这种分数价值导向下的学生也毫无生机可言。"考、考，老师的法宝；分、分，学生的命根"，这是考试导向的教育真实又残酷的写照。在分数的导向下，学生的学习出现了异化的现象：其一，所有的目标指向量化的数字，而无法量化的情感、习惯、价值观、精神、品质等被束之高阁；其二，一张试卷走天下，消磨了所有个性、兴趣、特征、需求，学生犹如生产流水线上的出厂产品，千篇一律,千生一面;其三,原有的优异禀赋被压抑,甚至埋没,而天赋普通的学生却要被揠苗助长;其四,分数带来的激烈竞争剥夺了学生应有的自由、自然、自在的发展,甚至引发了畸形的竞争,滋生了恶意的竞争,损害了学生的身心健康、包容与关怀他人的情感,以及合作共赢的能力。

尽管考试的指挥棒依然在奋力挥舞着,但唯分数的情况已经有了很大的改善,世界教育改革的潮流都在奋力朝向综合育人、素养育人、个性育人的方向发展,破除考试与分数的工具理性桎梏已经取得了长足的进步。但困境依然存在,教育的优质均衡发展仍旧任重而道远,而教师专业化的内涵式发展必须把握这一前进方向,充分发挥个体与群体的实践智慧,平衡行动的目标与价值,综合思考工具理性与价值理性在行为中的功能与优势。

三、时代之声:"知识就是力量"

17世纪,弗朗西斯·培根振臂一呼:"知识就是力量。"这句话曾经风靡一时,在20世纪八九十年代,我国不知有多少人因为这一句话认识到学习的重要性,意识到知识经济的来临,感受到知识就是财富的意义。今天,我们更加承认、赞扬"知识就是力量",但此时的知识与彼时的知识已经不再是同一种知识。实际上,培根的原话并非"知识就是力量",而是"人类统治万物的权力是深藏在知识和技术之中的。人的知识和人的力量是合于一体的",后来的人将他的思想总结为"知识就是力量"这一振聋发聩的呐喊。此外,这句话还有后一句:"知识就是力量,但更重要的是运用知识的技能。"两句一起才真正反映了培根的思想。作为西方社会唯物主义哲学家、实验科学与归纳法的创始人,培根一反统治西方认知与研究方法的演绎法,认为这种"由一般到特殊"的思维方式虽然能够引导人们思考与获得知识,但在这种既定的命题框架里很难产生新的知识。由此,他提出一种新的认知方法,即"由特殊到一般"的归纳法。归纳法强调在反复与大量的观察与实验的基础上,对研究对象进行总结与归纳,获取知识的途径是个体真实的实践,在真实的现象中发现问题,归纳要义,获得新知。培根对归纳法的创造贴合他对知识价值的理解。作为英国唯物主义的创始人,培根所指的"知识"是以感觉经验为基础的知识,而不是以逻辑推理为基础的知识,因此他尤其强调认知的方法,而非知识本身。这与当前世界对知识的理解有着相同的旨趣。

"知识就是力量"这一命题在当前教育中的解读不同于以往。随着科学、既定、命题类知识所宣称的客观普遍性被质疑和打破,社会的、实践的、个人的、地方的、隐性的知识开始占据半壁江山。认识论的变革折射到教育中则表现为智力因素的统治逐渐消解,非智力因素逐渐获得关注与重视。而学生非智力因素的发展包括需要、兴趣、动机、情感、意志、性格等方面,是培养学生的意志力、道德修养、克服困难的勇气和能力以及自信、自立、自强的良好心理素质等的基础元素。在当前社会,国家需要具有创造、创新、问题解决、合作协同等能力的人才,这些比考高分要重要得多。

由此,相应地,教师知识的力量则应体现在如何发现、开发、培养、提升学生的各类智力与非智力潜力与能力上,而不是仅盯着书本和教辅材料,仅做一个知识的搬运工,仅做一个教育流水线的生产工人。教师专业化的内涵式发展需要内部、外部的协同配合。教师自身既要有"活的"知识,也要有不断生产"活的"知识的不竭动力。这是保障教师专业化的根基,也是教师专业存在的合理性与合法性的基本组成。新时代的"知识就是力量"在于教师专业化发展的旨趣即在于此。同时也要有外部教育环境的支持与协同,其中最重要的是教师群体的知识治理。正确、高效、优质的教师群体知识治理是教师个体知识生产的催化剂,是教师群体知识流动的保障器,是教师个体与群体知识创新创造的助推器。

第二节　知识生产者的知识治理

知识治理最早由意大利学者安娜·格兰多里提出,其基本概念指以交易成本经济学为根基,从组织战略层面角度识别、克服、解决组织中的知识衔接问题。[①] 知识治理最早应用于企业管理领域,旨在弥补与解决企业中知识管理无法解决的缺陷和问题。相比于知识管理关注的较为具体的知识过程问题,知识治理更加专注于在一定程度的、合理的、宏观的组织机制下进行知识的组织、管

---

① GRANDORI. Neither hierarchy nor identity: Knowledge-governance mechanisms and the theory of the firm[J]. Journal of Management & Governance, 2001, 5(3-4): 381-399.

理、协调、保障，以解决知识经济下企业知识流动存在的障碍与问题，提升企业的知识创造创新能力。

一、知识治理理论

2001 年，在意大利学者安娜·格兰多里率先提出了"知识治理"这一概念后，许多学者开始关注这一领域。2003 年，福斯将知识治理归置于知识经济背景下进行探究，并指出知识过程、知识和组织之间存在间隙，需要通过知识治理的宏观角度统领分析与解决策略。[①] 由此，正式对知识治理这一概念进行系统描述。2010 年，福斯等研究者再次将知识治理的概念具体化为："知识治理是一种旨在影响知识过程来创造价值的组织设计实践。"[②]此外，格兰多里从功能角度指出"知识治理采用多种方法促进智力活动，引导企业内与企业间的知识交换、转移和共享"[③]，也有学者附和认为"知识治理是通过有目的的知识生产和扩散，实现社会和政策的改变的活动"[④]。我国学者李维安从系统视角出发指出，治理是对知识管理等知识活动中的行为进行激励、引导、规范和控制的组织安排。[⑤]

当前对知识治理的研究已经取得了较为广泛深入的成果，成果主要集中在知识治理的结构、机制、模式以及绩效等方面。[⑥] 知识治理的结构聚焦于微观中的知识运行，按照影响企业知识流动的因素划分为基于权威的层级治理结构、基于共识的治理结构，以及基于市场的治理结构。[⑦] 第一种倾向于正式的

---

① FOSS. The emerging knowledge governance approach: Challenges and characteristics[J]. Organization Science, 2007, 14(29): 29-52.

② FOSS, HUSTED, MICHAILOVA. Governing knowledge sharing in organizations: Levels of analysis, governance mechanisms, and research directions[J]. Journal of Management Studies, 2010, 47(3): 455-482.

③ GRANDORI. Neither hierarchy nor identity: Knowledge — governance mechanisms and the theory of the firm[J]. Journal of management and Governance, 2001,5(3): 381-399.

④ VAN BUUREN, ESHUIS. Knowledge governance: Complementing hierarchies, networks and markets? [M]//Knowledge Democracy: Consequences For Science, Politics, And Media. Berlin, Heidelberg: Springer Berlin Heidelberg, 2010: 283-297.

⑤ 李维安. 探求知识管理的制度基础: 知识治理[J]. 南开管理评论, 2007(3): 1.

⑥ 于淼, 朱方伟, 张杰, 等. 知识治理: 源起、前沿研究与理论框架[J]. 科研管理, 2021, 42(4): 65-72.

⑦ NICKERSON, ZENGER. A knowledge-based theory of the firm: The problem-solving perspective[J]. Organization Science, 2004,15(6): 617-632.

权威导向的结构,第二种倾向于非正式社会交往型的治理结构,第三种则倾向于基于契约的关系治理结构。但目前这三种结构并不能覆盖所有可能出现的知识治理情境,还需扩大研究范围,基于不同情境探索更多元的治理结构。知识治理的机制是在知识治理结构的基础上进行内容、过程、运行等具体要素的选择。当前研究者普遍关注组织中知识的共享、转移、整合、创造等过程。[①] 而在正式与非正式的知识治理机制中,这些具体过程会呈现不同的特点与方案。例如正式的知识治理机制往往需要在组织间或组织内部形成契约加以保障,或者在权威层级结构中进行。当前关于知识治理的机制研究更多关注松散、灵活的非正式机制,而关于正式机制的研究较少,这与适用情境的覆盖率息息相关。研究还需跳出企业管理的范围,拓展到更多社会生活场景中,积累更多案例,为归纳更普遍与更加适用的机制提供参考。知识治理的模式代表一种宏观统筹,包含了结构所代表的框架以及机制所代表的具体流程、手段、运行方式等。知识治理制度真正体现出治理不同于管理的宏观调控、内外适配、各方协调等。当前关于知识治理模式的研究主要集中在根据知识的特征进行不同模式的开发,例如已有研究针对默会知识独有的难以言传特点开发了类层级的命令治理模式,针对可以利用文本与符号进行编码的明述知识开发了构建式的交互治理模式。[②] 本研究同样基于知识的默会性与明述性进行知识治理模式的开发,但不同于以往研究,我们将知识治理的场景扩大到教师知识生产的场景中,以促进教师专业化发展为旨趣,在教师群体中探索知识治理模式的构建。知识治理的绩效研究反映了知识治理研究存在与发展的本质,即追求组织中知识生产的最优化结果。[③] 针对知识绩效的研究较为广泛,创新网络、核心竞争力、组织创造力等是当前关于教育热门的研究焦点。[④]

---

① HUANG, CHIU, LU. Knowledge governance mechanisms and repatriate's knowledge sharing the mediating roles of motivation and opportunity[J]. Journal of Knowledge Management,2013,17(5):677-694.

② HOETKER, MELLEWIGT. Choice and performance of governance mechanisms:Matching alliance governance to asset type[J]. Strategic Management Journal,2009,30(10):1025-1044.

③ 任志安.超越知识管理:知识治理理论的概念、框架及应用[J].科研管理,2007,28(1):20-26.

④ CLIFTON, KEAST, PICKERNEL, et al. Network structure, knowledge governance, and firm performance:Evidence from innovation networks and SMEs in the UK[J]. Growth & Change,2010,41(3):337-373;罗珉,张晟义,刘永俊.高新技术企业知识治理绩效研究[J].科研管理,2010,31(3)1-9.

二、教师的知识治理

多元情境是当前知识治理研究亟须填补的大片空白。知识存在于社会的方方面面与角角落落,关于知识的治理研究也应当遍地开花。本研究将知识治理的场景扩大到教师的知识生产中,以促进教师专业化发展为旨趣,在教师群体中探索知识的流动、交互、转化、创造等的可能与阻碍。通过治理模式的构建,基于默会知识理论,本研究揭露教师知识在个体与群体中从无到有、从明到暗、从旧到新、从知到悟的脉络与结构,推动教师实践智慧的生发,夯实教师专业队伍的根基。而在此之前,我们还需要对一些理念进行具体的说明。

首先,本部分研究聚焦的主体在于作为知识生产者的教师,而不是作为"听从命令的服从者"或者"被动与机械搬运知识的技术工"的传统教师角色。教师角色的不同对于其群体知识的治理模式搭建具有重要的影响。教师作为知识的生产者,背后蕴含着教师对教育教学应当享有主动权与话语权。这一核心理念在教育理论发展的历史长河中也有迹可寻。批判教育学派的吉鲁提出教师应当成为变革型知识分子,摆脱技术人员的定位,从被动的执行者变为主动的思考者,思考教的是什么、怎么教、是否有更远大的奋斗目标等问题,对教育目标和条件的形成承担责任,改变两者相分离的状况。[①] 英国课程理论学家斯滕豪斯率先提出"教师即研究者"这一理念,呼吁教师成为研究者,呼吁教师在教学中研究,在研究中教学。

而本研究在此基础上强调教师作为知识的生产者,同样是对教师实践性知识的肯定,但同时也相较于"教师即研究者"有所发展,具体表现在两个维度:一是肯定了教师日常教学行为中所生产的知识的价值,包括教师备课所生成的教案,教师上课的语言与行为、灵感与顿悟,教师课后反思的成果,教师同行交流或职后培训的所得,教师的日常教学技巧、日常教学智慧,教师个体独特的教育教学价值观等。教师作为知识生产者意味着教师不必一定要像教育研究者一样实验、思辨或撰写论文,也不一定要像研究者一样有所创新,有所批判。教师的日常工作就是教师的知识生产过程。教师日常教学的实践成果与对成果的思考就是教师的知识生产。研究只是教师知识生产的方式之一。对"教师是知

---

① GIROUX. Teachers as intellectuals: Toward a critical pedagogy of learning[M]. Connecticut: Greenwood Publishing Group, 1988: 126.

识的生产者"这一理念的强调突显了教师个人日常教学知识的价值。二是打开了教师知识生产更广阔的时间与空间。教师作为研究者在客观上存在着很多的限制条件[①]，而作为生产者的教师则不必抽出特定的时间与空间。对教师日常教学知识的价值肯定能够提升教师的自我效能感，促进实践与反思的频率，增强教师的教学自信与热情以及教师教学自主自由的意识。从数量上来说，教学研究对于教师理论知识、研究热情、所处学校的客观条件等方面的要求会阻碍一定数量的教师加入研究者的队伍，而把教师的日常工作作为教师知识生产的时空，则会打破这一壁垒，增加生产者的数量。因此，在育人为本的教育理念下，教师作为知识的生产者，摒弃过去被动的执行者角色，对教育教学中的各要素主动思考、主动实践、主动发现、主动探究，既是教育发展的必然趋势，也是契合教育理念、实现教育目标、满足学生发展的必要途径。

其次，教师知识生产最核心的价值在于其蕴含的实践智慧。实践智慧彰显了教师作为知识生产者的价值与力量。亚里士多德在其著作《尼各马可伦理学》中首次提出实践智慧（phronesis），并将其定义为"一种理智德性，是关于人的诸善、依赖逻各斯的、去蔽的、实践的品质"，是人类知识中重要的类别之一。拥有实践智慧的人能够"以正当的方式，在恰当的时间，达到正确的目标"。[②]教师实践智慧的精髓既在于"实践"独特的情境性，也在于"智慧"所代表的机智以及对"正确性"的追求。[③]教师的专业知识产生于教学实践，通过教学实践区别于其他专业知识，也依赖教学实践不断得到完善。教师教学实践的独特性在于它面向学生，整合教材、教法、课程、考纲、学科特点、学生特点，并兼顾校园文化、家长要求、区域教育特征以及国家与社会对人才的需求。教师的教学将这些大大小小的要素融合进课堂这一方小小的天地中，由此产生的教师实践知识便是独一无二的，是其他教育工作者所没有的。可以说教师知识依托于教育哲学、学科知识、心理学知识等各类知识，以它们为基石，但架构这些基石的框架是教师独有的专业知识。教师既知道教什么，也知道怎么教和为什么教，展现教师的实践智慧。此智慧出于教师在教学实践中对"正确性"的追求。而正确

---

①　高慎英.教师成为研究者"教师专业化"问题探讨[J].教育理论与实践,1998(3):32-35.

②　亚里士多德.尼各马可伦理学[M].廖申白,译注.北京:商务印书馆,2003:36-38.

③　姜勇.从实体思维到实践思维:国外教师专业发展新取向[J].外国教育研究,2005(3):1-4.

性可以解读为对课堂"真、善、美"的追求。"真"代表教师所传授知识的正确性与准确性；"善"代表教师对课堂中出现的问题能够正确判断，妥善处理；"美"代表教师对学生德行的教导和价值观的引领。由此，"正确性"不仅代表着知识，更代表着教师具备的智慧，表现为教师不仅知道是什么，更知道怎么做、如何做得更好以及为什么这样做，并能够在突发事件发生时迅速、准确、恰当地做出判断与反馈。因此，教师不仅具备创造知识的生产力，且在教学中生产独一无二的实践知识，发挥教师的价值与力量，彰显教师的实践智慧。

因此，对作为知识生产者的教师的知识治理具有以下特点：其一，知识治理以提升教师知识生产的主动性、克服机械性的知识传递为导向，提升教师的领导力、专业发展热情以及教师的主人翁意识。其二，知识治理以挖掘教师的默会知识为核心目标。教师的实践智慧是教师知识生产过程中最关键与珍贵的"产品"，而实践智慧往往具有极强的默会属性。这种默会性一方面来自语言的有限性，另一方面可能来自有意识的拒绝，这就需要第三种知识治理的特点，即打破分享的壁垒。壁垒的来源也是多样的，例如权威的压迫，使得教师群体的交流只有赞扬，没有真实的批评；或是认知的不同步、话语体系的差异以及群体共享过于稀缺等；还有来自时间的限制，例如教师的各项事务是否冗杂，是否有足够的时间和精力自我反思、群体交流、吸收经验、转化实践等。因此，教师知识治理模式的搭建需要从宏观统筹的角度综合各类资源，抓住主要矛盾，解决核心问题，打通横纵壁垒，为促进教师个体与群体的知识生产建构一个具有理论高度与实践用途的知识治理系统。

第三节　促进教师专业内涵式发展的知识治理机制

就任何一门专业来说，专业知识是其存在的核心与根基。就教师知识来说，其既对教师专业化发展具有十分重要的意义，同时也是教师专业化被质疑的源头之一。在这种情况下教师知识应当撑起专业化的大梁，这也是本研究不断论证教师知识生产者角色的元目的之一。同时，教师成为知识生产者以后，教师群体知识仍会存在一些问题，例如群体知识因交流受阻而停滞不前，因重复守旧而造成知识库的拥堵与资源浪费，因群体知识保障不完善而造成知识间倾轧与遮蔽等。不以规矩,不能成方圆。当教师个体对知识掌握主动权,成为知识生产的主导方时,相应的宏观调控与管理机制必定要建立起来,在提升知识生产效率与公平、打通知识传播途径、催化群体知识更新与创造的同时,也能用以防止混乱的产生。这就是作为知识生产者的教师的知识治理模式建立的核心要义。

一、教师个体与群体知识生产交互图景

根据前几章的分析,此处我们将结合知识治理理论对教师个体知识与群体知识的生产、流动、转化、创造等进一步梳理与提炼,尤其明晰多元场景下知识生产与治理的特点,为建立教师知识治理模式奠定基础。

(一)教师知识生产的场景

教师知识生产最大的价值在于教学情境性、教学实践性以及教学整合性。

其中教学情境性是教师知识生产的"场域"。教学情境下的知识生产指教师在一定的教学场所(课堂、办公室、教研室等)、遵循一定的教学目标与内容、按照一定的教学进度、与一定的人群(学生、同事、同行等)进行交流与互动等,而产生的有关教育教学的知识。这种生产情境不是普遍的、统一的、可以复制的,而是与具体的教学行动有关,每一个情境都因为构成要素时刻发生变化而不一样。更重要的是作为生产主角的教师的思维、观念、直觉、经验等也在一次次的实践中不断变化,正如古希腊的箴言"人不能两次踏进同一条河流",教师也在不断变化中,对同一类型的事件也常常有着不同的处理方式。

教学实践性是教师知识生产的本质属性。教师的知识绝不是书本的知识和理论的知识,而是行动的知识、实践的知识。基础教育领域中的教师往往被认为是欠缺专业性的,因为他们的知识来源总是受到质疑,他们被认为既不像医生、律师、工程师那样在专业领域具有权威性,也不像大学教师那样掌握着领域内精深的理论知识且具备研究技艺,他们的知识被认为来源于外部,而他们是"搬运工",是"消费者",受制于人。实际上,这样的观点是有失公允的。中小学教师所掌握的知识远不止于此,如果仅仅照着课本念就能教导出一批又一批的人才,那么教育学的研究范围将是多么的狭窄! 教师的知识不仅包括"是什么"的知识,也包括更加具有决定作用的"为什么"与"怎么做"的知识。

教学整合性是教师知识生产的必然要求。教师以教学为目的对各种知识

进行整合。教师在教学的过程中面对着非常复杂的元素群,例如学科、教材、教法、学生、考纲、教学计划、教学设备、班级风格等,也涵盖着与教学生态环境相关的要素,如社会对人才的要求、学区的规划、学校对升学率的要求、家长对成绩的要求、校园文化与设施等。因此,教师在教学中的知识生产需要经过"几道筛子",并将零散的知识整合成为教学知识。这个过程蕴含了教师全部的思维、情感与智慧。

在上述特点中,我们能够发现教学始终是教师知识生产离不开的核心要素之一。甚至我们可以说,教学既是教师知识生产的"场域",也是教师知识生产的"手段",更是教师知识生产的"目的"。因此,我们将"教学"作为教师知识生产的宏大场景,并将教学场景细分为备课、上课、课后反思三个主要具体情境。同时,不仅教师个体的知识生产主要发生在上述三个场景中,教师群体的知识流动、转化、创造等过程同样以此为主场,例如共同备课、听课、评课、校本教研等。这些都是课例研究的主要代表性活动,其能够深入、全程、细致地考察、研究、交流教师的教学活动,是协同提升教师集体的知识建构水平、合作学习能力、反思能力、职业信念与热情的重要方式。

(二)教师群体知识交互的特点

教师专业知识的本质属性——实践性,使得教师知识天生带有强烈的默会性质,难以充分转化为语言和文字,难以大量复刻和模仿,也难以广泛传播。教师知识中最为珍贵、价值最高的部分当属教师的顿悟、启发、灵感,以及将其转化为行动的实践操作。这类知识在一个教师的专业生涯中,将会通过"实践—反思—再实践"的不断循环上升,形成其独具特色的精神、品格、信念与激情。这是教师知识中最难以复刻的精华。对于资深教师来说,这是历经千辛万苦而形成的"琥珀";对于新手教师来说,这是需要通过长期的模仿、理解、创新、升华才可能达到的境界。

这里为什么不是"一定",而是"可能"呢?这主要是因为不同的个体对同一件事物会产生不同的理解。简单来说,同一位专家型教师同时带几个新手徒弟,每个人从专家那里获得的东西必定不会完全相同,每个人的成长轨迹也是不一样的。本质上,这是认知默会性的必然结果。教师知识在群体中的传播会不断地从显性转化为隐性,又从隐性转化为显性。学界对这一现象早已有了广泛而深入的研究。例如，在野中郁次郎与竹内弘高合著的《创造知识的企业：日美企业持续创新的动力》一书中，野中郁次郎以企业知识创新为背景率先梳理了默会知识与明述知识之间的四条转化路径，为默会知识理论在实践中的运用迈出了重要的一步。四条转化路径即社会化、外显化、组合化以及内隐化，简称SECI 模型。[①] 博马尔以一个历史学家的视角，建立了一个知识类型的 2×2 矩阵模型，为企业高层在决策公司发展新方向的同时也"顺便"重新定位他们的认知和思维提供了有效的路径。[②] 该模型展示了集体明述知识通过"调用"成为个人明述知识，又经由内化成为个人默会知识，而个人的默会知识在集体中通过交流与互动又转化为集体的默会知识，并形成共同体的默会认知。而共同体的默契有时候甚至可以转化成为明文规定，以促进集体的融洽与发展。此外，这一顺序并非强制，也可以倒过来运行，但都是为了促进组织明述知识与个人默会知识之间的相互转化。

然而，知识在个体与群体间的流动与转化远比上述各种模式来得更加复杂，毕竟思维的发生从来都是迅捷、隐蔽又多元的。同时，个体的差异也会在"自我化"的过程中发挥核心作用。这点适用于既定的命题知识，更适用于难以捉摸的默会知识。

尽管如此，这并不代表教师知识交互就难以定性、定型和建模。本章的最后一部分将集中力量攻克这一问题，充分运用默会知识理论、知识治理理论、系统论等，为隐蔽、复杂、动态的教师知识生产建立宏观统筹的知识治理机制。

二、教师专业发展的知识治理机制

（一）教师知识治理的结构

教师知识治理的结构是教师知识生产中各要素在相互作用过程中所依赖的运行模式。通常，知识治理结构包括基于权威的层级治理结构、基于共识的治理结构，以及基于市场的治理结构。第一种倾向于正式的、权威导向的结构，第二种倾向于非正式社会交往型的治理结构，第三种则倾向于基于契约的关系治理结构。对于教师群体来说，其知识生产与交流呈现出个体性、松散性、内隐

---

① 野中郁次郎，竹内弘高.创造知识的企业：日美企业持续创新的动力[M].李萌，高飞，译.北京：知识产权出版社，2006：71.

② BAUMARD. Tacit knowledge in organizations[M]. London：Sage Publications，1999：1-55.

性、民主性、不定期性、非约束性等特点。这些特征使教师知识治理结构并不适用于基于市场关系的契约式结构,而可以综合运用正式的层级结构与非正式的社会共识结构。权威领导下的层级结构能够有效帮助教师群体知识生产完善规则、有序运行,并获得高效产出。基于共识的非正式社会结构能够顺应教师知识生产所具有的民主性与非约束性等特点,并能够在自由、灵活、动态的环境中充分开通教师知识交互与创造的多元通路。

(二)教师知识治理的机制

教师知识治理的机制是教师在进行知识活动时的各要素间的逻辑关系与运行方式。

备课、上课、课后是教师知识生产与治理的核心流程,群体知识的交流则通过对应发生的"共同备课""听课""评课"等活动载体展开。知识在这些活动中的动态轨迹可以分为知识共享、知识转化以及知识创造。其中,分享是知识个体生产与群体治理的前提,以便将所有参与人拉入同一个话语体系,形成群体的默会共享。在分享中,不同流程会产生不同的分享方案。例如在上课阶段,个体与群体呈现二元分离状态,其分享表现为某一个体进行知识输出,而群体则进行知识输入,二者之间无法产生即时的交流。同时,转化是知识共享后被理解、接收、内化或排斥等所必经的道路,也是知识性质变化最难以捉摸的阶段。转化既可以表现为外显的行为与语言,例如讨论交流、总结概括,也可以内隐为个体脑中的顿悟、灵感、无意识创作等。最后,创造代表个体与群体知识生产的成果,也是知识治理绩效的体现。

在整体的教师知识生产与治理机制中,还有四条原则需与机制的运行配合,以达到治理的最优化目的。其一,教师知识生产与治理机制需保障流程清晰,以增加教师松散治理特点的可操作性;其二,需对知识生产与治理的成果提出明确的要求,以防止群体知识交流出现浅表化与形式化等现象;其三,最大化教师领导力,以教师为知识生产与治理的主人翁,由教师群体决定交流、创造、治理的路径与方法;其四,保障言路畅通,充分考虑新手教师、专家型教师、基层教师以及校长等督导人员的不同特征与需要,既使新教师敢于开口,也使专家教师不吝于开口,通过知识治理充分保障教师知识交流、互动、转化、创造的民主性与开放性。上述四项原则主要依据我们对于治理结构的选择,原则一与原则二根据权威层级治理结构的特点而具有可行性,原则三与原则四依据社会共识治理结构的特点而具有合理性。结合上述部分对教师知识治理的结构与机制的论述,本书为教师专业化的内涵式发展建构了知识治理模式(见图 6-1)。

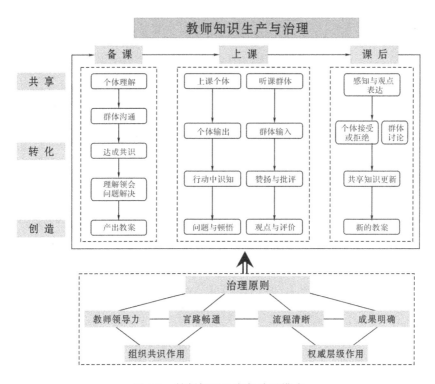

图 6-1　教师知识生产与治理模式

　　该模式是一个"过程—关系"型知识治理模式,既强调具有权威导向的层级治理,也重视教师群体在知识生产、交互、转化、创造等过程中的自由度与民主性。在纵向时间上,我们抓住教师知识生产与交互所主要依托的"场域",即备课、上课与课后反思活动。这些活动不仅具备事件发生的线性顺序,其所对应的教师群体知识交互活动也较为清晰,主要包括课前的共同备课、课堂听课以及课后评课。而这三类教师的群体活动也正最需要权威领导下的规则制定与流程协商,以提升教师知识生产的效率,增加其成果。从横向关系上来看,我们抓住群体知识在交互过程中可能存在的关系,即共享、转化以及创造。这既是新旧知识的关系,也是默会知识与明述知识的关系,更是个体知识与群体知识的关系。因而,在横向的结构中,我们着重把握教师个体在每一步的知识生产中与群体存在的交会,群体知识共享过程中所涉及的个体的独立性,以及这种独立思考如何推动群体知识的更新与创造。由此,基于"教师是知识的生产者"这一命题,以促进教师群体专业化的内涵式发展为旨趣,我们建构该"过程—关系"型教师知识生产与治理模式,一方面始终强调教师与知识关系的角色变化,另一方面也引入知识治理理论进一步提升教师个体与群体知识生产绩效。

2022 年,习近平总书记在中国人民大学考察时指出,世界百年未有之大变局加速演进,世界进入新的动荡变革期,迫切需要回答好"世界怎么了""人类向何处去"的时代之题。[①] 在这样的时代背景下,教育必然要随之做出调整,突出理论的前瞻性与实践的延续性。同年,《教育部关于印发义务教育课程方案和课程标准(2022 年版)的通知》(教材〔2022〕2 号)发布,对中小学生重新"画像",其中指出要"变革育人方式,突出实践"。这是自 2001 年课程改革以来对实践教育的持续强调,是当前教师专业发展的指路标。而教师作为教育事业的根本依靠,也必须有所警觉,有所动作,有所改变,有所创新。

在新的时代背景下,我们充分肯定教师以实践知识为根基的专业知识,重拾先哲对实践智慧的理念与阐释,融合知识经济时代的新角色,转变教师与知识的传统关系,呼吁教师成为知识的生产者,成为知识的主人,成为信息智能时代下全人类社会化知识生产的一员,让"教师是知识生产者"成为教师专业化发展的新逻辑与新方向。同时,我们也充分认识到教师的知识生产不仅面临角色意识淡薄的思想问题,更面临行动上的规范问题、不同知识间的拉扯张力以及生产成果的转化问题等。因此,对于教师知识生产以及专业发展的研究更需结合社会学与管理学等学科,在知识治理理念的指导下,一反传统、被动、弱势的专业角色与线性、僵硬、单一的管理模式,构建更加优质高效的知识生产与治理机制,为教师专业化的内涵式发展打通纵横路径,构建全新图景。

---

① 新华社.坚持党的领导传承红色基因扎根中国大地 走出一条建设中国特色世界一流大学新路[N].人民日报,2022-04-26(1).

参考文献

中文著作

[1] 波兰尼.个人知识:朝向后批判哲学[M].徐陶,译.上海:上海人民出版社,2017.

[2] 布朗,基利.学会提问(原书第10版)[M].吴礼敬,译.北京:机械工业出版社,2013.

[3] 陈向明.质的研究方法与社会科学研究[M].北京:教育科学出版社,2000.

[4] 程红兵.听程红兵老师说课评课[M].武汉:长江文艺出版社,2017.

[5] 程红兵.直面教育现场:书生校长的教育反思[M].上海:华东师范大学出版社,2012.

[6] 戴本博.外国教育史(上)[M].北京:人民教育出版社,1989.

[7] 戈尔茨坦.认知心理学:心智、研究与你的生活(第三版)[M].张明,等译.北京:中国轻工业出版社,2015.

[8] 郭湛.主体性哲学:人的存在及其意义[M].修订版.北京:中国人民大学出版社,2011.

[9] 吉本斯,利摩日,诺沃提尼,等.知识生产的新模式:当代社会科学与研究的动力学[M].陈洪捷,沈文钦,等译.北京:北京大学出版社,2011.

[10] 经济合作与发展组织(OECD).以知识为基础的经济[M].杨宏进,薛澜,译.北京:机械工业出版社,1997.

[11] 李秉德.教学论[M].北京:人民教育出版社,2001.

[12] 李镇西.我的教学笔记:李镇西30年课堂教学精华[M].桂林:漓江出版社,2012.

[13] 李镇西.李镇西:我的语文课堂(上)[M].北京:光明日报出版社,2013.

[14] 李镇西.李镇西:我的语文课堂(下)[M].北京:光明日报出版社,2013.

[15] 刘清华.教师知识的模型建构研究[M].北京:中国社会科学出版社,2004.

[16] 卢乐山,林崇德,王德胜.中国学前教育百科全书:教育理论卷[M].沈阳:沈阳

出版社,1995.

[17] 陆有铨.躁动的百年:20世纪的教育历程[M].北京:北京大学出版社,2012.

[18] 马什.初任教师手册[M].吴刚平,何立群,译.北京:教育科学出版社,2005.

[19] 裴娣娜.教育研究方法导论[M].合肥:安徽教育出版社,1995.

[20] 皮连生.智育心理学[M].北京:人民教育出版社,1996.

[21] 皮亚杰.皮亚杰教育论著选[M].第二版.卢濬,选译.北京:人民教育出版社,2015.

[22] 乔金森.参与观察法[M].龙筱红,张小山,译.重庆:重庆大学出版社,2009.

[23] 乔伊斯,韦尔,卡尔霍恩.教学模式(第八版)[M].兰英,等译.北京:中国人民大学出版社,2014.

[24] 舍恩.反映的实践者:专业工作者如何在行动中思考[M].夏林清,译.北京:北京师范大学出版社,2018.

[25] 舍恩.培养反映的实践者:专业领域中关于教与学的一项全新设计[M].郝彩虹,等译.北京:教育科学出版社,2008.

[26] 施良方.课程理论:课程的基础、原理与问题[M].教育科学出版社,1996.

[27] 石中英.知识转型与教育改革[M].北京:教育科学出版社,2001.

[28] 市川昭午.教师:专门职业论的再研究[M].东京:教育开发研究所,1986.

[29] 舒尔曼.实践智慧:论教学、学习与学会教学[M].王艳玲,等译.上海:华东师范大学出版社,2014.

[30] 孙培青.中国教育史[M].第三版.上海:华东师范大学出版社,2009.

[31] 王策三.教学论稿[M].北京:人民教育出版社,1985.

[32] 王治河.后现代哲学思潮研究[M].增补本.北京:北京大学出版社,2006.

[33] 吴立岗.教学的原理、模式和活动[M].南宁:广西教育出版社,1998.

[34] 亚里士多德.尼各马可伦理学[M].廖申白,译注.北京:商务印书馆,2003.

[35] 杨小微.教育研究的原理与方法[M].第二版.上海:华东师范大学出版社,2010.

[36] 野中郁次郎,竹内弘高.创造知识的企业:日美企业持续创新的动力[M].李萌,高飞,译.北京:知识产权出版社,2006.

[37] 于漪.于漪全集6:课堂教学卷[M].上海:上海教育出版社,2018.

[38] 郁振华.人类知识的默会维度[M].北京:北京大学出版社,2012.

[39] 张东荪.认识论[M].北京:商务印书馆,2011.

[40] 中华人民共和国教育部.普通高中课程方案:2017年版[M].北京:人民教育出版社,2018.

[41] 钟启泉,汪霞,王文静.课程与教学论[M].上海:华东师范大学出版社,2008.

[42] 钟启泉,张华.课程与教学论[M].沈阳:辽宁大学出版社,2007.

[43] 筑波大学教育学研究会.现代教育学基础[M].中文修订版.钟启泉,译.上海:

上海教育出版社,2003.

[44] 佐藤学.教师的挑战:宁静的课堂革命[M].钟启泉,译.上海:华东师范大学出版社,2012.

[45] 佐藤学.教师花传书:专家型教师的成长[M].陈静静,译.上海:华东师范大学出版社,2016.

[46] 佐藤学.静悄悄的革命:课堂改变,学校就会改变[M].李季湄,译.北京:教育科学出版社,2014.

英文著作

[1] BAUMARD. Tacit knowledge in organizations[M]. London: Sage Publications, 1999.

[2] CARAYANNIS, CAMPBELL. Mode 3 knowledge production in quadruple helix innovation systems: 21st century democracy, innovation, and entrepreneurship for development[M]. New York: Springer-Verlag New York, 2012.

[3] FEYERABEND. Against method: Outline of an anarchistic theory of knowledge[M]. Atlantic Highlands, NJ and London: Humanities Press, 1975.

[4] GIROUX. Teachers as intellectuals: Toward a critical pedagogy of learning [M]. Connecticut: Greenwood Publishing Group, 1988.

[5] GROSSMAN. The making of a teacher: Teacher knowledge and teacher education[M]. Teachers College Press, Teachers College, Columbia University, 1990.

[6] JAMES. The principles of psychology[M]. New York: Henry Holt& Co, 1890.

[7] LYOTARD. The postmodern condition: A report on knowledge[M]. Manchester: Manchester University Press, 1984.

[8] MAGNUSSON, KRAJCI, BORKO. Nature, sources, and development of pedagogical content knowledge for science teaching[M]. Examining Pedagogical Content Knowledge. Kluwer Academic Publisher, 2002.

[9] MANNHEIM. Ideology and utopia: An introduction to the sociology of knowledge[M]. London: Routledge and Kegan Paul, 1936.

[10] MOORE. The professions: Roles and rules[M]. New York: Russell Sage Foundation, 1970.

[11] POLANYI. The study of man[M]. Chicago: The University of Chicago Press, 1959.

[12] POLANYI. Personal knowledge: Towards a post-critical philosophy[M]. Chicago: The University of Chicago Press, 1961.

[13] POLANYI. The tacit dimension[M]. Chicago：The University of Chicago Press,1966.

[14] POLANYI, PROSCH. Meaning[M]. Chicago：The University of Chicago Press,1975.

[15] STERNBERG, HORVATH. Tacit knowledge in professional practice：Researcher and practitioner perspectives[M]. Psychology Press, 1999.

[16] STINNETT, HUGGETT. Professional problems of teachers, 2nd edn[M]. New York：Macmillan, 1963.

中文期刊

[1] 白益民.学科教学知识初探[J].现代教育论丛,2000(4):27-30.

[2] 鲍银霞,汤志娜.学科教学知识的概念批判与发展[J].教育科学,2014,30(6):39-44.

[3] 蔡华.西方缄默知识理论的源流[J].求索,2013(5):107-109.

[4] 蔡进雄.授权抑或授权赋能？论校长如何运用授权赋能领导[J].人文及社会科学教学通讯,2003,13(5):62-79.

[5] 操太圣,卢乃桂.教师赋权增能:内涵、意义与策略[J].课程·教材·教法,2006(10):78-81.

[6] 陈霞玲,马陆亭.创业型大学的兴起与内涵:大学组织技术变迁的视角[J].大学教育科学,2012(5):42-48.

[7] 陈向明.教师实践性知识研究的知识论基础[J].教育学报,2009,5(2):47-55.

[8] 程岭.实践性知识研究的历史嬗变[J].教育理论与实践,2017,37(25):61-64.

[9] 冯苗,曲铁华.从 PCK 到 PCKg:教师专业发展的新转向[J].外国教育研究,2006,33(12):58-63.

[10] 高慎英.教师成为研究者"教师专业化"问题探讨[J].教育理论与实践,1998(3):32-35.

[11] 高喜军.新知识生产视角下卓越工程师教育培养计划探析[J].国家教育行政学院学报,2016(2):16-20.

[12] 耿文侠,冯春明.教师职业的专业特性分析[J].教育研究,2007(2):83-88.

[13] 顾泠沅,杨玉东.教师专业发展的校本行动研究[J].教育发展研究,2003,23(6):1-7.

[14] 郭芳芳,张男星.高深知识的生产变革与高等教育绩效评价[J].复旦教育论坛,2012,10(6):5-9.

[15] 郭瑞迎.教育学知识生产模式的转型与问题[J].教育理论与实践,2014,34(7):12-16.

[16] 胡娟.从政治介入到公众参与:知识生产动力学的进路考察[J].江西社会科

学,2014,34(10):205-210.

[17] 黄伟,谢利民.教学机智:跳荡在教学情境中的燧火[J].北京大学教育评论,
　　　2005(1):58-62.

[18] 黄云鹏.教师实践性知识和学科教学知识的比较研究[J].中国教师,2014
　　　(S1):276-278.

[19] 皇甫倩.基于学习进阶的教师PCK测评工具的开发研究[J].外国教育研究,
　　　2015,42(4):96-105.

[20] 姜勇.从实体思维到实践思维:国外教师专业发展新取向[J].外国教育研究,
　　　2005(3):1-4.

[21] 李茂森.教师专业自主:何以可能与如何可能[J].教育发展研究,2008(2):
　　　48-51.

[22] 李琼,倪玉菁.西方不同路向的教师知识研究述评[J].比较教育研究,2006
　　　(5):76-81.

[23] 李如密.教学风格的内涵及载体[J].上海教育科研,2002(4):41-44.

[24] 李维安.探求知识管理的制度基础:知识治理[J].南开管理评论,2007(3):1.

[25] 李伟胜.学科教学知识(PCK)的核心因素及其对教师教育的启示[J].教师
　　　教育研究,2009,21(2):33-38.

[26] 李晓强,张平,邹晓东.学科会聚:知识生产的新趋势[J].科技进步与对策,
　　　2007(6):112-115.

[27] 李志峰,高慧,张忠家.知识生产模式的现代转型与大学科学研究的模式创新
　　　[J].教育研究,2014,35(3):55-63.

[28] 梁永平.PCK:教师教学观念与教学行为发展的桥梁性知识[J].教育科学,
　　　2011,27(5):54-59.

[29] 梁永平.论化学教师的PCK结构及其建构[J].课程·教材·教法,2012,32
　　　(6):113-119.

[30] 廖元锡.PCK:使教学最有效的知识[J].教师教育研究,2005(6):39-42.

[31] 刘胜男,赵敏.教师增权赋能的实现机制:分布式领导活动中的要素及作用机
　　　理[J].教育发展研究,2011,31(12):16-20.

[32] 刘小强.教师专业知识基础与教师教育改革:来自PCK的启示[J].外国中小
　　　学教育,2005(11):7-10.

[33] 刘雪飞,骆徽.隐性知识视野中知识与学习的革命[J].开放教育研究,2004
　　　(5):29-31.

[34] 刘彦文.教师职业从准专业到专业:标准探讨[J].上海教育科研,2002(8):
　　　12-14.

[35] 鲁小莉,梁贯成."知识四维度":分析教师课堂教学知识的框架[J].全球教育
　　　展望,2015,44(8):63-73.

[36] 罗慧生.现代科学哲学的"历史学派"[J].哲学研究,1981(11):37-45.

[37] 罗珉,张晟义,刘永俊.高新技术企业知识治理绩效研究[J].科研管理,2010,31(3):1-9.

[38] 任一明,田腾飞.PCK:教师教育改革之必需[J].西南大学学报(社会科学版),2009,35(2):134-138.

[39] 任志安.超越知识管理:知识治理理论的概念、框架及应用[J].科研管理,2007,28(1):20-26.

[40] 容翠.教师课程权力运行的困境及其救赎[J].教育理论与实践,2017,37(2):28-30.

[41] 沈艳红,汪洋.高校教学团队隐性学科教学知识转移问题研究[J].图书情报导刊,2017,2(8):42-46.

[42] 沈艳红,闻心洁.隐性知识视角下的高校教师学科教学知识发展机制研究[J].农业图书情报学刊,2017,29(10):124-126.

[43] 盛冰.知识的新生产及其对大学的影响[J].清华大学教育研究,2003,24(1):30-35.

[44] 石仿,刘仲林."意会(隐性)知识"在当代中国的崛起与沉思[J].自然辩证法研究,2012,28(1):123-128.

[45] 舒成利,高山行.基于知识生产模式的原始性创新发生机制的研究[J].科学学研究,2008(3):640-644.

[46] 宋宏福.论教师专业自主权[J].中小学教师培训,2004(3):3-5.

[47] 孙志远.隐性知识分类探析[J].消费导刊,2009(2):200.

[48] 汤杰英.学科教学知识本质特征的再辨析[J].江苏高教,2014,175(3):83-86.

[49] 汤杰英,周兢,韩春红.学科教学知识构成的厘清及对教师教育的启示[J].教育科学,2012,28(5):37-42.

[50] 唐泽静,陈旭远."学科教学知识"研究的发展及其对职前教师教育的启示[J].外国教育研究,2010,37(10):68-73.

[51] 陶卉,董静.缄默知识理论视域下PCK的发展[J].教育理论与实践,2017,37(7):46-50.

[52] 滕平.教师专业知识共享机制的构建初探[J].上海教育科研,2009(6):81-82.

[53] 田莉.教师赋权增能视野下的学校改进:内涵及策略[J].教育理论与实践,2014,34(11):3-5.

[54] 万文涛.论专业化教师的知识结构[J].教育研究,2004(09):17-19.

[55] 王爱萍.知识生产模式转型与大学生就业能力培养[J].高教探索,2011(5):96-100.

[56] 王飞.学科教学知识与实践性知识的比较研究[J].上海教育科研,2012(7):9-13.

[57] 王红雨.开放学科边界的大学学科观转变探讨[J].高校教育管理,2014,8(4):67-71.

[58] 王骥.从洪堡理想到学术资本主义:对大学知识生产模式转变的再审视[J].高教探索,2011(1):16-19.

[59] 王建华.知识社会视野中的大学[J].教育发展研究,2012,32(3):35-42.

[60] 王凯,邹晓东.大学和产业知识生产模式的异质性与融合性研究:基于制度逻辑的视角[J].自然辩证法通讯,2016,38(1):110-115.

[61] 王蒙华.从实践性知识角度再探学科教学知识[J].科教文汇(下旬刊),2018(9):37-38.

[62] 王小棉.论教师隐性教育观念的更新[J].教育研究,2003,24(8):88-92.

[63] 王艳玲.近20年来教师知识研究的回顾与反思[J].全球教育展望,2007(2):39-43.

[64] 王艳霞.教育实践中忽视理论的倾向与矫正[J].中国教育学刊,2017(2):30-34.

[65] 王征顺,赵建斌.缄默知识理论观照下的新型教学模式构建[J].高教发展与评估,2009,25(5):79-82.

[66] 魏玉梅.美国教育学博士研究生培养的"跨学科"特色及其启示:以哈佛大学教育哲学博士(Ph.D.)培养项目为例[J].外国教育研究,2016,43(3):43-57.

[67] 吴义昌.教师理论学习的自我价值探析[J].教育科学研究,2019(1):81-84.

[68] 武学超.五重螺旋创新生态系统要素构成及运行机理[J].自然辩证法研究,2015,31(6):50-53.

[69] 谢利民.现代课堂教学的理念:知识的传播与生成[J].教育科学研究,2002(7):7-10.

[70] 谢延龙,王澍.现实反思与理想图景:论我国教育知识生产[J].现代大学教育,2009(5):23-27.

[71] 解书,马云鹏.学科教学知识(PCK)的结构特征及发展路径分析:基于小学数学教师的案例研究[J].基础教育,2017,14(1):93-103.

[72] 解书,马云鹏,李秀玲.国外学科教学知识内涵研究的分析与思考[J].外国教育研究,2013,40(6):59-68.

[73] 辛继湘.教师学科教学知识传递的影响因素与路径选择[J].课程·教材·教法,2017,37(5):89-94.

[74] 辛涛,申继亮,林崇德.从教师的知识结构看师范教育的改革[J].高等师范教育研究,1999(6):12-17.

[75] 徐金雷.国际学科教学知识的文献计量研究[J].课程·教材·教法,2018,38(3):132-138.

[76] 徐雅萍.教师的个人理论解读:基于默会知识的理解[J].教育发展研究,2005

(20):73-77.

[77] 严国萍.行动者网络理论与超学科知识生产模式[J].浙江社会科学,2009(7):
     10-14.

[78] 杨彩霞.教师学科教学知识:本质、特征与结构[J].教育科学,2006(1):60-63.

[79] 杨翠蓉,胡谊,吴庆麟.教师知识的研究综述[J].心理科学,2005(5):
     1167-1169.

[80] 杨辉.科技决策相关公共知识生产模式的演变[J].自然辩证法研究,2016,32
     (8):51-56.

[81] 于淼,朱方伟,张杰,等.知识治理:源起、前沿研究与理论框架[J].科研管理,
     2021,42(4):65-72.

[82] 袁维新.学科教学知识:一个教师专业发展的新视角[J].外国教育研究,2005
     (3):10-14.

[83] 曾文婕,黄甫全.美国教师"赋权增能"的动因、涵义、策略及启示[J].课程·教
     材·教法,2006(12):75-79.

[84] 张爱琴,谢利民.教师角色定位的本质透视[J].教育评论,2002(5):41-44.

[85] 张贵新.对教师专业化的理念、现实与未来的探讨[J].外国教育研究,2002
     (2):50-55.

[86] 张华龙.课堂教学:从求真殿堂的膜拜到意义家园的营建[J].教育评论,2006
     (5):48-50.

[87] 张其香,陈维军,赵静幽.大学何以陷入"废墟":一个知识生产的视角[J].福建
     师范大学学报(哲学社会科学版),2016(4):143-149.

[88] 张向众.教育理论与教师发展:从教师的生命之维来看[J].教师教育研究,
     2005(6):12-16.

[89] 张小菊,王祖浩.学科教学知识的结构化—叙事表征:内容表征—教学经验模
     型[J].外国教育研究,2014,41(3):50-57.

[90] 张洋磊.研究型大学科研组织模式危机与创新:知识生产模式转型视角的研
     究[J].科技进步与对策,2016,33(11):152-156.

[91] 张颖.教师赋权背景下教师参与学校管理存在的问题及对策[J].教育评论,
     2016(4):72-75.

[92] 赵冬臣,马云鹏.教学推理的意蕴与价值[J].课程·教材·教法,2017,37(1):
     113-118.

[93] 郑楚楚,姜勇.幼儿园教师赋权增能发展现状与影响因素[J].学前教育研究,
     2019(1):62-73.

[94] 郑利霞.论知识观转型与课程改革[J].教育理论与实践,2008(28):45-48.

[95] 钟启泉.教师"专业化":理念、制度、课题[J].教育研究,2001(12):12-16.

[96] 朱连云.小学数学新手和专家教师 PCK 比较的个案研究:青浦实验的新世纪

行动之四[J].上海教育科研,2007(10):47-50.

[97] 朱铁壁,张红霞.高校分类新思考:知识生产与学生学习双重视角[J].高等教育研究,2015,36(11):24-30.

[98] 卓泽林.大学知识生产范式的转向[J].教育学报,2016,12(2):9-17.

英文期刊

[1] BARRETT, GREEN. Pedagogical content knowledge as a foundation for an interdisciplinary graduate program[J]. Science Educator, 2009, 18(1), 17-28.

[2] BASTALICH. Knowledge economy and research innovation[J]. Studies in Higher Education, 2010, 35(7): 845-857.

[3] BENTLEY, GULBRANDSEN, KYVIK. The relationship between basic and applied research in universities[J]. Higher Education, 2015, 70(4): 689-709.

[4] BLACKMORE. Editorial—Teacher practitioner research: Academics and teachers as knowledge producers and partners in learning communities[J]. The Australian Educational Researcher, 1999, 26(3): i-viii.

[5] BULFIN, MATHEWS. Reframing beginning English teachers as knowledge producers: Learning to teach and transgress[J]. English Teaching, 2003, 2 (3): 47-58.

[6] CANNON. Construing Polanyi's tacit knowing as knowing by acquaintance rather than knowing by representation: Some implications[J]. Tradition & Discovery: The Polanyi Society Periodical, 2002, 29(2): 26-43.

[7] CLIFTON, KEAST, PICKERNEL, et al. Network structure, knowledge governance, and firm performance: Evidence from innovation networks and SMEs in the UK[J]. Growth& Change,2010,41(3):337-373.

[8] COCHRAN, DERUITER, KING. Pedagogical content knowing: An integrative model for teacher preparation[J]. Journal of Teacher Education, 1993,44(4), 263-272.

[9] COLLINS. The structure of knowledge[J]. Social Research, 1993, 60(1): 95-116.

[10] DAVIDOWITZ, ROLLNICK. What lies at the heart of good undergraduate teaching? A case study in organic chemistry [J]. Chemistry Education Research & Practice, 2011, 12(3):355-366.

[11] DAVIS, RENERT. Profound understanding of emergent mathematics: Broadening the construct of teachers' disciplinary knowledge[J]. Educational Studies in Mathematics, 2013, 82(2):245-265.

[12] FOSS. The emerging knowledge governance approach: Challenges and

characteristics[J]. Organization Science, 2007, 14(29): 29-52.

[13] GORE. Emerging issues in teacher education: The innovative links project [J]. Perth: Murdoch University, 1995.

[14] GRANDORI. Neither hierarchy nor identity: Knowledge-governance mechanisms and the theory of the firm [J]. Journal of Management&. Governance, 2001, 5(3-4):381-399.

[15] HOETKE, MELLEWIGT. Choice and performance of governance mechanisms: Matching alliance governance to asset type [J]. Strategic Management Journal,2009,30(10): 1025-1044.

[16] HUANG, CHIU, LU. Knowledge governance mechanisms and repatriate's knowledge sharing the mediating roles of motivation and opportunity[J]. Journal of Knowledge Management,2013,17(5): 677-694.

[17] KROGH, ICHIJO, NONAKA. Enabling Knowledge Creation: How to unlock the mystery of tacit knowledge and release the power of innovation [J]. Academy of Management Executive, 2011, 15(1): 161-162.

[18] LABAREE. Power, knowledge, and the rationalization of teaching: A genealogy of the movement to professionalize teaching [J]. Harvard Educational Review, 1992, 62(2): 123-155.

[19] LUBIT. The keys to sustainable competitive advantage: Tacit knowledge and knowledge management[J]. Organizational Dynamics, 2010, 29(3): 164-178.

[20] MANATHUNGA, LANT, MELLICK. Imagining an interdisciplinary doctoral pedagogy[J]. Teaching in Higher Education, 2006, 11(3): 365-379.

[21] MARKS. Pedagogical Content Knowledge: From a mathematical case to a modified conception[J]. Journal of Teacher Education, 2016, 41(3): 3-11.

[22] NICKERSON, ZENGER. A knowledge-based theory of the firm: The problem-solving perspective[J]. Organization Science,2004,15(6): 617-632.

[23] PURVIS. Schoolteaching as a professional career[J]. The British Journal of Sociology, 1973, 24(1): 43-57.

[24] ROZENSZAJN, YARDEN. Exposing biology teachers' tacit views about the knowledge that is required for teaching using the repertory grid technique[J]. Studies in Educational Evaluation, 2015, 47: 19-27.

[25] RYLE. Knowing how and knowing that: The presidential address [J]. Proceedings of the Aristotelian Society, 1945, 46(9): 1-16.

[26] SAM, VAN DER SIJDE. Understanding the concept of the entrepreneurial university from the perspective of higher education models [J]. Higher Education, 2014, 68(6): 891-908.

[27] SHANAHAN，TOCHELLI. Examining the use of video study groups for developing literacy pedagogical content knowledge of critical elements of strategy instruction with elementary teachers［J］. Literacy Research and Instruction，2014，53(1)：1-24.

[28] SHULMAN. Those who understand：Knowledge growth in teaching［J］. Educational Researcher，1986，15(2)：4-14.

[29] SHULMAN. Knowledge and teaching：Foundations of the new reform［J］. Harvard Educational Review，1987，57(1)：1-23.

[30] TAMIR. Subject matter and related pedagogical knowledge in teacher education ［J］. Teaching & Teacher Education，1988，4(2)：99-110.

[31] TORFF. Tacit knowledge in teaching：Folk pedagogy and teacher education ［M］//Sternberg R J，Horvath J A. Tacit knowledge in professional practice：Researcher and practitioner perspectives. Psychology Press，1999：195-213.

[32] VÄLIMAA，HOFFMAN. Knowledge society discourse and higher education ［J］. Higher Education，2008，56(3)：265-285.

[33] VEAL，MAKINSTER. Pedagogical content knowledge taxonomies ［J］. Electronic Journal of Science Education，1999，3：N/A.

[34] WAGNER，STERNBERG. Tacit knowledge inventory for managers，the psychology corporation［J］. Harcourt Brace Company，1999.

[35] WANG，SU，HSIEH. Accumulating and visualising tacit knowledge of teachers on educational assessments［J］. Computers & Education，2011，57(4)：2212-2223.

[36] WOOD. Professional learning communities：Teachers，knowledge，and knowing［J］. Theory into Practice，2007，46(4)：281-290.

硕博士论文

[1] 曹建召.学校语文知识生产方式研究［D］.上海：上海师范大学，2008.

[2] 陈群波.基于师徒制的教师知识转移研究［D］.上海：华东师范大学，2016.

[3] 陈振华.论教师成为教育知识的建构者［D］.上海：华东师范大学，2003.

[4] 高晶.课例研究：语文教师话题 PCK 的提炼与改善［D］.上海：上海师范大学，2012.

[5] 姜美玲.教师实践性知识研究［D］.上海：华东师范大学，2006.

[6] 李作学.个体隐性知识的结构分析与管理研究［D］.大连：大连理工大学，2007.

[7] 刘竑波.教师知识与技能的发展研究［D］.上海：华东师范大学，2010.

[8] 刘新阳."教师—资源"互动视角下的教师教学设计能力研究［D］.上海：华东师范大学，2016.

[9] 唐林伟.职业教育知识生产研究[D].上海:华东师范大学,2010.

[10] 张波.数学专业师范生的实体性知识发展研究:以极限概念为例[D].上海:华东师范大学,2006.

[11] 张立新.教师实践性知识形成机制研究:基于教师生活史的视角[D].上海:上海师范大学,2008.

[12] 张小菊.化学学科教学知识研究[D].上海:华东师范大学,2014.

[13] LENNON. Teacher thinking:A qualitative approach to the study of piano teaching[D]. London:Institute of Education,University of London,1996.

工具书及其他

[1] 陈至立.辞海[M].上海:上海辞书出版社,1999.

[2] 董纯才.中国大百科全书:教育[M].北京:中国大百科全书出版社,1985.

[3] 高永伟.新英汉词典[M].第4版修订本.上海:上海译文出版社,2013.

[4] 顾明远.教育大辞典:第一卷[M].上海:上海教育出版社,1990.

[5] 陆谷孙.牛津高阶英汉双解词典[M].第七版.伦敦:牛津大学出版社,北京:商务印书馆,2009.

[6] 教育部考试中心.2019年普通高等学校招生全国统一考试大纲(总纲)[EB/OL].(2019-01-31)[2019-10-19].http://gaokao.neea.edu.cn/html1/report/19012/5989-1.htm.

[7] 彭克宏.社会科学大词典[M].北京:中国国际广播出版社,1989.

[8] 邵瑞珍.教育大词典:第五卷[M].上海,上海教育出版社,1980.

[9] 谢维和.实施素质教育需要高素质的教师[Z].讲座提纲,2000.

[10] 英国柯林斯出版公司.柯林斯COBUILD高阶英汉双解学习词典[M].柯克尔,等译.北京:外语教学与研究出版社,2016.

[11] 张清源.现代汉语常用词典[M].成都:四川人民出版社,1992.

[12] 中国社会科学院语言研究所词典编辑室.现代汉语词典[M].第七版.北京:商务印书馆,2016.

[13] 中华人民共和国教师法[EB/OL].(2005-05-25)[2019-03-22].http://www.gov.cn/banshi/2005-05/25/content_937.htm.

[14] 中华人民共和国教育部.教育部关于印发《普通高中课程方案和语文等学科课程标准(2017年版)》的通知[EB/OL].(2018-01-16)[2019-10-19].http://www.moe.gov.cn/srcsite/A26/s8001/201801/t20180115_324647.html.

[15] 中华人民共和国教育部.中学教师专业标准(试行)[EB/OL].(2012-09-13)[2019-10-21].http://www.moe.gov.cn/srcsite/A10/s6991/201209/t20120913_145603.html.

[16] 中共中央 国务院关于全面深化新时代教师队伍建设改革的意见[EB/OL].

（2018-01-31）［2022-10-24］. https：//www. gov. cn/zhengce/2018-01/31/content_5262659. htm.

[17] 中共中央、国务院印发《中国教育现代化 2035》[EB/OL]. （2019-02-23）［2022-10-24］. https：//www. gov. cn/zhengce/2019－02/23/content_5367987. htm.

[18] UNESCO. Recommendation concerning the status of teachers［EB/OL］. （2019-10-05）［2019-10-24］. http：//portal. unesco. org/en/ev. php-URL_ID＝13084&URL_DO＝DO_TOPIC&URL_SECTION＝201. html.